Ontologia e dialética

THEODOR W. ADORNO

Ontologia e dialética

(1960-1961)

Organização

Rolf Tiedemann

Tradução e posfácio à edição brasileira

Daniel Pucciarelli e Luiz Philipe de Caux

editora unesp

Direitos de publicação reservados à:
Fundação Editora da Unesp (FEU)
Praça da Sé, 108
01001-900 – São Paulo – SP
Tel.: (0xx11) 3242-7171
Fax: (0xx11) 3242-7172
www.editoraunesp.com.br
www.livrariaunesp.com.br
atendimento.editora@unesp.br

Dados Internacionais de Catalogação na Publicação (CIP)
de acordo com ISBD
Elaborado por Odilio Hilario Moreira Junior – CRB-8/9949

AA241o

Adorno, Theodor W.

Ontologia e dialética (1960-1961) / Theodor W. Adorno; organizado por Rolf Tiedemann; traduzido por Daniel Pucciarelli, Luiz Philipe de Caux. – São Paulo: Editora Unesp, 2025.

Tradução de: *Ontologie und Dialektik (1960/61)*
Inclui bibliografia.
ISBN: 978-65-5711-284-7

1. Filosofia. 2. Teoria crítica. 3. Escola de Frankfurt. 4. Ciências sociais. I. Tiedemann, Rolf. II. Pucciarelli, Daniel. III. Caux, Luiz Philipe de. IV. Título.

2025-1332 CDD 100
CDU 1

Editora afiliada:

Asociación de Editoriales Universitarias de América Latina y el Caribe

Associação Brasileira de Editoras Universitárias

Sumário

Introdução à Coleção

Figura maior no panorama filosófico do século XX, Theodor W. Adorno foi responsável por uma experiência intelectual gerada pela confrontação incessante da filosofia com o "campo da empíria", em especial a Teoria Social, a Crítica Literária, a Estética Musical e a Psicologia. Nessa desconsideração soberana pelas fronteiras intelectuais, estava em jogo a constituição de um conceito renovado de reflexão filosófica que visava livrá-la da condição de discurso que se restringe à tematização insular de seus próprios textos. Sempre fiel a um programa que traçou para si mesmo já em 1931, quando assumira a cadeira de professor de Filosofia da Universidade de Frankfurt, Adorno construirá uma obra capaz de realizar a constatação de que: "plenitude material e concreção dos problemas é algo que a Filosofia só pode alcançar a partir do estado contemporâneo das ciências particulares. Por sua vez, a Filosofia não poderia elevar-se acima das ciências particulares para tomar delas os resultados como algo pronto e meditar sobre eles a uma distância mais segura. Os problemas filosóficos encontram-se contínua e, em certo sentido, indissoluvelmente presentes nas questões mais determinadas das ciências particulares".[1] Essa característica interdisciplinar do pensamento adorniano permitiu que seus leitores desenvolvessem pesquisas em campos distintos de saberes, colaborando com isso para a transformação da Teoria Crítica em base maior para a reflexão sobre a contemporaneidade e seus desafios. Uma transformação que influenciou de maneira decisiva a constituição de tradições de pesquisa no Brasil, a partir sobretudo da década de 1960.

No entanto, o conjunto limitado de traduções das obras de Adorno, assim como a inexistência de uma padronização capaz de fornecer aparatos críticos indispensáveis para textos dessa complexidade, fez que várias facetas e momentos do pensamento adorniano ficassem distantes do público leitor brasileiro. Foi o desejo de suprir tal lacuna que nos levou a organizar esta Coleção.

A Coleção editará os trabalhos mais importantes de Theodor Adorno ainda não publicados em português, assim como algumas novas traduções que se mostraram necessárias tendo em vista padrões atuais de edição de textos acadêmicos. Todos os seus volumes serão submetidos aos mesmos critérios editoriais. Registrarão sempre a página original da edição canônica das *Gesammelte Schriften* e dos *Nachlaß*, indicada por duas barras verticais inclinadas (//) no texto. Serão sempre acompanhados por uma Introdução, escrita por especialistas brasileiros ou estrangeiros. Tal Introdução tem por função contextualizar a importância da obra em questão no interior da experiência intelectual adorniana, atualizar os debates dos quais esta fazia

---

1 T. W. Adorno, Die Aktualität der Philosophie. In: *Gesammelte Schriften I*, Frankfurt: Suhrkamp, 1973, p.333-4.

parte, assim como expor os desdobramentos e as influências da referida obra no cenário intelectual do século XX. Ao final, o leitor encontrará sempre um índice onomástico. Em todos os volumes serão inseridas apenas notas de contextualização, evitando-se ao máximo a introdução de notas de comentário e explicação. Trata-se de uma convenção que se impõe devido à recusa em interferir no texto adorniano e em projetar chaves de interpretação.

Há quatro coletâneas exclusivas desta Coleção. Duas seguem a orientação temática das *Gesammelte Schriften*: *Escritos sobre música* e *Escritos sobre sociologia*. Nesses dois casos, os critérios de escolha dos textos foram: importância no interior da obra adorniana ou ineditismo de abordagem (assuntos relevantes, porém pouco abordados em outros textos).

As duas outras coletâneas, *Indústria cultural* e *Ensaios sobre psicologia social e psicanálise*, justificam-se em virtude de algumas especificidades da recepção brasileira da obra de Theodor Adorno. Sabemos que um dos públicos mais importantes de leitores universitários de Adorno encontra-se em faculdades de Comunicação e pós-graduações de Estudos de Mídia. Por isso, a edição de uma coletânea com alguns textos fundamentais sobre indústria cultural e cultura de massa visa, sobretudo, a alimentar o debate que ali se desenvolve. Isso também vale para outro importante público-leitor de Adorno no Brasil: os pesquisadores de Psicologia Social e Psicanálise.

Se a dialética pode ser pensada como a capacidade de insuflar vida no pensamento coagulado, então uma abordagem dialética do legado de Adorno não pode abrir mão dessa perspectiva crítica, como já sugeria o Prefácio de 1969 à segunda edição da *Dialética do esclarecimento*, obra escrita em parceria com

Max Horkheimer: "não nos agarramos a tudo o que está dito no livro. Isso seria incompatível com uma teoria que atribui à verdade um núcleo temporal, em vez de opô-la ao movimento histórico como algo de imutável". Pensar o atual teor de verdade do pensamento de Adorno significa, portanto, a dupla tarefa de repensá-lo em face dos dilemas do mundo contemporâneo e refletir sobre o quanto esses dilemas podem ser iluminados sob o prisma de suas obras.

Comissão Editorial

Eduardo Socha
Jorge de Almeida
Ricardo Barbosa
Rodrigo Duarte
Vladimir Safatle

Ontologia e dialética
(1960-1961)

Abreviaturas

Na medida em que estejam disponíveis nessas coleções, os escritos de Adorno são citados segundo as edições dos Gesammelten Schriften ("Escritos reunidos", org. por Rolf Tiedemann, com a colaboração de Gretel Adorno, Susan Buck-Morss e Klaus Schultz; Frankfurt a.M.: Suhrkamp, 1970-1986)* e dos Nachgelassenen Schriften ("Escritos póstumos", org. por Theodor W. Adorno Archiv; Frankfurt a.M.: Suhrkamp, 1993-). Utilizam-se as seguintes abreviações:

GS 1: Philosophische Frühschriften. 3.ed. 1996 [ed. bras.: *Primeiros escritos filosóficos*. São Paulo: Editora Unesp, 2018.]

GS 2: Kierkgaard. Konstruktion des Ästhetischen. 2.ed. 1990 [ed. bras.: *Kiekegaard: construção do estético*. São Paulo: Editora Unesp, 2010.]

* Die Ausgabe ist text- und seitenidentisch mit der 1997 erschienenen Taschenbuchausgabe.

GS 3: Max Horkheimer; Theodor W. Adorno. Dialektik der Aufklärung. Philosophische Fragmente. 3.ed. 1996 [ed. bras.: *Dialética do esclarecimento: fragmentos filosóficos*. Rio de Janeiro: Zahar, 1985.]

GS 5: Zur Metakritik der Erkenntnistheorie/Drei Studien zu Hegel. 5.[correto: 4.]ed. 1996 [ed. bras.: *Para a metacrítica da teoria do conhecimento: estudos sobre Husserl e as antinomias fenomenológicas*. São Paulo: Editora Unesp, 2015.; *Três estudos sobre Hegel*. São Paulo: Editora Unesp, 2013]

GS 6: Negative Dialektik/Jargon der Eigentlichkeit. 5.ed. 1996 [ed. bras.: *Dialética negativa*. Rio de Janeiro: Zahar, 2009.]

GS 7: Ästhetische Theorie. 6.ed. 1996 [ed. port.: *Teoria estética*. Lisboa: Edições 70, 2008.]

GS 8: Soziologische Schriften I. 4.ed. 1996

GS 9.2: Soziologische Schriften II: Zweite Hälfte. 1975

GS 10.1: Kulturkritik und Gesellschaft I: Prismen/Ohne Leitbild. 2.ed. 1996 [ed. bras.: *Prismas: Crítica cultural e sociedade*. São Paulo: Ática, 1998; *Sem diretriz: Parva Aesthetica*. São Paulo: Editora Unesp, 2021.]

GS 10.2: Kulturkritik und Gesellschaft II: Eingriffe/Stichworte/Anhang. 2.ed. 1996 [ed. bras.: *Palavras e sinais: Modelos Críticos 2*. Petrópolis: Vozes, 1995].

GS 11: Noten zur Literatur. 4.ed. 1996 [ed. bras.: *Notas de literatura*. São Paulo: Editora 34, 2003.]

GS 12: Philosophie der neuen Musik. 1.ed. 1975 [ed. bras.: *Filosofia da nova música*. Trad. Magda França. São Paulo: Perspectiva, 1974.]

GS 13: Die musikalischen Monographien. 4.ed. 1996
GS 16: Musikalische Schriften III: Klangfiguren (I)/Quasi una fantasia (II)/Musikalische Schriften (III). 2.ed. 1990
GS 17: Musikalische Schriften IV: Moments musicaux/Impromptus. 1982
GS 20.1: Vermischte Schriften I. 1986
NaS I.1: Beethoven. Philosophie der Musik. Fragmente und Text. Org. Rolf Tiedemann. 2.ed. 1994
NaS IV.4: Kants "Kritik der reinen Vernunft" [1959]. Org. Rolf Tiedemann. 1995
NaS IV.9: Philosophische Terminologie [1962-1963]. Org. Henri Lonitz. 1.ed. 2016
NaS IV.13: Zur Lehre von der Geschichte und von der Freiheit [1964-1964]. Org. Rolf Tiedemann. 2001
NaS IV.14: Metaphysik. Begriff und Probleme [1965]. Org. Rolf Tiedemann. 1998
NaS IV.15: Einleitung in die Soziologie [1968]. Org. Christoph Gödde. 1993 [ed. bras.: *Introdução à Sociologia (1968)*. São Paulo: Editora Unesp, 2008.]

9 # // Aula 1
8 de novembro de 1960

Minhas senhoras e meus senhores,[1] conhecemos a relação entusiástica de Gustav Mahler com Dostoiévski, que em 1890 ainda não era o que foi no tempo de Moeller van den Bruck.[2]

---

1 Com a indicação explícita de que falta o começo, a transcrição do gravador de rolo da primeira lição tem início apenas na 12ª linha, com as palavras "de um lado". O texto precedente foi completado por conjectura pelo editor, que se apoiou nas notas de Adorno à lição, nas quais consta no lugar correspondente: "Partir da anedota de Webern. Exatamente esse 'nós temos Strindberg' deve ser evitado. Tentação para oferecer essa resposta a partir da carência de orientação por parte daqueles que não são filósofos profissionais. Ir além de uma filosofia de ponto de vista" (Theodor Adorno Archiv, Vo 6258). A anedota sobre Webern foi formulada em conexão com seu relato na monografia de Adorno sobre *Mahler* (cf. GS 13, p.217).

2 Arthur Moeller van den Bruck (1876-1925), escritor, ideólogo jovem-conservador; sua principal obra, publicada originalmente em 1923, teve por título *Das dritte Reich* [O terceiro Reich] e ofereceu aos nazistas um de seus lemas, "apesar de que não se tratava aqui de escrito de agitação retumbante, mas sim de um lamento alheio à política e de monótona melancolia" (Carl von Ossietzky). Moeller van den Bruck foi editor da primeira edição alemã das obras completas de

Em uma excursão com Schönberg e seus alunos, Mahler teria recomendado a estes menos estudo de contraponto e mais leitura de Dostoiévski, ouvindo então de Webern a resposta heroicamente tímida: desculpe, senhor diretor, mas nós temos Strindberg. Apesar de a história ser provavelmente apócrifa, ela serve bem para ser transposta para a relação entre ontologia e dialética. Exatamente esse "nós temos Strindberg", ou, "nós temos a dialética", deve ser evitado. A tentação de uma tal postura pode provir de uma carência de orientação por parte daqueles que não são filósofos profissionais, mas queremos neste curso justamente tentar ir além de uma filosofia de ponto de vista;[3] deixar para trás a ideia, portanto, de que se poderia adotar, de um lado, a ontologia, e, de outro, a dialética. Tem-se, então, desde o princípio a sensação de que seria preciso escolher entre tais pontos de vista. Apesar de que – penso poder dizê-lo sem nenhum exagero –, dentre os filósofos que têm algo a ver com as tendências apontadas, nenhum deles, de nenhum dos dois lados, teve muita simpatia pelo conceito

---

Dostoiévski, traduzidas por sua esposa (*Sämtliche Werke* [Obras reunidas], trad. E. K. Rahsin). Seus trabalhos sobre Dostoiévski foram reunidos postumamente por Hans Schwarz no volume *Rechenschaft über Rußland* [Relatório sobre a Rússia].

3 *Filosofia de ponto de vista* é um dos mais agudos veredictos que Adorno tinha para dar: "É tarefa da filosofia não assumir um ponto de vista, mas liquidar os pontos de vista" e "Faz parte da filosofia de ponto de vista o momento do excludente" (GS 20.1, p.325). Ele pode ter se equivocado, todavia, quando remete o uso rechaçante do conceito a Hegel (cf. ed. bras.: Adorno, *Três estudos sobre Hegel*, p.72; GS 5, p.251); nem a ocorrência do conceito de filosofia de ponto de vista pôde ser verificada em Hegel, nem Hegel falou de pontos de vista de maneira que não fosse neutra ou até mesmo afirmativa.

de filosofia de ponto de vista ou, como talvez também se poderia chamar, pela filosofia como visão de mundo. Mas todos aqueles que refletiram seriamente sobre essas coisas desde sempre relegaram ao diletantismo, e com certo desprezo justificado, o conceito de uma visão de mundo que de certo modo se ofereceria à escolha e aderiria à vida. Mas essa postura é ainda mais intensificada pelo clima cultural no qual nos movemos; e o poder desse clima cultural é tão grande que talvez fosse bom
10 se os senhores refletissem também por um instante // sobre este fato: que tudo, sem exceção, o que há entre o céu e a terra, e muito certamente aquilo que há de espiritual, é convertido em tais formas solidificadas, reificadas e colocadas à escolha dos senhores. A isso chamo, em geral, de consciência reificada, consciência que se condensa em tais marcas registradas do pensamento. Agora há pouco eu li, por acaso, o relatório sobre um certo congresso radiofônico no qual um homem que parece que também se ocupa teoricamente com questões sobre o rádio em nossa cultura – seu nome é Maletzke[4] – explica que os homens realmente poderiam reivindicar que se lhes fossem colocadas à escolha imagens entre as quais eles poderiam se decidir. Só Deus sabe o quão democrático isso ainda soa também – e soa

4 Gerhard Maletzke (nascido em 1922), em atividade desde 1952 no Hans Bredow-Institut für Rundfunk und Fernsehen [Instituto Hans Bredow de Rádio e Televisão] na Universidade de Hamburgo, mais tarde no Deutschen Institut für Entwicklungspolitik [Instituto Alemão de Políticas de Desenvolvimento] em Berlim e no Asian Mass Communication Research and Information Centre em Singapura, professor honorário desde 1983 em Hohenheim. Adorno se correspondeu com ele no início dos anos 1950; dois artigos de Adorno foram publicados em 1953 na *Rundfunk und Fernsehen* [Rádio e Televisão], revista a cuja redação Maletzke pertencia.

então como se tivéssemos livre escolha entre o mais elevado e o mais baixo. Na realidade, todavia, nisso o mundo do espírito já está de antemão representado mais ou menos como a oferta de automóveis: onde se pode ter um pagando barato, dos menores dentre os Volkswagen (caso seja possível conseguir um desses), e, por fim, também pagando bem caro, até o Cadillac que se pode importar da América. Acredito que por isso é proveitoso que os senhores reflitam sobre essas coisas, a fim de que compreendam desde o início o que deve propriamente acontecer neste curso. É verdade que quero, por um lado, saciar a curiosidade que também está por trás dessa alternativa; quero, portanto, já lhes satisfazer essa carência no sentido de que experimentem agora efetivamente por que tanto meu amigo Horkheimer quanto eu nos colocamos de modo extremamente crítico diante da ontologia e ensinamos uma filosofia dialética. Isso certamente será levado a cabo neste curso. Mas, ao mesmo tempo, quero lhes mostrar que a contraposição entre essas duas filosofias não é uma contraposição não mediada; que não se trata de duas marcas entre as quais se deve escolher, mais ou menos como se pode escolher ou a CDU ou o SPD;* mas que a abordagem que lhes exponho é uma abordagem motivada e justificada que não se funda na arbitrariedade de uma
11 assim chamada decisão, mas sim // deve ser compreendida a partir da coisa mesma. No lugar da escolha entre duas meras visões de mundo, os senhores devem vir a sentir um pouco –

* Christlich Demokratische Union (CDU) [União Democrata-Cristã] e Sozialdemokratische Partei Deutschlands (SPD) [Partido Social--Democrata da Alemanha], partidos políticos da República Federal da Alemanha (Ocidental), ainda existentes após a reunificação e de hegemonia eleitoral. (N. T.)

se eu tiver sucesso naquilo que planejei – daquilo que se poderia designar como motivação filosófica, em contraposição ao mero pensamento de pontos de vista. Ora, permitam-me logo, no entanto, restringir isso um pouco, na medida em que não quero despertar-lhes falsas expectativas. É que o rigor que as considerações que lhes exponho podem talvez reivindicar não é o mesmo rigor com o qual os senhores estão acostumados das ciências positivas ou mesmo das ciências naturais matematizadas. O rigor filosófico-estrutural, a estrutura, portanto, com a qual o pensamento filosófico se torna plausível e obtém sua razão, é bastante distinto daquele das ciências positivas. A estrutura das ciências positivas, principalmente no caso de controvérsias filosóficas de princípios, como aquelas com as quais devemos nos ocupar nos meses vindouros, não pode ser, portanto, pressuposta, pois a forma do pensamento científico é ela mesma algo que por sua vez se constitui em primeiro lugar através dos assim chamados problemas filosóficos de constituição, dos quais teremos de tratar aqui; de tal modo que cairíamos em um *ὕστερον πρώτερον*[5] se quiséssemos tomar a ciência e seu modo de proceder como critério para essas considerações, que, entre outras, também são por sua vez prévias à ciência e devem oferecer como que uma crítica do pensamento científico. De resto, esse é um ponto, se eu já puder anunciar isto, no qual – ainda que isso possa surpreender alguns dos senhores – me encontro em concordância com Heidegger.

---

5 Segundo Aristóteles (cf. *Analytica priora*, Lv.II, cap.16, 64 b 28 *ss.*), uma *petitio principii*, um erro lógico no qual "daquilo que é posterior se conclui aquilo que é anterior" (Aristóteles, *Philosophische Schriften in sechs Bänden* [Escritos filosóficos em seis volumes], v.1: Kategorien [u.a.], p.128).

Devo mostrar-lhes brevemente a via que quero seguir neste curso. Em geral, não sou lá muito amigo desse tipo de anúncio prévio. Mas como aqui trabalharemos de fato de um modo essencialmente sistemático, isto é, como teremos de nos haver essencialmente com operações de pensamento e, em parte,
12 com algumas nem um pouco simples, então talvez se possa // permitir, todavia, que os senhores se inteirem agora do modo como pretendo proceder. A figura desse propósito se deduz da intenção de justamente não lhes esboçar de modo externo uma posição como contraposição a uma outra, mas sim de fazer emergir essa posição, por sua vez, como algo necessário a partir do tratamento da outra. Em outras palavras, portanto: a via que os senhores devem acompanhar até o pensamento dialético e alguns modelos dialéticos é (como costumamos chamar isso na dialética) a via da crítica imanente.[6] Parto, portanto, da

---

6 "Crítica imanente" é um conceito central da filosofia adorniana; em certo aspecto, seu centro metodológico. Aquilo que se deve entender por crítica imanente é exposto em um lugar posterior do presente curso: "a confrontação de momentos diferentes um do outro do ponto de vista de se, de um lado, o momento conceitual é preenchido pelos objetos, se não é uma conceitualidade vazia, mas uma conceitualidade à qual corresponde algo e que, consequentemente, é legítima; e, de outro lado, confrontação do ente com o conceito no sentido de que se pergunta, como acontece em Hegel, em que medida o ente corresponde a seu conceito, isto é, em que medida aquilo que meramente é, é efetivamente aquilo como ele se dá" (p.116). O conceito de Adorno de crítica imanente é devedor da definição desenvolvida por Walter Benjamin em sua tese sobre *O conceito de crítica de arte no romantismo alemão*, segundo a qual em Friedrich Schlegel e em Novalis esse conceito "não significa um julgamento da obra [de arte] [...]. Crítica da obra é antes a sua reflexão, que por óbvio só pode desdobrar o núcleo imanente a ela mesma" (Walter Benjamin, *Gesammelte*

carência que hoje existe por ontologia. Não pode então restar dúvidas de que a ontologia não surtiria efeitos de modo tão persistente se ela não fosse ao encontro de uma tal carência da parte dos intelectuais e das pessoas em geral. Quero tomar essa carência de modo positivo e negativo; quero, portanto, tentar expor tanto aquilo que tem o seu direito quanto aquilo que é questionável nessa carência, ou melhor: nessas carências. Tentarei, pois, decompor para os senhores esse complexo da carência ontológica em seus aspectos; e me esforçarei, então, para

Schriften, v.I.1, p.78). Adorno procede definitivamente no sentido de Benjamin quando, por exemplo, na *Filosofia da nova música*, descreve: "O procedimento é imanente: a exatidão do fenômeno, em um sentido que só pode se desenvolver nele próprio, torna-se garantia de sua verdade e fermento para sua inverdade. A categoria condutora da contradição é ela mesma de dupla essência: o êxito das obras se dá na medida em que elas dão forma à contradição e, nesse dar forma, fazem a contradição novamente emergir nas marcas de sua imperfeição, ao passo que ao mesmo tempo a força da contradição zomba desse dar forma e destrói a obra" (Adorno, *Filosofia da nova música*, p.31; GS 12, p.34). Em todo caso, o conceito de Hegel de negação determinada também possuiu para Adorno um caráter de modelo: "Confrontação do espiritual com sua efetivação, tem por pressuposto tanto a distinção do verdadeiro e do inverdadeiro no juízo quanto a pretensão à verdade no criticado" (GS 8, p.466). Assim, Adorno opõe a crítica imanente em particular à lógica do positivismo: "A crítica cognitiva, a crítica de conhecimentos e sobretudo de teoremas, investiga também necessariamente se os objetos do conhecimento são aquilo que reivindicam ser segundo seu próprio conceito. Caso contrário, seria formalista. A crítica imanente nunca é apenas puramente lógica, mas sim sempre também de conteúdo, confrontação de conceito e coisa. Nela se trata de perseguir a verdade que os conceitos, juízos e teoremas querem dizer por si mesmos, e ela não se esgota na exatidão hermética das formações do pensamento" (GS 8, p.304 *s.*).

passar, por meio da crítica imanente, por sobre alguns motivos da ontologia, tomando-a em sua literalidade, em sua pretensão própria, para mostrar-lhes que ela não cumpre essa pretensão. E aquilo a que se chama dialética não é, fundamentalmente, nada senão esse procedimento mesmo. Também se poderia exprimi-lo assim: que, em nossa situação contemporânea, a dialética está mediada pela ontologia; e, de certo modo, as análises que conduzem a enunciados dialéticos não deixam de ter um parentesco com as análises fenomenológicas, no modo como primeiramente levaram à ontologia. Eu poderia lhes mostrar esse parentesco no próprio Hegel, na *Lógica* de Hegel. Talvez adiante no prosseguimento deste curso, quando eu lhes disser ao menos alguma coisa sobre a fibra, sobre a estrutura do pensamento hegeliano, vamos adentrar também um pouco nesse ponto. A dialética é, então, o fato de que a transição à dialética
13 deve consistir propriamente na autorreflexão // crítica da ontologia; ou, para exprimi-lo novamente de modo hegeliano, a dialética é mediada em si exatamente pela ontologia. Que nisso eu não esteja, por assim dizer, falando a partir do vazio ou especulando livremente, mas que precisamente essa reflexão se encontre no contexto da tradição filosófica, isso é algo que os senhores podem reconhecer de modo simples e drástico no fato de que um dos textos fundamentais da dialética em geral, a saber, a grande *Lógica* de Hegel, a *Ciência da lógica*, começa com a doutrina do *ser*, e no fato de que pela análise do conceito de ser, ou seja, pela análise daquilo que ser propriamente significa, o movimento dialético em geral se põe primeiramente em marcha – enquanto agora, significativamente, a ontologia moderna, na medida em que é uma filosofia do ser, prescinde exatamente desse movimento dialético que está inscrito em seu próprio

conceito. Depois de lhes ter desenvolvido essa transição, como espero, de modo conclusivo, tentarei então, pelo fim do curso, desenvolver para os senhores algumas categorias e alguns modelos do pensamento dialético.

No entanto, antes que eu venha a lhes dizer algo sobre a carência ontológica,[7] sobre o que há nela de legítimo e de ilegítimo, acredito ter primeiro para com os senhores a obrigação de que nos entendamos sobre o que é propriamente ontologia. Claro que isso é mais fácil de se exigir do que de se fazer. Pois para o conceito de ontologia, assim como para todo conceito filosófico que não seja um termo fixado de modo inteiramente arbitrário, vale a afirmação de que o seu conteúdo se desenvolve, de fato, apenas no tratamento da coisa mesma. Ora, por isso, nesse caso é particularmente difícil começar, por exemplo, com uma definição universalmente vinculante, pois (como se costuma dizer) mesmo os doutores não estão de modo algum de acordo sobre o significado desse conceito. Os senhores sabem, talvez, que há toda uma série de assim chamadas orientações ontológicas, dentre as quais uma das primeiras na Alemanha foi a de Nicolai Hartmann.[8] E se os senhores lerem os escri-

---

7 Na transcrição consta *carência dialética*; trata-se, por certo, de um equívoco, ainda que Adorno o tenha mesmo dito assim.

8 Desde seu livro *Grundzügen einer Metaphysik der Erkenntnis* [Elementos fundamentais de uma metafísica do conhecimento], publicado originalmente em 1921, Nicolai Hartmann (1882-1950) desenvolveu de modo consequente e sistemático uma "nova ontologia", na qual o giro copernicano de Kant aparece revogado em um realismo ingênuo, ao qual o Lukács tardio ainda pode se vincular. – Cf. os volumes posteriores de sua ontologia: *Zur Grundlegung der Ontologie* [Sobre o

14 tos, // principalmente os escritos tardios do mais célebre filósofo ontológico da Alemanha, isto é, os escritos de Martin Heidegger, então os senhores encontrarão o fato de que – ao menos implicitamente – aquilo que Nicolai Hartmann entende por ontologia, isto é, o retorno ao realismo, à doutrina do ser do mundo exterior como independente de nossa consciência, é, na verdade, rejeitado enquanto critério próprio da ontologia e caracterizado como uma intuição por demais superficial – no que, aliás, Heidegger novamente tem razão. Uma vez que não pretendo neste curso fazer com os senhores história da filosofia, nem mesmo talvez dar um panorama sobre as orientações atuais, mas antes quero realmente tentar reivindicar as questões sobre a própria coisa, não posso me aprofundar mais nisso; quero, todavia, ao menos dar-lhes consciência disso. Ontologia significa, de início, segundo o sentido simples da palavra: a doutrina do ser. Pergunto, então, o que o ser é propriamente. É óbvio (acredito que isso praticamente não carece de uma explicação mais aproximada) que com uma mera definição verbal de ser, um mero olhar dirigido fixamente a esse conceito, nada está feito; não obstante o fato de que justamente na fase tardia do pensamento de Heidegger algumas vezes não é possível evitar a impressão de que aquilo a que a ontologia existencial uma vez deu início com uma certa riqueza de conteúdo acaba se contraindo efetivamente cada vez mais nesse conceito e se converte em um tipo de insistente contemplação

---

fundamento da ontologia]; *Möglichkeit und Wirklichkeit* [Possibilidade e efetividade]; *Der Aufbau der realen Welt* [A construção do mundo real]; e também *Neue Wege der Ontologie* [Novos caminhos da ontologia]; ver também, p.54 *s*.

sua, que mal se pode mais designar como um pensar desse conceito, mas antes como um olhar dirigido fixamente de modo maníaco e fascinado. Aliás, uma postura em face do conceito de ser que foi curiosamente antecipada pelo próprio Hegel e por ele tratada com escárnio: ele já conhecia essa postura em face do conceito de ser; travou conhecimento com ela em Jacobi e a criticou nele da maneira mais aguda.[9] Mas se abstrairmos disso por um momento e se de início simplesmente nos detivermos hoje, para os fins de nossas considerações introdutórias, na-
15 quilo que veio a produzir efeitos sob o nome de ontologia, // então obviamente não se trata ali simplesmente ou não *apenas* daquilo que, em Heidegger, se chama concisamente de questão do ser ou problema do ser, ou seja, a pergunta pelo ser* na medida em que parece demandar então uma resposta sucinta. Mas o que se faz é uma tentativa de expandir uma estrutura na qual esse ser mesmo se apresenta – assim como as ontolo-

---

9 Cf., sobre isso, o terceiro comentário (*Anmerkung*) ao primeiro capítulo da Lógica do Ser: "Nessa pureza totalmente abstrata da continuidade, isto é, da indeterminidade e da vacuidade do representar [em Jacobi], é indiferente chamar essa abstração de espaço ou de intuir puro, pensar puro – isso tudo é o mesmo que o indiano chama de *Brahma* – se o indiano, externamente imóvel e igualmente inerte na sensação, na representação, na fantasia, no desejo etc., por anos apenas olha para a ponta de seu nariz e apenas diz *Om, Om, Om* dentro de si mesmo ou não fala nada. Essa consciência surda e vazia, apreendida enquanto consciência, é o *ser*" (Hegel, *Ciência da lógica*, v.1: A doutrina do ser, p.101). Cf. também Adorno, *Nachgelassene Schriften*, IV·14 (NaS IV.14), p.148.

* *Frage* é vertida ora por "pergunta", ora por "questão". Em particular, quando se trata de *Seinsfrage*, vertemos por "questão do ser"; no original "Frage nach dem Sein" é vertido por "pergunta pelo ser". (N. T.)

gias tradicionais mais antigas, especialmente a aristotélica e a que se liga intimamente a São Tomás de Aquino, justamente apresentaram a ontologia como um tal nexo estrutural de conceitos que são em si. Nas fases iniciais, nas primeiras fases do pensamento ontológico, falou-se pois também da "estrutura do ser" [*Gefüge des Seins*], e com isso exprimiu-se aquilo que o *páthos* desse conceito de ser quis reforçar: que ele não se deixa fisgar, como qualquer outro conceito, de um só golpe; mas sim que, para dominá-lo, é preciso se certificar de todo um nexo de conceitos, nexo que apenas então revela afinal aquilo que esse conceito de ser propriamente é. Se Heidegger então introduziu em um escrito tardio o conceito de "arcabouço" [*Gerüst*],[10] que ora soa terrivelmente concreto, mas tem novamente a mesma intenção ontológica, então os senhores podem notar nisso que essa tentativa de responder por meio de uma estrutura [*Struktur*] a assim chamada pergunta pelo ser, o que o ser propriamente é, também continua ainda operante como sempre foi o caso nas escolas ontológicas.

---

10 Não encontrado. Em *Ser e tempo*, que não é, porém, um escrito tardio, encontra-se sim o conceito de arcabouço (*Gerüst*), quando se diz, por exemplo, que o "sentido deve ser concebido como o arcabouço (*Gerüst*) existenciário-formal da abertura pertencente ao entender" (Heidegger, *Ser e tempo*, p.429), mas esse significado não parece se conformar bem ao argumento de Adorno. É provável que se tenha em mente o "emprego [feito por Heidegger] [...] da palavra 'armação' (*Gestell*) como nome para a essência da técnica moderna" (cf. Heidegger, "A questão da técnica", *Scientiæ Studia*, São Paulo, v.5, n.3, p.385, 2007); por outro lado, certamente não se visa o seu uso de "quadratura" (*Geviert*) (cf., p.ex., Heidegger, *Ensaios e conferências*, p.151 *ss.*) como o de um âmbito que justamente se subtrai ao domínio da técnica.

A ontologia deve ser então a doutrina do ser. Estou consciente do fato de que uma tal declaração, que, todavia, se aproxima bastante de uma definição – do modo como, aliás, ela é derivada de alguns trechos de Aristóteles dos quais ainda virei a falar[11] –, foi-lhes de início de muito pouca ajuda. É que assim se passa com os conceitos e as doutrinas filosóficas: quando se tem contato com eles de tal maneira isolada, sobretudo quando se tem contato com eles sem sua diferença específica em relação àquilo contra o que se dirigem, àquilo de que se destacam,
16 àquilo a que respondem, então eles // significam de fato muito pouco. E se os senhores ora ouvissem pela primeira vez: ontologia é a doutrina do ser ou a doutrina das estruturas cujo nexo constitui o ser – eu poderia imaginar que os senhores reagiriam então mais ou menos assim: certo, essas são então as preocupações dos filósofos; e eles querem então nos fazer acreditar agora em algo sobre o ser, que história afinal é essa sobre esse tal de ser? Ora, falarei de maneira mais detalhada disso que eu gostaria de chamar de a importância histórica dessa problemática no momento em que, nas próximas horas, eu abordar a carência ontológica. Mas, para hoje já ao menos fazer-lhes saber dessa perspectiva, quero dizer que a filosofia ontológica, no modo como surgiu em conexão com a fenomenologia de Edmund Husserl, foi então formulada expressamente pela primeira vez como ontologia por Max Scheler e depois levada a essa condição de amplo impacto por Heidegger – que essa ontologia deve primeiramente seu impacto e possui seu caráter incisivo na contraposição ao neokantismo, em particular, e à posição do idealismo, em geral. Heidegger diz, se me lembro

11 Cf., p.24 *s.*, *passim*.

corretamente, em uma passagem do trabalho "Sobre a essência do fundamento", que a diferença do pensamento ontológico em relação ao idealismo não é o decisivo.[12] E me permitam já dizer aqui que, de fato, a relação de ontologia e idealismo é extraordinariamente complexa; e a tese que eu mesmo lhes terei exposto se encontra numa oposição bastante acentuada ao menos às intuições usuais que põem o idealismo em oposição simples à ontologia. Mas, para que os senhores venham afinal a compreender qual *páthos* tem essa assim chamada pergunta pelo ser, por que as pessoas se exaltam tão tremendamente por essa questão do ser, e por que essa coisa se tornou eficaz de tal modo que termos como situatividade [*Befindlichkeit*], situação e tantas outras dessas palavras[13] se rebaixaram quase até a esfera de anúncios de rádio e propaganda de pasta de dente. Para
17 isso, no entanto, é bom // que os senhores primeiro tenham clareza de que a toda essa tendência filosófica, que, em si, não entra de modo algum em acordo consigo própria e cujos representantes puxam os tapetes uns dos outros, a toda ela subjaz o fato de que ali se trata, antes de mais nada, de salientar ou dar preferência à pergunta pelo ser em face da pergunta ulterior pelo conhecimento. Acredito que ao menos isto se pode

12 É provável que Adorno pense na seguinte frase de Heidegger: "Vive-se da opinião errônea de que ontologia enquanto questão pelo ser do ente significa uma 'atitude' 'realista' (ingênua ou crítica) em face de uma 'idealista'" (Heidegger, *Vom Wesen des Grundes*, p.15, nota de rodapé).

13 Alusão ao fato de que "situatividade" [*Befindlichkeit*, vertido por "encontrar-se" por Fausto Castilho e por "disposición afectiva" por Jorge Eduardo Rivera. (N. T.)] representa uma categoria enfática em *Ser e tempo*, assim como "situação" (*Situation*) em Jaspers e Hartmann, mas principalmente no existencialismo francês de Sartre.

reter, todavia, como o motivo fundamental da ontologia: que nela é essencial a aversão por uma filosofia que se tornou, no fundo, algo que não se distingue de uma metodologia; ou seja, da pergunta ulterior de como se pensa, ou de como os objetos são constituídos a partir da consciência, do pensamento – sem que ela aparente propriamente resolver mais o problema para o qual a filosofia está ali, ou seja, se me permitem dizê-lo de modo bem simples: o de discernir o que quer que seja sobre as coisas essenciais em geral.

Essa tendência contra a qual a ontologia se rebela é bastante acentuada em Kant. E quando Heidegger, por sua vez, reivindica também Kant exclusivamente *para* a ontologia, então deve-se lhe ser concedido – também viremos a falar sobre isso com mais detalhes[14] – que em Kant estão contidos momentos ontológicos e que Kant era tudo salvo simplesmente um subjetivista; mas, de início, Kant justamente *recusou* enunciados absolutamente vinculantes sobre o ser, sobre Deus, sobre a liberdade e a imortalidade, ou seja, sobre os objetos propriamente metafísicos. E a carência de dizer algo vinculante sobre essas coisas essenciais, em vez de apenas reservá-las para uma visão de mundo para os domingos, foi talvez uma das carências mais essenciais que deram atualidade a essa pergunta pelo ser. Ontologia significa então a filosofia sobre o ser em oposição incisiva a uma filosofia que se detém, no essencial, na questão prévia, a saber, na questão sobre como o conhecimento é possível em geral; questão que no geral não alcança mais de modo algum aquilo que deve ser conhecido e que é o que essencial-
18 mente importa para o conhecimento. // Ora, Heidegger defi-

14 Cf. p.139 *ss*.

ne expressamente em uma passagem de *Ser e tempo* a ontologia como a "pergunta teórica explícita pelo sentido do ente".[15] Essa é uma formulação difícil e de certo modo também equívoca; e acredito que seria bom se os senhores não tomassem simplesmente essa frase (de que todos aqueles dentre os senhores que leram Heidegger certamente se recordam) da maneira tão ingênua quanto ela está lá – quer dizer, como se tivéssemos a ver com todo ente possível e assim fôssemos como que interpretar ou realizar uma especulação mística pelo *sentido* do ente, ou seja, como que pelo sentido divino oculto da criação, pelos processos metafísicos cifrados ou cerrados na criação. A expressão "sentido" – permitam-me já dizer-lhes que teremos muito o que tratar sobre isso – é hoje ambígua em todas as escolas ontológicas. E uma crítica do conceito de ontologia precisa se ocupar muito profundamente desse conceito de sentido. Ele provém, por um lado, da fenomenologia, que é essencialmente análise do significado, ou seja, pretende distinguir e pôr em claro o sentido de conceitos; ele tem, no entanto, ao mesmo tempo uma coloração metafísica: que sentido tem tudo isso? O que isso quer dizer para nós? Mas não é tanto isso o que é decisivo. Se ontologia em Heidegger é definida nessa passagem como a pergunta pelo sentido do ente, então a isso já subjaz propriamente a resposta que aqueles dentre os senhores que não se ocuparam especialmente disso já não podem su-

15 Citação não comprovável em Heidegger, que, segundo parece, conhece apenas "sentido de ser" e é assim citado por Adorno na *Dialética negativa*. Ter-se-ia talvez pensado na "caracterização provisória do objeto temático" de *Ser e tempo* como "ser do ente ou sentido do ser em geral" (Heidegger, *Ser e tempo*, op. cit., p.99).

por sem mais: a saber, que o *sentido do ente* deve ser exatamente o *ser*. Com isso, toco agora o complexo propriamente central, que é o essencial para o inteiro problema do ser: a questão da relação de ser e ente ou, como essa oposição é chamada na terminologia grega à qual ela remonta, a diferença entre *τὸ ὄν* – no que o singular do particípio corresponde a nosso conceito de ser – e *τὰ ὄντα* – no que o plural corresponde ao conceito do
19 ente múltiplo, disperso e individuado. // Os senhores podem pensar de início (a gramática pode induzi-los a isso) que ser não é nada senão o conceito superior de todo ente; isto é, que todos *όντα* reunidos sejam precisamente o ser. Ora, o decisivo e aquilo em que toda a problemática da ontologia se esconde como que numa casca de noz é que de todo modo as formulações determinantes do programa da ontologia contestam justamente isso; que, para ela, portanto, o ser não é simplesmente o conceito mais geral, que abarca sob si todo ente particular, mas sim que, diante disso que é abarcado, o ser mesmo deve ser algo qualitativamente outro.

Isso talvez soe muito místico para os senhores. Mas os senhores podem obter clareza de modo relativamente fácil sobre o que aqui é dito se pensarem agora em um conceito que, no pensamento cotidiano, se contrapõe diretamente ao conceito de ser, e que também em Hegel lhe é contraposto: a saber, o conceito de *essência* [*Wesen*]. Chama-se essência aquilo que, em todo ente, possibilita de fato esse ente segundo seu conceito; todo ente deve ter uma essência. Portanto, se percebemos, por exemplo, todas aquelas roupas e blusas nesta sala que são de alguma nuance qualquer de vermelho, então a essência dessas roupas ou blusas seria justamente o vermelho em geral, que,

como se diz na fenomenologia, se perfila[16] nos vestidos ou trajes vermelhos particulares. A diferença entre ambos – e penso que é decisivo que os senhores retenham isso desde o começo, de início apenas terminologicamente, a fim de que compreendam acerca de que é realmente a negociação sobre o ser – a diferença deve ser então a de que o ente, *τὰ ὄντα*, é simplesmente o que é fato, o que, como se diria com a terminologia de Schopenhauer e, de resto, também com a de Husserl, é individuado no espaço e no tempo. O individual, particular no tempo e no espaço, corresponderia então a *τὰ ὄντα*. E, em contraste, está a essência puramente conceitual e de ordem prévia a ele, que deve ter validade como um abstrato, independente dessa indivi-
20 duação. Essa essência, quando se // encontra no nível mais elevado de abstração, deve ser *τὸ ὄν*. É esse então, para começar, o conceito de ser com o qual os senhores terão aqui de se ver. Eu lhes expliquei esse conceito de ser de início do modo mais simples, como se chega a ele na consciência cotidiana; ou seja, pela abstração de que há uma essência do vermelho, independente das individuações particulares do vermelho que se encontram.[17] E, de modo bastante semelhante, pode-se então formar também um abstrato mais elevado de ser – independente dos respectivos entes particulares apreendidos sob ele. De todo modo, esse é, geneticamente, o caminho que se percorre para a formação

16 Sobre o conceito fenomenológico de perfilamento (*Abschattung*), cf. NaS IV.13, p.442, nota 280.

17 Sobre a visão de essências (*Wesensschau*) fenomenológica de "vermelho", cf. também na *Metacrítica da teoria do conhecimento* as seções "Origem da 'visão de essências'" e "Abstração ideadora" (Adorno, *Para a metacrítica da teoria do conhecimento*: estudos sobre Husserl e as antinomias fenomenológicas, p.168 *ss.*; GS 5, p.102 *ss.*).

desse conceito de ser, que (como acredito ter-lhes mostrado aqui) tem de início muito mais a ver com essência do que com aquilo que os senhores estão inclinados em geral a compreender como ser. Mas (é o que quero ainda lhes dizer sobre isso) não é nenhum acaso que a filosofia ontológica em sua forma mais consequente nomeie esse algo que ali se chama ser como ser, e não como essência. Ela faz isso pelo seguinte motivo – e com isso já estou em uma tese central que é própria à ontologia moderna, em todo caso, em sua figura mais radical: ela diz que é uma mera ilusão ou uma mera má compreensão do pensamento científico, abstratizante, ordenador e classificador o fato de primeiro derivarmos de todo ente particular esse conceito de ser; que o ser é um secundário em relação ao ente; que ele é, por assim dizer, um reflexo incorreto do estado de coisas em uma consciência que, como Heidegger diria, "perdeu o ser" ou não domina mais realmente de modo algum o conceito de ser. Talvez hoje ele fosse tão longe a ponto de dizer que *sensu strictissimo* ser não é afinal de modo algum um conceito. Esse ser não deve ser então, por exemplo, o abstrato mais elevado que se alcança ao se deixar de fora todas as individuações particulares do ente espacial e temporal; mas, na realidade, esse ser deve ser sim o prévio, mais elevado, primeiro e constitutivo por excelência, e em face dele o ente particular é ora apenas o secundário. Ou: o existente [*Daseiendes*] particular individual deve talvez ser
21 também, como ele o exprime, apenas um // "modo de ser" do ser – e de modo algum o ser pura e simplesmente.

Sobre isso, quero lhes oferecer, no entanto, ao menos uma curta indicação histórica. Pois essa tese da ontologia fundamental, que talvez de início lhes seja atordoante e desconcertante, essa tese que, quase quero dizer, constitui o seu sal;

essa tese, que constitui aquilo através do que ela se distingue da consciência ordinária, tem uma longa história prévia e não é algo que simplesmente tenha caído do céu nessa filosofia. O professor de Heidegger, Husserl, foi quem primeiro tentou desenvolver um método através do qual eu devesse ser capaz de me assegurar das essencialidades independentemente dos entes particulares, ou seja, de modo imediato "na intuição" – em vez de obter essas essencialidades pela abstração dos entes particulares e determinados. Essa é a célebre visão de essência ou intuição categorial de Husserl. E esse conceito da consciência imediata da essência, no lugar da simples abstração da essência do ente singular, permanece também como pressuposto de toda a filosofia de Heidegger. Nesse sentido, Heidegger permaneceu de fato, talvez até suas obras mais tardias, por toda sua vida um husserliano, um fenomenólogo, tendo apenas estendido esse conceito da consciência imediata das essencialidades à mais elevada "região", como Husserl diria, que nos é em geral acessível: a saber, à região de todo ente em geral que me deve ser acessível de modo imediato como essência, independente da individuação espaçotemporal do ente singular. E justamente isso ele chama de ser.

22

// Aula 2
10 de novembro de 1960

Da última vez, avançamos certas considerações elementares sobre o significado da palavra "ontologia" e sobre a assim chamada questão do ser. Tudo isso, de início, com a intenção de lhes dar uma ideia a mais precisa possível do que aqui se falará em geral. Chamei-lhes a atenção para um dos temas fundamentais da filosofia ontológica – aliás, de modo algum apenas da filosofia ontológica de hoje –, a saber, para a relação do ser, *τὸ ὄν* (apesar de que essa não é de modo algum uma tradução literal), com o ente, *τὰ ὄντα*, com as coisas particulares que são, com o fático; aquilo que, enquanto fato, se costuma contrapor à essência; o individuado no tempo e no espaço. Nisso, eu já havia lhes chamado a atenção para o fato de que sob o tema ontologia não recai apenas a doutrina do ser no sentido mais puro, ou seja, no sentido que, por princípio e de modo radical, destaca dos entes o conceito de ser; mas sim que a ontologia compreende a si mesma como a pergunta pelo ser do ente, o que implica justamente que um tema da filosofia ontológica deve ser não apenas aquele ser puro sobre o qual os senhores leem principalmente nos escritos tardios de Heidegger, mas

também a relação dessa excêntrica categoria "ser" com o ente, que é então interpretado de modo bastante diverso em relação a esse ser. E, nesse sentido, a questão do ser, segundo uma citação de Heidegger que eu havia lido e interpretado para os senhores, deve ser na verdade a pergunta pelo sentido do ente ou a pergunta pelo ser do ente. Ontologia no sentido usual, nesse sentido muito radicalmente crítico de algo de ordem prévia a todo ente, portanto: compreende-se por isso algo como as ideias, os conceitos mais elevados de todas as regiões particulares possíveis, ou seja, as categorias estruturais que há para constituir campos particulares. Do mesmo modo que se pode-
23 ria falar de uma ontologia da ética como a suma // de todos os princípios éticos mais elevados, ou também de uma ontologia da física (ainda que, com razão, esse modo de falar deva arrepiar os cabelos dos cientistas naturais) como a suma dos princípios axiomáticos da física teórica, caso ela tenha algo assim. Também já lhes assinalei o problema da relação dessas unidades regionais mais elevadas com a ontologia, quando lhes disse que a ontologia em geral contém algo duplo, a saber, a questão pela assim chamada estrutura do ser e, além disso, a questão pelo conceito do ser ele mesmo. Na figura que a ontologia encontrou em Heidegger e que provavelmente se associa hoje para a maior parte dos senhores, em todo caso, com o conceito de ontologia, nessa figura, é exatamente essa relação entre a estrutura ou as categorias – as categorias fundamentais do ente em geral ou os âmbitos particulares do ser – com o conceito do ser ele mesmo que agora é problemática e constitui diretamente o tema. Se a ontologia heideggeriana se caracteriza como ontologia fundamental, nisso está posta a reivindicação peculiar de que, em face das ontologias dos campos de objetos ou dos

campos científicos particulares ou, como prefiro, também das ontologias do ente, ainda deve ser colocada uma questão fundamental ulterior da qual essas ontologias particulares, por sua vez, dependem primeiramente. O sinal da reivindicação filosófica especificamente metafísica que as ontologias contemporâneas levantam é então, propriamente, que essa assim chamada pergunta ontológica pelo *sentido do ser ele mesmo* é preordenado à pergunta pelo *ser do ente*, pergunta como a qual a ontologia igualmente entende a si mesma. Esse caráter preordenado da pergunta pelo ser em relação às regiões mais elevadas, aos conceitos mais elevados e gerais dentre todas as classes possíveis de ente, esse caráter preordenado, como os senhores verão, é então decisivo, pois nele se oculta propriamente o problema da possibilidade da ontologia em geral. Isto é, se é possível pensar afinal uma tal doutrina pura do ser em relação a uma doutrina da ordenação do ente em geral. Por isso, os senhores precisam
24 guardar muito bem essa diferença // – da ontologia como uma pergunta pelo sentido do ser em distinção da pergunta igualmente ontológica pelas regiões do ente –, pois, na verdade, as considerações centrais que faremos para a crítica da ontologia dependem exatamente desse conceito de ontologia elevado à segunda potência; ou seja, da pergunta se não é o caso de que a investigação dos modos de ser ou do ser dos entes seja precedida ainda por uma pergunta pelo ser pura e simplesmente. Dessa pergunta, na verdade, da possibilidade dessa pergunta e da sua resposta estreitamente vinculada a essa possibilidade, depende, por fim, a pergunta pela possibilidade da própria ontologia.

Antes de eu procurar elucidar isso para os senhores em uma passagem de Heidegger – sei que isso é uma imposição um pouco dura, mas não podemos evitá-la se os senhores quiserem compreender a sério a problemática ontológica e não se contentar com mero palavreado sobre ela –, antes de tratar disso, então, de modo mais próximo, a fim de leva-los a entender o que aqui se quer dizer em geral, pois os senhores só podem refletir criticamente sobre essas coisas quando tiverem primeiro simplesmente entendido de que se trata, eu queria apenas corrigir um pequeno descuido terminológico que cometi na última aula quando lhes esclareci a diferença básica para toda a ontologia entre *τὸ ὄν*, ser, e *τὰ ὄντα*, ou também entre *εἶναι*, ser, como se diz na mais famosa passagem de Aristóteles,[18] e os entes particulares. Acostumou-se desde Heidegger, e essa bem que foi uma inovação terminológica feliz, acostumou-se a se designar o problema dessa diferença entre ser e ente, que se reflete em nossa língua na diferença aparentemente muito simples e quase arbitrária entre um infinitivo e um particípio,*

18 Cf., por exemplo, Ralfs, "Was bedeutet die Aristotelische Formel *τὸ τί ἦν εἶναι*?" [O que significa a fórmula aristotélica *τὸ τί ἦν εἶναι*?], em *Lebensformen des Geistes: Vorträge und Abhandlungen* [Formas de vida do espírito: conferências e ensaios], p.30: "Aristóteles faz um uso frequente da curiosa fórmula *τὸ τί ἦν εἶναι*. Ela não se encontra apenas constantemente nos livros dos princípios e da substância da *Metafísica*, mas também no *Organon*, na *Ética a Nicômaco* e no *corpus* dos escritos de filosofia da natureza, ou seja, em todo o âmbito da pesquisa dos fundamentos. Essa fórmula faz parte manifestamente dos conceitos fundamentais de Aristóteles, mas ainda não se alcançou uma interpretação convincente de seu conteúdo conceitual que fosse universalmente reconhecida". Sobre a "mais famosa passagem de Aristóteles", Adorno possivelmente deve ter pensado em *Metafísica* Γ 1 1003 a 20 *ss*.

* "O ser" e "o ente", respectivamente *das Sein* e *das Seiende*, são formados por substantivização, respectivamente, do infinitivo e do particípio do verbo ser em alemão. (N. T.)

acostumou-se a designar essa diferença ou o problema dessa diferença como o problema da *diferença ontológica*.[19] Entende-se por
25 diferença ontológica, portanto, a diferença entre ser e ente // – no que essa diferença designa tanto uma distinção quanto, segundo a concepção da ontologia, também por sua vez uma ligação entre os dois momentos: pois o ente deve possuir para a ontologia um caráter-chave destacado para o ser. E, inversamente, sem a compreensão do ser, segundo Heidegger, não é possível de modo algum obter uma compreensão do ente e, assim, das assim chamadas ontologias regionais. Falamos, portanto, dessa diferença entre ser e ente no conceito do próprio ser sempre que eu vier a utilizar a expressão "diferença ontológica". Peço-lhes que retenham isso com cuidado. Pois apenas se os senhores guardarem bem desde o início essa fixação terminológica – em si mesma, algo arbitrária –, os senhores serão capazes de compreender de que se trata para nós.

Volto-me agora à passagem de Heidegger na qual se distingue a assim chamada ontologia fundamental, no sentido de uma pergunta pelo ser, no sentido da questão do ser, da ontologia no sentido da doutrina dos conceitos e enunciados mais elevados do ente, dos âmbitos objetuais mais elevados – como o conceito de ontologia, aliás, foi reintroduzido na filosofia

19 O conceito parece não ter sido ainda usado em *Ser e tempo*, mas se encontra na maioria dos escritos tardios de Heidegger desde *A essência do fundamento*, publicado pela primeira vez em 1929. Cf. também a tese de Kurt Jürgen Huch, aluno de Karl Heinz Haag, na qual é tratada também a pré-história da categoria heideggeriana no idealismo alemão (Huch, *Philosophiegeschichtliche Voraussetzungen der Heideggerschen Ontologie* [Pressupostos histórico-filosóficos da ontologia heideggeriana], p.21 *ss*.).

recentemente por Edmund Husserl.[20] Virei muito em breve também a falar ainda em detalhes desse conceito de certo modo pré-ontológico de ontologia (se é que posso exprimi-lo assim), a fim de que os senhores venham a entender também aqui tanto a relação da filosofia heideggeriana de início com a fenomenologia quanto a sua diferença. A passagem de Heidegger se encontra então na sua obra principal, *Ser e tempo*, relativamente no início, e na sexta edição alemã, de 1949, está na página 11. Eu a leio para os senhores: "Mas tal perguntar" – ele quer dizer, com isso, ontologia no sentido de perguntar por verdades constitutivas; mais ou menos como em Aristóteles e Tomás de Aquino se pergunta por tais verdades –, "mas tal
26 perguntar – ontologia no sentido mais amplo // e que não se apoia em orientações e tendências ontológicas – ainda requer ele mesmo um fio condutor. O perguntar ontológico é, sem dúvida, mais originário do que o perguntar ôntico das ciências positivas".[21] Para explicar, quero lhes dizer o seguinte. Os senhores precisam distinguir com rigor aqui três níveis. Há, de início, o perguntar ôntico. Ele é, dito de modo bem simples, o

20 Husserl, que distingue ontologia formal e material, já trata de fato de questões ontológicas nos *Prolegômenos* [*para uma lógica pura*], de 1900, o primeiro volume das *Investigações lógicas*, mas só vem a utilizar o conceito "ontologia" a partir das *Ideias* [*para uma fenomenologia pura e para uma filosofia fenomenológica*], de 1913: "Como na ocasião [1900] ainda não ousei adotar a expressão 'ontologia', chocante por razões históricas, designei aquela investigação [...] como parte de uma '*teoria apriorística dos objetos como tais*' [...]. Agora, ao contrário, como os tempos são outros, considero mais correto fazer valer de novo a expressão 'ontologia'" (Husserl, *Ideias para uma fenomenologia pura e para uma filosofia fenomenológica: introdução geral à fenomenologia pura*, p.48, nota 12).

21 Heidegger, *Ser e tempo*, p.57.

perguntar imediato e ingenuamente científico sobre o que é o caso: qual lei fonética vale para qual período; que enunciados matemáticos particulares são válidos ou o são possivelmente apenas de modo limitado; ou quais acontecimentos históricos teriam acontecido em que tempo e com que certeza. Tais questões são de início questões ônticas. Em contrapartida, há o perguntar ontológico, se se quiser, em sentido ingênuo: ou seja, o perguntar que vai então aos princípios mais elevados que são constitutivos de cada ciência, por exemplo: que princípios fundamentais valem para a História em geral? O que é a história? O que é motivação na história? O que é causalidade na história? O que é algo historicamente relevante? Ou o que são regularidades na Filologia? Ou, como eu lhes disse há pouco: o que são, por exemplo (caso ainda se conte com algo assim hoje), os axiomas imutáveis da Física teórica? Isso é o que Heidegger chama de perguntar ontológico em sentido ingênuo: a pergunta pelo fundo básico de verdades, no modo como essa pergunta deve estar na base, enquanto verdades sobre o ente, a todo ente em disciplinas particulares – e nisso se pensa em disciplinas científicas. Esse perguntar ontológico, diz ele então, é, por certo, mais originário comparado com o perguntar ôntico das ciências positivas – ou seja, as questões simples sobre o que é o caso, que eu lhes mencionei antes. "Ele permanece, todavia, ingênuo e não transparente, se suas pesquisas pelo ser do ente deixam de discutir o sentido de ser em geral."[22] Os senhores podem, segundo Heidegger, perguntar assim pelo ser do ente em determinada ciência; os senhores podem, então, em
27 vez de simplesmente perguntar por // fatos históricos, pergun-

22 Ibidem.

tar o que é o movimento histórico, o que é a história em geral. Ou os senhores podem, para dizer de modo bem simples e despido dessa terminologia prolixa, considerar quaisquer tais perguntas no interior da ciência; os senhores podem, enquanto cientistas ou conhecedores, fazer refletirem em si os conhecimentos que os senhores possuem, e podem meditar sobre o que esses conhecimentos significam e a que enunciados mais elevados e gerais eles remontam. No entanto, ele diz, se aqui os senhores também levarem em conta o ser do ente, ou seja, algo como o que primeiro faz de algo histórico algo histórico em geral; se isso também, segundo Heidegger, deve ser mais originário, o que quer então dizer, mais profundamente constitutivo do que as questões históricas particulares, então mesmo isso ainda é, todavia, ingênuo e permanece ainda irrefletido na operação do conhecimento das ciências particulares ou na operação da consciência cotidiana, se os senhores não tiverem em conta o conceito de ser ligado a isso, isto é, o que é constitutivo para a História, o que o é para a Física – se os senhores não tiverem em conta ainda mais uma vez esse conceito de tal modo que nisso os senhores esbarrem naquilo que é o sentido de ser em geral, isto é: o que ser em geral propriamente significa.

"E", Heidegger prossegue, "precisamente, a tarefa ontológica de uma genealogia dos diversos modos de ser possíveis que não seja construída dedutivamente requer um entendimento prévio de" – e é esse então o tema próprio da ontologia, compreendido o conceito de modo radical –, "'o que visamos pois propriamente com essa expressão ser'."[23] Chamo-lhes aten-

23 Ibidem.

ção de passagem para o que eu lhes havia dito, que o conceito de sentido é ambíguo nessa filosofia: que ele às vezes significa algo como "sentido metafísico" e às vezes é simplesmente um conceito de análise do significado, ou seja, que ele de início deveria visar aquilo que um termo significa e que, então, em todo caso conforme o método, a interpretação semântica do ser tem a prioridade na ontologia fundamental. Isto é, que a
28 pergunta // pelo sentido de ser aqui não quer realmente dizer de início – segundo as boas e velhas regras do jogo fenomenológico – senão que os senhores devem compreender o que se visa propriamente com a palavra "ser". Só que justamente em Heidegger, de modo estranho, todas essas categorias começam a ganhar uma fluorescência e de certo modo sempre significam algo mais e algo outro do que aquilo que elas significam na passagem do texto. Isso é uma coisa bastante distintiva do clima dessa filosofia. E, aliás, é algo que, sob o aspecto da dialética, não é de modo algum simplesmente algo como um defeito, mas é algo no que, se eu puder dizê-lo, se encerra ao mesmo tempo o fato positivo e muito profundo de que efetivamente todo conceito particular que utilizamos quando não falamos no sentido já delimitado das regras do jogo científico significa mais do que ele pode significar apenas no sentido de sua definição na passagem do texto. Heidegger prossegue: "Por isso, a questão do ser tem por meta uma condição *a priori* da possibilidade não só das ciências [...]". Isso eu já lhes havia dito; a compreensão do sentido da palavra e do conceito "ser" em geral é, nesse sentido, ainda prévia às categorias e aos axiomas fundamentais, aos princípios presentes no interior das ciências particulares e, consequentemente, é uma esfera que, no sentido dessa filosofia, deve por sua vez primeiro constituir as ciên-

cias e o pensamento científico em geral. Portanto: não só das ciências "que pesquisam o ente como tal ou tal e nisso já se movem cada vez em uma compreensão de ser, mas [a questão do ser tem por meta] também a condição da possibilidade das ontologias mesmas que precedem as ciências ônticas e as fundam".[24] Poder-se-ia então dizer que aqui se distingue entre as ontologias do ôntico, ou seja, entre aquilo que faz de determinadas regiões do ente regiões desse ente, e questões *propriamente* ontológicas, que vão ao conceito de ser ele mesmo. "Toda ontologia", assim prossegue Heidegger, "por rico e firmemente articulado que seja o sistema de categorias à sua disposição, no
29 fundo permanece cega e // se desvia de sua intenção mais própria, se antes não elucidou suficientemente o sentido de ser e não concebeu essa elucidação como sua tarefa fundamental."[25] A elucidação, portanto, do sentido de ser, do seu significado do que "ser" quer dizer, é a tarefa própria da ontologia compreendida nesse sentido radical – e que se chama então justamente ontologia fundamental. Essa é a diferença da ontologia fundamental das ontologias particulares e formuladas concretamente, como é o caso numa medida tão extraordinariamente ampla em Nicolai Hartmann ou na neoescolástica.

Quero agora apenas já lhes chamar atenção para um problema presente nessa passagem de Heidegger, passagem que talvez tenha ajudado a explicitar para os senhores a abordagem específica com a qual lidaremos aqui. Tentei elaborar para os senhores certos motivos dessa abordagem em sua plausibilidade. Agora, todavia, já preciso lhes dizer que essa abordagem, como

---

24 Ibidem.

25 Ibidem.

a apresentei para os senhores, eu de modo algum consigo simplesmente engoli-la do modo como ela lhes foi oferecida. Mas, nisso, quero lhes dirigir duas questões, quais sejam: quando ele diz que o perguntar ontológico é mais originário do que o perguntar ôntico das ciências positivas, então se encerra – e creio que os senhores fazem bem em já dedicar alguma atenção a isso, a fim de que adentrem no clima dessas considerações –, então nisso na verdade já se encerra até um certo grau a decisão sobre a questão que Heidegger mesmo designa como a questão central, como a assim chamada *questão do ser*, como a tarefa da ontologia fundamental. Nisso já se encerra o fato de que de início as ontologias das ciências positivas particulares, seus sistemas de axiomas, devem ser mais originárias do que os resultados particulares nelas inscritos. Poder-se-ia então responder a isso de início geneticamente – e creio que todo cientista prudente faria isso –, responder que a via própria a essas ontologias regionais, ou seja, a essas assim chamadas verdades fundamentais
30 das ciências particulares, é, em geral, a inversa. // Ou seja, que, no trabalho científico concreto, na pesquisa, elas emergem de certo modo como a estrutura, e que são secundárias em relação às constatações sobre aquilo que é o caso, das quais elas são extraídas. Nessa medida, considerada geneticamente, a pergunta pela origem seria no mínimo muito questionável. Também poder-se-ia dar a forma bastante simples e modesta, dizendo que a maior parte das ontologias do ente concreto são, na realidade, abstrações obtidas a partir do ente concreto. Ora, Heidegger e todo heideggeriano ficariam agora extremamente irritados e nos replicariam com veemência que o sentido de originariedade justamente não é esse. Ou seja, que o originário não é o

genética ou temporalmente anterior, mas que o ainda mais originário é justamente o ontologicamente mais originário. Quer dizer, que se está mais perto desse "ser" enigmático e estranho no fato de que ele é mais imediato ao ser do que todo o mais. No entanto, se os senhores, a fim de escapar das interpretações historicamente genealógicas ou genéticas, apartarem assim do tempo o conceito de originariedade e o relacionarem à ontologia como um conceito do que é de antemão mais originário, então nisso na verdade já está previamente decidido o que é em geral o tema da problemática ontológica – a saber, justamente o caráter preordenado do ser em relação ao ente. Encontra-se, portanto, nessa passagem central dessa filosofia uma *petitio principii*.[26] Aquilo que deveria ser propriamente demonstrado, ou seja, a previedade do ser em relação às regiões do ser particulares e, por completo, em relação ao ente particular, é pressuposto como algo que já está inscrito no conceito de originariedade.

Heidegger, que é um pensador extraordinariamente perspicaz, obviamente também viu esse problema; e ele conferiu a esse problema a expressão extraordinariamente engenhosa de

---

26 *Petitio principii*, literalmente, petição de princípio; na lógica tradicional: erro na demonstração. Cf. Aristóteles, *Analíticos anteriores*, Lv.II, cap.16 (64b 28 *ss*.), na tradução alemã de [Eugen] Rolfes; "a petição e pressuposição do originalmente questionado (*petitio principii*) consiste, compreendida em geral, em que se deixa sem demonstração o problema de que respectivamente se trata. Isso todavia pode acontecer de diversos modos: seja de modo que afinal não se tira uma conclusão, seja de modo que se parte do mais desconhecido ou do igualmente desconhecido, ou de modo que se conclui do posterior o anterior. Pois a (verdadeira) prova precisa se apoiar no que é crível e anterior" (Aristóteles, *Philosophische Schriften*, op. cit., v.1, p.128).

que não se trataria, para a filosofia, de escapar da argumentação
31 circular, mas sim // de nela adentrar no lugar correto.[27] Quero conceder que há algo de bastante correto nisso, ou seja, que a ideia de que seria possível começar simplesmente do zero e indicar algo de absolutamente primeiro em relação ao derivado, ideia que está na base dessa agitação permanente ao redor da argumentação circular e da *petitiones principii*, que essa ideia mesma tem algo de quimérico e deságua fundamentalmente em um subjetivismo extremo – a saber, na noção de que o absolutamente primeiro pode ser perseguido a partir de determinações puras do pensamento. Até aí eu concederia a Heidegger esse argumento, que quero mencionar aos senhores agora. Mas o que quero dizer é que há uma distinção, uma diferença: entre, de um lado, a qualificação necessária do contínuo perguntar, e perguntar e perguntar novamente – que se pode imputar bem mais a Heidegger do que, por exemplo, às filosofias dialéticas – e, de outro lado, um pensamento que sustenta o conceito de originariedade como o do ser primeiro e verdadeiro por excelência, mas nisso já estipula de antemão para si fundamentalmente, pela *definição* de originariedade, aquilo que é, por assim dizer, o

27 Cf. Heidegger, *Ser e tempo*, op. cit., p.433: "O cumprimento das condições fundamentais de um possível interpretar reside [...] em que antes não se deixe de compreendê-la no que diz respeito a suas condições essenciais de execução. O decisivo não é sair do círculo, mas nele penetrar de modo correto. Esse círculo (*Zirkel*) do compreender não é um círculo (*Kreis*) em que se move um modo de conhecimento qualquer, mas é a expressão da *estrutura prévia* existenciária (*existenzialen*) do *Dasein* ele mesmo. O círculo não deve ser rebaixado a um *vitiosum* [círculo vicioso], nem mesmo um apenas tolerado. Nele se abriga uma possibilidade positiva do conhecimento o mais originário [...]".

próprio *thema probandum*, a saber, justamente a previedade do ser em relação ao ente, ou seja, aquilo que constitui propriamente o seu sal. Compreendam-me bem: quero dizer com isso que a contraobjeção que Heidegger dirige à objeção meramente lógica que levantei aqui, que essa objeção pode certamente valer em geral, mas não é válida na passagem, na qual dessa maneira o conteúdo da inteira filosofia da qual aqui se trata é, de certo modo, pressuposto como algo dado já de antemão. Exatamente essa intuição: que a filosofia é, na verdade, uma tautologia; que a filosofia não é capaz senão de explicitar aquilo que ela ao mesmo tempo já pôs – isso é justamente a essência daquela filosofia idealista da qual, como veremos, a filosofia ontológica pretende tão enfaticamente se distanciar. E por isso a tese da
32 maior originariedade das // ontologias em relação ao ôntico, e, depois, da ontologia fundamental em relação às ontologias particulares, é algo de tão sumamente problemático. Independentemente disso, já quero lhes chamar agora a atenção para o fato de que nesse culto mesmo do conceito de originariedade está, todavia, o fato de que o primeiro, aquilo ao qual um algo outro remete de um modo não temporal qualquer que seja, o fato de que ali já está uma pretensão que não é afinal ela própria tão pouco problemática: a pretensão – e aqui, apesar de todas as suas pretensões na direção contrária, a ontologia é realmente tradicionalista – de que a *prima philosophia*, ou seja, o primeiro e o que vem no princípio, a ἀρχή, seja mais verdadeira, melhor, mais profunda do que tudo o que segue, ou, como Nietzsche uma vez caracterizou ironicamente esse tipo de pensamento: está em sua base a superstição de que a verdade não poderia ter surgido, mas que aquilo que não surgiu, o originário, jus-

tamente por isso precisaria ser o mais verdadeiro.[28] Acredito que a diferença realmente decisiva que há entre o pensamento ontológico e o fenomenológico, de um lado, e, do outro, o pensamento dialético deve ser procurada no fato de que esse primado do primeiro, para exprimi-lo de forma paradoxal, que essa "primeiridade", essa previedade do primeiro, ou a redutibilidade ao fundamental, justamente no modo como é afirmada pela ontologia não pode ser aceita. E acredito que o nervo da crítica da ontologia em geral, da crítica imanente da ontologia, se liga justamente à crítica do conceito de originariedade, posto que de modo dogmático – conceito que, aliás, não à toa tem sobretons que só um preconceito forçado pode ver fora de seu nexo com determinadas tendências políticas e sociais.

Permitam-me outra vez – pois para mim é importantíssimo que os senhores realmente vejam com muita clareza e realmente compreendam essas coisas das quais tratamos agora –, permitam-me outra vez apresentar-lhes a coisa mais ou menos assim.
33 // Heidegger diz, portanto: eu não nego em absoluto que procedo em círculo, na medida em que todas as demonstrações ou reflexões que emprego para demonstrar a maior originariedade do ser em relação às ontologias particulares e a todo ontológico e todo ôntico particular já pressupõem elas mesmas o projeto da ontologia fundamental. Mas isso é então o último, com o qual eu começo; é, por assim dizer, o grãozinho de casualidade e arbitrariedade sem o qual o pensamento humano em geral não pode passar. Diante disso, digo então que essa

28 Cf. a citação de Nietzsche, *Crepúsculo dos ídolos* na seção "O permanente como verdadeiro" da Introdução de Adorno, *Para a metacrítica da teoria do conhecimento*, p.53 *s*.; GS 5, p.25 *s*.

argumentação de Heidegger, em princípio, certamente tem em absoluto a sua legitimidade, mas sua amarração é muito frouxa para alcançar aquilo de que aqui realmente se trata. É mais ou menos como se Kant dissesse: de fato, que haja algo como categorias e como formas da intuição, isso é, por assim dizer, prévio a toda a *Crítica da razão pura*, e na dedução dos conceitos puros do entendimento e na estética transcendental, fundamentalmente, não posso demonstrar senão aquilo que na verdade já pressuponho de antemão. Kant diz em uma passagem que o fato de que eu tenha essas categorias e essas formas da intuição, e nenhuma outra, que esse fato, por fim, se subtrai a uma dedução – e que aqui, portanto, há um último, um dado, um algo a ser simplesmente aceito, um algo, por sua vez, irredutível. Mas isso não o poupa então dos mais extenuantes esforços para agora realmente demonstrar, para seguir Kant aqui, por exemplo, que espaço e tempo nem subsistem sem nossos fenômenos nem são a eles inerentes. A filosofia assume aqui para si com toda a seriedade a tarefa de explicitar no *medium* do pensamento e de tornar rigorosa essa sua concepção fundamental. Justamente essa reivindicação é negada por princípio pela abordagem heideggeriana. E se os senhores sempre voltam a ouvir e a ler que a filosofia heideggeriana se tornou paulatinamente uma mística, nisso não se deve enxergar um mero sinal de velhice do filósofo, que se enamorou cada vez mais do con-
34 ceito de ser, mas // essa virada para o que se chama de mística está, na verdade, contida justamente nesse momento que lhes indiquei aqui. Isso também poderia ser talvez expresso assim: que, nesse sentido, essa filosofia contém em si uma fratura e um momento de inverdade ao qual ela dificilmente pode se subtrair; que é verdade que, de um lado, ela se vale da linguagem, dos meios da lógica discursiva, e levanta todas as pretensões

que, por fim, são as pretensões do pensamento, mas nisso, ao mesmo tempo, sempre tem o gesto da esotérica, isto é, sempre diz uma espécie de abracadabra, de abracadabra não pronunciado; que, enquanto ela se comporta para conosco como algo a ser pensado [*gedacht*] ou, como Heidegger preferencialmente diria, meditado [*be-dacht*] na qualidade de filosofia, na verdade o pensamento não lhe é de modo algum o suficiente. Mas não o conseguirá quem não o sente[29] – e mesmo isso ainda seria certamente por demais ordinário; mas sim: a quem ele não se "desabriga" [*entbirgt*]* ou para quem o ser não "clareia" [*lichtet*], a esse resta justamente o obscuro. Ora, todo homem tem o direito a doutrinas esotéricas, e eu seria o último a contestar esse direito se essas doutrinas emergissem abertamente de fato com o caráter que elas reivindicam implicitamente. O que é questionável aqui é justamente a fusão desse momento com a pretensão racional que está necessariamente contida na filosofia, na linguagem conceitual, no método de distinção conceitual e também, principalmente, no método básico, isto é, o método da análise de significado.

Minhas senhoras e meus senhores, quero lhes dizer muito brevemente ainda ao menos umas poucas palavras sobre a dimensão histórica dessa assim chamada questão do ser. Não tenho a intenção de lhes traçar aqui algo como uma história

---

29 Cf., Goethe, *Fausto*: "Não o conseguirá quem o não sente,/ A quem não fluir do peito sem requintes,/ Para, com gosto onipotente,/ Conquistar todos os ouvintes./ Juntai, fervei aqui e ali,/ Guisados com o manjar vizinho,/ E das escassas cinzas expeli/ O vosso flamejar mesquinho" (Goethe, *Fausto: uma tragédia*, Primeira parte, p.75).

* Seguimos as opções de Marco Aurélio Werle em sua tradução de Heidegger, "A questão da técnica", para os verbos *entbergen* e *lichten*. (N. T.)

do conceito de ser, ainda que essa seja uma tarefa tentadora, e ainda que a dialética do próprio pensamento filosófico possa, na verdade, ser desenvolvida com a história do ser em geral. A questão enfática do ser, como está presente em Heidegger,
35 vem de um filósofo que // desempenha em geral, para esse pensamento como um todo, um papel crucial singular, na medida em que esse pensamento, por um lado, se associa a ele, mas, por outro lado, ao mesmo tempo o recusa como não radical, profundo ou originário o suficiente. Trata-se de Aristóteles, em quem essa pergunta pelo ser está posta na célebre fórmula *τί ἦν ὄν*. Essa pergunta *τί ἦν ὄν* é traduzida em geral por: o que afinal é propriamente o ser – e nisso duas coisas chamam a atenção. Em primeiro lugar, que aqui não é o infinitivo *εἶναι* que está aqui para "ser", mas justamente o particípio *ὄν*, que estamos acostumados a considerar como o ente individual. Isso é uma coisa estranha, pela qual, todavia, a ontologia fundamental em geral passa por alto, pois justamente não lhe convém que na ontologia antiga, ainda não refletida em si mesma, a diferença ontológica ainda não seja de modo algum tematizada, como em Heidegger. De que modo ela também é tematizada na filosofia antiga, sobre isso eu terei algumas palavras para lhes dizer. Mas ainda mais estranho nisso é o *ἦν*, que literalmente quer dizer "era", e não algo como "é". Não quero entrar nos problemas filológicos que estão envolvidos nisso; trata-se, de fato, de questões muito difíceis. Obviamente, esse *ἦν* já induz a interpretar a pergunta pelo ser no sentido do "velho verdadeiro", como se fala em Goethe;[30] ou seja, no sentido daquilo que

30 Cf. O poema de Goethe, *Vermächtnis* (Legado): "O verdadeiro foi há muito encontrado,/ e uniu os espíritos nobres:/ o velho verdadeiro, tome-o!/ Agradeça-o, filho da terra, ao sábio/ que a ela o girar ao

deve ter sido desde sempre, no que se inclui a ideia da ἀρχή – e na filosofia grega mais antiga, na pré-socrática, o conceito de ἀρχή já tinha também o curioso duplo sentido da origem, do primeiro, do mais antigo, ἀρχαῖος significa o antigo imemorial, e se chamam ἀρχή também os princípios mais elevados e universais de cada um dos projetos de mundo, com os quais nós temos lá algo a ver. Provavelmente partiu desse ἦν uma sugestão; e não se perguntou de modo enérgico o bastante se precisamente nessa construção temporal de Aristóteles não estaria contido, por sua vez, um resíduo mitológico, ou seja, sobre o qual não se refletiu filosoficamente – apesar de que, na escola
36 de Heidegger, // costumam-se opor exatamente esses traços, como os arcaísmos também do assim chamado pensamento grego clássico, à modernidade, ao caráter de esclarecimento que já era muito forte em Platão e certamente em Aristóteles, e opor com um acento extremamente positivo. Essa questão: o que é propriamente o ser, essa célebre questão fundamental própria da *Metafísica* aristotélica, ao redor da qual a metafísica, em Aristóteles, dá voltas em geral, e que remonta a Platão e ao eleatismo; e ela, na verdade, reflete em si apenas modos de posicionar problemas que já tinham ocorrido nestes. Pois se em Platão o ser verdadeiro, ou seja, a ideia, é distinguido do μὴ ὄν, isto é, do mundo do espaço propriamente, do mundo individualizado, essa já é fundamentalmente uma distinção bastan-

redor do sol/ e aos irmãos o caminho mostrou" ("Das Wahre war schon längst gefunden,/ Hat edle Geisterschaft verbunden;/ Das alte Wahre fass' es an!/ Verdank' es, Erdensohn, dem Weisen/ Der ihr die Sonne zu umkreisen/ Und dem Geschwister wies die Bahn.") (Goethe, *Sämtliche Werke*, v.2: Gedichte 1800-1832, p.685).

te similar à distinção entre *τὸ ὄν* ou *εἶναι*, de um lado, e *τὰ ὄντα*, de outro. Em Platão, essa temática da diferença ontológica já está colocada, de modo bem parecido como o está também em Aristóteles. E, nessa medida, confirma-se aqui o que eu lhes havia expressado antes, na última aula: que o conceito enfático de ser com o qual os senhores têm de se ver na nova ontologia fundamental na verdade não é, *sensu strictissimo*, de modo algum o conceito de ser, mas antes o conceito de *essência* [*Wesen*]. Pois esse conceito de ser provém, como os senhores podem constatar na distinção do verdadeiramente ente e do não ente, do espaço, do *μὴ ὄν*, do mundo da *δόξα*, da aparência – esse mundo do ser é concebido por Platão como o mundo da ideia. De fato, os senhores só compreendem corretamente o conceito de ser da ontologia moderna em geral se o compreendem como uma tentativa de reconstrução do conceito metafísico de uma ideia que é absolutamente em si, no modo como está presente em Platão e como ele o herdou do eleatismo.

37 # // Aula 3
15 de novembro de 1960

Antes de continuar, gostaria de aprofundar um breve raciocínio da última aula, pois disseram que eu talvez não me tenha feito entender claramente nesse ponto, e porque considero muito importante que os senhores compreendam com muita exatidão justamente essas nossas considerações primárias. Refiro-me ao que eu lhes dizia sobre o problema da argumentação circular na filosofia, em particular que Heidegger advoga que não se trataria, na filosofia, de simplesmente evitar argumentações circulares, mas de entrar no local correto desses círculos. Os senhores talvez se lembrarão que eu concordei com essa frase na generalidade com que ela aparece em Heidegger,[31] e que lhes chamei a atenção para o fato de que efetivamente talvez não haja uma filosofia que não estipule alguma coisa. A ideia de uma filosofia *ex nihilo*, ou seja, de um pensamento que se cria a partir de si mesmo, de um *actus purus* – isso não é, à diferença do que se poderia ingenuamente pensar, uma exigência a ser feita à filosofia em geral; ao contrário, essa ideia pressupõe uma posição

31 Cf. nota 11 da Aula 2.

filosófica muitíssimo específica, que, por sua vez, está sujeita à crítica, a saber: a posição de uma filosofia da identidade absoluta, segundo a qual ser e ente podem ser abarcados adequada, perfeitamente e sem resto pelo pensamento puro. E justamente essa tese fundamental – a tese central do idealismo em sentido estrito – é, ao mesmo tempo, algo extraordinariamente controverso na filosofia. Mas devemos, por outro lado, conceder que a filosofia começa em algum lugar; eu acrescentaria ainda que a filosofia não pode pôr o seu princípio puramente a partir de si mesma. E que, por isso, eu concederia que algo de circular está sempre
38 dado até certo ponto, pois as demonstrações // que a filosofia emprega a seu próprio modo são, em geral, aquelas demonstrações que convergem justamente para aquilo que, de certo ponto de vista, estava posto teticamente desde o início. Volto a Kant para ilustrar o que tenho em mente: quando, na *Crítica da razão pura*, parte-se do pressuposto de que há juízos sintéticos *a priori*; quando, em outras palavras, parte-se do pressuposto de que há matemática pura e física teórica pura, a argumentação da *Crítica da razão pura* converge de fato no sentido de mostrar que há, em larga medida, justamente esses juízos sintéticos *a priori*. Pois a questão sobre *como* são possíveis juízos sintéticos *a priori* – com a qual Kant já faz a concessão daquela preexistência, daquele *thema probandum* – desenrola-se no curso da demonstração da *Crítica da razão pura* justamente de modo a demonstrar a partir daí a *possibilidade* de juízos sintéticos *a priori*. Ela toca, portanto, a substância dos juízos sintéticos *a priori*, e não, digamos, meramente o seu modo, como a formulação literal poderia dar a entender.[32] Em contraste, o procedimento da filosofia

32 Cf. também NaS IV.4, p.20 s. e op. cit. *passim*.

heideggeriana é diferente em um sentido muito essencial. Pode-se talvez caracterizá-lo assim: quando ele defende a tese geral da precedência daquilo que ele gosta de chamar da questão do ser em relação a todo ente – e *a resposta a essa questão ou tese será o centro daquilo que tenho que lhes apresentar neste semestre* –, então, se quer de fato, como diz, entrar no bom círculo, no círculo legítimo, ele teria, depois que isso está de certo modo pressuposto para ele como a experiência decisiva de seu pensamento, de extrair daí a obrigação de uma explicação à altura dessa experiência decisiva. A objeção metodológica que levantei aqui – e esta é a diferença metódica entre a atual ontologia existencial dogmática e toda filosofia crítica ou dialética – consiste no fato
39 de que // Heidegger não cumpre com essa obrigação de desenvolver, mas, em vez disso, sim, se poderia dizer, num sentido psicológico, que ele erige um tabu; ou, num sentido político, uma espécie de terror, por meio do qual toda concepção na qual *não* está posta essa precedência do ser em relação ao ente é, desde o princípio, *ab ovo*, difamada como algo inferior, como um desvio, uma fuga da verdadeira questão. É verdade que ele tem toda razão acerca do paradoxo de que a filosofia não deve evitar a argumentação circular, mas entrar em seu lugar correto. Mas ele não está à altura de sua própria tese na medida em que permanece apenas na mera argumentação circular, isto é, na medida em que sempre apenas professa, repete e varia essa premissa da precedência do ser sobre o ente sem persegui-la verdadeiramente em um nexo argumentativo. E isso é apoiado metodologicamente por aquele desprezo ao argumento, fundamentalmente por aquele desprezo ao pensar em geral que caracteriza tão amplamente esse pensamento. – Na verdade, essa é a objeção básica que eu teria aqui. E os senhores podem extrair

dela uma indicação sobre o método que eu próprio sigo com essas considerações: na medida em que recupero ou procuro recuperar aquilo que é recusado por esse pensamento; na medida em que eu, sim, como posso dizer, recupero a autorreflexão justamente dessa premissa sobre a precedência do ser sobre o ente, espero demonstrar aos senhores que essa premissa não procede, que ela – para dizê-lo diretamente – não é verdadeira. Esta é a tarefa que me coloquei aqui. Espero com isso ter levado a cabo, ao menos neste ponto específico, a diferenciação de um pensamento de tipo heideggeriano em relação a um pensamento de tipo kantiano – diferenciação essa que apenas apresentei de passagem. Ainda teremos muito a dizer, talvez ainda
40 hoje ou seguramente na próxima aula, // sobre as implicações dessa diferenciação no que concerne ao *conteúdo*.

Volto agora aos momentos históricos que lhes apresentei da última vez de certo modo com segundas intenções – a saber (repito isso apenas em uma frase), que a dita pergunta pelo ser, que em Heidegger recebe a expressão muito questionável "questão do ser", remonta, em seu registro tradicional, primeiramente a Aristóteles, à questão da *Metafísica* sobre o que é propriamente o ser; e que por trás dessa formulação aristotélica há a problemática platônica da doutrina das Ideias, ou seja, a diferenciação entre o verdadeiro ser e o ente, sendo este último relegado à mera opinião, igualado ao mundo dos sentidos e caracterizado, por fim, como o puro e simples não ser, o *το μὴ ὄν* de Platão. Essa intuição do próprio Platão (perdoem-me se recuo mais um pouco historicamente), essa intuição tem como pressuposto o eleatismo, que Platão, em seus elementos essenciais, incorporou em sua própria filosofia e só o liberou, por assim dizer, de sua universalidade abstrata. Trata-se justamente

da tese – que já se encontra esboçada em Xenófanes e é desenvolvida inteiramente no poema de Parmênides – de que nada é senão o ser, e de que em relação a esse ser todo singular, todo ente específico é apenas o mundo do engano, na verdade um não existente. Essa doutrina de Parmênides, o qual Heidegger fundamentalmente declarou como sendo o maior filósofo, baseia toda a ontologia e é repetida por Heidegger justamente nessa maneira arcaica, nessa maneira, como dizê-lo, não ainda diferenciada por meio de reflexões e determinações conceituais esclarecidas. Agora, é importante para mim que os senhores tenham clareza de que, nesse ganho do eleatismo – que a propósito tem como correspondente contrapontístico o seu antípoda Heráclito na generalidade, na ampla generalidade do seu
41 princípio do *devir* –, // que nessa doutrina do eleatismo está contido um progresso inaudito da consciência filosófica. Esse progresso corresponde ao fato de que nas especulações gregas mais antigas, no antigo pensamento pré-socrático – e Parmênides e Heráclito pertencem à última geração pré-socrática –, ou seja, ao fato de que *antes* deles colocaram-se princípios primordiais concebidos de forma mais ou menos arbitrária como fundamento, que primeiramente tinham a forma de quaisquer "forças vitais elementares" e posteriormente, pode-se dizer, foram rarefazendo-se progressivamente e se tornando sempre mais tênues, mas com isso a cada vez mais abrangentes. Que, portanto, a doutrina, a antiga doutrina da *ἀρχή* foi sendo substituída pela doutrina do ser como essência e fundamento de todas as coisas. A propósito, a expressão *ἀρχή* já contém em si um duplo sentido, que sempre volta tanto nos esboços ontológicos da Antiguidade quanto nas filosofias ontológicas posteriores, e se refere ao conceito da origem. *ἀρχή* significa, como

se sabe, o primeiro: o que estava aí primeiramente, o primevo; a palavra "arcaico" tem a ver com isso. Ao mesmo tempo, a palavra significa "o princípio" no sentido do axioma mais geral e mais amplo, sobre o qual deve-se basear qualquer estrutura, qualquer região do ente ou o que quer que seja. O mesmo duplo sentido retorna então na tradução latina da palavra *principium* e domina, na verdade, toda a filosofia no sentido que ela recebeu da expressão aristotélica – ou talvez da expressão introduzida pela primeira vez pelos escolásticos aristotélicos – de uma *πρώτη φιλοσοφία*, de uma filosofia primeira.[33]

Eu falava do extraordinário progresso feito pela consciência para chegar a esse conceito de ser como princípio primordial por excelência em relação às posições individuais e relativamente arbitrárias, como a água do bom e velho Tales ou o ar de Anaxímenes ou talvez também o *ἄπειρον*, o espaço infinito, de
42 Anaximandro. Ao dizer-lhes, no entanto, que // esse ganho do conceito de ser representa um extraordinário progresso da consciência, eu já me posicionei contra uma tese da ontologia fundamental. Não fiz toda essa observação bastante panorâmica sobre o que poderíamos chamar de uma pré-história da ontologia por interesse histórico, pois o interesse que me orienta nesta aula é – segundo a divisão bipartite habitual – unicamente o interesse sistemático, ou seja, unicamente o interesse na verdade da coisa mesma, e não sobre como isso veio a ser; em-

33 Sobre a interpretação de Adorno dos pré-socráticos, cf. também Adorno, "Das Problem des Idealismus. Stichworte zur Vorlesung vom Wintersemester 1953-54 und Fragmente einer Nachschrift" ["O problema do idealismo. Apontamentos para a preleção do semestre de inverno de 1953-54 e Fragmentos de um pós-escrito"], em *Frankfurter Adorno Blätter V*, p.105 *ss*.

bora eu não possa me proibir de notar que se escrevêssemos, em grande estilo, algo como uma história do conceito de ser, teríamos infinitamente a ganhar também para a compreensão da assim chamada problemática ontológica. Fiz esse excurso histórico, portanto, porque o objeto o demanda, e ainda explicitamente com vistas a uma tese heideggeriana que considero refutável, no mesmo campo em que ele erigiu uma espécie de ditadura sobre a ligação da filosofia com a filologia clássica ou com a história da filosofia antiga. Se, de fato, como me parece verificável a partir da história da filosofia grega mais antiga, que o conceito de ser é o produto de uma reflexão – e não, por exemplo, o primeiro –, então se depreende daí em todo caso que, falando historicamente, a experiência do ser não é precedente em relação à experiência do ente particular, como Heidegger atribui à filosofia antiga, à filosofia pré-socrática mais antiga, e como se professou entrementes de modo tal que com todo filósofo pré-socrático, pouco importa se Heráclito ou Parmênides ou, como me contaram, agora também Empédocles, sempre surge a mesma coisa, a saber: ser, ser, ser. – No famoso trabalho *O que é a metafísica?*, considerado um de seus primeiros textos que levam a cabo a virada radical para a per-
43 gunta // pelo ser independentemente da relação com o ser-aí, nesse famoso trabalho republicado em 1949, Heidegger diz: "Rememorar de maneira pensante o começo da história em que o ser se desvela no pensamento dos gregos pode mostrar que os gregos experimentaram desde os seus primórdios o ser do ente como a presença do que se presenta".[34] E ele pode, de fato, se

34 Heidegger, Introdução a "O que é a metafísica?", em *Marcas do caminho*, p.388.

reportar a certas passagens do poema de Parmênides que se referem ao estar-presente, nas quais não gostaria de entrar agora. Não estou citando essa passagem para os senhores para julgar conceitos como notabilidade [*Vernehmbarkeit*] e notação [*Vernehmen*] ou presença [*Anwesenheit*],* sobre cuja suposta concreção espero poder falar-lhes ainda posteriormente. Antes, cito essas passagens para lhes dizer apenas que a tese heideggeriana de que a história da filosofia, de que o começo da história da filosofia seja a pergunta pelo ser e, em consequência, tudo que é posterior seja – como se diria hoje no Leste – decadência, essa tese não se sustenta, pois só se alcançou o conceito de ser à base de uma reflexão ou, permitam-me dizer diretamente: à base de uma abstração que se estendeu por séculos, que por sua vez tem por fundamento a evidente insuficiência dos princípios ou elementos individuais (ou o que quer que sejam) e mais ou menos arbitrários, com os quais, em realidade, se explicou na especulação mais antiga tudo o que é. Afinal, eles têm a ver com tentativas de explicação em relação à multiplicidade do que aparece. E a unidade da consciência ocidental, se há algo assim, consiste justamente nesse princípio explicativo, ou seja, na indicação de um fundamento unificado para uma multiplicidade de aparências. E quanto maior se torna a multiplicidade, mais necessário se torna indicá-lo, como fundamento explicativo que tudo compreende, algo também cada vez mais universal; e o conceito de ser representa um tal princípio cada

* Ao que tudo indica, Adorno refere-se ao texto *Platons Lehre von der Wahrheit* (A teoria platônica da verdade), em que Heidegger verte *νοῦς* por *Vernehmen*. Seguimos a opção de Enio Paulo Giachini e Ernildo Stein ao traduzir esse último (e seus derivados) por "notação". (N. T.)

vez mais universal. – Acrescento entre parênteses que o con-
44 ceito de fundamento utilizado aqui // tem naturalmente algo de problemático, ou seja, quanto mais universais se tornam esses princípios explicativos, tanto mais eles convergem para a mera síntese, a mera circunscrição, a mera forma do que eles subsumem; e sempre se confundiu, no decorrer da história da filosofia, a forma mais geral do que há a ser explicado com o fundamento por meio do qual se deve explicar. Trata-se de um dos grandes êxitos da *Lógica* hegeliana – um êxito que inscreve a *Lógica* hegeliana, em seu segundo volume e em contraposição à interpretação corrente, no contexto do esclarecimento europeu – ter criticado da forma mais rigorosa justamente essa confusão do conceito mais universal das coisas com sua explicação, entendida como seu fundamento.

A escola heideggeriana se voltaria com toda a contundência contra a interpretação da história da filosofia grega antiga que desenvolvi aqui. Só quero lembrar-lhes que na famosa sentença de Parmênides – que não desempenha, em Heidegger, um papel tão importante, porque ela se presta mal ao conceito, a qual ele tenta reinterpretar com todos os artifícios possíveis –, na sentença de que ser e pensamento são o mesmo[35] confirma-se, em realidade, o que eu disse aos senhores, isto é, que o conceito de ser de que se trata aqui é – poder-se-ia dizer – um resultado, um resultado histórico, que ele é algo que foi conquistado. Que ele, diríamos hoje com uma expressão certamente muito estranha à Antiguidade, que esse conceito de ser não é

35 Cf. "[...] τὸ γὰρ αὐτὸ νοεῖν ἐστίν τε καὶ εἶναι"; na tradução de Diels e Kranz: "pois o mesmo é pensamento e ser". Diels, *Die Fragmente der Vorsokratiker*, org. W. Kranz, v.1, p.231. Cf. também NaS IV.14, p.143 *s*.

nada além da mais elevada abstração que, por isto mesmo, porque ela não leva em conta todo ente determinado, não é nada além do puro pensamento – de modo que a pura abstração, tal como ela aparece objetivamente no conceito de ser, deve ser idêntica com o pensamento* produzido por essa abstração e
45 apenas presente, apenas // restante nessa abstração. Nesse sentido, acredito que essa sentença decisiva de Parmênides, que posteriormente fundou a identificação das ideias ou das mais elevadas categorias ontológicas com a razão, com o *λόγος*, gerou aquela interpretação que tentei elaborar – a saber, que foi o próprio conceito de ser que alcançou a filosofia, que ele é algo mediado (primeiro historicamente, isto é, pelo ato progressivo da abstração). Estou consciente de que nos círculos da ortodoxia heideggeriana a interpretação que lhes ofereci tem de ser anátema, e que me responderiam que eu me encontro sob o feitiço de uma tradição racionalista europeia que não entendeu corretamente, autenticamente [*eigentlich*]** – sim, aqui, exata-

---

* Há aqui um erro, provavelmente de digitação, no texto original; onde aparece pela segunda vez a conjunção *daß*, deveria constar o pronome relativo *das*: "so daß die reine Abstraktion, wie sie objektiv im Begriff des Seins erscheint, identisch sein soll mit eben dem Denken, *daß* [das] diese Abstraktion bewirkt hat...". (N. T.)

** "*Eigentlichkeit*", "autenticidade" ou "propriedade" (no sentido do que me é próprio, aquilo em mim de que eu mesmo me aproprio) designa, em *Ser e tempo*, um "modo de ser" do ser-aí. Cf.: "E, por que o ser-aí é, cada vez, essencialmente sua possibilidade, esse ente em seu ser *pode* se 'escolher', pode ganhar a si mesmo ou pode se perder, isto é, nunca se ganhando ou só se ganhando 'em aparência'. Ele só pode se haver perdido ou ainda não se ter ganhado na medida em que, segundo sua essência, é um possível ser *próprio* (*eigentlich*), isto é, na medida em que ele tem a possibilidade de se apropriar de si" (Heidegger, *Ser e tempo*, p.141). (N. T.)

mente nessa esfera, costuma-se usar essa palavra –, a "aspiração" [*Anliegen*] da filosofia pré-socrática. Heidegger ou seus adeptos provavelmente responderiam que é um mal-entendido interpretar aquelas ἀρχαί, que desapareceram, seja como elementos primordiais, seja como forças ou conceitos gerais; ao contrário, elas querem dizer justamente o ser, o ser, o ser, embora o conceito de ser aqui ainda não apareça; e que a questão do ser, mesmo quando não recebe esse nome, seria prévia. Não quero facilitar as coisas para mim com essa questão, embora a indiferenciação, que prepara sempre a mesma resposta a cada vez para todas as questões da filosofia, deveria valer de forma inteiramente cética contra a figura da própria questão. Eu já lhes disse que essa interpretação é contradita pelo surgimento do que é bem posterior historicamente à assim chamada questão do ser, em uma fase que já pode ser caracterizada como de desmitologização e do progressivo esclarecimento grego. Mas o que há de correto nessa tese que poderia ser apresentada contra mim é que nos ἀρχαί, em todo caso em sua figura antiga – em Parmênides e nos próprios eleatas a coisa é diferente –, não
46 se distingue entre // ente e ser, entre τὰ ὄντα e τὸ ὄν como força atuante. Gostaria de chamar a atenção dos senhores, a propósito, para o fato de que a interpretação do ser – ou seja, da mais alta abstração – como simultaneamente força atuante e causa de todos os entes, que a nós parece muito mitológica, ainda se faz sentir no pensamento certamente menos arcaico de Platão, no qual as ideias são vistas tanto como conceitos gerais quanto como as forças atuantes que os fenômenos subsumidos a esses conceitos originalmente geram. Nas antigas concepções da ἀρχή., não se distingue entre – se posso dizer assim agora – o seu significado ontológico, isto é, aquilo que as compreende

como "ser", como uma essencialidade independente dos entes subsumidos a ela, e a sua interpretação como uma categoria superior e abrangente de entes, ou seja, como elementos. A este fato, o de que aqui ente e essência se imiscuem e de que as mais elevadas sínteses de determinado ente aparecem, ao mesmo tempo, como as essencialidades para além de todo ente, a este fato essas especulações primordiais do Ocidente devem sua aura particular, que consiste no fato de que elas devem ser simultaneamente metafísico-transcendentes, mais do que meramente fáticas, mas também ter algo daquela concreção que nos captura sensivelmente, como no caso das representações e pensamentos sobre a água, o ar, os quatro elementos de Empédocles, ou o que quer que seja. Ao dizer, no entanto, que nas *ἀρχαί* isso ainda não está distinguido, dizemos que a reflexão que, em realidade, origina o conceito de ser – em uma palavra, aquilo que é chamado de questão do ser na filosofia heideggeriana – ainda não está, de forma alguma, consumado nessa filosofia. Isso quer dizer, portanto, que nessa filosofia a questão do ser ainda não antecede a pergunta pelo ente no sentido de algo mais originário, mas, ao contrário, que a distinção entre ser e ente ainda não foi alcançada; que a consciência vacilante, à procura de explicação, ainda não diferenciou entre ser como
47 algo que se encontra // atrás das aparências e as categorias que englobam os entes singulares. Apenas na diferenciação desses dois momentos, *i.e.*, apenas na reflexão surge enfim o próprio conceito de ser. O conceito de ser – permitam-me formulá-lo aqui como uma das teses fundamentais que desenvolvi com os senhores, primeiramente não de forma sistemática, mas apenas historicamente –, o conceito de ser não é o originário que a filosofia heideggeriana quer nos fazer crer, mas apenas um

conceito da reflexão no sentido em que Kant o criticou, na "Anfibolia dos conceitos da reflexão", quando eles são hipostasiados, quando eles são assumidos como o verdadeiro ser pura e simplesmente. Nesse sentido, o conceito de ser não é, como nos querem convencer, algo mais antigo, mas algo posterior – e aqui não posso me impedir de precaver os senhores um pouco contra o dogma de que o mais antigo, aquilo que sempre existiu, deva ser justamente por isso necessariamente o mais verdadeiro. Creio que já lhes falei um pouco sobre isso, e gostaria de acrescentar que considero poucas formulações da nossa tradição espiritual mais funestas do que aquela do velho Goethe, que, em uma de suas últimas cartas, escreveu acerca do velho verdadeiro que nós não podemos perdê-lo.[36]

Essa questão do ser tem um outro aspecto, para além da carência de uma explicação mais ampla da multiplicidade, compreendida como a multiplicidade obtida por meio da seleção arbitrária de quaisquer momentos do múltiplo. Gostaria de chamar atenção também para esse aspecto, pois acredito que ele também vale de forma análoga para a filosofia moderna do ser, para a ontologia moderna. Os senhores não podem isolar a filosofia como se ela fosse apenas um domínio do espírito. Justamente quando, como ocorre em Heidegger, a ideia de filosofia como uma espécie de ciência individual de certas classes superiores de entes ou do pensamento é contradita, não
48 se pode // desprender a filosofia do seu contexto geral com a totalidade da consciência. Parece-me, no entanto, que a histó-

36 A indicação da fonte "em uma de suas últimas cartas" deve ser um erro; provavelmente, Adorno tem em mente aqui a estrofe já citada na nota 15 da Aula 2, do poema *Vermächtnis*.

ria da filosofia em seus primórdios, que redunda nas questões sobre o ser no eleatismo e então na filosofia grega clássica, foi, por sua vez, motivada pela história da ciência. Heidegger fala com grande desprezo da história da ciência e da visão geral de que esses antigos princípios, esses antigos *ἀρχαί* não seriam mais compatíveis com o nível daquilo que foi alcançado com o iluminismo grego – a saber, como se aqui as questões sobre a origem, as questões puras da filosofia, fossem confundidas com questões meramente científicas. Os senhores não podem esquecer, no entanto, que a separação das ciências da filosofia, assim como a transição para o conceito de ser, é um produto relativamente tardio; e eu diria que ambos os processos, o descolamento da filosofia da ciência e a concentração da filosofia na questão sobre o que é propriamente o ser ou o que é o verdadeiro ser, esses dois processos são o mesmo. Não se pode desmentir *ad majorem gloriam philosophiae** que a restrição da pretensão material da filosofia converge, de maneira altamente dramática, com o fato de que as ciências particulares arrancaram da filosofia cada vez mais o seu quinhão; de que as ciências particulares se apossaram cada vez mais dos campos que elas arrancaram do primado da explicação e da especulação livres e soltas. Não gostaria de determinar aqui se esse processo é uma bênção ou, como a escola de Heidegger parece pensar, essencialmente uma maldição. Eu pensaria que se trata aqui de um modelo da *dialética* do esclarecimento, o qual precisa pagar um ganho naquela direção determinante, isto é, o progresso do conhecimento científico, com uma perda igualmente grande, a fragmentação da consciência da totalidade em disciplinas, conforme a divi-

* "Para a glória maior da filosofia", em latim. (N. T.)

são do trabalho. Em todo caso, essa assim chamada questão
49 do ser // é, na verdade, um resíduo: em primeiro lugar, o ser é aquilo que sobra à filosofia historicamente, gostaria quase de dizer (se os senhores me desculparem pela frivolidade): aquilo que sobra à filosofia como ramo do saber, depois que os outros ramos – a medicina, a geografia, e tudo aquilo que possam ter sido ramos de saber na Antiguidade – destituíram-na de todas as asserções sobre o ente determinado; então, bem ao fim, ela tem apenas o ser com que se ocupar. É verdade que isso é um pouco pobre e um pouco monótono, mas em todo caso não se contesta mais, já àquela época, essa reivindicação sobre o ser. E também hoje há entre os cientistas mais sérios e, por exemplo, entre os físicos mais avançados, aqueles que se declaram respeitosamente de acordo com esse resíduo do ser para a filosofia.[37] Esse caráter residual do ser, esse caráter residual histórico do ser encontra-se em uma estranha coincidência com o fato de que o conceito de ser, segundo a sua gênese lógica, é de fato aquilo que sobra ao se abstrair todo ente determinado, isto é, aquilo que foi confiscado pelas ciências. Heidegger fala em uma passagem famosa e bastante patética que "o pensar está descendo para a pobreza de sua essência provisória".[38] Agora, creio que a "essência provisória" é algo controverso. Mas, com a "descida à pobreza", ele com certeza tem razão. Essa descida à pobreza reside justamente no fato de que a filosofia foi

37 Adorno deve ter pensado, nesse contexto, sobretudo naqueles que tomaram parte no *Festschrift* de 1959 dedicado a Heidegger, a saber: os físicos Werner Heisenberg (1901-1976) e Carl Friedrich von Weizsäcker (nascido em 1912).

38 Cf. Heidegger, "Carta sobre o humanismo", em *Marcas do caminho*, op. cit., p.376.

cada vez mais destituída de seu conteúdo concreto, que ela se tornou filosofia residual. E as nossas considerações seguintes vão evidenciar que, também segundo a sua estrutura filosófica interna, a pergunta pelo ser também é filosofia residual; isto é, que a pergunta pelo pura e simplesmente primeiro, na verdade, é a pergunta por aquilo que, em certo sentido, deve sobrar quando os custos de operação do pensamento são retirados do pensamento. A nova ontologia encontra-se em uma
50 situação muito semelhante. // Como já esbocei aqui, ela está em violenta oposição ao cientificismo e às ciências positivas em razão daquilo que os senhores já compreenderam na aula passada: que todas elas se desenrolam no ente já constituído e, a esse respeito, incidem sobre um "esquecimento do ser", como se chama em Heidegger; isto é, elas não se lembrariam do ser precedente – muito semelhante ao que se deu com a filosofia do ser na Antiguidade.

Acredito, no entanto – e com isso eu gostaria de finalizar por hoje –, que entre a ontologia, de um lado, como aquilo que resta depois que a ciência penetrou na filosofia de cabo a rabo, e as ciências positivas, de outro lado, impera uma espécie de correlação: isto é, que o ontológico – naquela pureza excessiva na qual ele nos é apresentado pela filosofia fundamental – não é possível sem a pressão do cientificismo; que aqui impera uma relação um pouco análoga à relação de abstração na arte com o avanço da fotografia, sem o qual ela não pode ser pensada e a qual ela simultaneamente nega. Quando um aluno de Heidegger, Bröcker, de Kiel,[39] recentemente sustentou a tese de

---

39 Provavelmente trata-se de Walter Bröcker, *Dialektik, Positivismus, Mythologie* [Dialética, positivismo, mitologia].

que, por assim dizer, no primeiro nível da consciência, na esfera da facticidade, o positivismo lógico – isto é, o método mais avançado das ciências positivas – seja a verdade, e que no entanto, em certo sentido comparável ao paradoxo cristão, sobre ela se erija uma esfera[40] do puro ser, tal como ela é expressa pela ontologia fundamental – é verdade que isso é uma visão algo excêntrica e absurda, porque ela parece requentar a antiga duplicidade da verdade, a doutrina dos dois tipos de verdade, mas tenho de dizer que há aí certa consistência. Ele retira assim – se os senhores me permitem utilizar a expressão corriqueira – o coelho da cartola, e enuncia de fato que a mera facticidade da
51 consciência coisificada, de um lado, e a pureza vazia e // transbordante da consciência ontológica, de outro, em realidade se correspondem, mas que uma não pode ser pensada sem a outra; que ambas se pertencem correlativamente.

40 "Esfera" (Sphäre) é uma conjectura editorial onde consta "tese" (*These*) no texto datilografado (Vo 5721).

52

// Aula 4
17 de novembro de 1960

Na última aula, lhes falei um pouco sobre os elementos antigos da doutrina do ser e tratei os elementos aqui apresentados em vista da problemática da atual filosofia do ser, fiel à minha intenção de não esboçar para os senhores uma – ainda que rudimentar – história do conceito "ser". Dedicamo-nos à nova filosofia do ser apenas em vista de sua atualidade, isto é, da questão de saber se ela é verdadeira ou não verdadeira – e, digamos, aonde sua crítica pode nos levar. Creio, no entanto, que tenho de lhes lembrar que a nova filosofia do ser, as novas orientações ontológicas de tipos mais variados encontram-se em uma conexão especial com as ontologias antigas. A guinada que conduziu às novas filosofias do ser provavelmente não deve ser remetida, como se faz em geral, tanto ao professor de Scheler e Heidegger, Husserl, mas ao professor deste último, a Franz Brentano, que originalmente era padre católico e veio diretamente da tradição escolástico-aristotélica, cuja filosofia é uma combinação estranhíssima de motivos escolástico-ontológicos e empirista-iluministas. Gostaria ao menos de mencionar o escrito mais importante que, em certo sentido, fundou

essa orientação, já que alguns dos senhores estão interessados na origem histórica dessas coisas. Significativamente, aparece a palavra "origem" já no título desse escrito; chama-se *Da origem do conhecimento ético*.[41] Sua tarefa é a de desenvolver as categorias éticas fundamentais não de um princípio formal da razão, mas de um algo que é em si, um ser *sui generis*. E os alunos ortodoxos de Franz Brentano, em particular Oskar Kraus,[42] acusaram
53 Husserl, // não inteiramente sem razão, de que aquilo que foi declarado na fenomenologia como uma guinada inteiramente nova na filosofia remontaria, na verdade, a essa filosofia de Brentano, imediatamente ligada, por sua vez, à escolástica e ao aristotelismo. Scheler, o primeiro a expandir ou refuncionalizar a ontologia de Husserl – que ali, eu gostaria quase de dizer, ainda não era tão daninha, ou seja, era concebida apenas no sentido de certas categorias lógicas – em uma assim chamada ontologia material e, assim, foi igualmente o primeiro a introduzir o conceito de um ser em-si também de momentos conteudísticos espirituais, conceito que afinal redundou no conceito de ser, também provém em larga medida da tradição católico-aristotélica. E esse também foi o caso de Heidegger; também

41 Cf. Franz Brentano, *Vom Ursprung sittlicher Erkenntnis*.

42 Oskar Kraus (1872-1942), administrador do espólio de Brentano, editou a segunda edição de seu *Da origem do conhecimento ético* e redigiu uma introdução e as notas ao livro (1921). Kraus trata, sobretudo em sua "Introdução" ao primeiro volume de *Psicologia do ponto de vista empírico* (1924, em especial p.LXIII), da relação de Husserl com Brentano; a investigação foi publicada, ainda, de maneira autônoma com o título *Franz Brentanos Stellung zur Phänomenologie und Gegenstandstheorie: Zugleich eine Einleitung in seine Psychologie* [O posicionamento de Franz Brentano em relação à fenomenologia e à teoria do objeto. Acompanhado de uma introdução à sua psicologia].

Heidegger deveria originalmente, como os senhores sabem, se tornar padre católico. Em toda essa filosofia, portanto, há relações com uma tradição teológico-filosófica que, em certo sentido, se diferenciou e se manteve distante essencialmente do conceito posterior de Iluminismo de toda a Europa. Apesar disso – apesar de que haja desde o princípio, por assim dizer, um momento estranhamente antigo e arcaico nessa orientação ontológica, que posteriormente deu-se a conhecer enfaticamente na escola de Heidegger –, apesar disso, os senhores não devem compreender que se trata aqui de uma tendência intocada pelo Iluminismo ou, mais exatamente, pela filosofia crítica. Trata-se, antes, de uma tendência que incorpora aqueles motivos, mas que surge de uma situação totalmente diferente, a saber, uma situação na qual *há* algo como razão autônoma e que, por isso, necessariamente tem em si sempre o momento da reflexão sobre a razão, a despeito do que se diga sobre objetividades de natureza espiritual ou real. Pode-se dizer que a ontologia – com vistas ao criticismo e à filosofia transcen-
54 dental no idealismo, em seu sentido mais abrangente – // seja algo similar ao que certas orientações da filosofia atual têm se declarado a si mesmas: um Contrailuminismo. Em outras palavras, um pensamento que procura, com os meios do pensamento autônomo e também de posse de todo o instrumentário da formação e da crítica filosóficas, restituir, restabelecer um tipo de visada sobre o mundo ou um tipo de experiência que foi dissolvida pelo Iluminismo e pela filosofia crítica. Ou seja (se os senhores me permitirem dizê-lo de maneira algo falastrona e genérica), restabelecer, com meios espirituais autônomos algo como heteronomia – bem semelhante a como se traça claramente uma tendência nos movimentos políticos totalitá-

rios de nosso tempo de derivar heteronomias imediatamente não tanto de relações dadas de tipo estamental, mas de deduzi-las, como ocorre por exemplo com o conceito de elite, de categorias da razão que, por sua vez, na verdade pressupõem autonomia. Posteriormente, vou desenvolver com mais detalhe esse pensamento de uma heteronomia a partir da autonomia. Já gostaria de lhes dizer que, na verdade, aquilo que me parece o mais profundamente impossível nas tentativas ontológicas – digo impossível em um sentido muito carregado; não como se diz hoje: isso é impossível; mas impossível em sentido objetivo – é justamente voltar a alcançar um tal estado de religação a categorias impregnadas de ser ou ao próprio ser, a partir de um estado em que não há mais essa ligação para a consciência. Mas voltaremos a isso com o tempo.

Em vez disso, gostaria agora de dizer aos senhores que a assim chamada questão do ser, com a qual lidamos nas orientações ontológicas, tem muito a ver com a antiga problemática da qual eu lhes disse algo da última vez, também no que concerne ao conteúdo – embora ela, e isso pretendo demonstrar para os senhores, não seja de forma nenhuma algo como um retorno pré-crítico ao realismo ingênuo, e embora justamente Heidegger tenha desenvolvido com grande ênfase[43] em relação
55 a Hartmann (para quem a virada para a // ontologia é de fato idêntica à virada a um realismo bastante sólido e, por assim dizer, pré-crítico) que aquilo que na verdade o motiva na ontologia existencial não seja endossar algo como um realismo crítico ou ingênuo em relação ao idealismo e a seu fenomenalismo. O conceito de ontologia é relativamente polissêmico.

---

43 Não encontrado.

E aqueles dentre os senhores que não se ocuparam especificamente de Heidegger não serão poucos os que associam com ontologia a representação um pouco ingênua e simplória de que a ontologia seja justamente uma filosofia do ser em simples oposição a uma filosofia da consciência; de que ela seria, portanto, uma filosofia realista em oposição a uma filosofia fundada na autorreflexão. Há algo aí, e voltaremos a isso. Mas, uma vez que queremos tentar lidar com a ontologia em sua forma mais consequente e diferenciada, então deve-se dizer aqui que a concepção de um realismo dito ingênuo não é decisiva, e que o conceito de ser ou o ser de que fala Heidegger, justamente na medida em que ele tenta – se com sucesso ou não, é uma outra questão – se distanciar de toda mera conceitualidade, gostaria de se distanciar também de toda realidade acatada imediatamente. Essa dupla posição, esse duplo posicionamento contra uma filosofia do conceito e contra uma filosofia da realidade caracteriza o esforço da ontologia em sua figura mais consequente, isto é, a heideggeriana; e, se não me engano, ela deve justamente a essa duplicidade peculiar e ao caráter de oscilação que a acompanha a sua enorme influência. Já dei a entender que, na ontologia de orientação heideggeriana – ou seja, na ontologia mais consequente e, em certo sentido, mais radical segundo seus próprios critérios –, não se trataria, sem mais, do conceito de ser. Com isso toco em uma temática
56 que de fato // se relaciona diretamente com a tradição antiga. Ontologia como doutrina do ser – e queremos, na medida do possível, nos concentrar nessa assim chamada questão do ser porque ela realmente constitui o ponto fulcral dessa filosofia, porque apenas fazemos justiça criticamente às suas preten-

sões se esmiuçamos esse ponto no qual, para falar com Kant, tudo está "amarrado"[44] –, filosofia do ser em Heidegger encontra-se diante da alternativa muito estranha e cambiante de que nela não está determinado univocamente se se trata aí apenas do significado do *conceito* de ser, isto é, isso que o conceito "ser" significa, o que pensamos, quando dizemos ser, ou se o que está em questão imediatamente é o *próprio ser*. A resposta que nos é dada seria sem dúvida a última; um heideggeriano convicto replicaria sem mais – e acreditaria com isso replicar algo muito enfático – que ele não está em absoluto lidando com o conceito de ser, mas com o próprio ser. Mas então iríamos nos deparar com certos estados de coisas que têm muito a ver com o que estamos acostumados a chamar, na filosofia recente, de análise de significados.

Permitam-me antecipar aqui que Heidegger, em todo caso o Heidegger de *Ser e tempo*, declarou-se explicitamente partidário da fenomenologia como método e compreendeu-se metodicamente como aluno de Husserl. E o método da fenomenologia – de acatar fenômenos espirituais como eles se dão – converge, em grande medida, com análises de significados e separações de significados. Se os senhores observarem os textos heideggerianos, então se depararão a cada passo com esses momentos de análise de significados. Sim, uma disciplina inteira na ontologia fundamental – que desempenha um papel muito grande, embora a sua origem histórico-espiritual remeta a uma outra direção, a saber, a Dilthey – é de fato aná-

---

44 Cf. Kant, *Crítica da razão pura*, B 134; cf. também NaS IV.4, p.363, nota 18.

lise de significados, a saber: a tão falada hermenêutica.[45] Se os
57 senhores pensarem em Aristóteles, então // essa questão que discutimos, isto é, se se trata do ser ou do conceito de ser, será posta de modo simples: para Aristóteles, é simplesmente a linguagem o fio condutor no qual algo pode ser determinado sobre o ser. A expressão categoria, *κατηγορία*, não significa outra coisa que "conforme o discurso". E se vocês quiserem caracterizar a metafísica aristotélica de forma bastante grosseira como uma doutrina de categorias em sentido sem dúvida metalógico, ou seja, em sentido não formal, mas material, então os senhores constatariam que todas as categorias dadas por Aristóteles – cuja lista um pouco modificada, como vocês todos sabem, foi adotada na *Crítica da razão pura* como a lista das categorias acrescidas das formas da intuição[46] –, que isso é na verdade simplesmente a suma das formas sintáticas, tal como ela aparece em uma análise linguística também no

---

45 Assim compreendia o próprio Heidegger sua filosofia como "hermenêutica da facticidade", ligando-se, ainda que implicitamente, a Dilthey e ao conde de Yorck von Wartenburg (cf. *Ser e tempo*, p.1075 *ss.*); aqui, no entanto, Adorno deve ter pensado, antes, na filosofia hermenêutica de Gadamer, na qual seguem-se "as intenções da filosofia tardia de Heidegger" (cf. Gadamer, *Gesammelte Werke* [Obras reunidas], v.3: Neuere Philosophie I: Hegel, Husserl, Heidegger [Filosofia moderna I], p.220).

46 A esse respeito, cf. também as lições de Adorno sobre a *Crítica da razão pura*: "Kant não se contenta apenas, como Aristóteles, por exemplo, tentou fazer, em extrair esses conceitos-base das formas linguísticas; em Aristóteles, aliás, como os senhores talvez saibam, recorrentemente não se distingue em nada entre as formas das intuições e as formas do pensamento, mas, ao contrário, em sua tábua de categorias, elas se confundem como alhos e bugalhos" (NaS IV.4, p.36 *s.*).

tempo de Aristóteles; isso quer dizer, portanto, que as formas puras do discurso devem ser simultaneamente as formas que dizem algo sobre o ser, sem que esteja refletida aí a diferença entre linguagem e objeto. Agora, pode-se dizer que um dos passos decisivos que determinou o pensamento moderno desde Bacon e sobretudo todo o movimento do nominalismo ocidental consiste em que ele não mais reconheceu esse caráter canônico da linguagem. Refletiu-se sobre a diferença entre a linguagem e o seu objeto; e pensamento crítico, em certo sentido, não quer dizer outra coisa que investigar a diferença entre a linguagem e o objeto ou, em outras palavras – e é essa a expressão clássica que a filosofia kantiana concedeu a esse problema –, não apenas filosofar "a partir" de conceitos, mas investigar a *possibilidade* dos próprios conceitos; no que essa possibilidade, essa reflexão sobre a possibilidade de conceitos em Kant não significa outra coisa que a reflexão sobre a relação fundamental entre os conceitos e seu objeto, ou seja, e seus *significados*. Com isso, a linguagem é de fato retirada de
58 sua antiga e incontroversa // predominância. Não mais pensar a partir de meros conceitos, a crítica ao racionalismo é, nesse sentido, de fato a mesma coisa que a crítica à escolástica como ela é, de forma implícita, essencialmente crítica da linguagem, tal como está indicado na palavra "nominalismo", que concebe os conceitos como meros *nomina* para o que cai sob eles, e não como algo substancial, não como ser em si. Permitam-me dizer que também o conceito de ser pertence às hipóstases da linguagem, na medida em que procede por meio de hipóstases um método que acredita que a todo estado de coisas distintivo e tipicamente linguístico também deva corresponder uma objetividade *sui generis* – independentemente de se tratar aí de um

estado de coisas espiritual ou de um estado de coisas fático, empírico. A forma linguística que deve ter a sua substancialidade no conceito de ser é a cópula.[47] A cópula não é outra coisa que, muito simplesmente, o "é" no juízo predicativo "A é B"; em geral, chamamos esse "é" de cópula. E o conceito de ser, tal como ele se encontra em Aristóteles, não é outra coisa que, quando investigamos o que há como estado de coisas por detrás dessas formas linguísticas, também há por detrás do "é" um tal estado de coisas que é justamente o "ser" – de forma muito similar como, na gramática, há um *εἶναι* ou um *ὄν* por detrás da cópula de *ἔστιν*, do "é". Nesse sentido, o conceito de ser, segundo sua origem e sua legitimação, remete imediatamente à estrutura categorial da linguagem. Nesse sentido, portanto, toda essa tradição de hipostasiar conceitos porque se parte tacitamente de que a tudo que é constitutivo da linguagem deve corresponder um estado de coisas – também o ser foi, em boa medida, vítima de tudo isso na crítica filosófica; assim como (creio que já disse isso aos senhores)[48] em Kant está formulado de maneira mais enfática no capítulo sobre a anfibolia, no qual ele diz que os conceitos da reflexão, isto é, conceitos que não têm nenhuma imediatidade mas que são essencialmente algo que é posto primeiramente pela consciência, são tratados
59 como // se eles fossem algo em si. Em princípio, a ontologia de Heidegger não se relaciona com essa questão de maneira diferente, e justamente em conexão com o método de Husserl,

47 Sobre a crítica ao conceito de ser como hipóstase da cópula, cf. Adorno, *Dialética negativa*, p.92 *ss.*; GS 6, p.107 *ss.*; cf. também Haag, *Kritik der neueren Ontologie* [Crítica da nova ontologia], p.69 *s.*

48 Cf. p.47.

que acredita poder fundamentar a filosofia por meio de significados. Como eu lhes disse, a ontologia de Heidegger é fundada amplamente em uma doutrina da significação – sem que isso seja *inteiramente* o caso.

Acredito que é hora de tentarmos nos aproximar do problema que discutimos por meio de uma análise um pouco mais específica do conceito de ser – no que eu pediria para não me pressionarem se não distingo rigorosamente, na minha fala, entre ser e o conceito de ser. Acredito que os senhores logo compreenderão por que é tão extraordinariamente difícil evitar a alternância entre esses dois modos de dizer. Para compreender a possibilidade da abordagem ontológica em um sentido enfático, os senhores precisam se dar conta de que essa palavra "ser" envolve um problema bem específico que não está dado do mesmo modo com outros conceitos; e se quisermos simplesmente aplicar a crítica dos conceitos de reflexão ou a crítica do dogmatismo conceitual no racionalismo ao conceito de ser, então simplificaríamos as coisas excessivamente, e poderíamos celebrar com uma alegria ingênua um triunfo que, como a maioria dos triunfos ingenuamente alegres, se paga com o fato de que ocupamos um campo de batalha no qual nem sequer acertamos o oponente. Sob nenhuma hipótese, portanto, os senhores – e direciono este aviso também a mim – deveriam tomar as coisas de forma excessivamente simples, pois com esse ser há de fato um uso específico. De um lado, é impossível falar do ser imediatamente, sem consideração ao conceito de ser. Se nos movimentamos nessa esfera, devemos às vezes descer à esfera da trivialidade para, por assim dizer, trazer à tona a própria trivialidade; não se pode evitar isso, porque coexistem a mais manifesta trivialidade e a mais manifesta perspicácia

60 // em uma simbiose altamente estranha que se deve dissociar um pouco. Quando digo, portanto, a palavra "ser", quando falo de "ser" ou quando penso "ser", então isso não "é" o *ser ele próprio*; e o pensamento que tenho aí – o que viso com isso – não é tampouco o ser imediatamente, mas ele é mediado pela palavra. E essa palavra – creio que mal preciso desenvolver isso mais; pensem apenas na cópula, da qual lembrei os senhores –, essa palavra não é nada de isolado, mas ela é um elemento da linguagem, não podendo em absoluto ser caracterizada fora do contexto da linguagem; e mediada por meio daquilo que é visado, o que quer ser dito, com a própria linguagem, de modo que há aqui uma *mediação do ser*, como apontei para os senhores da última vez de forma genética e histórico-filosófica ao dizer em que medida o conceito de ser se deve à abstração, ou seja, à transição de *ἀρχαί* mais específicas a princípios cada vez mais gerais. A palavra "ser" não é o ser, mas, entre aquilo de que falamos e aquilo que visamos, há um outro; e, nessa medida, poderíamos dizer, aquilo de que falamos é subsumido a algo: ele também é um conceito. Não podemos evitar esse algo conceitual. Com a palavra "ser", pensamos algo que não é ele próprio – senão seria direta e imediatamente a revelação, que não temos. Mas essa palavra "ser" é justamente uma indicação ao pensamento, se posso expressá-lo assim. Dito de passagem, os senhores podem compreender com isso o peso imensurável que é atribuído à linguagem e à ideia de linguagem na filosofia heideggeriana; um peso que, aliás, eu tenderia também a conceder à linguagem, mesmo que diferentemente; e, se posso ainda acrescentar algo: um peso conferido à linguagem pela escola diametralmente oposta à heideggeriana, a saber, o positivismo lógico, particularmente por Moore, mas até certo ponto tam-

bém por Wittgenstein.[49] Pode-se dizer diretamente que o as-
61 sim chamado // neopositivismo se diferencia do bom e velho positivismo do tipo de Mach e Avenarius porque nele não se trata mais simplesmente do imediatamente dado e do contexto do dado; antes, consolidou-se a visão de que o próprio dado, no fim das contas, não é mais imediato, mas que, se pensarmos que nós já o possuímos como mediado pela linguagem, de forma que, se queremos chegar aos assim chamados dados últimos, seremos remetidos a algo linguístico. Daí advém, no positivismo, o significado extraordinário das assim chamadas sentenças protocolares.[50] Eu diria que a temática da linguagem como uma temática constitutiva da filosofia em geral de forma alguma se limita à nova ontologia, mas que ela está necessariamente dada na reflexão filosófica; e que, hoje, filosofia que não seja filosofia da linguagem na verdade não pode ser pensada. – Enfatizo isso porque várias diferenças muito pronunciadas de-

---

49 Sobre a teoria da linguagem de Wittgenstein, escreveu Adorno na introdução à *Der Positivismusstreit in der Deutschen Soziologie* [*A disputa do positivismo na sociologia alemã*]: "A coação ao paradoxo, que Wittgenstein exprimiu abertamente, atesta que, em geral, a ausência de contradição não deve ter a última palavra para um pensamento consequente nem mesmo lá onde ele sanciona a sua norma. A superioridade de Wittgenstein sobre os positivistas do Círculo de Viena mostra-se nisso cabalmente: o lógico reconhece o limite da lógica. Em seu âmbito, a relação entre linguagem e mundo, tal como Wittgenstein a concebia, não podia ser tratada univocamente. Pois para ele a linguagem forma um nexo de imanência fechado em si, através do qual os momentos não linguísticos do conhecimento, como os dados sensíveis, por exemplo, são mediados; mas não pouco reside no sentido da linguagem se referir a algo não linguístico" (GS 8, p.301).

50 Sobre o conceito positivista de "sentença protocolar", cf. Adorno, GS 8, p.285 e p.309.

verão ser compreendidas apenas com base nessa concessão ou nessa concordância, diferenças que eu desenvolverei justamente em atenção à filosofia da linguagem heideggeriana.

Mas agora, de outro lado – e com isso fundamento o que eu lhes dizia quando falava da peculiaridade da palavra "ser", a qual eu tampouco contestaria em Heidegger –, a palavra "ser" lembra nomeadamente aquilo que não se dissolve no conceito como algo organizado subjetivamente, isto é, naquilo que, na linguagem daqueles filósofos arcaicos da Antiguidade da qual lhes falei, isto é, entre os fisiólogos jônicos, se chamava, com uma expressão relativamente bem conservada, o subjacente, *ὑποκείμενον*. Os conceitos que utilizamos têm todos um componente de organização subjetiva, do que é *super imposed*, do que é sobreposto à coisa, como se diria em inglês. No essencial, eles servem ao domínio da natureza; via de regra, eles
62 são // adquiridos *more scientifico*, segundo o procedimento científico, por meio de definições, e são consolidados enquanto contêm essas assim chamadas definições, sem que seja decisiva a atenção àquilo que eles compreendem. Eles são manuseados como fichas, como se fossem aplicáveis para fins técnicos – no sentido mais amplo –, mas não no sentido de que aquilo que eles visam seja formulado neles pura e simplesmente. Isso foi notado de várias maneiras na filosofia. Recordo aos senhores historicamente apenas que a filosofia hegeliana em geral se baseia no fato de que todo conceito *singular* é, na verdade, falso, isto é, que não impera verdadeira identidade entre nenhum conceito finito e aquilo que ele deve designar; que, de fato, ele designa algo, mas, na medida em que é imposto pelo sujeito ao que é heterogêneo, ele também sempre difere daquilo que é a coisa em si mesma. E o motor de toda a filosofia hegeliana

é a tentativa de compensar essa diferença, isto é, produzir por meio da *totalidade* do sistema desenvolvido no todo justamente aquela identidade entre o pensamento e a coisa, entre sujeito e objeto, que em cada conceito individual vai à bancarrota. De forma menos enfática, mas por isso de forma mais diretamente acessível ao entendimento, Nietzsche desenvolveu, em um trabalho de juventude sobre filosofia da linguagem, a inadequação do conceito em relação às coisas.[51] E o irracionalismo nietzschiano – na medida em que se possa falar de algo assim, isto é, o primado da vida sobre o espírito, como ele foi procla-

---

51 Cf. o ensaio de Nietzsche de 1873, *Sobre verdade e mentira em sentido extramoral*: "De qualquer modo, o surgimento da linguagem não procede, pois, logicamente, sendo que o inteiro material no qual e com o qual o homem da verdade, o pesquisador, o filósofo, mais tarde trabalha e edifica, tem sua origem, se não em alguma nebulosa cucolândia, em todo caso não na essência das coisas. Ponderemos ainda, em especial, sobre a formação dos conceitos: toda palavra torna-se de imediato um conceito à medida que não deve servir, a título de recordação, para a vivência primordial completamente singular e individualizada à qual deve seu surgimento, senão que, ao mesmo tempo, deve coadunar-se a inumeráveis casos, mais ou menos semelhantes, isto é, nunca iguais quando tomados à risca, a casos nitidamente desiguais, portanto. Todo conceito surge pela igualação do não igual. Tão certo como uma folha nunca é totalmente igual a uma outra, é certo ainda que o conceito de folha é formado por meio de uma arbitrária abstração dessas diferenças individuais, por um esquecer-se do diferenciável, despertando então a representação, como se na natureza, além das folhas, houvesse algo que fosse 'folha', tal como uma forma primordial de acordo com a qual todas as folhas fossem tecidas, desenhadas, contornadas, coloridas, encrespadas e pintadas, mas por mãos ineptas, de sorte que nenhum exemplar resultasse correto e confiável como cópia autêntica da forma primordial" (Nietzsche, *Sobre verdade e mentira em sentido extramoral*, p.34 ss.).

mado por Nietzsche – tem como fundamento epistemológico *de jure* justamente isso, que os conceitos sejam insuficientes diante do vivente, que eles subsumem sob si; que, como se repetiu *ad nauseam*, nos conceitos mata-se o vivente, que o vivente atrofie. Esse momento de inadequação é como que extraído de todo conceito individual, ele é protelado. Ao usar um conceito
63 singular, como o utilizamos em geral, // não refletimos muito – se não pensarmos dialeticamente, o que não podemos pressupor aqui – sobre em que medida esse conceito é inteiramente adequado à coisa. Mas teremos como que implicitamente a consciência dessa inadequação e a transferiremos à totalidade ou ao conceito conclusivo, que está por trás dela; por exemplo, no caso de Kant, ao conceito mais elevado daquelas objetividades que não se exaurem em seus conceitos, no conceito da "coisa em si", da coisa em si transcendente e incognoscível, que de fato, de maneira dificilmente determinável, se encontra em relação com os nossos conhecimentos individuais e, com isso, com nossos conceitos, mas como tal tem de ser imperscrutável. Não é um gesto de violência, e creio que o próprio Heidegger não se voltaria demais contra a afirmação de que a posição do conceito da coisa em si no sistema da filosofia transcendental kantiana toca muito estreitamente aquele momento do ser mediante o qual Heidegger pretende ter subtraído o ser do conceito. O que há de peculiar e de particular no conceito de ser reside no fato de que, nele, se expressa algo duplo: de um lado, ele é um conceito, a saber, a suma não apenas de todo o ente, mas também de toda ideia, de toda essência, a suma pura e simples, o conceito *par excellence*; de outro lado, ele é também a expressão do contrário, ele é o não conceito [*Unbegriff*], na medida em que ele quer registrar, fixar e reter o que por prin-

cípio não pode ser conceito – isto é, o conceito em si mesmo contraditório *κἀτ' ἐξοχήν*, o conceito como anticonceito. E isso motiva – e quero retomar o pensamento anterior –, isso motiva o significado peculiar da filosofia da linguagem em Heidegger.

Talvez eu já possa utilizar aquilo para o que chamei a aten-
64 ção de várias maneiras aos senhores nessas lições, que irá // ajudá-los para a compreensão de teoremas filosóficos difíceis se os senhores compreenderem os conceitos e pensamentos que aparecem nessas filosofias de maneira *funcional* ou, se eu puder me expressar drasticamente: se vocês compreenderem o *cui bono*. Por *cui bono* não penso em algo como o interesse social ou em algo similar, mas muito simplesmente apenas na função que pensamentos ou conceitos têm em um construto de pensamento, em um edifício de pensamento; ou seja, aquilo para que servem os conceitos. O pensamento da linguagem como uma estrutura não apenas semântica ou significativa de expressão do ente, mas da linguagem como um âmbito no qual – como Heidegger afirma repetidamente em seus escritos tardios – o próprio ser tem de ser ouvido, esse pensamento provém justamente desse peculiar duplo caráter do ser. Pois, de um lado, o ser *qua* conceito remete à linguagem, porque "ser" é uma palavra; de outro lado, no entanto, na medida em que ele é justamente aquilo que não se esgota na conceitualidade, ou, permitam-me dizer de modo mais preciso: na medida em que ele *aponta* para aquilo que não se exaure no conceito, para aquilo que é amputado dos conceitos – ele é justamente aquilo que não pode ser expresso por meros significados. E Heidegger procura se eximir do problema ao atribuir à linguagem imediatamente aquilo que ela efetivamente significa,

mas que, no significar,[52] ela simultaneamente é algo outro e mais do que o significar. Nessa construção peculiar da linguagem em Heidegger, que fundamentalmente só serve para fazer justiça a esse duplo aspecto do ser como conceito e como anticonceito, os senhores podem reconhecer, em poucas palavras, a estrutura que marca toda essa filosofia. Foi por isso que antecipei aqui esse momento, nomeadamente o momento de que contradições como aquelas entre o conceito como, simultaneamente, anticonceito ou o conceito do que não é conceitual, não são desdobradas, mas tenta-se debelá-las com um passe de mágica, a saber, com o passe de mágica de sua própria enunciação através da palavra. A diferença, para antecipar isso
65 aqui agora de maneira programática, // a diferença entre o pensamento dialético e o pensamento da ontologia fundamental é, desse ponto de vista, a diferença que o pensamento da ontologia fundamental estaciona nessas contradições e as considera superadas por meio da mera imediatidade da palavra, ao passo que o pensamento dialético retoma, no pensamento, o desafio que reside nessas contradições, e tenta desdobrar essas mesmas contradições. Permitam-me acrescentar ainda que há um momento de verdade também na concepção de Heidegger de que a linguagem não se exaure em seu significado; mas que ele absolutiza esse momento de maneira inteiramente unilateral em relação ao ser, que ele – assim o denominaríamos[53] – res-

---

52 "Significar" [*im Bedeuten*] é uma conjectura editorial para "significativo" [*Bedeutenden*] (Vo 5732).

53 Assim o denominaram Adorno e Horkheimer, primeiramente na *Dialética do esclarecimento* (cf. por exemplo *Dialética do esclarecimento*, p.23, 25, 33; GS 3, p.27, 30, 42, *passim*); cf. a propósito Josef Früchtl, *Mimesis: Konstellation eines Zentralbegriffs bei Adorno* [Mimese: constelação de um

salta de forma unilateral o momento *mimético* da linguagem em contraposição ao seu momento semântico, e que com isso ele na verdade silencia a dialética naquela esfera que deu à dialé-

---

conceito central em Adorno]. – *Mimese, momento mimético, mimético* são categorias que ganharam crescentemente em significado a partir de 1944, quando a *Dialética do esclarecimento* foi concluída. Ainda não está claro se desempenhou algum papel na formulação do conceito o conhecimento do texto de Benjamin, "Sobre a faculdade mimética", escrito em 1933 mas publicado apenas em 1955, que os autores devem ter conhecido, no mínimo, desde 1941. É certo, no entanto, que isso ocorreu no caso da leitura de Roger Caillois, a cujo conceito "le mimétisme", presente em *Le Mythe et l'Homme* [O mito e o homem], eles fazem referência explicitamente (cf. *Dialética do esclarecimento*, op. cit., p.187; GS 3, p.260). Ao passo que a filosofia desde Platão gostava de determinar a arte como mimese, como imitação da natureza, os autores da *Dialética do esclarecimento* se dissociaram desde o começo dessa tradição, e isso também e justamente quando o Adorno mais tardio admite o conceito em sua estética. Mimese, para ele, é participação na natureza, sim, em certo sentido a mimese vale como sinônimo daquela. A palavra quer evocar a lembrança de modos de comportamento do ser humano pré-histórico, tal como eles foram descritos de forma penetrante pela etnologia e tomados por uma etapa mágica do gênero humano, na qual as afinidades entre os entes ainda não eram afinidades determinadas pela dominação, mas eram afinidades da similaridade ou em função do nome (cf. *Dialética do esclarecimento*, op. cit., p.23; GS 3, p.27). Conta como comportamento mimético o achegar-se orgânico no outro (cf. *Dialética do esclarecimento*, op. cit., p.149; GS 3, p.205); por meio da mimese, o ser humano da fase mágica se fazia idêntico ao mundo circundante, e não este se fazia idêntico àquele (cf. *Dialética do esclarecimento*, op. cit., p.154; GS 3, p.212). A *Dialética do esclarecimento* mobiliza não menos do que uma construção histórico-filosófica segundo a qual o desenvolvimento do ser humano, de modos de comportamento imediatamente miméticos para o manuseio dirigido da mimese por curandeiros e sacerdotes, conduz à formação da *ratio* para fins de domínio da natureza, em outras pala-

tica o seu nome, a saber, justamente o da linguagem, que *ex definitione* não é nada diferente de um *διαλέγεσθαι*.

---

vras: ao trabalho organizado no qual a mimese é recalcada e no qual, ao mesmo tempo, o comportamento mimético sobrevive sempre de forma também mediada. Por fim, com a imitação planejada de práticas mágicas sob o totalitarismo contemporâneo, ocorre um retorno da mimese, como que uma *mimese da mimese* (cf. *Dialética do esclarecimento*, op. cit., p.152; GS 3, p.209). Até hoje, segundo a teoria de Adorno, a mimese forma uma contraparte da razão dominadora da natureza, sendo, ao mesmo tempo, regressão em relação à ela e seu corretivo. Com o progresso do esclarecimento, comportamentos miméticos foram desmitologizados de forma cada vez mais forte, o âmbito ao qual a mimese pertence foi muito amplamente recalcado e reprimido; o retorno desse âmbito não é, no entanto, como no pensamento de Heidegger, necessária e exclusivamente retorno do mito, como retorno do mal, do obstinado (cf. p.104 *s.*), mas ele evoca, como "mimese de tempos imemoriais", também aquela "imitação reflexiva, o estímulo, ainda que em vão, do qual uma vez surgiu aquilo que é diferente do ente: o próprio espírito" (GS 16, p.227). O elemento mimético, de que o pensamento mais tardio de Adorno se compreendia como defensor e que ele reconheceu mesmo em Hegel, forma um momento integral da verdade que está em questão em toda filosofia. "O conceito especulativo hegeliano salva a mimese através da reflexão do espírito sobre si mesmo: verdade não é *adaequatio*, mas afinidade, e, no declínio do idealismo, com Hegel, essa rememoração da razão de sua essência mimética é revelada como seu direito humano" (cf. Adorno, *Três estudos sobre Hegel*, p.119; GS 5, p.285). A mais profunda intenção da dialética negativa de Adorno reside, ao fim e ao cabo, na reconciliação entre *ratio* e mimese, antípodas aparentes: "O conceito não é capaz de defender de outro modo a causa do que ele reprimiu, a mimese, senão na medida em que ele se apropria de algo desta em seus próprios modos de comportamento, sem perder-se nela" (*Dialética negativa*, op. cit., p.21; GS 6, p.26). Se é verdade que essa ideia contém a defesa do pensamento de Adorno contra a crítica de que a teoria, para ele, seria estetizada, não se deve tampouco desconsiderar que, em Adorno, o mimético não é mais citado em nenhum lugar além da *Teoria estética*, sua última obra. Para ele, não se trataria de uma conversão do conhecimento em arte, mas, ao contrário, de determinar as obras de arte como formas de conhecimento: "A sentimentalidade e a debilidade de quase toda a tradição da reflexão dialética provém do fato de que ela desconsiderou a dialética imanente à arte entre racionalidade e mimese. [...] A mimese que continua viva, a afinidade não conceitual do que foi produzido subjetivamente em relação a seu outro, o não posto, determina a arte como uma figura de conhecimento, e, nessa medida, como 'racional' a seu turno. Pois aquilo a que o comportamento mimético responde é o *telos* do conhecimento que ele, por meio de suas próprias categorias, simultaneamente bloqueia. A arte completa o conhecimento com aquilo que é excluído por ele, e prejudica com isso, por sua vez, o caráter de conhecimento, sua univocidade" (GS 7, p.86 *s.*). Corresponde a uma tal salvação epistemológica de teores miméticos da arte a salvação real intencionada, da qual trata uma nota escrita no último ano de Adorno: "Escrevi ontem na *Teoria estética*: nenhuma transcendência sem aquilo que foi transcendido (cf. GS 7, p.424). Mas isso não vai muito além da arte? Não reside aí a resposta à pergunta sobre a infinita relevância do condicionado para o incondicionado – cerne da experiência mística – para o *pensamento*? [...] Aí reside não menos do que a *comunicação* entre tudo o que é, a objetividade da mimese. Altamente importante, desenvolver" (Ms. Notizheft Z, p.138 *s.*). O fato de que esse desenvolvimento não tenha ocorrido também contribuiu para a objeção de que a doutrina adorniana do elemento mimético faria empréstimos indevidos à arte, tal como toda teoria da comunicação existente parece insuficiente em vista do que Adorno tinha em mente aqui.

66 # // Aula 5
29 de novembro de 1960

Como de todo modo se passaram quase catorze dias desde a última aula, preciso dizer ao menos algumas palavras recuperando aquilo com que nos ocupamos por último. Havíamos falado que o conceito de ser ou o discurso sobre o ser – conceito de ser já não é um modo de dizer totalmente correto para o que pretendo expressar – é impregnado em si mesmo de uma ambiguidade notável. Por um lado, ser é um conceito, a suma em geral de tudo aquilo que pode ser tratado sob uma unidade conceitual superior – o conceito de ser deveria ser definido assim, se se quiser tratá-lo como um conceito. Por outro lado, no entanto, no ser ressoa justamente o momento em que um filósofo (no caso, Heinrich Rickert) uma vez pensou com o termo "contínuo heterogêneo",[54] isto é, aquele momento que

---

54 Cf. Rickert, *Die Grenzen der naturwissenschaftlichen Begriffsbildung: Eine logische Einleitung in die historischen Wissenschaften* [Os limites da formação conceitual nas ciências naturais: uma introdução lógica às ciências históricas], p.28: "Aquilo que nos vem à consciência quando pensamos o conhecimento figurativo da realidade situada no tempo e no espaço consiste em que essa realidade é em cada lugar *distinta* do que

não é ele mesmo conceitual, que não é absorvido no conceito como uma organização subjetiva, mas que, por sua vez, subjaz a todo conceitual. Dei-lhes como prova de que se pode falar com razão de uma tal coisa em geral o caráter de arbitrariedade que toda formação conceitual traz consigo, apesar de todos os esforços do velho Platão em escapar exatamente disso.[55] Quer dizer: os recortes que se põem entre os conceitos são sempre arbitrários. Cada singular pode ser apreendido sob inúmeros

---

em cada outro, e que, por isso, nunca sabemos o quanto do novo e do desconhecimento ela ainda irá nos mostrar. Por esse motivo, em distinção ao contínuo homogêneo matemático sem efetividade, podemos também chamar o efetivo de um *contínuo heterogêneo* [...]". Essa mesma passagem é citada pelo editor também em NaS IV.4, p.388, nota 156. Karel Markus, de Amsterdã, não deixa de notar com justiça que, em suas repetidas remissões ao termo de Rickert, Adorno deveria estar pensando antes no *Sistema da filosofia*, por exemplo, na seguinte passagem: "Aquilo que, para utilizar uma palavra da moda, 'vivenciamos' de modo imediato, como é possível mostrar facilmente, se *subtraímos* todas as formas da apreensão, é um 'amontoado' irregular de impressões que se modifica continuamente, e não apenas o todo do mundo, mas mesmo cada pequena parte real do mundo forma um fluxo inquieto com transições deslizantes em modificações incessantes. O mundo pensado de forma totalmente assistemática é, para o homem de ciências, um *contínuo heterogêneo*, o qual ele defronta desamparado em termos teóricos, ou, dito de modo ainda mais geral: um caos" (Heinrich Rickert, *System der Philosophie* [Sistema da filosofia], Parte I, p.6).

55 Adorno pensa aqui, de acordo com a *Dialética negativa*, p.44 *s.* (GS 6, p.53), em uma passagem do *Fedro*. Este editor, em sua edição das preleções de Adorno de título *Kants "Kritik der reinen Vernunft"*, nas quais igualmente se alude a isso (cf. NaS IV.14, p.198), não percebeu os paralelos e remeteu a uma outra passagem de Platão (cf., idem, p.389 *s.*, nota 166), ao que também Karel Markus (ao qual se agradece) fez-lhe notar.

conceitos sem que lhe seja inerente por si só uma necessidade absolutamente vinculante de ser apreendido sob esse e *apenas* sob esse conceito, ou sob aquele e *apenas* sob aquele. E, por outro lado, todo conceito tem, em relação às possibilidades de seu preenchimento, uma vagueza extraordinariamente grande, que está ligada ao fato de que o conceito fixa apenas um ou alguns traços do que sob ele é apreendido, mas libera os seus outros traços de modo tal que, justamente por força dessa li-
67 berdade em relação // às dimensões não definidas pelo conceito, irrompe de antemão no conceito um sem-número do que, por sua vez, é contingente em relação ao conceito ou, de todo modo, a ele indiferente. Esses fatos podem fazê-los recordar apenas de modo passageiro que a ordem de que nós (e justamente enquanto homens de ciência) dispomos nos conceitos, que essa ordem não é, sem mais, idêntica à constituição daquilo que é ou à constituição daquilo a que eles se dirigem. A tese fundamental metafísico-epistemológica espinosista de que a ordem das ideias e a ordem das coisas seriam idênticas[56] pode, justamente por isso, ser verdadeiramente assinalada como o princípio básico de uma filosofia racionalista. E toda a crítica ao racionalismo ocidental, no modo como está conectada principalmente a Kant, abalou, de fato, exatamente essa intuição – cuja problemática, de resto, remonta a muito antes e que não é outra senão a velha problemática herdada tratada sob o título de nominalismo desde a filosofia da Baixa Idade Média.

56 Segundo a *Propositio* talvez mais conhecida de Espinosa: "*Ordo, et connexio idearum idem est, ac ordo, et connexio rerum* [A ordem e a conexão das ideias é a mesma que a ordem e a conexão das coisas]" (Espinosa, *Ética*, Lv.II, Prop.VII, p.134-5).

Mas é então fato – e com isso eu os remeto a uma estrutura (para chamá-la de modo amigável), a um truque (para exprimi-lo de modo menos amigável) – que na filosofia do ser ou ontologia fundamental aquele momento da ambiguidade entre ser como conceito e ser como o que não é apreendido pelo conceito, que, eu diria, a falta, a insuficiência que se encontra neste lugar na linguagem e que certamente remete a algo de mais profundo, não é, por exemplo, simplesmente confessada pela ontologia fundamental ou pela filosofia do ser como uma tal falta, mas ela contabiliza essa falta como um positivo e eventualmente a recebe na conta como um crédito. No decurso do que temos aqui a considerar, sempre voltaremos a esbarrar no fato de que tais faltas do conceito ou tais faltas do pensamento dessa filosofia, quando quer que ela esbarre nessas faltas, são sempre ainda aproveitadas de um determinado modo e utilizadas para emprestar àquilo que ela sustenta uma
68 dignidade especial. // Se tento vaciná-los com uma certa força de resistência contra aquela tendência filosófica que segue sendo dominante na Alemanha, faço-o porque acredito que não é um mau conselho se os encorajo a sempre colocarem à prova nas teses básicas da ontologia fundamental se ali não é utilizado algum momento de insuficiência, de falta do conhecimento ou da formação conceitual ou o que quer que seja, como se, justamente pelo fato de que um conceito *não* é capaz de operar aquilo que ele deveria operar, lhe fosse garantida ou certificada a sua profundidade particular e sua "previedade", para citar uma expressão heideggeriana, e não o verdadeiro "trabalho e esforço do conceito", dessa vez para citar Hegel.[57]

57 Cf. NaS I.1, p.287, nota 35.

Não quero também com isso tornar as coisas muito fáceis para nós. As coisas estão realmente por um fio, como costuma em geral ser o caso com a verdade, pois a verdade é algo extremamente frágil. E, se a filosofia pode lhes ensinar alguma coisa, é que os senhores perdem um pouco a confiança em que a verdade está ligada às grandes diferenças e que pode ser levada para casa tranquilamente,[58] digamos, num caderno de anotações ou num fichário – não é assim tão simples. Por exemplo, certamente é verdade que naquela indiferença oscilante da palavra "ser" sobre a qual falamos e que tem a ver com o fato de que ela é ao mesmo tempo essência conceitual e o não conceito [*Unbegriff*], ou seja, o conceito do que, por sua vez, não pode se tornar conceito, que nisso também se anuncia algo que é de importância constitutiva. E eu concederia a Heidegger até mesmo dizendo que, de fato, dentre os critérios da filosofia, não é o menor ou, em todo caso, não é um critério desprezível até que ponto ela é capaz de penetrar em tais estados de coisas não unívocos e que não se desenrolam de certo modo segundo regras de jogo estabelecidas. Naquela ambiguidade, que não pode ser eliminada por nenhuma operação definitória – ou,
69 em todo caso, // só pode ser eliminada de modo bastante superficial, para fins de ordenação –, indica-se justamente o fato de que nós, por um lado, e talvez eu possa lhes lembrar, não podemos pensar senão por conceitos, e que a conceitualidade é, portanto, a prisão na qual nosso pensamento se encontra encerrado, mas que, por outro lado, justamente aquilo que as-

58 Cf. o estudante no *Fausto*: "O que tens preto sobre branco,/ Para casa levarás tranquilo" (Goethe, *Fausto: uma tragédia*, Primeira parte, p.191).

piramos abarcar pelo pensamento, o que visamos pensar, não se esgota nesse aparato, e que é inerente ao pensamento tomar consciência de seus próprios limites pela autorreflexão. Nessa medida, segue valendo como a velha exigência aristotélica de que o pensamento deve pensar a si mesmo, mesmo se não estamos mais autorizados a determinar o *νόησις νοήσεως*[59] como algo positivamente dado, por assim dizer, como um fato transcendental. Mas, tendo-se admitido isso, há, todavia, uma enorme diferença se tomamos consciência do caráter aporético na palavra "ser" e daquilo que esse caráter aporético nos mostra e se fazemos justamente dessa aporia uma espécie de prerrogativa e agimos como se, por conta dela (como se diz, em Heidegger, num mau alemão), o conceito de ser fosse o mais singular dos conceitos que possuímos em geral. É essa fronteira que de fato nos importa. Pelo fato de que a palavra "ser" demarca em si uma fronteira com o conceitual e que na intenção dessa palavra está, no conceito, aquilo que não é absorvido pelo conceito, nem por isso é, *todavia*, legítimo utilizar essa palavra como se ela fosse ao mesmo tempo o além do conceito, já que ela permanece sendo justamente conceito.

Trata-se de uma distinção fina, não quero de modo algum omiti-lo, mas os senhores não podem evitar essa sutileza, pois nela realmente se oculta uma coisa muito decisiva para nosso

---

59 Cf., na tradução de Marcelo Perine: "[...] a Inteligência (*νοῦς*) divina é o que há de mais excelente, ela pensa a si mesma e seu pensamento é pensamento de pensamento (*νόησις νοήσεως*)" (Met. L 9, 1074 b 33 *ss.*, em Aristóteles. *Metafísica*. v. 2: Texto grego com tradução ao lado. Ed. Giovanni Reale. Trad. Marcelo Perine. São Paulo: Loyola, 2014, p.577). Cf. também NaS IV.14, p.149 e p.270, n. 174 *ss.*, assim como NaS IV.4, p.127.

problema. Se um conceito remete a algo que, por sua vez, não é ele mesmo conceitual, então por meio disso, se se quiser, a própria conceitualidade é restringida. O pensamento conceitual é capaz de fazer de si mesmo uma espécie de memento ou de
70 sinal de alerta. Mas é bem uma fraude se // se assume que, por meio desse tipo de meditação sobre si mesmo do pensamento, sobre o fato de que aquilo que ele pensa não se esgota nele mesmo, ele já dominaria positivamente um tal além do pensamento – ao apelar para tais palavras que assinalam essa fronteira. Os senhores podem compreender essa impossibilidade se se lembrarem de que em nossas últimas análises havíamos constatado que "ser" não apenas visa aquele não conceitual no conceito, mas, ao mesmo tempo, *é* conceito. Mas essa singular duplicidade contida na palavra "ser" é explorada de tal modo na escola heideggeriana como se de fato, por meio desse seu caráter distintivo, a conceitualidade retrocedesse em prol daquele outro, e pelo mero fato de aquele outro ser *visado* em sua conceitualidade. Mas, apesar dessa intenção orientada ao não conceitual, nem por isso ela deixa de ser conceito. Com a palavra "ser" (para voltar a isso ainda mais uma vez), não se tem de modo imediato o ser na boca. Com essa palavra "ser", assim como com qualquer outro conceito, visa-se algo, e essa fronteira para com o que jaz além do conceito deve ser respeitada inclusive no discurso sobre o ser – embora a filosofia do ser passe por cima disso. Aquilo que a filosofia do ser faz desse momento não conceitual do conceito de "ser" ou daquela "rememoração" do não conceitual no conceito é então por ela torcido de tal modo que este ser é destacado de dois momentos: por um lado, do abstrato como um conceito universal puro e, por outro, do algo determinado apreendido sob o con-

ceito universal, o seu correlato, o ente determinado, do qual se abstrai. O lucro (permitam-me dizê-lo) que a filosofia do ser extrai do caráter oscilante de seu conceito "mais singular" é o lucro de que agora lhe é permitido conservar essa palavra oscilantemente em ambos os lados: por um lado, na filosofia
71 do ser – e eu já os // remeti a isso de distintos modos – o ser não deve, por exemplo, coincidir com o ente, nem deve ser a suma de todo ente, mas algo outro em relação a isso. Sobre isso, é preciso dizer que em primeiro lugar aquela alteridade que o ser tem em relação a todo ente não é outra coisa senão justamente a conceitualidade. Isto é, antes de tudo o ser é distinto de todo singular sob ele apreendido pelo fato de que ele é o *conceito* daquele ente que é apreendido, e não esse ente imediatamente. A filosofia do ser contabiliza para si avidamente essa vantagem da conceitualidade, mas volta a apelar ao mesmo tempo justamente para o fato de que o ser *não* é um conceito. Por meio disso é que se combina aquela estrutura peculiar e oscilante que, por assim dizer (perdoem-me o modo vulgar de falar), retém a nata de ambos, isto é, do conceito e do ente. A nata que é retida do conceito é o fato de que se trata ali de algo que não é ele mesmo um ente acidental, contingente, mas um que, como se diz, lhe é preordenado, um algo que supostamente lhe é mais elevado e de maior dignidade. Enquanto a nata do ente seria a de que ele não seria um conceito, mas um concreto, algo apenas subjacente à conceitualidade em geral e, consequentemente, algo de substancial.

Acredito que esse quiproquó que tentei lhes destrinchar é, na verdade, o mecanismo pelo qual se instaura a dignidade do discurso sobre o ser. Mas essa instauração não deve ser concebida – e por isto eu lhes peço que compreendam corretamente

do ponto de vista do método isso que eu lhes disse –, por exemplo, no sentido de uma gênese social ou psicológica. Trata-se antes de uma instauração no interior da economia dos conceitos, uma instauração obtida à força pela constelação dos elementos conceito/não conceito, ser/ente. Permitam-me lembrar que ambos os momentos dos quais o ser se diferencia nesse sentido persistente – e nos últimos tempos grafado
72 por Heidegger como "seer" [*Seyn*] ou // com um tachado cruzado[60] *Seyn* –, isto é, os momentos do conceito e do dado, são ao mesmo tempo aqueles momentos no ser dos quais fazem parte enquanto *constituens* a subjetividade, um sujeito pensante: esse sujeito pensante sobre o qual não se refletia nas ontologias antigas e cuja reflexão não pode, todavia, ser evitada nas novas. Pois o conceito é, de fato, a organização espiritual subjetiva, o resultado da abstração. E o ente, como dado, é, ao menos no sentido da filosofia tradicional, aquilo que resta dos dados hiléticos impassíveis de serem ainda eliminados, aquilo que resta dos materiais primários da consciência. Assim se

60 Desde a assim chamada "virada" [*Kehre*], que o próprio Heidegger parece datar no curso sobre Platão lecionado em 1931-1932, ele costuma escrever "seer" [*Seyn*] a fim de desvincular o acesso imediato a um ser mítico da saída do *Dasein* humano trilhada nas partes publicadas de *Ser e tempo*. O "ser" grafado com um tachado cruzado é utilizado, por exemplo, na carta de 1955 dirigida a Ernst Jünger, "Sobre a questão do ser" ("Zur Seinsfrage"), na qual a grafia é explicada (cf. Heidegger, "Sobre a questão do ser", em *Marcas do caminho*, p.396 *ss.*). ["Seer", grafia do português antigo para "ser", é a opção adotada pelo tradutor de Heidegger, Marco Casanova, para o alemão arcaico "*Seyn*", que seguimos aqui. Casanova explica a opção em Adorno, *Dialética negativa*, op. cit., p.62, nota **. (N. T.)]

fixa um dos traços essenciais de toda a ontologia – e, com isso, um dos traços nos quais sua influência se apoia mais energicamente –, a saber, o seu antissubjetivismo: a aparência de que a filosofia tivesse se evadido do cativeiro da subjetividade nesse "projeto" [*Entwurf*] ontológico. Essa aparência de superação do subjetivismo em uma situação na qual na verdade nada mudou nos pressupostos do subjetivismo está ligada justamente àquele quiproquó que tentei lhes apresentar. A dignidade aparentemente mais elevada da ontologia enquanto algo prévio à subjetividade está na realidade fundada no fato de que aquela falta de reflexão sobre o que quer dizer "ser" é contabilizada como um crédito por essa filosofia do ser, de tal modo que a superação – e isso é, acredito, uma consequência bastante essencial –, que a assim chamada superação do subjetivismo, que certamente é um dos pontos mais sedutores dessa filosofia, se deve apenas àquela inarticulação, àquele algo de oscilante e de negativo no discurso sobre o próprio ser. Acredito que, assim como é preciso desconfiar da palavra "superação" em geral, é preciso desconfiar de uma filosofia que não tem nada para colocar no lugar daquela positividade que constitui o seu *páthos* senão a ambiguidade do meio no interior do qual ela se move.

No entanto, apesar desses momentos dos quais falamos até
73 agora, é bastante característico da nova ontologia // o fato de que ela se mantenha no âmbito da linguagem – acho que lhes chamei a atenção para isso. Quero, porém, repeti-lo mais uma vez aqui, pois os senhores poderiam me reprovar dizendo que, como Kant diria, as distinções um pouco sutis de nossa consideração crítica fundamental sobre o ser teriam sido essencialmente orientadas ao significado da *palavra* "ser", e que por

conta disso não se chegaria até aquilo que é defendido pela ontologia fundamental, aquilo que ela realmente quer. Em princípio, acredito que já lhes respondi a essa objeção na medida em que mostrei que também a ontologia fundamental só é capaz de se aperceber daquele outro ou além da linguagem ou daquilo que não se esgota no conceito graças a um conceito. Em outras palavras, que ela não é capaz de sustentar a pretensão com a qual se contrapõe ao pensamento conceitual. Mas se abstrairmos completamente disso, então acredito que a ontologia fundamental não pode disputar conosco a sério o método que empreguei nas últimas análises, pois ela mesma se apresenta exatamente e de modo persistente como uma filosofia da linguagem. Lembrem-se de que eu lhes disse que a palavra "ser" é conceito porque, quando dizemos "ser" – tanto faz se esse ser tem uma extensão, como os conceitos têm de costume, ou se o conceito dessa extensão é problemático –, essa palavra "ser" não é imediatamente o ser ele mesmo. Que nós, como lhes expliquei de modo um pouco drástico, não temos ou sentimos o ser na boca, mas apenas a palavra. A filosofia de Heidegger é muito refinada e consequente no fato de que ela na verdade não se apropria dessa absurdidade que lhes indiquei, isto é, que se *possa* ter o próprio ser na boca. Quer dizer: Heidegger reconhece que sou totalmente obrigado a chamar de conceito também o ser no sentido da conceitualidade e que com isso
74 // justamente esse momento da mediação adentra em todo filosofar sobre o ser, momento que ele se esforça em desativar em prol de seu ideal de originariedade. A consequência que Heidegger extrai disso é na verdade a de que, para ele, a linguagem deve ser imediatamente una com o que ela expressa.

Schweppenhäuser demonstrou em sua excelente tese[61] que, após começar como um teórico do significado, na filosofia da linguagem, no sentido husserliano mais ou menos tradicional, Heidegger foi impelido a atribuir substancialidade de imediato à linguagem, como ela se sedimentou nestas famosas frases de que na linguagem o ser se "clarearia" [*lichte*] ou "desabrigaria" [*entberge*] ou como se queira; ou naquelas especulações nas quais o velho combatente[62] Heidegger se mostrou, ou ao menos visto em retrospectiva, numa curiosa concordância com certos teoremas de filosofia da linguagem da cabala. Depois disso que discuti com os senhores agora, os senhores podem talvez entender – e quero ajudá-los a compreender a composição interna e o campo de força dessa filosofia – por que se chega a uma tal excentricidade como a de que, segundo Heidegger, o ser se desvelaria *imediatamente* na linguagem, e não, por exemplo, que a linguagem *expressaria* o ser. Se é séria a in-

61 Hermann Schweppenhäuser (nascido em 1928) doutorou-se sob a orientação de Adorno e Horkheimer em 1955-1956 com a tese *Studien über die Heideggersche Sprachtheorie* [Estudos sobre a teoria da linguagem heideggeriana]. Cf. a investigação – publicada pela primeira vez em *Archiv für Philosophie*, v.7, n.3-4 e v.8, n.1-2, 1958 –, hoje na coleção Dialektische Studien, org. Rolf Tiedemann.

62 "Velho combatente" [*alter Kämpfer*] era uma expressão dos nazistas para designar os companheiros do partido que eram membros do Partido Nacional-Socialista Alemão (NSDAP, na sigla em alemão) ou de uma de suas divisões já antes de 1933 [ano em que Hitler é nomeado chanceler do Império da Alemanha, vindo a instaurar uma ditadura no ano seguinte ao fundir as funções de chanceler e de presidente e centralizar em si o exercício do poder político como *Führer* (N. T.)]. A expressão é utilizada por Adorno aqui em alusão ao engajamento de Heidegger em 1933 a favor de Hitler e suas hordas, engajamento que lhe teria vetado qualquer tipo de empréstimo da mística judaica.

tenção de Heidegger de que o ser, por princípio, não seria um conceito, mas também, por princípio, não seria ente, e se não temos o ser de outro modo que na linguagem em geral, então isso só pode ser sustentado se é emprestada já à própria linguagem uma dignidade ontológica. Isto é, se a linguagem é tratada de tal modo como se ela fosse a aparição do que se quer dizer com ela e como se ela coincidisse imediatamente com isso, em vez de estar em um tipo qualquer que seja de relação intencional de tensão com o que é expresso por ela. Sigo também aqui o meu princípio metódico de não pôr de lado dificuldades no interior de filosofias e também de não simplesmente lhe colocar defeitos; considero ambas as coisas subalternas. Mas, antes, a ideia é desenvolver uma filosofia a partir da carência [*Not*] do pensamento, da aporia do pensamento, das dificul-
75 dades nas quais // ele mesmo recai, em uma palavra, a partir de sua própria dinâmica. Foi o que se mostrou agora em Heidegger. Permitam-me apenas acrescentar que uma filosofia da linguagem como essa indicada é oriunda do âmbito teológico e que ela é compreensível, entra em um nexo de fundamentação quando parte da ideia de uma linguagem verdadeira como a linguagem de uma revelação da palavra divina, que de certo modo corresponde ao *intelectus archetypus*[63] no qual intuição e pensamento coincidem efetivamente. A problemática dessa filosofia da linguagem em Heidegger me parece estar no fato de que essa filosofia da linguagem tomada de empréstimo da teo-

63 Entendimento arquetípico ou intuitivo; expressão utilizada por Kant na *Crítica da faculdade de julgar*, § 77, para designar o pensamento divino-intuitivo em contraposição a "nosso entendimento discursivo, carente de imagens", o *intellectus ectypus*.

logia é desprendida de sua base teológica e então simplesmente atribuída de modo livremente flutuante à linguagem – e ainda com total desatenção a sua historicidade e seu caráter histórico –, sem que se fizesse em geral de algum modo plausível de onde a linguagem ganha essa dignidade. Ela o faz realmente apenas em prol da rima,[64] isto é, para poder preencher aquela função que a distintiva palavra "ser" deve cumprir nessa filosofia. Essa doutrina da linguagem ganha assim caráter de uma mera mitologia; quer dizer, atribuem-se novamente à linguagem como que num passe de mágica todas aquelas qualidades criticadas como problemáticas pela crítica nominalista, qualidades que, em todo caso, não deveriam resultar da linguagem como necessidades puras e simples.

Do que eu disse aqui sobre a dedução, a dedução crítica da abordagem de filosofia da linguagem da ontologia fundamental, quero extrair ao menos duas consequências muito breves. A primeira é que, segundo o que eu lhes disse sobre o encargo da linguagem, sobre o *necessário* encargo da linguagem, não é uma objeção à argumentação, às reflexões que desenvolvi se
76 alguém lhes opusesse que o que eu disse tem a ver // com problemas semânticos, isto é, com o problema sobre o significado de "ser" e não imediatamente com o ser. Eu já havia discutido com os senhores que essa objeção não procede, pois não temos o ser imediatamente, mas apenas na figura linguística. Depois do que lhes desenvolvi, seria ainda de se adicionar que justamente se a linguagem, como a filosofia heideggeriana postula, fosse na verdade um *medium* ou um órganon ou um arranjo de elementos da verdade, e não uma mero signo, apenas então à

64 "*Reimes*", conjectura editorial para "*Reinen*", puro.

filosofia, à filosofia crítica adviria a legitimação para discutir com esse pensamento justamente em termos de filosofia da linguagem, quer dizer, para perseguir a figura linguística na qual ele reivindica manter justamente esse mais elevado, esse *summum bonum*, isto é, o ser. Não se pode, de um lado, colocar a linguagem e a filosofia da linguagem no lugar da teoria do conhecimento, ou até no da metafísica, e, do outro lado, se efetivamente procedemos pela análise da linguagem, então objetar: certo, você age aqui exclusivamente pela filosofia da linguagem, mas não se trata de modo algum da linguagem, mas sim do ser... esse é um truque, um quiproquó – e rasgo esse véu e espero que os senhores me sigam nessa operação que executei e se recusem a participar dessa impostura. A segunda coisa que disso segue – e esse é um momento que eu talvez, se nos sobrar tempo, ainda quero perseguir com mais precisão; uma vez que não sei, todavia, se será o caso, quero apenas anunciá-lo aos senhores como um ponto programático de uma discussão com essa filosofia –, a segunda coisa é que, se há um tal *páthos* da filosofia da linguagem como esse do qual acabamos de falar, que então disso obviamente segue um compromisso indescritível da figura linguística. Se de fato a linguagem pretende não ser mero signo, mas se encontrar em um nexo essencial com a coisa – e eu estaria de acordo com Heidegger em
77 um certo sentido, isto é, no sentido da responsabilidade // em face da coisa pelo modo como a linguagem é cunhada –, então disso segue que a cunhagem linguística singular teria de se dobrar, pondo-se à prova, ao extremo da cogência, ao extremo da precisão, ao extremo da responsabilidade. Assumindo que uma análise da linguagem exaustiva – como eu provavelmente não posso lhes dar nestas lições, mas posso lhes prometer em

algum forma para o futuro[65] – demonstrasse que a linguagem que aparece nessa filosofia, vista imanentemente, segundo sua própria figura, não faz justiça justamente à pretensão que essa linguagem anuncia por meio do conteúdo da filosofia, então essa seria com efeito a objeção fatal contra uma filosofia que fundamentalmente só se deixa criticar em geral na sua linguagem, pois ela despejou na linguagem toda a carga de sua própria verdade. Se em distintas ocasiões, que alguns dos senhores devem ter acompanhado, falei, em debate com o inteiro complexo dessa filosofia, de um "jargão da autenticidade",[66] e se sempre voltei a analisar figuras de linguagem isoladas desse terreno, não o fiz, por exemplo, por pura satisfação literária na polêmica contra uma filosofia que, por um lado, se comporta como se tirasse suas inspirações da fonte de Castália[67] e, por outro lado, fala um alemão professoral. É verdade que essa é uma ocupação bem divertida, mas ela não me fascinaria tão em demasia. Essas excursões de análise da linguagem, que me permito sempre de vez em vez e nas quais prometo no futuro

---

65 Referência ao trabalho cuja primeira versão data de 1963 e que foi publicado no ano seguinte em versão definitiva como livro sob o título *Jargon der Eigentlichkeit* [Jargão da autenticidade], cf. GS 6, p.413 *ss.*

66 A expressão foi utilizada por Adorno por exemplo em *Para a metacrítica da teoria do conhecimento*, p.78 (GS 5, p.42); GS 8, p.140 e p.454; idem, "O ensaio como forma", em *Notas de literatura I*, p.21 (GS 11, p.14) e GS 11, p.221, para mencionar apenas as passagens escritas até 1960.

67 A fonte sagrada em Parnaso cuja água servia aos sacerdotes délficos para a purificação, cf., por exemplo, a estrofe do coro nas *Fenícias*, de Eurípedes: "ainda as águas de Castália/ esperam-me para a delicadeza/ virginal dos meus cabelos lavar/ nos serviços de Febo" (Eurípedes, "As fenícias", em Sousa Júnior, *As fenícias de Eurípedes: estudo e tradução*, p.109, v.222-5).

uma expedição profunda na selva, elas na verdade se dirigem ao todo – isto é, se dirigem exatamente ao ponto no qual, para falar com Kant,[68] toda essa ontologia fundamental está "amarrada", no qual a sua pretensão própria de verdade se prende e no qual ao mesmo tempo a sua suposta substancialidade e solidez pode ser lida.

78 Permitam-me ainda dizer algumas palavras que ainda // podemos talvez abordar um pouco no quadro de nossas considerações prévias sobre a relação de ser e ente (com o que ainda teremos de discutir adiante de modo bem mais profundo e fundamental): faz parte daquele peculiar caráter oscilante do ser, sobre o qual discuti com os senhores a partir de um modelo – isto é, o modelo da conceitualidade –, faz parte dele o fato de também assumir em relação ao ente (o que também lhes dei a entender) esse caráter oscilante e impronunciado. Por um lado, o ser quer ser algo preordenado ao ente, quer ser aquele originário em cujo *páthos* sobrevivem as velhas ideias platônicas e aristotélicas do ser verdadeiro e duradouro em face do efêmero e aparente. Por outro lado, no entanto, o ser – e isso faz relembrar do ser como conceito, isto é, da suma de todo o apreendido sob ele – é também a suma dos entes pura e simplesmente. No sentido dessa conceitualidade, o ser seria todo ente. Essa segunda oscilação, esse segundo caráter de interferência (se é que posso chamá-lo assim) na palavra "ser" se deve igualmente à história da filosofia. Em Platão, ele está no fato de que, de um lado, o verdadeiro ser são as ideias em face das quais o ente individual disperso seria o *μὴ ὄν*, o não ser,

68 Cf. Kant, *Crítica da razão pura*, B 134; cf. também, NaS IV.4, p.363, nota 18.

ou seja, o pura e simplesmente nulo, aparente; mas que, por outro lado, a filosofia está sujeita à pressão por acolher esse *μὴ ὄν*, por designá-lo como o espaço – ou, por fim, por compreender as ideias como as generalidades supremas das coisas singulares sob elas apreendidas. Ainda mais antiga é a mesma ambiguidade no conceito de ser notada na estrutura – de resto, enigmática e ainda controversa – do poema de Parmênides, cuja primeira parte ensina sobre o conceito de ser naquela pureza enfática seguida essencialmente por Heidegger, enquanto a segunda parte – sobre o nexo da segunda com a primeira par-
79 te foram escritas bibliotecas inteiras, e vou me guardar de // expressar aqui uma opinião que, independentemente de qual seja, provavelmente já teria sido posta em questão pelos filólogos clássicos –, mas a segunda parte, em todo caso, trata exatamente daquela esfera da *δόξα*, do ente aparente, singular e disperso que fora apartado tão enfaticamente na primeira parte. Se não quisermos realmente negar a Parmênides toda seriedade, nisso se mostra então aquele constrangimento a expressar o duplo caráter do ser na própria filosofia: por um lado, como o que por sua vez não é conceito, e, por outro, como o conceito *par excellence*, como o conceito de todo ente. E, finalmente, o mesmo problema de certo modo retorna em Aristóteles. Direi algumas coisas sobre isso da próxima vez, e também sobre a temática de *τὸ ὄν* e *τὰ ὄντα*.

80 // Aula 6
1º de dezembro de 1960[69]

Eu havia perseguido brevemente a peculiar ambiguidade do ser como um conceito, isto é, como a suma do ente sob ele apreendido, e do ser como a expressão abstrata e puramente negativa do seu não conceitual, e isso a partir de alguns modelos da filosofia antiga nos quais também essa ambiguidade – e não apenas a assim chamada problemática do ser como um todo – pode ser perseguida. Adentrei de início brevemente na problemática do ser em Platão, daquele ser da ideia ao qual se contrapõe o *μὴ ὄν*, que precisa então ser acolhido através de toda espécie de concessões. Remeto-lhes nesse contexto ainda a uma estrutura que não veio à tona na última aula, quando falávamos sobre Platão, e que, todavia, é conhecida de tal modo na história da filosofia que quase considero supérfluo indicá-la em separado – isto é, o conceito de *μέθεξις*, isto é, da parti-

69 A Aula 6 vem de duas transcrições que divergem uma da outra apenas em medida insignificante (cf. Vo 5744 *ss.* e Vo 6977 *ss.*), das quais uma foi integrada erroneamente nas lições sobre estética do semestre de inverno de 1961-1962.

cipação das coisas dispersas nas ideias; uma doutrina que só ganha sentido em geral se, em relação ao ser, o ente não é completamente determinado como o não ser pura e simplesmente. Continuei acompanhando esse pensamento até o caráter quebradiço e frágil ou bipartido ou como queiram chamá-lo no poema de Parmênides. Permitam-me apenas acrescentar ainda que, mesmo em Aristóteles – que fornece o modelo para a filosofia do ser no sentido incisivo, ou seja, para a questão sobre o que é propriamente o ser (como eu já lhes disse) –, esse peculiar oscilar entre ser e ente também se encontra em seu conceito de *πρώτη οὐσία*, isto é, do ente primário por excelência. Essa *πρώτη οὐσία* aparece em Aristóteles em dois significados contrapostos distintos ou, poderíamos dizer, verdadeiramente contraditórios; e a contradição seria tão flagrante que seria verdadeiramente preciso reprovar o primeiro grande mestre da
81 lógica por uma violação elementar contra a lógica // se naquela ambiguidade não se refletisse justamente a problemática bem mais profunda do conceito de ser ou do ser ele mesmo. Por um lado, em Aristóteles, a *πρώτη οὐσία*, isto é, o ser primeiro ou o ente primeiro, significaria o mesmo que o *τόδε τι*, o isto aqui, o imediatamente dado a mim aqui e agora, a coisa singular individuada no tempo e no espaço. Diga-se, de passagem, que essa expressão *τόδε τι* é uma expressão fundamental para o isto aqui e para a "istoaquidade" para toda a história da filosofia. E aqueles que estão começando os estudos em filosofia e para os quais esta preleção representa algo como uma introdução à filosofia fariam bem em gravar na memória esses termos que, como, aliás, toda a terminologia aristotélica, representam o modelo em geral da terminologia filosófica. Por exemplo, o conceito de *haec cei*, do isto aqui na escolástica, é uma tra-

dução imediata do *τόδε τι*, e a famosa construção escotista* da *haecceitas*, isto é, da "istoaquidade" como um *principium individuationis* superveniente a *essens* e *existens*, não é na verdade senão a hipóstase desse conceito aristotélico. É desnecessário acrescentar que esse conceito do *τόδε τι* como o isto aqui específico e individuado, da coisa particular ou do fenômeno particular como me aparece, que isso se relaciona com o ente e não com o ser. Pois o mais próximo corresponde então realmente a *τὰ ὄντα*, às coisas determinadas singulares e que são, e de modo algum àquela estrutura do ser em geral a elas subjacente ou de que tipo seja. Os senhores perguntarão como seria possível, em vista daquela ênfase no conceito de ser da qual eu lhes falei, que em Aristóteles o ser seja introduzido de início nessa forma do ente e que esse tipo do ente seja mencionado inclusive como constitutivo. Ora, acredito que isso não é difícil de compreender se os senhores relembrarem por um segundo que eu havia tentado lhes explicar que o conceito de ser é ele mesmo mediado e que é então uma abstração em relação ao ente parti-
82 cular // do qual ele é tomado. Por favor, não me compreendam erroneamente: eu não quis sustentar, com isso, que o ser não é outra coisa que uma tal abstração, mas sim que, mesmo naquele momento do não conceitual que é indicado pelo conceito de ser, remete-se de fato àquilo que, justamente por não ser conceitual, não pode tampouco ser abstrato. Mas, por outro lado, em todo caso designamos o mecanismo de abstração como um constitutivo para a possibilidade, para a constituição de sentido "ser"; e, se é assim no sentido de uma tal doutrina,

* Isto é, referente às teses do filósofo medieval John Duns Scotus (1266-1308). (N. T.)

então de fato o ente seria prévio ao ser, como é o caso no *τόδε τι* de Aristóteles.

Ora – e aqui os senhores podem ver de que modo o peculiar dualismo eleático e platônico ou a ambivalência eleática e platônica em relação ao ser se impõe ainda até a mais pura filosofia do esclarecimento grego – não permanecemos nessa determinação do *τὸ ὄν* ou do ente ou da *πρώτη οὐσία* como o *τόδε τι*, mas há então uma doutrina diametralmente oposta a essa: a saber, a doutrina que é realmente a platônica, a doutrina da previedade da ideia, da previedade do conceito em relação às coisas individuais sob ele apreendidas. Que essas duas concepções opostas do primeiro, do *πρῶτον* em Aristóteles sejam possíveis – e a filosofia de Aristóteles é uma *prima philosophia*, isto é, uma filosofia que visa determinar o pura e simplesmente primeiro –, isso tem por fundamento aquela peculiar equivocidade que está no próprio discurso sobre o ser; que o ser, por um lado, seria a suma do ente, de tal modo que o ente é o primeiro do qual o ser é derivado, mas que, por outro lado, o ser lembraria justamente o que está por trás de toda conceitualidade, do que não se dissolve nos conceitos, do que, dito ao modo dos antigos, é justamente *φύσει*, e não *θέσει*, do que não é, portanto,
83 uma organização do nosso espírito classificador // e ao qual se atribui então, inversamente, a previedade em relação ao *τόδε τι* ou às *ὄντα* determinadas. Apenas essa ambiguidade no conceito de *τὸ ὄν*, investigado por Aristóteles, explica, na verdade, essa estranha virada. A explicação que ele mesmo dá para essa ambivalência é, de resto, uma espécie de explicação que é curiosa porque soa terrivelmente moderna; isto é, porque é o tipo de explicação que na verdade vigora então em todo o pensamento ocidental posterior lá onde se trata do problema filosófico

da gênese e da validade. Ele diz em uma passagem que aquilo que a *πρώτη οὐσία* em um sentido didático, no modo como primeiro nos apercebemos dela, é justamente o *τόδε τι*, enquanto em si, objetivamente segundo a *ordo rerum*, independentemente do modo como nossa experiência ascende a ela ou chega até ela, o conceito de ser propriamente ontológico teria a prioridade. Essa diferenciação é, de fato, a de gênese e validade.[70] É a diferenciação que tenta dar cabo de conceitos aporéticos, de dificuldades que estão em um conceito como o conceito central do ser, ao distinguir entre o mecanismo que leva à formação de tais conceitos em geral e a validade desses conceitos em si. Uma concepção que retornou em um sentido muito enfático em Husserl, em cuja teoria da abstração, expressamente, as unidades ideais prévias da *species* não têm nada a ver com os mecanismos de abstração pelos quais nós, como homens que pensam, de fato chegamos a elas. Foi sobretudo Max Scheler quem acolheu essa diferenciação e fez dela um tipo de dualismo, ao construir dois mundos, um, de certo modo, empírico-genético e o outro ontologicamente puro, que agora não teriam na realidade nada a ver um com o outro – até que, por fim, essa divisão do trabalho algo inquietante da filosofia entre surgimento e verdade não o satisfez mais, de tal modo que ele se
84 viu impelido a passar à metafísica do ímpeto // de sua fase tardia.[71] Remeto-os a esse ponto porque também em Heidegger

70 O problema da gênese e da validade, mais frequentemente tratado por Adorno. Cf., por exemplo, Adorno, *Para a metacrítica da teoria do conhecimento*, p.133 *ss*. (GS 5, p.79 *ss*.); ou nas lições "Kants *Kritik der reinen Vernunft*", NaS IV.4, p.252 *s*., e p.396 *s*., nota 210.

71 Sobre a metafísica de Scheler, cf. NaS IV.14, p.63 *s*., p.249 *s*., nota 82, e também p.264, nota 143.

essa diferenciação entre gênese e validade opera de modo implícito. Quer dizer, porque persiste nele sempre uma tendência a apartar do momento propriamente ontológico o momento nominalista do pensamento como pré-ontológico, ou seja, o momento que estabelece os conceitos como abstrações dos fatos sob eles apreendidos, apesar de a tentativa de Heidegger ter sua agudeza justamente aí. Acredito que seria bom se os senhores também retivessem isso se quiserem compreender a diferença específica da ontologia heideggeriana, enquanto a que hoje é a mais efetiva, em relação aos esboços ontológicos que a precederam, pois a agudeza de Heidegger é exatamente que ele não acredita possuir em sua região do ser, naquele algo que ele interroga como o ser, algo como um momento da validade, um momento do lógico em si que teria a prioridade da lógica pura em relação à gênese, mas, em uma passagem muito perspicaz,[72] ele chegou mesmo a demonstrar que de fato o absolutismo lógico de um lado, isto é, a absolutização do caráter de validade, e o psicologismo e a doutrina positivista da gênese de outro lado são propriamente complementares e se encaixam bem um no outro. Os senhores precisam tentar realmente compreender o específico dessa abordagem a fim de também poderem realmente compreender a discussão que conduzo com isso. O específico que há nele é então que ele acredita não ter, no conceito de ser, simplesmente o polo oposto ontológico do ôntico, mas que seu conceito de ser seria *ἀδιάφορος*, indiferente de certo modo em relação a estas duas dimensões: em relação à dimensão do conceito absolutamente determinado e hipostasiado assim como em relação ao ente apreendido sob o conceito. Diante dis-

72 Não encontrado.

so, haveria um terceiro, mas não algo como um terceiro princípio suplementar e de outro tipo, mas sim um que se relaciona em geral a uma ordem do pensamento que em princípio é oriun-
85 do de além – ou, se os senhores quiserem, // de aquém – daquela dicotomia do conceito que é em si e do mero dado, do dado último. Isso os senhores podem encontrar no fato de que, em Heidegger (em contraposição a Husserl ou ao Scheler ontológico), podem suceder expressões que os senhores não esperariam que fossem oriundas justamente do âmbito ontológico, mas do âmbito da gênese – por exemplo, o conceito de origem, que desempenha nele um papel extraordinariamente central: só que aqui justamente não se quer dizer por origem algo temporal no interior do próprio tempo, mas esse conceito de origem é um conceito enfaticamente metafísico, que se relaciona muito mais ao próprio tempo como um princípio produtor [*Zeit selber als ein zeitigendes Prinzip*], ou seja, muito mais ao próprio tempo como uma estrutura ontológica do que com uma determinada relação concreta, particular e temporal. No que também convém dizer que essas coisas em Heidegger são sustentadas de certo modo com uma ambiguidade acachapante. Quer dizer, quando ele fala de origem e originariedade, nisso reverbera de algum modo sempre também a crença de que o mais antigo no tempo seria o mais originário e, justamente por isso, o mais próximo da verdade. Não importa o quanto ele se oponha a uma tal doutrina, todo o seu ataque ao que ele mais tarde chamou de metafísica, isto é, ao pensamento de sujeito e objeto com sua objetificação da coisa e do conceito, só pode ser entendido no sentido de uma tal virada arcaica de seu pensamento como um todo – e acredito que isso pode ser dito aqui sem que se faça a Heidegger uma grande injustiça.

Se os remeto aqui a esse momento arcaico na ontologia heideggeriana, nisso se inclui a tese da qual provavelmente a escola de Heidegger – que desenvolveu ao nível mais alto a técnica da elusão como uma técnica da profundidade, isto é, a técnica de se furtar de determinadas questões – deriva sua previedade por princípio em relação ao pensamento crítico, raciocinante, racio-
86 nalista. Desse // momento que tentei lhes indicar, eu diria que é possível depreender que, se os senhores se ativerem à figura efetivamente desenvolvida dessa filosofia, verão que ela então não ensina, de modo um pouco platonizante, uma prioridade do ser *qua* ideia em relação ao ente *qua τόδε τι* ou *qua ὄντα*. Apesar disso, se a coisa é examinada seriamente, o *páthos* dessa filosofia está essencialmente no fato de que o ser é destacado do ente. Ele é, então, realmente arcaico, na medida em que aquela relação do ser de volta ao ente, como os senhores a encontram na explicação genética de Aristóteles, é expressamente recusada por Heidegger. Uma vez que considero isso como uma tese essencial, quero citar para os senhores, mostrar com uma passagem de *Ser e tempo*, no que tenho todavia clareza que um partidário ortodoxo de Heidegger – como ele mesmo se comportaria, não sou capaz de adivinhar – diria que provavelmente justo essa expressão estaria ultrapassada. Mas também a questão de até que ponto *Ser e tempo* deve contar como um texto vinculante para a ontologia existencial e até que ponto não, também essa questão faz parte das coisas que permanecem de certo modo em suspenso. Ele diz então na página 27: "Pôr em relevo o ser do ente e explicar o ser ele mesmo é tarefa da ontologia. Mas o método da ontologia permanece problemático em sumo grau, enquanto se queira como que pedir conselho a algo assim como às ontologias historicamente transmitidas ou às tentativas do

gênero. Como nesta investigação o termo 'ontologia' é empregado em sentido formalmente amplo, fica por si mesmo interditado o caminho que consistiria em seguir a história do termo, para elucidar-lhe o método".* Ora, as últimas frases, que são puramente fenomenológicas, são o bom e velho Husserl. Exatamente a mesma virada contra a história feita pela filosofia fenomenológica, que descreve essencialidades, se encontra também em Husserl, que formulou no primeiro volume das *Ideias para uma fenomenologia pura* como o princípio supremo de sua filosofia:
87 "Aqui não se narram histórias".[73] // Nessa medida, Heidegger se encontra totalmente no interior da tradição da escola; mas esse não é o ponto que quero abordar. Quero dizer, apenas *en passant*, que nessa passagem se anunciou um interesse extremamente legítimo de toda a escola de Husserl, Scheler e Heidegger: a saber, que, por exemplo, em considerações sobre história espiritual como aquelas ligadas ao nome de Wilhelm Dilthey e sua escola,[74] as questões substantivas da filosofia foram completamente reprimidas pelas questões da história espiritual sobre o que provém de onde; que a questão sobre como conceitos surgem, nascem e voltam a perecer, isto é, uma espécie de filologização da filosofia foi predominante; e que a carência filosófica se opôs com razão a isso e tentou com razão dar algum tipo de resposta às questões herdadas da filosofia. É talvez supérfluo que Heidegger formule com um *páthos* tão enorme essas coisas que foram salientadas polemicamente já cinquenta anos

---

* Heidegger, *Ser e tempo*, p.99. (N. T.)

73 Husserl, *Ideias para uma fenomenologia pura e para uma filosofia fenomenológica*, p.33, nota 4.

74 Sobre a crítica a Dilthey, cf. principalmente NaS IV.13, p.385 *s.*, nota 29, e p.399, nota 106.

antes dele como se agora se tratasse de uma região descoberta inteiramente nova; mas o interesse que ele percebe me parece muito legítimo. Por outro lado, a primeira frase da citação necessita de uma atenção precisa, e quero lhes pedir que me acompanhem e levem essa frase em consideração. Se o Heidegger tardio disse uma vez[75] que se trataria menos de praticar a filosofia e sim de ser mais fiel à palavra mesma do que hoje é em geral o caso, então eu me permito aplicar esse princípio a ele mesmo e perseguir a literalidade do que ele diz numa tal passagem. Lá diz, então: "Pôr em relevo o ser do ente e explicar o ser ele mesmo é tarefa da ontologia". Se assumirmos, junto com a tradição, que ontologia é a ciência do ser, então isso soa bem plausível. Então uma tal ciência precisa mesmo pôr em relevo o seu verdadeiro objeto, o ser, em relação ao ente. Mas se os senhores postularem aquele caráter assinalado que
88 Heidegger atribui ao ser, então // essa tão saudável exigência de método de um ontólogo já não é de modo algum tão óbvia como se apresenta. Pois, se o ser não é, por exemplo, um conceito puro, mas também não é um ente determinado, então, tematicamente, nesse conceito de ser, isto é, enquanto aquilo que ele assenta em si, recai também a relação do ser com o ente. Se, em vez disso, já se decide previamente e já está pré-julgado que o ser seria absolutamente diferente do ente, que estaria separado por um abismo ontológico, então com isso se faz o que em inglês se chama de *begging the question*, ou, em bom latim, se comete uma *petitio principii*. Quer dizer, aquilo que na verdade poderia resultar apenas da análise ontológica, isto é, o modo como então o ser se relaciona com o ente: se é essen-

75 Não encontrada.

cial ao ser tornar-se ente; se ele é mediado pelo ente ou se é um outro por excelência; se ele é uma unidade do ente ou algo outro – todos esses problemas que então teriam realmente que formar o conteúdo sério de uma filosofia do ser ficam decididos por decreto por meio dessa frase aparentemente tão razoável e plausível antes que a análise propriamente comece. Quer dizer, já é dito de antemão: trata-se de explicitar o ser e colocá-lo em relevo em relação ao ente. Sim, sobre isso eu diria que está bem; mas e se pertencer ao próprio sentido de ser *não* ser colocável em relevo absolutamente em relação ao ente, mas se o próprio ente, como foi indicado de modo óbvio por aquela necessidade da filosofia antiga que lhes apresentei, se o próprio ente tivesse de pertencer ao sentido de ser – então, como posso estatuir de antemão como princípio de método que o ser precisa ser separado desse ente? Com isso antecipa-se de fato, e com um dedo que aponta ameaçadoramente, aquilo que poderia no melhor dos casos resultar da análise prometida, isto é, justamente a colocação em relevo do ser em relação ao ente. E, diga-se de passagem, exatamente nesse postulado admite-se
89 uma espécie de objetificação ontológica, de solidificação // do ser em relação ao ente, no modo como ela justamente é rejeitada no sentido da crítica heideggeriana à metafísica, crítica que exige que o conceito de ser não seja de tal modo um mero conceito contraposto ao ente, mas sim que esteja em geral fora ou além daquela alternativa do ente. Eu lhes expus isso de modo tão preciso a fim de mostrar como esse pensamento, se levarmos a sério aquilo que ele nos exige, isto é, se simplesmente seguirmos sua argumentação e pensarmos junto – como esse pensamento prescinde então absolutamente daquela força de convencimento e daquela plausibilidade, e como ele é meto-

dicamente culpado pelas coisas mais questionáveis. E eu diria que essa demonstração é razoavelmente inequívoca.

Quero agora dizer que, já em Husserl, o tema da relação entre *τὸ ὄν* e *τὰ ὄντα* constitui um tema central e que Heidegger permaneceu um bom aluno seu no fato de que, na verdade, toda a previedade da doutrina do ser, da doutrina dos conceitos universais ou a doutrina da "unidade ideal da *species*", como o diz Husserl, também foi aprendida dele. Também nele o fato, enquanto *τόδε τι* (ele inclusive utiliza de modo imediato a expressão aristotélica), enquanto ente individuado, fático no tempo e no espaço, se contrapõe ao que ele chama de essência e que todavia não é trazido até o seu conceito mais elevado. Essa concordância – e acredito que é importante termos clareza sobre isso; até então negligenciei esse ponto e considero necessário recuperá-lo –, a ela corresponde então de fato também o método. O método de Heidegger, ao menos à altura de *Ser e tempo*, reivindicou ser um método fenomenológico. Cito de *Ser e tempo*: "A ontologia só é possível como fenomenologia". Sobre isso, ele explica: "O conceito fenomenológico de fenômeno designa, como o que se mostra, o ser do ente, seu sentido, suas modificações e derivados".[76] Se os senhores traduzirem
90 isso para o husserlianês, trata-se de uma frase à qual Husserl // provavelmente assentiria. Fenomenologia no sentido de Husserl significa interrogar uma coisa puramente em sua ipseidade enquanto aquilo como o que ela se apresenta e prescindindo o mais possível de qualquer ingrediente a mais (se é que posso dizê-lo assim) do pensamento. Ou seja, uma espécie de extensão do modo de comportamento que intui passivamente, do

76 Heidegger, *Ser e tempo*, op. cit., p.123.

modo de comportamento do entregar-se-puramente-à-coisa como a temos de início como fonte de certeza indubitável no dado sensível imediato. Não posso adentrar na problemática dessa teoria, mas preciso remetê-los ao livro (se me perdoam) que escrevi sobre essas coisas e que não posso agora repetir, a saber, a *Metacrítica da teoria do conhecimento*, que sobretudo em seu último capítulo critica a possibilidade de uma tal intuição categorial.[77] O discurso sobre o ser do ente não é em Husserl senão que eu, se, por exemplo, vejo um vermelho como o vermelho da blusa da senhora na terceira fileira, que então na intuição desse vermelho não me é dado apenas essa blusa vermelha específica, mas a vermelhidão pura e simplesmente. Que então essa intuição de uma cor determinada é exemplar para o gênero vermelho em geral, mesmo que sob a condição, por exemplo, de que eu não visse nesta sala nenhuma outra blusa vermelha a partir da qual eu constatasse um algo comum da vermelhidão.[78] Peço que perdoem a trivialidade do exemplo. Que a fenomenologia precise sempre operar com tais exemplos um pouco bobos, isso é, na minha opinião, um sintoma dessa filosofia mesma, e quero apenas pedir-lhes que não *me* culpem por isso. Tomar consciência do ser do ente significa em Husserl então de início de modo bem simples que, ao ver um vermelho, eu de certo modo destaco desse vermelho a vermelhidão, em vez de me restringir a esse vermelho individualizado e limitado. Mas a virada realmente decisiva efetuada por Heidegger é que essa

---

77 Adorno, *Para a metacrítica da teoria do conhecimento*, op. cit., p.301 *ss.* (GS 5, p.190 *ss.*).

78 Sobre o exemplo de Husserl da visão de essência "vermelho" e a crítica de Adorno a ela, cf. as seções "Origem da visão de essência" e "Abstração idealizante" da *Metacrítica da teoria do conhecimento*.

vermelhidão – que em Husserl é dita, eu diria, num sentido pu-
91 ramente lógico e inofensivo, a saber, // como a suma de todas as nuances pensáveis de vermelho –, que ela é autonomizada e tornada um ser em si que "se me oferece". Até certo grau – as coisas são muito sutis –, isso já está previamente formado na fenomenologia clássica, cujo método, como acabei de lhes dizer, é aceito por Heidegger, lá onde Husserl diz: se olho para a blusa vermelha e se, queira Deus que não, no mundo todo não houvesse mais nenhuma outra blusa vermelha e nenhuma outra mancha dessa cor, então ainda assim eu poderia de certo modo intuir a essência vermelho, a vermelhidão, a partir daquele único caso. Se isso fosse realmente verdade – e esse é o motivo pelo qual fui tão insistente nesse ponto em relação a Husserl e o critiquei tão continuamente –, então a ideia de Heidegger de que também um ser *sui generis*, um ser próprio, isto é, o ser da vermelhidão seria prévio às doações particulares do vermelho, também essa ideia seria convincente. Pois, se não existisse uma tal vermelhidão em si, como eu poderia então, se só tenho na lembrança um único exemplar, falar dessa vermelhidão e percebê-la de modo imediato? A conclusão que infere da perceptibilidade dessa vermelhidão o seu ser em si e então, expandindo esse método, infere uma autonomia ampla do ser em geral em relação ao ente particular – essa conclusão é, de fato, extraordinariamente óbvia. Só que isso tudo (quero dizê-lo uma vez mais), em Husserl, se me permitem passar a um modo descuidado de me expressar, não queria dizer algo tão ruim. É verdade que Husserl gostava de tratar e tratou bastante de ontologia, mas por ontologia ele não queria dizer na verdade outra coisa senão as regiões mais elevadas de determinados domínios de coisas, se os resumo e determino sua estrutura. Ele teria dito,

por exemplo: se eu resumo e determino a estrutura, o nexo e a dependência dos conceitos mais elevados aos quais a matemática pode em geral se alçar, ou os conceitos mais elevados da física teórica, ou da gramática pura, ou da lógica pura – ele
92 pensava fundamentalmente // sempre na matemática pura e na lógica pura –, então isso é propriamente a sua ontologia. E essa ontologia se encontra então no interior do domínio da ciência a cada vez já estabelecida, já desenvolvida, que se pode então trazer pela reflexão, isto é, pela consideração de sua estrutura lógica, a um certo número de conceitos gerais mais elevados sem os quais uma tal região não poderia ser representada. Mas que a essas generalidades lógicas, essas regiões materiais lógicas para as quais Husserl já introduziu a expressão "ontologia", correspondesse então uma espécie de autonomia absoluta, que elas fossem verdadeiramente ontológicas, isto é, que elas tivessem de ser justificadas a partir de si mesmas e não fossem, por exemplo, meras estruturas das ciências particulares – esse não é um modo pelo qual Husserl teria resolvido essa questão. E no momento em que Scheler reinterpretou esses constituintes lógico-formais dos domínios coisais particulares no sentido de uma doutrina do ser em si ontológico,[79] nesse momento

79 Sobre a virada de Scheler a uma ontologia material, que Adorno criticou já bem cedo "como uma absolutização arbitrária de fatos intra-históricos que, talvez até por finalidades ideológicas, deveriam receber o *status* de valores eternos e universalmente válidos" (Adorno, "A ideia da história natural", em *Primeiros escritos filosóficos*, p.462 (GS 1, p.349)); cf. também NaS IV.14, p.249 *s.*, nota 82. O próprio Scheler definiu seu conceito de ontologia em um texto tardio (de resto, uma anticrítica de *Ser e tempo*): "eu sou [...] da opinião de que só é possível obter a ontologia do 'homem' se já se esclareceu a ôntica do 'saber',

Husserl foi tomado por um terror mortal e agiu literalmente como o feiticeiro para com o aprendiz de magia e quis com todas as forças acalmar os espíritos que ele mesmo conjurou. E ele o fez então recolocando a questão pela constituição das ciências particulares, e assim também a da constituição das ontologias, no sujeito transcendental: tornando-as dependentes da jurisdição da razão e engajando-as novamente no idealismo tradicional – enquanto os seus sucessores fizeram dessas ontologias, a que Husserl visou apenas muito provisoriamente, ontologia no sentido mais enfático.

Para que os senhores compreendam corretamente a mudança na história do conceito mais recente de ontologia, o que ocorreu foi que o discurso sobre a ontologia e a retomada da ontologia por meio da análise do significado no interior de re-
93 giões já constituídas foi realizada por Husserl; // mas que ele então remeteu a *questão da constituição*, isto é, a questão sobre de onde provêm essas regiões, essas ontologias, e que legitimação de direito elas possuem, de volta à razão, ao bom e tradicional modo kantiano – enquanto essa relação entre subjetividade e ontologia foi então invertida no que se seguiu. Em Husserl, essas ontologias permanecem apenas como problema-título*

---

da 'consciência', do 'espírito', da 'pessoa', da 'vida', do assim chamado 'sujeito', da 'coisa' do 'corpo' e assim por diante. Obviamente, para cada um desses conceitos é preciso primeiro demonstrar o seu direito de validade – e isso por meio de uma ontologia de todos esses dados" (Scheler, *Späte Schriften* [Escritos tardios], p.281).

* Em um dos cursos que compuseram a *Terminologia filosófica*, o curso do semestre de inverno de 1962-1963, Adorno alude ao conceito husserliano: "Eu diria – se posso citar a expressão de um filósofo mais moderno, a saber, de Edmund Husserl, que, no entanto, cunhou-a apenas para suas investigações e de modo algum para a terminologia –

provisório, como um provisório conceito classificatório mais elevado dos domínios de coisas particulares sob ele apreendidos, ou seja, permanecem referidas à crítica da razão, isto é, à subjetividade, enquanto em seus sucessores o que ocorre então é o exato contrário. Quer dizer, a categoria da subjetividade e da razão constituinte tornar-se-ia por sua vez dependente das ontologias, ou seja, das estruturas do ser que, segundo Husserl, são apenas algo secundário e derivado. E, na verdade, é apenas nessa transição que ocorre a verdadeira virada à filosofia ontológica – embora seja preciso dizer, e peço-lhes que tenham muita clareza sobre isso, que na doutrina da intuição categorial, isto é, na ideia de que é possível tomar consciência de modo *imediato* de algo categorial, de algo conceitual, nessa ideia já está algo como a assunção de que também a um tal algo categorial, a um tal algo conceitual, como, ao fim e ao cabo, é o ser, corresponderia um ser em si. Em decorrência disso, Husserl restringiu cada vez mais e de modo bastante consequente essa intuição categorial e a rebaixou na verdade a apenas um mero momento de transição no interior da experiência. Se considerarmos precisamente a doutrina da intuição categorial em Husserl, da qual todo o desenvolvimento ontoló-

---

que os termos filosóficos, na verdade, são todos problemas-título; título para problemas e não algo como designações, não algo como designações unívocas e inamovíveis para coisas unívocas e inamovíveis" (NaS IV.9, p.288). O conceito husserliano aparece, por exemplo, em: "Voltemos às fontes da problemática da razão, seguindo-as em suas ramificações da maneira mais sistemática possível. O problema-título que abarca a fenomenologia inteira é: intencionalidade" (Husserl, *Ideias para uma fenomenologia pura e para uma filosofia fenomenológica*, op. cit. p.323). (N. T.)

gico que se seguiu depende, justamente dela permanece muito pouco no próprio Husserl. – Minhas senhoras e meus senhores, eu lhes mostrei que, apesar daquela tentativa de um retrocesso originário à questão do ser, o ser é tratado na ontologia como o prévio em relação ao ente. Permitam-me concluir hoje dizendo-lhes de modo tético o que ainda quero desenvolver na próxima aula: que aqui outra vez estamos diante de uma
94 espécie // de necessidade aporética dessa filosofia. Quer dizer, que se a previedade do ser em relação a todo ente *não* é sustada do modo como a filosofia ontológica o faz, então uma doutrina do ser na verdade simplesmente não é possível. Uma ontologia pura, uma doutrina do ser enquanto tal, só é possível se o ser for independente do ente particular espacial e temporalmente, enquanto de outro modo essa doutrina do ser puro nessa generalidade não poderia de modo algum ser executada, pois ela se referiria então enquanto seu conteúdo de sentido necessariamente ao individual determinado e particular, e assim perderia justamente aquele caráter da *χωρίς*, do separado das coisas particulares dispersas e finitas. Esta me parece ser propriamente a articulação decisiva que conduziu à hipóstase do conceito de ser. E essa é a ideia que quero desenvolver mais de perto na próxima aula.

95

// Aula 7
6 de dezembro de 1960

As senhoras e os senhores devem se lembrar de que eu lhes havia lido e interpretado na última aula uma passagem mais ou menos do começo de *Ser e tempo* na qual já está estipulado aquilo que, como espero ter lhes explicado, na verdade só poderia ser o resultado de uma análise tal como a da ontologia fundamental, isto é, a ideia de uma previedade do ser em relação ao ente. Acredito que estamos agora em condições de compreender melhor do que antes foi possível o problema que eu havia já designado às senhoras e aos senhores mais ou menos no início dessas lições[80] em sua envergadura como o verdadeiro problema-chave no panorama ontológico, qual seja, o problema da assim chamada diferença ontológica. Se Heidegger comete aquela *petitio principii* que eu lhes havia mostrado: se então no ponto de partida dessa filosofia está antecipado aquilo que ela pensa erroneamente explicar, isso não é um mero erro de pensamento ou falta de atenção, mas sim, como sempre em tais, permitam-me dizer, figuras lógicas na filosofia, então nisso se traduz uma ne-

80 Cf. p.24 *s.*

cessidade da coisa, uma espécie de compulsão. A ontologia em sentido enfático, uma doutrina do ser em geral, só é possível se o ser – o que quer que figuremos como tal – puder ser mostrado como algo independente de todo ente, ou, como se diz na linguagem de *Ser e tempo*, "prévio" a todo ente. Permitam-me apontar para o fato de que uma figura linguisticamente tão desprovida de beleza como a do "prévio" (*vorgängig*),* que acabei de utilizar, também não é um mero ato arbitrário, mas que também em tais violências da linguagem se sedimenta algo da aporia da coisa. Nesse caso, expressões temporais precisam ser evitadas, pois relações intratemporais pertencem ao ente, e porque o caráter preordenado do ser em relação ao ente não gostaria de ser compreendido imediatamente como o de algo mais antigo em relação a algo mais tardio – apesar de a filosofia
96 // de Heidegger oscilar aqui um pouco e não excluir tão rigorosamente ao menos o timbre, os sobretons da previedade *temporal* como seria preciso esperar de seu conteúdo coisal. Por outro lado, essa, permitam-me dizer, aprioridade ou prioridade do ser em relação ao ente também não deve ser designada no sentido corrente na filosofia como algo prévio em sentido puramente lógico, pois não se trataria aqui de necessidades lógicas, isto é, de necessidades do pensamento, mas sim de algo preordenado a essas necessidades, algo que não pode ser expresso senão por "ser". E essa dificuldade de que a prioridade do ser não seria nem temporal nem lógica, mas ontológica, sem que nisso estivesse definido o que exatamente se deve pensar como ser, essa dificuldade obriga então a tais figuras de linguagem como a da

* Trata-se de uma palavra em desuso na linguagem ordinária alemã contemporânea. (N. T.)

previedade [*Vorgängigkeit*]. Acredito que essa é uma das articulações da filosofia do ser como um todo, a de que uma doutrina do ser é possível apenas se o prévio do ser em relação a todo ente puder ser mostrado. Quando eu lhes disse que, pelo ponto de partida de *Ser e tempo*, o problema do livro já estava antecipado, talvez não tenha sido totalmente justo ou, se me permitem antes dizer, não tenha sido totalmente correto, na medida em que essa antecipação não está primeiramente nos argumentos dispostos naquela obra, mas já no desiderato da própria ontologia. Perguntar pela ontologia como doutrina do ser já implica a previedade do ser em relação ao ente, pois de outro modo uma tal doutrina do ser como uma *πρώτη φιλοσοφία*, como algo primeiro e fundamental, não seria sequer possível. Se de certo modo entregamos a essa filosofia apenas a mão – isto é, damos apenas um único ente, se apenas um ente determinado qualquer for acolhido nessa esfera do ser como uma condição necessária sua –, então na verdade já damos o braço inteiro àquilo que para ela parece ser o diabo; quer dizer, assim tornaríamos a doutrina do ser de certo modo dependente em geral do ente
97 e, portanto, do que é determinado temporal e // intraespacialmente, e desmentiríamos assim justamente aquela pretensão da previedade da estrutura do ser que, por sua vez, constitui em geral a pretensão da ontologia.

A ontologia precisa então *ex definitione* ser uma doutrina da previedade do ser em relação ao ente. Por isso, o sentido de toda crítica da ontologia, da ontologia ali desenvolvida, em razão desse nexo necessário, não é de modo algum então, por exemplo, o de modificar determinações ontológicas particulares ou substituí-las por outras. O sentido de tal crítica, tal como eu a efetuo, isto é, uma crítica que põe em discussão de modo ima-

nente a construção da ontologia, é na verdade – mesmo quando se trata dos menores detalhes da argumentação – sempre já a questão sobre a possibilidade da ontologia em geral. Todas as imprecisões ou todas as conclusões errôneas ou confusões cometidas em particular aqui desde o início só podem se referir à possibilidade da própria disciplina, e não à sua correção, pois a pretensão desmesuradamente sobrecarregada de uma tal filosofia do ser precisa perceber como um ataque insuportável e rechaçar tudo aquilo por meio do qual o próprio conceito de ser em sua pureza perdesse sua validade. Ora, é estranho que justamente essa sobrecarga da pretensão do ser em relação ao ente, que constitui de todo modo o clima da ontologia em sua figura hoje em grande medida vigente, seja algo que a filosofia ontológica herdou da fenomenologia – salvo que é possível que nisso ela ainda supere, se for consequente, o que Husserl fez. Se eu lhes havia dito naquela ocasião[81] que na verdade todas essas filosofias são uma herança mais de Platão do que de Aristóteles, apesar de em Aristóteles se falar muito mais de ser e em Platão muito mais de ideia ou de arquétipo, então o ponto que alcançamos aqui é o ponto no qual as senhoras e os senhores podem melhor reconhecer o platonismo inato da filosofia do ser. Trata-se do problema que em Platão é designado como
98 o problema do *χωρισμός*, que // retorna em Husserl na expressão do "abismo do sentido";[82] isto é, a diferença pura e simplesmente intransponível entre a essência de um lado e o fato do outro lado. Os senhores sabem, ou ao menos muitos dos

---

81 Cf. p.35 *s*.

82 Cf. Adorno, *Para a metacrítica da teoria do conhecimento*, p.206 *s*. (GS 5, p.128); também NaS IV.14, p.44 *s*.

senhores sabem, que o professor de Heidegger, Husserl, escreveu em sua fase tardia uma obra, quer dizer, proferiu uma série de conferências que foram editadas sob o título de *Meditações cartesianas*, ou, na edição francesa, *Méditations cartésiennes*.[83] Com isso[84] designa-se muito bem a temática da qual aqui se trata: a retomada daquelas considerações fundamentais sobre o primeiro na filosofia, que representam o conteúdo da verdadeira obra de ruptura de Descartes.[85] As senhoras e os senhores podem consequentemente distinguir com clareza na diferença dessa concepção em relação à cartesiana aquela ampliação infinita do *χωρισμός*, isto é, do abismo entre a essência ou a ideia de um lado e o ente do outro. As senhoras e os senhores sabem que a filosofia cartesiana foi dualista. E o seu dualismo foi até mesmo designado em geral como a chave da problemática de todo o pensamento moderno – a saber, o dualismo entre *res extensa* e *res cogitans*, isto é, entre a substância espacial e a substância pensante, as coisas no espaço e o sujeito enquanto consciência. Nesse aspecto, também em Descartes há fundamentalmente um *χωρισμός*; e foi sempre repetidamente demonstrado, e com grande rigor, que a superação desse dualismo, o fechamento do abismo, só foi possível por meio das construções mais artificiais e, em parte, barrocamente grotescas, como aquela do *influxus physicus*,[86] isto é, a influência de uma substância na ou-

---

83 Cf. Husserl, *Meditações cartesianas e conferências de Paris*.

84 Conjectura editorial para "nisso" (*darin*) (Vo 5758).

85 Cf. Descartes, *Meditationes de prima philosophia, i qua Dei existentia et animae immortalitas demonstratur*; a tradução completa do latim para o alemão de Artur Buchenau foi publicada apenas na coleção *Philosophische Bibliothek* da editora Felix Meiner.

86 Cf. NaS IV.4, p.385, nota 143; e NaS IV.13, p.452, nota 327.

tra mediante uma glândula extraordinária, a glândula pineal. O quanto esse rígido dualismo cartesiano, apesar daquela solução teológico-escolástica que ele ainda acreditou poder sustentar, foi então percebido como o crucial, isto pode lhes ser mostrado pela conhecida história do racionalismo pós-carte-
99 siano // que, na verdade até Kant, não consiste senão na mediação de abordagens que se alternam, daqueles dois princípios ou esferas rigidamente contrapostas uma à outra e não mediadas, isto é, na mediação da esfera do ser coisal, real e espaçotemporal com a esfera do pensamento, com a esfera da subjetividade pura – não preciso lhes enumerar agora em particular essas tentativas de mediação. As mais conhecidas são as panteístas, como era o caso em Espinosa; depois as ocasionalistas de Geulincx e Malebranche, que produz a vinculação das duas substâncias por uma intervenção única da divindade; e, por fim, a abordagem leibniziana, que gira ao redor dos polos da monadologia, isto é, que consiste na doutrina das infinitas substâncias e da harmonia preestabelecida como um ajustamento *a priori* dessas substâncias umas às outras.

Se as senhoras e os senhores se recordarem de todas essas tentativas, então aquilo que a fenomenologia acrescentou a elas foi uma radicalização ou uma intensificação infinita da pretensão da *res cogitans* em relação à *res extensa*; ou, se se quiser, não exatamente uma mediação entre ambas, mas sim, se isso é possível, ainda um aprofundamento da fratura. Um dos motivos centrais para isso é que aquela consciência, que em Descartes e em seus sucessores, também em Kant, se contrapõe à outra enquanto princípio espiritual essencial, que mesmo ela – na medida em que ela transcorre no tempo e é uma consciência individual – ainda é incluída na esfera da facticidade. Ao que se

acrescenta também o fato de que não somos capazes de modo algum de imaginar a consciência fática, a consciência empírica, concreta, do homem individual, de modo distinto do que ligada a pessoas espaço-temporais determinadas. De modo que aquilo que em Descartes, de maneira totalmente inocente, se chama ainda de *res cogitans* e se subtrai à acidentalidade, à contingência do meramente fático, fica de certo modo amarrado
100 ou tornado dependente da realidade empírica que, // segundo todas essas filosofias idealistas, seria algo a ser primeiramente constituído pelo espírito puro em geral. Pode-se dizer que uma medida infinitamente grande daquilo que se chama subjetividade ou, em Kant, a esfera do transcendental, é de certo modo devorada na trilha das meditações conduzidas pelo lógico Husserl pelo desfiladeiro do mero ser-aí, pelo desfiladeiro da mera existência espaçotemporal; e que, de certo modo, ela escapole de sua própria essencialidade, a pureza do pensamento. Poder-se-ia dizer que da subjetividade – tendencialmente já na doutrina kantiana da razão como o lógico, e então de modo pleno em Husserl – só resta algo totalmente abstrato de indeterminado, isto é, a legalidade objetiva do pensamento, enquanto todas as outras determinações que correspondem ademais a esse momento subjetivo em Kant, por exemplo a unidade da consciência pessoal no tempo e no espaço, se tornam, de modo plenamente consequente, elas mesmas também um pedaço da realidade empírica, que, em Kant, deveria primeiro ser fundada em geral por aquela subjetividade. Alcançamos aqui um ponto bastante paradoxal, um ponto de virada que quero todavia lhes indicar, pois acredito que ele é até certo grau o modelo para aquela objetividade peculiar que é atribuída ao ser então na ontologia. Se todo o espaçotemporalmente individuado for

riscado do conceito da subjetividade constitutiva ou transcendental, então o que resta do lado da *res cogitans* – isto é, a pura possibilidade e a legalidade lógica que subjaz a essa pura possibilidade – já não é mais, afinal, na verdade, nada de subjetivo, mas sim uma espécie de objetividade. O sujeito é reduzido até tal ponto, ele é despido até tal ponto de todos os momentos pelos quais se torna eu, pelos quais podemos ligar um sentido racional à palavra "eu" em geral, que ele é por fim desegoizado (*ent-icht*), que o eu é desegoizado e se torna uma espécie de ob-
101 jetividade de segundo grau. E apenas por ter-se // tornado uma tal objetividade é que ele pode conservar aquela pureza exagerada pela qual seria agora capaz de engendrar aprioridades ou então, em Heidegger, estruturas ontológicas. Em seu período tardio, Husserl tentou dominar as dificuldades ali existentes, isto é, as dificuldades da essência pura como um pensamento puro do qual, no entanto, todo pensamento possível é retirado, com a doutrina do *eidos ego*,[87] de tal modo que tentou fundir a

87 Nas *Meditações cartesianas* diz-se sobre o método fenomenológico pelo qual a análise transcendental se desenvolve e é reformulada como análise eidética: "Se cada tipo singular que se possa destacar é levado do seu *milieu* no *ego* transcendental fático-empírico até a esfera pura de essência, não desaparecem, com isso, os horizontes intencionais externos que indicam a sua conexão, desvendável no *ego*; apenas que estes horizontes de conexão se tornam eles próprios eidéticos. Por outras palavras, com cada tipo eideticamente puro, estamos, certamente, não no *ego* fático, mas antes *num eidos ego*; ou cada constituição de uma possibilidade efetivamente pura entre possibilidades puras traz implicitamente consigo própria, enquanto seu horizonte externo, um *ego* possível no sentido puro, uma pura possibilidade de variação de meu *ego fático*" (Husserl, *Meditações cartesianas e conferências de Paris*, op. cit., p.109 *s.*).

subjetividade transcendental, isto é, a subjetividade constitutiva do idealismo, e a essencialidade pura em uma construção extremamente engenhosa. Ela é motivada, pois uma porção infinitamente grande do transcendental em Kant está atada à facticidade, enquanto por outro lado, sem qualquer lembrança da subjetividade, o próprio primado do pensamento também se tornaria nulo. Mas essa construção não é realmente cumprida por Husserl. Nessas lições não posso tratar da análise de por que isso não é o caso, mas preciso lembrar-lhes (me desculpando ao mesmo tempo pelo gesto professoral) de que, no último capítulo da *Metacrítica da teoria do conhecimento*, eu tentei desenvolver essa argumentação minuciosamente.[88] De todas as maneiras, a radicalização do *χωρισμός* da qual lhes falei, e assim também aquela conversão da subjetividade transcendental e absolutamente fundamentada em um algo objetivo – exatamente pelo fato de que até o último rastro do objeto, isto é, do objeto no sujeito, lhe é retirado –, essa radicalização e essa conversão estão implicitamente pressupostas na filosofia de Heidegger. E aquilo que ele chama de ser e que só podemos compreender em geral desse modo muito tateante e, eu diria, dinâmico, isto é, através do campo de forças da filosofia e não pela remissão imediata a um estado de coisas drástico, esse ser não é de fato senão aquele estado de coisas puro, independente de toda facticidade e também da facticidade do pensamento e da pessoa, pura e simplesmente prévio a essa facticidade, e que todavia já não pode ser mais determinado fundamentalmente em contra-

88 Cf. "A essência e o eu puro", quarto capítulo de *Para a metacrítica da teoria do conhecimento*, op. cit., p.301 *ss.*, em particular p.353 *ss.* (GS 5, p.190 *ss.*, em particular, p.224 *ss.*).

102 posição à boa e velha // subjetividade, pois toda determinação que alguém lhe atribuísse seria de algum modo remetida de volta ao ente. E aqui essa filosofia é então extremamente sensível – e devo dizer: com razão – e muito delicada, pois ela percebe: se eu deixar de fato entrar apenas a menor parte do ente, se eu então de algum modo determinar esse ser por meio de algo que seja redutível ao ente, então já não haveria nenhuma fronteira. Então não seria mais possível ficar apenas com esse ente espaçotemporal, mas então o próprio ente em toda a sua plenitude precisaria fundamentalmente – como a grande filosofia de Platão a Hegel realmente o fez – ser incorporado em toda a sua plenitude, em toda a sua riqueza objetual no teor da filosofia. E isso é temido mais do que qualquer coisa no mundo por toda essa filosofia de Husserl a Heidegger.

Repito, então: aquela espécie de transubjetividade que é a única coisa que resta do sujeito depois de sua redução à pura essência é o modelo do conceito heideggeriano de ser. A renúncia à empiria na fenomenologia – que vai tão longe a ponto de que não apenas todo o psicológico, mas na verdade todo conteúdo coisal em geral que de algum modo haja é classificado como empírico –, essa renúncia se transforma na ontologia fundamental em uma espécie de alergia ao ente em geral. E se as senhoras e os senhores quiserem compreender a motivação da ontologia fundamental, e se quiserem, por exemplo, refletindo sobre si mesmos, saber o que certamente seduz ou seduziu muitas e muitos dentre as senhoras e os senhores antes de terem sido induzidos a realizar comigo essas desagradáveis reflexões, então acredito que esse momento está nessa espécie de alergia. É uma filosofia que, se me permitem a imagem psicológica, lembra um pouco aquelas pessoas (que não são de modo

algum tão raras) que sentem incessantemente a compulsão de lavar as mãos. É uma filosofia que treme mortalmente de medo
103 // de sujar as mãos e que quer então eliminar de si tudo aquilo que é perecível, que poderia ser diferente, que faz relembrar do baixo, do inferior, do mero material dos sentidos. E se as senhoras e os senhores sempre voltam a ouvir que essa filosofia seria em sua essência algo completamente distinto do idealismo, bem, eu serei o último a minimizar as diferenças do idealismo. Quando desenvolvi a conversão da subjetividade transcendental em uma espécie de objetividade de segundo grau, rendi tributo certamente a esse momento. Mas naquela sensibilidade, naquela alergia ao ente, que é percebido como apenas uma mácula, nisso certamente reina a mais completa concordância entre o idealismo, por exemplo, de matiz fichtiano e schellinguiano, e a ontologia fundamental. Enquanto – se eu puder dizê-lo antecipadamente, pois isso deveria estar na verdade apenas nas considerações nas quais passamos então à dialética –, enquanto uma das diferenças mais decisivas de Hegel dos outros idealistas é que ele é imune a essa alergia; que ele, se eu puder retornar à minha imagem, sabe, por assim dizer, aquilo que Karl Kraus disse quando lhe censuraram por sempre voltar a sujar as mãos ao lidar com chantagistas e outros jornalistas menores: Karl Kraus explicou que, quando se suja as mãos, então se pode lavá-las de novo.[89] E é melhor pôr a mão nas coisas do que per-

89 Referência não encontrada em Karl Kraus; é possível também que Adorno se lembrasse de ouvido da frase que Theodor Haecker escreveu uma vez sobre Karl Kraus: "seria preciso perseguir passo a passo esses senhores, tanto os mais inteligentes quanto os mais estúpidos, do mesmo modo como Karl Kraus perseguia os senhores da imprensa vienense e assistia com exatidão àquilo que sua criatura que domina

manecer acima da realidade inferior pagando o preço de não se alienar de si mesmo, de não ter adentrado nela. Algo exatamente desse clima meio que conjurado nas palavras de Karl Kraus que acabei de lhes dizer já está presente na dialética hegeliana. O conceito de alienação, o conceito do sair de si da ideia pura em vista de sua efetivação mostra exatamente isso.

Poder-se-ia acrescentar aqui, aliás, longas especulações sobre o que exatamente motiva essa estranha alergia ao ente. Eu
104 assumo – mas lhes peço que, por assim dizer, // não tomem nota disso, pois do contrário poderiam me acusar de ter me cansado e me precipitado prematuramente no domínio do ente; ao passo que a passagem ao ente, isto é, a demonstração da passagem necessária ao ente é algo que está bem adiante –, o que quero dizer é em todo caso que essa alergia peculiar que transpassa a filosofia, mas que provavelmente nunca foi tão aguda como na filosofia ontológica, remete todavia à recordação de que nossa existência é dependente do trabalho manual, que ela na verdade vive do trabalho manual, ao passo que, apesar disso, ao menos até os desenvolvimentos mais recentes, o trabalho manual é pouco estimado e considerado como o inferior e o menor. E aqui é reprimido, por assim dizer, no pensamento tudo o que poderia lembrar esse entrelaçamento peculiar com o mero ser, com o meramente natural como se encontra no trabalho.

---

o mundo havia realizado da noite para o dia. É a idealidade do homem e do pensador (em contraposição à do jovem e do poeta) que se ocupa com o dia de trabalho e enfia as mãos resolutas na sujeira quando é necessário, pois as mãos serão novamente lavadas e estarão novamente limpas" (Haecker, "Nachwort", em Kierkegaard, *Kritik der Gegenwart*, p.84 s.).

Em razão dessa alergia, novamente fortalece-se e transfigura-se, de certo modo, a prioridade do assim chamado espírito sobre o mundo material do qual ele vive, pelo fato de que assim retorna mais uma vez a pureza absoluta do espírito como o verdadeiro ser em relação ao mero ente. Pois justamente aquele ideal de pureza do ser que constitui o *páthos* e, eu diria, a aura religiosa, teológica da ontologia fundamental, é um ideal *emprestado*. E eu lhes peço que levem essa ideia muito a sério e não se esqueçam dela; a ideia justamente da esfera do espírito, que a ontologia fundamental pretensamente já deixou para trás na metafísica especulativa como uma espécie de aberração. Nessa postura há algo que eu gostaria de chamar de mítico;[90] algo do medo de que a menor parte do que não seja o seu próprio princípio já pudesse ser o suficiente para comprometer e tornar nulo todo o poder daquilo que se é em si mesmo, isto é, o espírito, o espírito como *in-group*, se eu puder exprimi-lo sociologicamente. A ontologia fundamental se comporta em relação ao ente um
105 pouco como, // na fábula da Branca de Neve, a madrasta má que é a mais bela "aqui" e possui um reino imensuravelmente extenso, mas em algum lugar bem longe, "por detrás da montanha dos sete anões", mora a Branca de Neve, que é muito mais bela do que ela.[91] E a ontologia fundamental não é capaz de supor-

---

90 Sobre o conceito do mítico em Adorno, cf. Rolf Tiedemann, "'Gegenwärtige Vorwelt'. Zu Adornos Begriff des Mythischen", *Frankfurter Adorno Blätter V*, Munique, 1998, p.9 *ss.*; e *Frankfurter Adorno Blätter VIII*, Munique, 2002.

91 Cf. Irmãos Grimm. *Kinder- und Hausmärchen: Ausgabe letzter Hand* [Fábulas infantis e domésticas: edição definitiva dos autores], v.I, p.269 *ss.*; por exemplo à p.275: "A rainha, em casa, se pôs diante do espelho e disse: 'Espelho, espelho meu, existe alguém neste país mais bela do

tar nem esse pouco, e por isso esse pensamento é sempre impelido novamente, em uma espécie de esforço maníaco elevado até a paranoia, a expulsar de si todo rastro da reminiscência do ser, a apagá-los até mesmo sob o risco de se tornar tão abstrata que dela mesma já não reste absolutamente nada. Mas não quero de modo algum minimizar ou menosprezar esse momento, que é consideravelmente constitutivo do passional, do *páthos* dessa filosofia em geral. Nesse medo, vê-se algo de bastante correto; o medo marca nesse lugar realmente o crucial de toda essa filosofia. Tão logo eu – e esse é o mérito enorme da radicalização da *χωρισμός* por Husserl e por Heidegger –, tão logo eu passe apenas um pouquinho para o ente, tão logo eu fixe as determinações do ser em algum momento pelo ente, fico sem defesa em face da pergunta de por que paro justamente neste ente e por que não acolho na filosofia também a inteira plenitude do ente. Quer dizer, a Branca de Neve por detrás das montanhas pode, digamos, subir na carruagem no dia seguinte com seu príncipe (se ele não tiver sido assassinado), mudar-se para a capital e levar a madrasta a de algum modo calçar botas de ferro aquecidas e dançar até morrer ou a outras comodidades mais que estiverem previstas na mitologia para casos como este. E esse sentimento é absolutamente presente na ontologia fundamental; isto é, para dizê-lo de modo bem acentuado, no instante em que na filosofia o ente vale *como* ente – e não, por

---

que eu?'. Ao que ele respondeu como antes: 'Minha rainha, vós sois a mais bela aqui, mas por detrás dos montes Branca de Neve, que vive com os sete anões, é mil vezes mais bela que vós'. Enquanto ela ouvia o espelho assim falar, ela tremia e vibrava encolerizada. 'Branca de Neve tem de morrer', gritava, 'mesmo que custe a minha própria vida'".

exemplo, como a categoria abstrata "ente em geral" – já não há
106 mais aquilo // como o que essa filosofia tradicional se apresenta: já não há na verdade mais *prima philosophia* em geral.

Em termos de história da filosofia, o que se passa é que o supertensionamento do χωρισμός e da pureza da essência que por fim conduziu à categoria do ser é uma resposta ao positivismo e ao nominalismo. O positivismo e o nominalismo, se me for permitido falar tão exageradamente, deixam na verdade apenas o ente como resto e suprimem o conceito. Estou ciente de que exagero, ainda que a velha palavra nominalista do conceito como um mero *flatus vocis* tenha entregado o jogo sobre aquilo de que se trata ali no início desse desenvolvimento. Pois obviamente também as filosofias nominalistas e positivistas precisam de conceitos, e isso indica justamente que a redução do conceito ao ente tem tão pouco êxito quanto, inversamente, a redução do ente ao ser. Mas pode-se dizer que, de todo modo, é retirado do conceito o seu momento de independência; que os conceitos não são por fim senão fichas às quais já não advém um conteúdo próprio. São na verdade apenas indicações, apenas sucedâneos de uma experiência sensível específica, isto é, de um ente e de um algo fático certamente suplementar, experiência que se torna supérflua e é de certo modo confiscada no momento em que a experiência fática aporta material suficiente do fático para que seja possível decidir sobre a validade dos juízos e conceitos que, ao que parece, são oriundos justamente da esfera conceitual. É preciso ter em mente que esse desenvolvimento positivista possui um poder indescritível, um poder muito maior do que em geral é a sua presença na Alemanha e na consciência alemã – embora eu me permita profetizar que em pouco tempo isso terá mudado. Considero

que faz parte da marcha daquilo que tem se chamado tão belamente de integração do Ocidente que o positivismo logo venha
107 a se propagar também na Alemanha // e a festejar seu triunfo de modo bem semelhante a como já o fez até agora nos países ocidentais. Mas isso digo apenas de passagem. Se minhas reflexões puderem contribuir um pouco ao menos para jogar areia nessa máquina, eu já estaria contente; embora então muito certamente haverá bem mais cátedras de filosofia analítica do que essa areia poderia dar conta. Mas, como quer que isso seja – na tentativa de reter aquilo que o positivismo esqueceu, recalcou com uma força infinita, isto é, a autonomia do conceito, uma filosofia como a de Heidegger de todo modo acaba isolando-a e alienando-a de suas mediações pelo ente, do mesmo modo como no positivismo o ente é alienado de sua mediação para o conceito. Pelo fato de que nessa filosofia se salienta polemicamente – e acredito que é importante que as senhoras e os senhores tenham isso em mente, para fazer justiça à profundidade que tornou necessária essa abordagem –, ao salientar polemicamente esse momento do *χωρισμός* a fim de que aquele momento essencial que uma vez se chamou "espírito" não simplesmente passe desapercebido, ele é isolado. E, por meio de seu próprio isolamento, ele se torna um imediato e, em sua imediatidade, eu quase diria, se torna outra vez uma espécie de coisa material. Do mesmo modo como de fato o conceito de ser da nova ontologia possui, entre outras, também uma espécie de coloração peculiarmente material, eu quase diria: hilozoísta.[92] Pois o ser é algo que não é sujeito e que não seria

92 Hilozoísmo, matéria originária animada; substância do mundo assumida pelos filósofos da natureza jônicos. Cf., na *Dialética do esclare-*

sujeito a nenhum preço, mas que faz coisas de toda espécie, e ao qual, todavia, atribui-se tudo o que é possível: que ele se "clareia", que ele se "desabriga" e sabe Deus tudo o mais que é predicado tradicionalmente apenas de sujeitos. E justamente essa estrutura do pensamento é então realmente muito semelhante à arcaica, que atribuiu à matéria algumas atividades, algumas tendências teleológicas, pois simplesmente não dispunha do conceito da matéria como um algo isolado. O ψεῦδος, o propriamente não verdadeiro nas filosofias ontológicas, não é
108 que // o momento da autonomia do conceito é retido como um momento em relação ao que ele apreende; nisso, essa filosofia certamente viu algo de correto e é verdadeira como corretivo, como Kierkegaard diria,[93] do pensamento positivista. O ψεῦδος está antes em que esse momento deixa de ser momento, que as mediações são esquecidas e que o princípio de que se trata aqui

---

cimento: "Assim como as imagens da geração a partir das águas do rio e da terra se tornaram, entre os gregos, princípios hilozoístas, elementos, assim também toda a luxuriante plurivocidade dos demônios míticos espiritualizou-se na forma pura das entidades ontológicas" (Adorno; Horkheimer, *Dialética do esclarecimento: fragmentos filosóficos*, p.21 (GS 3, p.22)). E segundo a *Dialética negativa*: "Já a passagem eleata para o conceito de ser hoje glorificado era, fato a que Heidegger dá pouca importância, um esclarecimento em relação ao hilozoísmo" (Adorno, *Dialética negativa*, p.68 (GS 6, p.79)).

93 Cf. o ensaio de Adorno, "A doutrina kierkegaardiana do amor": "Enquanto a sua escrita filosófica tenta expor esse processo de apropriação existencial em seus diferentes estádios e levar o leitor pela dialética à verdade teológica, ele sentiu que era necessário desde o começo contrapor a isso, à guisa de 'corretivo', o 'positivamente cristão' que deve ser alcançado, sem que ele próprio de algum modo pretendesse tê-lo alcançado primeiro. Esse corretivo deve estar contido nos 'discursos religiosos'" (Adorno, *Kierkegaard*, p.311).

se torna ele mesmo um imediato. Nessa medida, poder-se-ia dizer, outra vez com algum paradoxo: enquanto Heidegger de certo modo protesta continuamente contra a reificação, combatendo a contaminação do ente pelo ser, ou melhor, do ser pelo ente, o pensamento é ainda, todavia, consciência reificada, é fetichista, ao estatuir como um absoluto esse algo mediado em si mesmo do conceito, que necessariamente remete ao não conceitual, e de certo modo ao se esforçar obstinadamente para repelir e esquecer os momentos da mediação.[94] Mas, ao mesmo tempo – e com isso eu gostaria de concluir e prosseguir a partir daqui da próxima vez, para que as senhoras e os senhores abarquem com a vista toda a complicação da paisagem –, esse ser puro não seria então essência [*Wesen*], *essentia*, pois, se o fosse, estaria pressuposta a cisão de essência e fato, que é combatida e é um anátema. E o paradoxo peculiar que traz esse pensamento até o nada consiste em que o ser não seria nem ente nem essência, mas um terceiro; e se alguém dissesse que ele seria um terceiro, lhe seria replicado que menos ainda ele é um terceiro – de tal modo que por fim não é possível chegar a quase nenhuma outra conclusão se não a de que ele seria justamente nada.

94 O fenômeno da reificação em Heidegger é tratado também pela crítica que Adorno dirigiu a Lukács no ensaio de 1949, "Heidegger redivivus", cf. GS 20.1, p.251 *ss*.

109

// Aula 8
8 de dezembro de 1960

Os senhores se lembrarão de que na análise do problema da diferença ontológica que tentei levar a cabo da última vez eu discuti a princípio o motivo pelo qual, apesar da doutrina de que o conceito de ser ou o ser seria prévio tanto ao conceito quanto ao ente, na realidade a diferença ontológica já está decidida em favor do ser no sentido da ideia ou do conceito – e se lembrarão de que modo, em razão disso, essa pretensão da previedade não pode ser qualificada como correta. Eu gostaria de dizer que, nessa passagem, assim como obviamente em todas essas coisas, está a experiência de algo muito profundo, isto é, a experiência de que a cisão em sujeito e objeto que, no pensamento solidificado, coisificado, representa o último, que essa cisão mesma não pode ser o último – do mesmo modo como Kant exprimiu repetidamente em todas as passagens da *Crítica da razão pura* nas quais ele assinala o fato de que é preciso encontrar uma raiz comum para a intuição, enquanto a esfera correspondente ao ente, e a categoria, enquanto a esfera do conceito. Possuímos motivos históricos suficientes para considerar a separação em sujeito e objeto e, com ela, todos os

dualismos, todas as antíteses rígidas com as quais a consciência trabalha, como algo que veio a ser. Sabemos que houve inteiras camadas de pensamento nas quais esses dualismos não compareciam. Por exemplo, as dificuldades para o pensamento ocidental de simplesmente compreender as especulações da Ásia Oriental estão certamente ligadas com o fato de que o pensamento asiático oriental e talvez todo o pensamento não ocidental em geral não opera no interior desse dualismo, cujo modelo permanente é o de sujeito e objeto. Se essa própria separação é algo que veio a ser, então temos também razão para assumir que ela pode ser passageira e que o abismo poderia ser capaz de se fechar – no que deixo em aberto se ele só poderia
110 ser capaz de se fechar // se fosse fechado na realidade, se a realidade se reconciliasse, ou se o conceito poderia andar à frente da realidade. A ontologia fundamental muito certamente tem em conta esse fato. De resto, deve ser dito sobre isso que o momento de estabelecer o dualismo como algo não definitivo e absoluto é justamente o que motivou aquelas tendências na filosofia idealista que em vários aspectos são as mais escandalosas para a consciência atual. Isso é levado em conta por doutrinas como a de Schelling sobre a intuição intelectual como a unidade imediata de sujeito e objeto, ou a dialética hegeliana, na medida em que descreve sempre o objeto como algo ao mesmo tempo constituído subjetivamente e o sujeito como algo ao mesmo tempo constituído objetivamente em todos os níveis. Acrescento que o impacto extraordinariamente amplo da ontologia fundamental tem a ver certamente em parte com uma certa perda da tradição filosófica e da continuidade da formação, ou, para exprimir de modo menos grandioso, que

certas ideias, como justamente esse motivo de que seria preciso recorrer ao ser por trás da separação de conceito, pensado, e matéria, só puderam obter um impacto tão enormemente amplo porque as filosofias, em tudo aquilo que se seguiu ao mais recente positivismo moderno ocidental caíram inteiramente no esquecimento exceto no interior de um círculo bem estreito dos assim chamados filósofos profissionais nos quais essa problemática já se encontra. E certamente não é a última atração exercida pela ontologia fundamental o fato de que ela vem a falar dessas coisas sob certa dispensa de formação; de que ela age então como se a problemática relevante aqui fosse acessível de imediato por um puro imergir do pensamento no ser – e nisso escamoteia a dimensão histórica de todas essas coisas. Se sou da opinião – como desenvolvi de modo muito decidido em outros contextos – de que o mais antigo, o passado histórico, o legado pela tradição só pode ser compreendido a partir da experiência substancial, da experiência
111 necessária das situações presentes, // então vale para isso por certo também o contrário. Quer dizer, só é possível entender realmente a agudização da problemática filosófica na palavra "ser", ela só é mais do que de fato uma espécie de magia verbal se vemos como a problemática histórica da filosofia leva, segundo a sua própria lógica, segundo o seu próprio rigor, para esse ponto. E, entre outras, também considero que é uma tarefa dessas lições chamar-lhes a atenção para isso, trazer-lhes isso à consciência. Nisso, entre outras coisas, está também incluído que uma determinada espécie de objeções vulgares que são levantadas contra a ontologia fundamental e sobretudo contra Heidegger, das quais eu gostaria de nomear exemplarmente a

célebre crítica a Heidegger feita por Carnap,[95] na verdade vivem da afirmação de que essa filosofia é incompreensível. Se realmente a tomamos – e é a isso que aludi com a expressão "magia verbal" –, se realmente a tomamos como ela de início se apresenta, isto é, como quando ela promete revelar segredos de modo totalmente imediato, puramente a partir de si mesma, então não poderemos evitar esse momento da incompreensibilidade. Quer dizer: haverá então ali uma grande quantidade de conceitos sobre os quais, para retomar uma expressão da controvérsia de Hegel com seus contemporâneos, não é possível "representar" [*vorstellen*] nada. Se vemos esses problemas, todavia, efetivamente então em sua necessidade compulsória a partir da problemática da filosofia recebida pela tradição, a partir do próprio pensamento que avança, então não quero dizer que de certo modo é possível algo como preencher todos os conceitos que comparecem aqui. No caso de conceitos filosóficos, isso com frequência não é possível em absoluto. Também em Kant há muitos conceitos sobre os quais pode-se dizer: ora, que estado de coisas tenho propriamente que pensar sob esse conceito? E se procuramos esse estado de coisas, ele vai sempre nos escapar novamente. Mas a compreensão filosófica também significa frequentemente não essa tradução de conceitos em
112 estados de coisas, mas antes // a tradução de conceitos em *problemas*; em outras palavras, a compreender a necessidade de se formular um determinado conceito, compreender o postulado que está na formulação de um determinado conceito como aqui o do conceito de ser. E é isso que quero lhes proporcio-

---

95 Cf. Carnap, "Superação da metafísica pela análise lógica da linguagem", *Cadernos de Filosofia Alemã*, v. 21, n. 2, p.95-115, 2016.

nar quando – como tentei, por exemplo, na última lição – me esforço para incluir na consideração da ontologia fundamental uma determinada dimensão histórica, como aqui foi o caso da problemática epistemológica da fenomenologia.

Ora, depois do que discuti agora, os senhores poderiam dizer: bem, se você mesmo pressupõe a possibilidade de um tal momento de unidade, como criticou em Heidegger, por que não o concede então em Heidegger? Acredito que a resposta a essa pergunta, que os senhores teriam bastante razão em esperar, é então realmente o central. Pode-se ver muito bem o caráter provisório, até mesmo o caráter de aparência e a limitação de um hábito de pensamento ou de uma tradição como é o caso do pensamento dicotômico e dualista desde a Antiguidade, tal como Heidegger também o viu. Mas nisso, justamente porque o processo que levou até aí foi um processo rigoroso, não se segue simplesmente da problemática de uma tal separação que seja possível, para exprimi-lo de um modo bem primitivo, retroceder os ponteiros do relógio ou girar a roda para trás. Pode-se bem dizer que a contraposição de um ao outro, digamos, de matérias de um lado e princípios do outro – como ocorreu, por exemplo, no trabalho dos pré-socráticos intermediários, nas filosofias hilozoístas dos jônios –, que, por meio dessa contraposição, algo se perdeu. O fato de que o numinoso, o que possui o caráter de mana,[96] o tremor peran-

96 A palavra "mana", originária da linguagem dos melanésios, representa na etnologia, mas também na sociologia das religiões de Durkheim (cf. *As formas elementares da vida religiosa: o sistema totêmico na Austrália*, p.51 *ss.*, 196 *ss.* e 277 *ss.*), a origem obscura da vida religiosa, aquela força a cujas mãos o dito "primitivo" se sente entregue. Os autores da *Dialética do esclarecimento*, que encontraram a palavra em Durkheim

te o todo ou como se queira chamá-lo, todas essas expressões cafonas, e o fato de que não dispomos para isso de expressões

---

ou em sua escola, recorreram a ela para a interpretação da pré-história humana: "No mundo luminoso da religião grega perdura a obscura indivisão do princípio religioso venerado sob o nome de 'mana' nos mais antigos estágios que se conhecem da humanidade. Primário, indiferenciado, ele é tudo o que é desconhecido, estranho: aquilo que transcende o âmbito da experiência, aquilo que nas coisas é mais do que sua realidade já conhecida. [...] A duplicação da natureza como aparência e essência, ação e força, que torna possível tanto o mito quanto a ciência, provém do medo do homem, cuja expressão se converte na explicação. Não é a alma que é transposta para a natureza, como o psicologismo faz crer. O mana, o espírito que move, não é nenhuma projeção, mas o eco da real supremacia da natureza nas almas fracas dos selvagens" (Adorno; Horkheimer, *Dialética do esclarecimento*, p.28-9 (GS 3, p.31)). Adorno retornou mais tarde ao conceito, em uma nota de 1968, para reencontrar na arte uma lembrança do mana: "A música é ser tangido, é imediatamente a experiência do que é diferente, o tremor como um fenômeno ao mesmo tempo intramundano, mana como algo empírico. Nisso está sua inteira dialética. Pois, uma vez que ela está no mundo, não pode permanecer em sua abstratidade, ela tem a sua própria lei, enquanto algo a ser experimentado ela precisa se determinar, tornar-se novamente mundo – o mundo decepado. (A motivação dessa dialética como algo central ainda é algo a ser executado.) Isso trabalha em certo sentido em direção contrária ao ser tangido, ou o torna – Beethoven – dominável, *aparência*. Torna-se mais fraco no caso do músico submetido à divisão do trabalho; quem está na música, para ele ela perde o tremor, ou antes, ele se seculariza, avança na pureza da articulação total imanente (atenção, isto é verdadeiro, mas ainda não é suficientemente concreto. O que permanece do ser tangido, o que não permanece? Isso precisa ser respondido!)" (Manuscrito do caderno de notas Z, p.132 *s.*). E, no mesmo sentido, consta nos fragmentos que restaram da *Teoria estética*: "Apenas pela espiritualização, e não pelo obstinado caráter natural é que as obras de arte rompem a rede da dominação da natureza e se apropriam formativamente da natureza; apenas de dentro é possível

que não sejam cafonas, isso é por si só extremamente signifi-
113 cativo. Aqui, em todo caso, algo é eliminado // e alguma coisa se perde; há, portanto, uma perda, como indicado então em Heidegger nas expressões "perda do ser" e "esquecimento do ser". Mas isso não nos autoriza a recair naquela mesma tese. É bem verdade que se fosse objetado a Heidegger que a pressuposição de que o mundo inteiro seria feito de ar ou de água não pode mais ser sustentada, uma vez que as ciências naturais já nos teriam instruído e aberto os olhos sobre isso, é bem verdade que Heidegger responderia que, com uma tal tese, nós compreenderíamos de modo totalmente errôneo os antigos jônios, Anaxímenes e Tales, dos quais de resto sabemos pouco, pois eles não teriam feito uma afirmação científica, no sentido das ciências naturais, mas uma afirmação sobre o ser, que seria prévio à dissociação de princípio conceitual e materialidade determinada. Mas eu diria em relação a isso que a modificação da consciência à qual damos o nome de científica e que já na Antiguidade levou a que fosse posto como princípio mais universal justamente algo não material, mas sim princípios tão abstratos como o devir de Heráclito ou o ser de Parmênides, que ela também mostra que aquela identificação imediata de ambos os momentos polares, no modo como a encontramos em sua indissociação arcaica, já havia se afirmado muito tempo antes de o pensamento científico ter se desenvolvido e forçado a própria filosofia a procurar um outro princípio – simplesmente pelo fato de que o momento material nas filoso-

sair. Caso contrário, a arte se torna infantil. Também no espírito sobrevive algo do impulso mimético, o mana secularizado, aquilo que tange" (GS 7, p.411) – Cf. também p.298 e p.305.

fias hilozoístas havia se afirmado como algo limitante, restritivo e, de certo modo, ocasional. Um deles tinha a água, o outro o ar, e Empédocles os quatro elementos, e então se podia como que recombinar aleatoriamente essas coisas. E o momento da arbitrariedade aqui presente impeliu então com muita razão os grandes e radicais filósofos especulativos dentre os antigos a procurar aqueles conceitos unitários muito mais abstratos que, por sua vez, oferecem o modelo justamente para o conceito de
114 ser. // Acredito que essas coisas são muito importantes para o conhecimento da situação desse pensamento, pois mostram que aquilo que o pensamento da ontologia fundamental designa como uma espécie de pecado original ontológico não é algo que a reflexão tenha feito ao ser ou ao pensamento do ser externa ou arbitrariamente, mas é algo que foi motivado por aquilo a que esses conceitos se dirigem. Em outras palavras, então: se hoje padecemos da dissociação, da solidificação em momentos contrapostos uns aos outros dualisticamente, quer os chamemos de sujeito e objeto ou conceito e ser ou como seja, se padecemos de tais antíteses rígidas e tomamos consciência paulatinamente de sua insuficiência, por exemplo com a insuficiência do modo como a ciência institucionalizada opera, então a possibilidade de sua reconciliação justamente não está em que restauremos violentamente um nível da consciência que foi corretamente abandonado. Mas, se a necessidade dessa dissociação se perpetua, ela só pode nos levar a suprassumir por fim a paralisia dos momentos contrapostos pela reflexão se atravessarmos aquele dualismo, se o pensarmos até o fim, ou seja, se refletirmos sobre aqueles momentos contrapostos *pela* reflexão.

E é justamente assim que se passa sob o aspecto do problema do qual aqui falamos, o modo como se põe o problema da dialética. E me permiti nessa oportunidade já realizar uma consideração fundamental que lhes mostrasse por que propriamente se contrapõe ao pensamento ontológico um dialético. Quero acrescentar a isso, todavia, que eu, na realidade, indiquei apenas formalmente[97] (eu quase diria, apenas sob o aspecto da filosofia da história) a necessidade de se pensar dialética, e não ontologicamente. Com isso eu ainda não comecei a fazer o que lhes prometi e que pretendo firmemente manter, isto é, desenvolver junto aos senhores a necessidade do próprio pensamento dialético a partir das questões materiais, isto é, a partir da problemática da filosofia do ser. Só podemos fazer
115 isso // se penetrarmos ainda muito mais nessa filosofia do ser. Permitam-me agora apenas dizer que o ser – ou permitam-me antes lhes lembrar que o ser não pode ser um ente, e isso pelos motivos que analisei detalhadamente com os senhores na última vez, mas que o ser permanece em suspenso em relação ao ente e todavia também permanece igualmente em suspenso em relação ao conceito. Assim consta em um escrito tardio de Heidegger, na "Introdução à metafísica", na p.31: "A questão agora, porém" – isso é aqui formulado hipoteticamente, mas os senhores reconhecerão a partir daqui sem mais a tendência; eu ainda poderia escolher para os senhores outras referências

97 O conceito de "indicação formal", utilizado por Adorno com alguma frequência em aulas e seminários, é, segundo Gadamer, cunhado por Heidegger em referência à "comunicação indireta" [*indirekte Mitteilung*] de Kierkegaard (cf. Gadamer, *Gesammelte Werke*, v.3, p.389; para uma interpretação do visado por Heidegger com esse conceito, cf., ibidem, p.429 *s.*).

mais determinadas –, "a questão agora, porém, é a de saber se a proposição do ser como o conceito mais universal atinge a essência do ser ou se não a interpreta mal de antemão a ponto de tornar impossível um perguntar. Mas esta é a questão: se o ser só pode contar como o conceito mais universal que ocorre inevitavelmente em todos os conceitos particulares ou se o ser é de uma essência totalmente distinta e, assim, é qualquer outra coisa, não apenas objeto de uma 'ontologia', suposto que se tome essa palavra no sentido tradicional".[98] Fica bem claro a partir dessa formulação que Heidegger se inclina ao último caso; que, portanto, como ele diz, o ser é "de uma essência totalmente distinta" do que todo conceito. E assim os senhores têm nas mãos então de fato certamente aquela aporia que tentei desenvolver como a essência desse conceito de ser, como a essência dinâmica do conceito de ser. Os senhores encontram aqui esse conceito de ser delimitado em ambos os lados: por um lado, ele não pode ser todo o ente, ele não pode ser de certo modo apenas a objetificação do "é", da *existentia*; por outro lado, ele também não pode ser um conceito, um mero universal, mas deve possuir diante da conceitualidade uma determinada espécie de preenchimento, de objetualidade que em geral só atribuímos àquilo que é. O que ocorre é de certo modo que
116 aqui um vive do outro, um lado sempre pega algo // emprestado do outro, que então não é pago de volta. Quer dizer, o conceito de ser toma emprestado do ente aquela concretude, aquele preenchimento e objetualidade que de resto faltam

98 Heidegger, *Introdução à metafísica*, p.67. De resto, trata-se de uma aula proferida por Heidegger em 1935, ou seja, de um escrito publicado tardiamente, mas não de um escrito tardio.

ao conceito, enquanto, inversamente, aquele momento do ente que está ali contido toma emprestado do ser o fato de ser o universal vinculante, ao mesmo tempo o essencial, o ineliminável, o que fica a salvo em face da contingência da mera existência. Se então esses dois momentos são indistintos, se nessa indistinção esse pensamento se arcaíza de modo incisivo e deliberado contra o pensamento que distingue, isso ainda o beneficia até pelo fato de que, justamente por força dessa indistinção dos dois elementos, quando quer que se tente prender esse pensamento por um lado ou pelo outro ele pode remeter ao fato de que não era isso o que era visado, o que ele queria dizer, e que isso seria por assim dizer um mero rebaixamento sob a dimensão do ser. É como se ele de certo modo se blindasse. A indistinguibilidade, isto é, a falta de articulação torna-se a vantagem de estar protegido e de poder repelir de si tudo o que não se curva a si. Pela cisão de ser e ente, pela cisão de conceito e ente, esse conceito de ser, no modo como ele então é retido na inteira história da metafísica (que Heidegger arroga a si orgulhosamente), ficaria exposto à crítica.

A própria crítica não é senão cisão, isto é, a confrontação de momentos distintos um do outro, visando saber, por um lado, se o momento conceitual é preenchido por objetos, se não é uma conceitualidade vazia, mas uma conceitualidade à qual corresponde algo e que consequentemente é legítima; e, por outro lado, é a confrontação do ente com o conceito, no sentido de que se pergunta, como acontece em Hegel, em que medida um ente corresponde a seu conceito, quer dizer, até que ponto aquilo que meramente é também é efetivamente aquilo como ele se dá. Em outras palavras, então: esse diferenciar dos momentos
117 // que se destacam um do outro é o momento propriamente

crítico; e quando a filosofia heideggeriana por inteiro é, por sua essência, anticrítica – assim como hoje certas sociologias chamam a si mesmas de contraesclarecimento[99] –, então isso

99 Em uma carta de 1957, que tratava de sua discussão com Peter R. Hofstätter sobre os "experimentos de grupo" (*Gruppenexperiment*) (cf. GS 9.2, p.378 *ss.*), Adorno designa exatamente o contexto no qual ele viu o termo "contraesclarecimento": "É óbvio que todo o negócio Hofstätter faz parte de um contexto mais amplo. Isso é iluminado pela controvérsia entre Schelsky e Hochheimer na *Psyche* [um periódico acadêmico] [...]. Seria preciso escrever sobre a tendência regressiva das ciências sociais alemãs, que consiste em que a assim chamada pesquisa de fatos se torna cada vez mais um pretexto para não falar e não reconhecer aquilo que dói. Entre pessoas como Hofstätter, Schelsky, Wurzbacher e toda uma série de outros, poderia viger uma concordância fundamental, e tais ataques como o de Hofstätter são um sintoma da vontade fortalecida de, sob o pretexto da cientificidade, pegar a ciência novamente pelo cabresto. Não se quer ficar, por fim, para trás em relação aos ginecologistas que não sabiam nada sobre as tentativas de esterilização. Isso é chamado agora, com o termo de Schelsky, 'contraesclarecimento'" (Carta de 14 de janeiro de 1957, a Franz Böhm). Todavia, eram raros os sociólogos que pregavam em si mesmos a etiqueta do contraesclarecimento. Schelsky escreveu em 1955, no entanto: "Em muitas áreas da ciência, estamos reconquistando intuitivamente o significado funcional das tradições. Nesse processo de um contraesclarecimento contra a falta de profundidade da consciência da era e dos movimentos de esclarecimento [...]" (Schelsky, *Soziologie der Sexualität: Über die Beziehungen zwischen Geschlecht, Moral und Gesellschaft* [Sociologia da sexualidade: sobre a relação entre gênero, moral e sociedade], p.8). Mas mesmo ele se voltou mais tarde contra a sua "sentença como 'representante do contraesclarecimento'" (Schelsky, *Die Arbeit tun die anderen: Klassenkampf und Priesterherrschaft der Intellektuellen* [O trabalho faz os outros: luta de classe e dominação sacerdotal dos intelectuais], p.399). Com Iring Fetscher, talvez fosse o caso de divisar "a única posição exigente de contraesclarecimento na República Federal [Alemã] em Arnold Gehlen e seus seguidores"

precisa ser perseguido de modo verdadeiramente filológico até a raiz do conceito de crítica. Não compartilho a inclinação de Heidegger de recorrer a fatos filológicos para explicar os assim chamados estados de coisas do ser; ainda vamos talvez falar sobre por que não faço isso. Mas é em todo caso muito curioso e não posso me furtar de lembrar àqueles entre os senhores que conhecem o grego que o conceito de crítica remete filologicamente de modo imediato ao conceito de cindir, *κρίνειν* – *κρίνω* significa "eu distingo". E que, portanto, na medida em que esse pensamento denuncia esse distinguir fundamentalmente como o pecado do pensamento, ele, quase poder-se-ia dizer, se põe assim até a raiz filológica contra o próprio pensamento crítico. Assim como também o conceito de crítica, até onde vejo, não tem absolutamente nenhum lugar na filosofia heideggeriana. Só que justamente essa reflexão filológica não é realizada por ele. O ser não é então nem *τὰ ὄντα*, nem ente, nem conceito. Se Heidegger diz nessa passagem que ele seria "de uma essência totalmente distinta", então com toda certeza ele não quer que se entenda como se isso fosse um terceiro e distinto, mas nessa distinção e na distinção em geral há algo prévio segundo o modelo do pensamento arcaico, no qual a diferença de ser e ente ainda não foi refletida. O ser seria então, segundo o dito, aquilo no que ser e ente por sua vez ainda não foram distinguidos. Esse não refletido ou esse algo ingênuo

---

(Fetscher, "Aufklärung und Gegenaufklärung in der Bundesrepublik", em *Aufklärung und Gegenaufklärung in der europäischen Literatur: Philosophie und Politik von der Antike bis zur Gegenwart* ["Esclarecimento e contraesclarecimento na República Federal da Alemanha", em Esclarecimento e contraesclarecimento na literatura europeia: filosofia e política da antiguidade até o presente], p.538).

do pensamento arcaico é então equiparado ao originário, ao que é assim de natureza superior. Se a filosofia heideggeriana, em suas inumeráveis modificações, é ainda na verdade uma filosofia anti-intelectualista, e se, nessa medida, ela acolhe em si a herança de todas as correntes irracionalistas da filosofia
118 que se desenvolveram desde as mais diferentes // direções, de Nietzsche, de Bergson, de Simmel, de Dilthey, é porque esse irracionalismo ou anti-intelectualismo é ele mesmo, se eu puder dizê-lo, motivado sistematicamente. Quer dizer: uma vez que aquilo que cinde, que distingue, é rechaçar por essa filosofia, pois isso não faria justiça ao conceito de ser, mas é antes função do intelecto, do entendimento reflexionante, então, junto com a desvalorização desse distinguir, precisa acontecer também a desvalorização da própria faculdade de distinguir. E se o conceito de ser, com uma técnica de defesa e de esquiva desenvolvida de modo infinitamente elevado, se subtrai a toda definição mais próxima e assim escapa também de toda confrontação com a questão da verdade ou da falsidade dos enunciados sobre o ser, então a isso também corresponde, do lado do sujeito, uma difamação do modo de comportamento que é capaz de efetuar uma tal distinção. Claro que o preço a pagar por isso é extraordinariamente alto, extraordinariamente alto até mesmo se tomado imanentemente pela medida dessa filosofia, pois, por meio disso, as determinações que correspondem a esse substrato ou a esse absoluto – acredito que a expressão "absoluto", do idealismo alemão, é de todas as palavras a que melhor designa o que aqui se quer dizer –, o modo como esse substrato ou esse absoluto se exime de toda determinação mediante a qual ele deixaria de ser um absoluto, mediante a qual ele se limitaria, conduz ao mesmo tempo a seu completo em-

pobrecimento; quer dizer, conduz a justamente aquilo a que eu aludi aos senhores agora há pouco quando lhes disse que já não seria possível pensar algo propriamente em sentido enfático aqui. A técnica apologética refinada e elevada ao infinito que esse pensamento tem é atestada pelo fato de que ele mesmo confere à sua própria dignidade essa frugalidade, essa indeterminidade; por exemplo, quando Heidegger, no tratado "Sobre o 'humanismo'", fala do declínio do pensamento na pobreza de sua essência provisória,[100] como se essa pobreza da qual lhes
119 falo fosse o fruto de uma // salutar ascese mediante a qual o pensamento se subtraísse de todas as determinações meramente superficiais, reificadas, de fachada, para então, de certo modo, talvez reencontrar a plenitude algum dia na cela monacal na qual ele se recolheu, salvo pelo fato de que esse reencontro é adiado *ad calendas graecas*. O lamentável nisso é apenas que aquela promessa de que o ser descobriria então em si aquela plenitude quando ele tivesse assumido para si aquela pobreza salutar permanece uma promessa não cumprida. E ela precisa permanecer não cumprida, pois toda tentativa de efetivamente determinar por um lado ou por outro esse ser, ou bem precisaria fundi-lo ou comprometê-lo com o conceito, ou bem, por outro lado, ao ente, o que não dá.

Posso aproveitar a oportunidade para prevenir os senhores em seus trabalhos científicos e em suas vidas intelectuais, não apenas no domínio da ontologia fundamental, mas do mesmo modo também no domínio contraposto da ciência positiva particular, sobretudo a respeito de todas as promessas vazias de consolo que consistem em dizer de uma coisa que ela apenas

100 Cf. p.49.

ainda não teria realizado aquilo que propriamente deveria e que um dia ela ainda o virá a fazer. Acredito que, onde quer que os senhores tropecem nessas promessas consoladoras para o futuro, trata-se de casos em que aporias ou impossibilidades estruturais, pré-traçadas pela coisa mesma, são assim maquiadas; que se empurra para o futuro aquilo que, em razão da própria coisa, não pode ser realizado. Quando, por exemplo, sempre voltamos a tropeçar nisto na sociologia empírica: que seria preciso primeiro coletar um material infinitamente grande de alcance intermediário, de nível conceitual intermediário; e que se tivéssemos coletado então por tempo suficiente, então chegaríamos talvez finalmente também a uma *teoria* da sociedade,[101] fundamentalmente, isso é algo bastante semelhante à "pobreza do ser" na qual o pensamento supostamente precisaria se recolher para então, só sabe Deus *como*, tomar parte
120 da inteira plenitude do ser. Justamente // aquela abordagem, então, que comete o engano de procurar a sociedade na soma de inúmeras observações individuais e de sua classificação não é em absoluto capaz na realidade de alcançar o conceito da sociedade, pois aquela abordagem, por si própria, exclui que haja algo como um conceito de sociedade em geral. Quanto a isso, é sempre característico desse pensamento como um todo que ele faça da necessidade uma virtude; que, portanto, aquilo que não funciona, que um pensamento não é capaz de executar, as faltas, as negatividades, o que não pode ser superado e que está contido em um pensamento é então reinterpretado com uma virada muito temerária e ao mesmo tempo muito hábil como

101 Dirigido contra a "*middle range theory*" de Robert K. Merton; cf., por exemplo, GS 8, p.290, ou NaS IV.15, p.39.

se fosse na verdade uma forma mais elevada de positividade. Quase poderíamos dizer que, sob esse aspecto, a ontologia fundamental seria uma paródia da dialética ao executar desse modo uma negação positiva: quando algo lhe falta, justamente essa falta se torna algo a ser destacado, um positivo e principalmente, se possível, um emblema de uma dignidade mais elevada. A abstração à qual o ser está aporeticamente condenado é reestilizada na concretude daquela vida monástica do pensamento como se então ela fosse mais próxima ou mais imediata ao que "propriamente" é.

Permitam-me então acrescentar ainda a essas considerações prévias – para cujo fim caminhamos agora energicamente antes de procedermos à análise da carência ontológica –[102] algo que eu talvez já lhes tenha dito em princípio, mas que precisaria ser determinado aqui de modo mais preciso: que, apesar daquele retorno reivindicado pelo pensamento heideggeriano, ele não pode fugir de sua própria situação histórica; e que, em outras palavras, aquela reflexão através da subjetividade, que ele, enquanto uma fala vinda imediatamente do ser, pretende superar, se afirma em seu próprio aparato teórico. E Heidegger não
121 tentou de fato se desviar disso. Apenas lhes chamo // a atenção para duas categorias decisivas dessa filosofia nas quais isso aparece: uma delas é a análise de significado das palavras, que é *intentio obliqua*, isto é, remissão à consciência. Pois os significados das palavras são necessariamente sempre também algo

102 É característico da relação entre estas aulas e a *Dialética negativa* que, na última, o primeiro capítulo se concentra justamente na análise da "carência ontológica", enquanto as aulas deste curso ao menos até este ponto eram consideradas "considerações prévias".

posto nelas subjetivamente, e, quando faço filosofia da linguagem tão enfaticamente, tem-se também necessariamente postos juntamente os pensamentos do falante da linguagem. Que Heidegger seja forçado a absolutizar a linguagem, isso vem do fato de que ele precisa com um golpe se livrar desse momento da reflexão subjetiva que penetra pela linguagem em sua própria filosofia. E por essa via ele acaba simplesmente hipostasiando a linguagem, ou seja, dizendo que na linguagem o próprio ser fala de modo imediato, sem que fosse mediada pelo ser humano. O outro momento no qual a subjetividade aparece é então a posição preferencial do homem formulada na carta sobre o humanismo na forma de que o ser se "clarearia" para o ser humano, que o ser humano seria a "clareira do ser".[103] Nisso está, fundamentalmente, o velho e tradicional momento da filosofia de que, tudo o que é, é mediado pela consciência; e essa mediação aparece como um clarear-se da coisa mesma. Só que aqui aparece novamente o truque de que o caráter da própria subjetividade é interpretado como algo objetivo, que ele é de certo modo deslocado de volta para o ser, que ele se torna uma determinação do ser, que se reflete a si mesmo naquele momento que chamamos de subjetividade. Aqui, obviamente, encontramos uma dificuldade nessa filosofia: que o interesse ontológico, enquanto aquele que é (como discuti com os senhores), fundamentalmente – valho-me da expressão, apesar de ela ser escandalosa em sentido heideggeriano –, *objetivamente* direcionado, é na verdade incompatível com o interesse da reflexão subjetiva. E tanto quanto se possa falar de uma história

103 Cf., por exemplo, Heidegger, "Carta sobre o humanismo", em *Marcas do caminho*, p.338.

da filosofia heideggeriana, ela consiste em que esses momentos subjetivos, que ainda apareciam de modo relativamente autônomo e enfático com referência a Kierkegaard e a outros no
122 conceito do existenciário (*Existenzial*) em *Ser e tempo*, // agora se recolhem cada vez mais no próprio ser. Ou seja, consiste em subordinar a própria subjetividade a essa tendência à objetividade. Quando Heidegger diz que sua intenção inicial teria sido na verdade desde sempre a intenção ontológica, isso certamente é verdadeiro. O que ele fez então foi de fato a tentativa de integrar a seu projeto aquele momento da reflexão e da subjetividade contraposto polarmente ao momento ontológico, fazendo do próprio momento da reflexão e da subjetividade um modo de objetividade, tornando a existência um modo de ser da essência, um modo de ser do ser. A tendência fundamental da qual lhes falei e sobre a qual lhes falarei ainda algo nas próximas aulas, essa tendência fundamental de fazer da falta uma vantagem e de enfrentar a problemática filosófica por meio de uma determinada espécie de inversão conceitual para o indistinguível, pois bem, essa tendência fundamental pode talvez ser expressa assim: que, se o pensamento arcaico não separou o ontológico do ôntico, agora Heidegger esbarra no fato de que o seu próprio conceito de ser também é de tal natureza a sempre conter em si momentos ônticos inseparados. Nenhuma afirmação ontológica pode ser feita fundamentalmente, nem mesmo as empobrecidas afirmações do Heidegger tardio sobre o ser, sem que de algum modo sucedam expressões ônticas. Por exemplo, a célebre formulação sobre o homem como "pastor do ser"[104] é uma expressão ôntica. Quer dizer, a tentativa de encontrar aqui um estado de

104 Cf. ibidem, p.343.

coisas metafísico originário remonta a relações primitivas, pré--agrárias, de uma sociedade criadora de gado, e, portanto, a algo de bastante ôntico, bastante temporal – sabe-se que pastores já não existem, e mesmo na Alta Floresta Negra só deve ser possível encontrá-los ainda eventualmente. Toda a estrutura fundamental na base desse pensamento, que os senhores reconhecem quando leem essas coisas com um alerta crítico e tentam se sub-
123 trair à sua fascinação – caso ela ainda a exerça –, // é na verdade sempre feita segundo um modelo determinado, um esquema. A maioria dos teoremas que se mostraram efetivos no mundo têm apenas, como Schopenhauer confessou sobre si mesmo,[105] uma única ideia, e recitam essa única ideia ou esse único motivo sempre novamente; e essa repetição, esse *reclamare*, que é sabidamente também o segredo da publicidade [*Reklame*], parece então ser aquilo que garante a efetividade das teorias. Essa estrutura fundamental que aqui se encontra é a de que o momento ôntico – uma vez que não é possível deixar de tratar dele na determinação do ser, do ontológico em sentido enfático – é ele mesmo repetidamente ontologizado; que se faz do ôntico mesmo então primeiramente um "ser-ôntico", que se faz do ente mesmo um modo de ser do ser. E essa tendência a ontologizar o ôntico, isto é, essa tendência de que o ser-aí, a própria facticidade seja uma estrutura universal – utilizar essa tendência para dissolver todo fático em seu conceito, em sua universalidade, é na verdade o truque, é na verdade o procedimento universal desse pensamento. E se os senhores realmente compreenderam isso, se os senhores se imunizaram contra isso, então, acredito, a fascinação dessas coisas desaparecerá para os senhores.

---

105 Cf. o Prefácio à primeira edição de Schopenhauer, *O mundo como vontade e como representação*, p.19 *ss*.

124 // Aula 9
13 de dezembro de 1960

Minhas senhoras e meus senhores, na última aula eu havia começado a lhes dizer algo sobre a estrutura básica da ontologia fundamental, estrutura que me parece fundar com todo o seu método a abordagem crítica que deve ser assumida em relação ela. Refiro-me àquele momento que chamei, com um título antecipatório, de ontologização do ôntico. Trata-se de uma estrutura que, como dito, atravessa toda a filosofia heideggeriana e a de seus sucessores. É, por assim dizer, o truque de toda essa filosofia que ela execute a seguinte operação: vigora uma contraposição entre o conceito e o apreendido sob o conceito, o não conceitual. Mas, quando eu formo um conceito do não conceitual, o não conceitual que é subsumido sob o conceito se torna ele mesmo conceito, em certo sentido. Portanto, se resumo a totalidade do ente disperso, como acontece, com referência à terminologia grega, sob a expressão *τὰ ὄντα*, os objetos que são, então assim esse não conceitual, esse algo material, esse algo heterogêneo em relação ao pensamento é ele mesmo conceitualizado. Então esse momento da conceitualização do não conceitual, as expressões universais para o não

conceitual, isso é ontologizado, quer dizer, elas próprias são elevadas a estruturas do ser. A transição consiste então em que, pelo fato de que todo ente, todo não conceitual, como diríamos, é mediado, classificado por um conceito, então o próprio ente é simultaneamente mais do que algo que é, mais do que o próprio ente ou, como Heidegger o chama: ele seria ontológico. Se falo aqui de truque, peço que não me compreendam mal. Não compreender mal no sentido de uma suspeita sobre a *bona fides* subjetiva do pensador Heidegger e de seus partidários. Longe de mim ter uma tal suspeita. De resto, a índole das pes-
125 soas privadas // me é de todo modo indiferente na crítica que pratico, pois considero extremamente questionável a tese do existencialismo em sentido estrito de que um pensamento deve ser medido por aquele que o pensa. Independentemente disso, espero, eu lhes mostrei de início nessas aulas como se chega aos momentos problemáticos da filosofia heideggeriana que lhes indiquei não por insuficiência subjetiva, mas sim, se me permitem dizer de modo bastante drástico, que eles são erros de pensamento de tipo aporético; quer dizer, que são coagidos pelo fato de que esse pensamento possui uma determinada intenção, que ele quer algo determinado, pretende expressar uma determinada experiência (ou como queiram chamá-la), mas, por outro lado, esbarra, na tentativa de realizar essa intenção, em dificuldades objetivas internas que então, se a intenção deve afinal ser afirmada, conduz a manobras como essas. Acredito que seria desleal se eu não quisesse lhes dizer que precisamente aquele momento que acuso e critico em Heidegger nessa passagem se encontra também, por estranho que pareça, justamente naquele pensador sobre o qual eu lhes diria que, para falar com Tristão, ou melhor, com Isolda, contém o antídoto contra o

veneno,[106] isto é, em Hegel. E, estranhamente, em uma passagem que é extraordinariamente análoga à problemática da qual tratamos agora. Não posso aqui, obviamente, pressupor de fato o conhecimento de Hegel, mas quero dizer àqueles dentre os senhores que se dedicaram a Hegel que se trata da passagem da essência, ou, mais precisamente, da passagem do fundamento à existência no segundo livro da *Lógica*, em que igualmente a existência é dissolvida no pensamento puro pelo fato de que a própria existência é algo mediado conceitualmente.[107] Aqui vocês já podem lançar um olhar àquele parentesco profundo entre a filosofia heideggeriana e o idealismo, que, aliás, é eventualmente salientado também por ele, ao menos em relação ao materialismo. Assim como o idealismo precisa tentar dissolver tudo na cons-
126 ciência, do mesmo modo // Heidegger precisa tentar dissolver tudo no ser. E esse ser, enquanto a objetividade pura e absoluta, não é senão a subjetividade escondida de si mesma, coberta de si mesma – ou seja, o pensamento puro. E a ambos, tanto ao idealismo absoluto, o idealismo alemão, quanto à filosofia do ser heideggeriana, a passagem ao ente a partir do pensamento pos-

---

106 Cf. Richard Wagner, *Tristão e Isolda*, Primeiro ato; Isolda diz a Brangäne: "Não conheces da mãe/ as artes?/ [...]/ Para a dor e as feridas/ ela oferece bálsamo;/ para venenos malignos,/ antídotos [...]" (Wagner, *Dichtungen und Schriften*, v.4, p.25).

107 Cf. Hegel, *Ciência da lógica*, v.2: A doutrina da essência, p.128 *ss.*; por exemplo, ibidem, p.130: "*Se todas as condições de uma Coisa estão presentes*, então ela entra na existência. [...] A Coisa toda tem de ser aí dentro de suas condições, ou seja, todas as condições pertencem à sua existência; pois *todas* constituem a reflexão; ou seja, o ser aí, porque é condição, está determinado pela forma, suas determinações são, portanto, determinações de reflexão, e com uma estão postas essencialmente as outras".

to absolutamente ou do ser puro se torna uma dificuldade infinita que só pode ser superada em geral pondo em movimento um aparato tal como este que aqui se apresenta. Essa é talvez a explicação em geral para o fato de que mesmo as concepções filosóficas mais importantes – e penso aqui de fato sobretudo no próprio Hegel – são permeadas de sofismas e falácias em suas execuções específicas. No caso de Hegel, acredito, isso tem frequentemente a ver com o fato de que as concepções são na verdade mais programáticas; que ele teve mais ideias sobre o que viu e queria provar do que de fato executou plenamente as operações de pensamento que as corroboram. E, no lugar delas, introduzem-se furtivamente então como sucedâneos vez ou outra esses estranhos pulos sofísticos que sempre voltam a desconcertar o leitor imparcial da *Lógica* hegeliana, mesmo se no mais ele for complacente. Em Heidegger a coisa é diferente. Quer dizer, em Heidegger ocorre aqui menos algo como a tentativa desesperada de enfrentar algo que apenas começou a ser "pensado" do que a tentativa – e espero ter lhes mostrado isto – de expor algo que por excelência não pode ser pensado, ou pensamentos aos quais (o que é apenas um outro modo de dizer o mesmo) não corresponde em absoluto um estado de coisas, como se possuíssem algo como evidência no domínio do pensamento. Mas, como dito, esses são expedientes que se localizam totalmente no quadro da problemática objetiva de uma tal filosofia, se é que não da filosofia em geral. E os senhores teriam compreendido mal por inteiro as minhas aulas se agora fossem para
127 casa e contassem: então, o Adorno disse que Heidegger // seria um impostor. Eu diria isso mais ou menos tão pouco quanto Nietzsche poderia ter dito que Wagner seria um impostor. A compreensão da inverdade objetiva, da aporética objetiva de

formações espirituais, é algo que não pode ser de modo algum reduzido à subjetividade contingente e falível. E os senhores podem acreditar em mim: um pensador, alguém que se dedica à filosofia, é em geral vaidoso demais para deixar que se impute a ele próprio a culpa por mentiras sobre as quais ele estivesse convencido de que pessoas mais ou menos sensatas um dia viriam a lhe imputar.

Ora, o que quero dizer, depois de ter lhes apresentado de início de modo geral essa tese que chamei de "truque", essa fraude, é que eu deveria justificá-la a partir do texto de Heidegger que no fim das contas é o seu texto de mais repercussão e que não foi desmentido por ele a sério, isto é, a partir de *Ser e tempo*, e que por meio de uma interpretação eu deveria lhes mostrar efetivamente em detalhe aquilo que lhes disse. Quero apenas dizer antes que a tendência da ontologização do ôntico não se refere apenas à categoria superior, isto é, ao ser, mas também principalmente e exatamente do mesmo modo àquele âmbito do qual a filosofia do ser treme de medo mais do que de qualquer outro, isto é, à esfera da história, que é de pronto sublimada na ontologia fundamental e transformada em uma "situatividade" [*Befindlichkeit*] do ser-aí, isto é, em "historicidade" [*Geschichtlichkeit*] – de tal modo que a história concreta e, assim, toda a necessidade e a problemática concreta da história caem nas malhas desse conceito de historicidade e são rejeitadas como algo não digno da filosofia.[108] A ontologização do não ontológico tem em Heidegger de início a seguinte fi-

108 Para a crítica de Adorno à categoria heideggeriana da historicidade [*Geschichtlichkeit*], cf. em particular *Dialética negativa*, p.115 *ss*. (GS 6, p.134 *ss*.); e NaS IV.13, p.177 *ss*., p.419 *s*., nota 177.

gura: ela se relaciona à existência, ao ser-aí. Ao menos na sua obra principal mais antiga, em *Ser e tempo*, este é o ponto onde aquilo a que os senhores estão acostumados a chamar de existencialismo e que remonta a Kierkegaard e à sua teoria de que a subjetividade existente seria a verdade se conecta à ontolo-
128 gia fundamental e // à filosofia do ser. A transformação ocorrida aqui – para não lhes transmitir também aqui a impressão de que eu quisesse comprometer o Heidegger atual com doutrinas que ele não mais sustenta –, a transformação ocorrida é uma espécie de deslocamento de acentuação. É que a análise do ser-aí – e por ser-aí compreendam, por favor, para um entendimento mais fácil, simplesmente a subjetividade em sentido mais amplo – já é concebida em *Ser e tempo* essencialmente como a chave ou o acesso à região do ser. A construção que chamo de ontologização do ôntico serve exatamente a essa transição; quer dizer, o ser-aí deve ser a chave para o ser porque a subjetividade existente é de certo modo o lugar no ser no qual o existente, o ente fica a par de si mesmo enquanto ser – de tal modo que a existência, ou o ser-aí, ou o sujeito, representa uma espécie de lugar de entrada da ontologia na subjetividade, ou da subjetividade na ontologia. Essa é uma construção que não é de modo algum alheia à história da filosofia. Por exemplo, em Schopenhauer, a teoria da motivação, enquanto uma das formas do princípio da razão suficiente e que de início se relaciona em absoluto ao mundo da representação, ao fenômeno, é também ao mesmo tempo aquela janelinha pela qual o absoluto, a vontade, lança um olhar no interior da representação,[109] onde, portanto, a representação é mediada na relação

---

109 Sua lei da motivação, o princípio da razão suficiente da ação, foi formulada por Schopenhauer no § 43 de sua tese; o nexo dos motivos

com a vontade, onde o ente (diria Heidegger) é mediado na relação com o ser. Para esclarecer em primeiro lugar o aspecto histórico: a modificação que se consumou é a de que aquela intenção (de que a análise do ser-aí ou da existência abririam de certo modo o acesso ao ser), que de fato em *Ser e tempo* já é manifesta de modo bastante enfático, aparece então de modo cada vez mais franco nos escritos tardios de Heidegger. E que, sobretudo – para evitar a confusão com a filosofia existencial em sentido estrito, kierkegaardiano ou jasperiano –[110] em sua análise do ser, ele se afastou sempre mais do recurso ao ser-aí.
129 // Mas, por outro lado, estamos autorizados a nos valer da análise do ser-aí aqui como o protótipo daquele *ψεῦδος* do qual eu lhes falava, pois a intenção da análise do ser-aí não é de modo algum a redução da verdade à existência humana, mas a análise mesma da existência humana abriria uma espécie de acesso à problemática do ser em geral.

Tendo-lhes antecipado isso,[111] posso agora ler para os senhores as passagens, ou algumas das passagens decisivas e pro-

---

com a vontade é tratado por ele principalmente no § 62 de *O mundo como vontade e representação* e na terceira parte do escrito sobre a liberdade da vontade (cf. Schopenhauer, *Sämtliche Werke*, v.III: Kleinere Schriften, p.172 *ss.*, p.562 *ss.*; idem, *O mundo como vontade e como representação*, p.428 *ss.*).

110 "Jasperiano" [*Jasper'schen*] é uma conjectura editorial. No original (Vo 5784), o nome foi de início omitido, e depois substituído numa caligrafia alheia por uma palavra flagrantemente sem sentido, que parece algo como "*dandiastischen*".

111 Para a interpretação seguinte, cf. na *Dialética negativa* sobretudo a última parte de "Ser e existência" (Adorno, *Dialética negativa*, op. cit., p.90 (GS 6, p.125 *ss.*)), que contém a formulação definitiva do que aparece improvisado nas aulas.

totípicas de *Ser e tempo*. Na sexta edição, de 1949, trata-se de uma passagem que se encontra na página 12. Escutem, por favor, com atenção, pois se trata aqui de fato de um contexto relativamente difícil, mas que os senhores precisam compreender se quiserem entender aquilo que desenvolvi com os senhores, e que os senhores só podem então realmente entender se se aproximarem tão perto da letra do texto quanto Heidegger, aliás, com razão, postula-o em relação à letra do texto de outros filósofos. "O ser-aí é um ente que não apenas ocorre entre outros entes." Eu já lhes disse que os senhores devem traduzir ser-aí como sujeito, ser humano (em um sentido não especificamente individual, mas que diz respeito em certa medida ao humano), se os senhores quiserem já obter uma compreensão provisória daquilo que aqui se quer dizer por "ser-aí". "Ao contrário, ele é onticamente assinalado", isto é, como um ente determinado, "pelo fato de que *para* esse ente", isto é, justamente para o ser-aí, ou seja, para o singular e existente determinado, "está em jogo em seu ser esse ser ele mesmo".* Essa é a sentença decisiva. Tentem primeiramente traduzir isso de modo bem simples para o estado de coisas que ele pode denotar: aquilo então que de fato "entre outros entes" que nos são conhecidos "assinala" [*auszeichnet*] o homem e sua consciência (e a consciência do homem, a consciência real do homem é também um "pedaço do mundo", como Husserl diria, é também antes de tudo um
130 ente) ante outros entes, isso foi designado pela filosofia // em fases anteriores de modo bastante simples, quando não com a expressão "consciência", então certamente com a expressão "consciência de si", que Heidegger evita apenas para dar a apa-

* Heidegger, *Ser e tempo*, p.59. (N. T.)

rência de um início absoluto a considerações que na verdade estão na tradição da filosofia. Posso talvez acrescentar que isso é uma coisa na qual a estratégia da filosofia heideggeriana concorda de um modo muito fatal com o estado presente da consciência. Quer dizer, esse pensamento está na realidade em todos os seus momentos dentro da tradição da filosofia, e sabe Deus que isso é algo que não digo contra ele. Assim como em geral dificilmente é possível encontrar ditos novos problemas, não há nenhum problema na filosofia heideggeriana que não estaria relacionado de um modo compreensível e em geral muito contundente com os problemas transmitidos da filosofia. Mas como a reivindicação dessa filosofia é a da "questão radical" ou da originariedade absoluta, mesmo esses problemas mediados historicamente aparecem sempre como se tivessem sido perguntados pela primeiríssima vez, como se pisasse numa neve que acabou de cair. E isso é obtido principalmente por meio da nomenclatura utilizada, por exemplo evitando aqui expressões como subjetividade, consciência ou consciência de si. Mas uma vez que em nossos tempos – nos quais a filosofia não é mais, como no período do idealismo alemão, um éter que atravessa a vida intelectual por inteiro, mas se tornou em grande medida uma ciência departamentalizada que só interessa realmente em geral a umas poucas pessoas – não podemos mais de modo algum contar com o conhecimento dessa continuidade histórica, o pensamento tem justamente por isso a chance de ser desmesuradamente superestimado nessa pretensão de originariedade e do ainda não pensado, pretensão que ele levanta por meio de sua forma linguística. Essa pretensão é tomada *à la lettre*. E justamente esse momento é então o momento da relação quase religiosa
131 que muitas pessoas têm com Heidegger. Pode-se então dizer //

que a fascinação que parte desse pensamento é, até certo grau, falta de formação; e acredito que quando aprendemos a tradição filosófica e nos pomos a par, portanto, da continuidade dessas assim chamadas vivências originárias em relação ao histórico, essa fascinação se dissolve muito – a não ser que *queiramos* essa fascinação e nos agarremos angustiados a ela como a uma posse.

Quando Heidegger diz muito pomposamente que a este ente, a saber, ao ser-aí, ou seja, ao ser humano, ao humano em geral, trata-se *em* seu ser *desse* próprio ser, com isso em princípio não se deve querer dizer outra coisa senão que o ser humano reflete sobre si mesmo, que ele se pergunta: quem sou eu propriamente? Como eu vim ao mundo? Para que vim ao mundo? Qual é afinal o sentido da minha existência? Ou seja, a suma, o horizonte de todas essas tais perguntas da autorreflexão, da consciência de si mesmo, que de fato, tanto quanto sabemos, são restritas aos seres humanos, esse horizonte é aqui formulado de tal modo: que a este ente em seu ser se trata de seu próprio ser. Os senhores precisam tentar ganhar agora uma clareza bastante exata sobre o que significa "ser" no estado de coisas com o qual aqui nos deparamos e que realmente existe, aquele estado de coisas com o qual nós, enquanto humanos, nos inquietamos: o que é ser um ser humano? Quem sou eu propriamente? Para que estou no mundo? Acredito que já disse isso. A preocupação [*Sorge*] ou este "tratar-se-de" que é aqui visado é todavia realmente o fato de que se trata para este ente *daquilo* que ele é. Ou seja, que o homem quer saber o que ele propriamente *é*. No que esse conceito do "é" é inicialmente bastante polissêmico, bastante vago e de modo algum já abarca em si, por exemplo, que quando refletimos sobre a "destinação do

homem", como isso ainda se chamava em Fichte,[112] que então refletimos, por exemplo, sobre o ser do homem em oposição
132 ao ser-aí determinado, espaçotemporal e individuado. // Ora, o verbo substantivado ao qual pertence aquele verbo conjugado "é" não é outro senão o ser. Ser, todavia, é uma expressão com uma carga prévia eminente na filosofia heideggeriana, quer dizer, ser é aquele algo preordenado tanto em relação ao ente determinado quanto à universalidade conceitual, que é como eu desenvolvi de modo bem determinado o seu conceito com os senhores, ao menos espero, nas últimas aulas. A sub-repção, a fraude que ocorre nessa frase decisiva é que, através do fato de que esse "ser" também é o infinitivo do "é", mas, por outro lado, é idêntico àquela entidade metafísica hipostasiada que em Heidegger se chama "ser", surge então a aparência de que esse perguntar pelo que seria propriamente o ser humano, que, então, aquela pergunta tradicional da história filosófica, a questão da destinação e da essência do ser humano, essa questão aparece como se o ser humano fosse assinalado *qua* ser humano pelo fato de se comportar de determinado modo justamente para com aquela entidade (se é que posso chamá-la assim) que na filosofia heideggeriana porta o nome de "ser". E essa ambiguidade mínima, para a qual se faz necessário literalmente o microscópio da análise da linguagem que utilizei agora para torná-la clara aos senhores, essa ambiguidade possui então a mais terrível consequência para toda a abordagem dessa filosofia. Passo a abordar o assunto – e peço que creiam em mim – de fato não por pedantismo e realmente tampouco para encontrar falhas no uso da linguagem de Heidegger, mas

112 Alusão ao escrito de popularização filosófica de Fichte, *Die Bestimmung des Menschen* [A destinação do ser humano], de 1800.

para lhes mostrar de modo exato como se chega àquilo que chamei de ontologização do ôntico.

Ele prossegue agora assim: "Mas é também inerente a essa constituição de ser do ser-aí" – no que já está pressuposta a separação de ser-aí, ser e ente – "que, em seu ser, o ser-aí tenha uma relação-de-ser com esse ser".* No aspecto da história da filosofia, posso acrescentar aqui a observação de que essa passagem, no modo como ela está lá, na verdade é uma tomada de empréstimo, uma duplicação ou uma variação de uma passa-
133 gem em // Kierkegaard. Os senhores podem todos consultar essa passagem, não quero abordá-la agora filologicamente, ela se encontra nas páginas iniciais do escrito sobre *O desespero humano*,[113] onde a própria existência é compreendida como uma relação do homem consigo mesmo, como uma espécie de reflexão – apenas com a diferença de que, em Kierkegaard, conceitos como existência, ser ou como quer que se chamem, são tomados de Hegel com infinitos pressupostos,[114] enquanto

---

* Heidegger, *Ser e tempo*, op. cit., p.59. (N. T.)

113 "O ser humano é espírito. Mas o que é espírito? É o si mesmo. Mas o que é o si mesmo? O si mesmo é uma relação que se relaciona a si mesmo, ou é, na relação, o fato de que a relação se relaciona a si mesma; o si mesmo não é a relação, mas o fato de que a relação se relaciona consigo mesma. O ser humano é uma síntese de infinitude e finitude, de temporal e de eterno, de liberdade e de necessidade, é, em suma, uma síntese. Uma síntese é uma relação entre dois. Desse ponto de vista, o ser humano ainda não é um si mesmo" (Kierkegaard, *Die Krankheit zum Tode* [trad. W. Rest]. *Furcht und Zitter. Die Wiederholung u.a.* [O desespero humano. Temor e tremor. A repetição, entre outros], p.31).

114 "[...] tomados de Hegel com infinitos pressupostos" é uma conjectura editorial para "[...] nunca tomados de Hegel com infinitos pressupostos" (Vo 5788).

aquela ideia da duplicação do ser-aí (enquanto um ente) e do ser é afirmada aqui por Heidegger como uma espécie de relação originária. Quer dizer: o ser-aí seria aquele ente que tem, pelo seu mero ser-aí, uma relação com aquele absoluto que na filosofia heideggeriana se chama "ser". Aqui, aliás, os senhores podem ver que a famosa frase da carta sobre o humanismo, à qual recorri várias vezes,[115] de que o ser se "clareia" no homem, na realidade já está contida nas formulações muito menos provocadoras de *Ser e tempo*. "E isso por sua vez", prossegue Heidegger, "significa: o ser-aí, de algum modo e mais ou menos expressamente, entende-se em seu ser."* Aqui os senhores já o veem, quer dizer, agora chegamos ao ponto em que na verdade aquilo que, segundo Heidegger, faz do ser humano ser humano, o que torna o ser-aí ser-aí é que ele é um ente determinado que está numa relação para com aquele absoluto com o qual nos deparamos na filosofia do ser com o título de "ser". "É próprio desse ente, com seu ser e por seu ser, o estar aberto para ele mesmo."** Em outras palavras, segundo Heidegger, o que assinala o ser humano é que o ser-aí, enquanto um ente, tem simultaneamente a qualidade, a qualidade de certo modo enigmática, de ser permeável àquele ser absoluto, o ser, que não é nem conceito nem ente. "*A compreensão de ser*", e compreensão de ser é o contrário de esquecimento de ser e, portanto, deve ser entendida tão enfaticamente quanto desenvolvi com os senhores nas últimas aulas, "*a compreensão de ser é ela mesma uma de-*
134 *terminidade de ser do ser-aí*. O traço distintivo ôntico // do ser-aí

115 Cf. p.34, 74, 107 *passim*.
* Heidegger, *Ser e tempo*, op. cit., p.59. (N. T.)
** Ibidem. (N. T.)

reside em que ele *é* ontológico".* A transição consiste aqui em que um ôntico determinado, a saber, o ser humano, pelo fato de ter uma consciência de si, é ele mesmo simultaneamente ontológico; ou seja, que ele é algo como uma consciência de ser em geral; que, portanto, um ôntico determinado, em virtude do momento de sua própria consciência, se torna de modo imediato o portador da ontologia, ou, como poderíamos dizer, é pura e simplesmente ontologizado. Em uma passagem um pouco adiante, uma página depois, isso se encontra então formulado assim: "O ser-aí tem, por conseguinte, uma multíplice prioridade diante de todo outro ente. A primeira prioridade é *ôntica*: esse ente é determinado em seu ser pela existência". Ora, isso é na verdade como que uma tautologia; quer dizer, o ente particular que chamamos de ser humano, o fato de que somos seres humanos existentes, que são-aí, isso é justamente o ser humano existente *ex definitione*. Com isso praticamente não se acrescentou nada de novo ao sujeito no predicado.[116] Agora, no entanto, é que vem a frase decisiva, e essa é a frase que reivindico, por assim dizer, como testemunha textual para minha tese da ontologização do ôntico: "A segunda prioridade é *ontológica*: sobre o fundamento de sua determinidade de existência, o ser-aí é nele mesmo 'ontológico'".** Ou seja, em outras palavras: do fato de eu apelar a uma determinação tão geral do ser-aí como a de que ele tem consciência de si, segue-se que ele próprio é ontológico. Este é o caso especial e o modelo justa-

---

* Ibidem. (N. T.)

116 Definição corrente que também Adorno gostava de utilizar para o juízo sintético, cf. por exemplo, NaS IV.4, p.21 *ss*.

** Heidegger, *Ser e tempo*, op. cit., p.63. (N. T.)

mente daquele algo bem mais geral que pode ser assim formulado: que todo ente, todo existente, justamente pelo fato de existir, está sob a universalidade, a categoria da existência; que em seu ser, diria Heidegger, ele tem "por fundamento" [*zum Grunde*] a existência; e que, consequentemente, precisamente aquilo que nele não é ser, isto é, o ente, seria, enquanto uma qualificação particular de seu ser, justamente um caráter particular de ser e, assim, todavia, algo ontológico.

Eu gostaria aqui apenas de chamar-lhes a atenção para uma outra formulação. O fato de que aqui, nessa passagem, a exis-
135 tência // seja realmente equiparada ao ser, e que, assim, o ôntico, ou seja, o existente, seja equiparado ao ontológico, essa hipóstase os senhores podem reconhecer também na seguinte formulação: "O ser ele mesmo, em relação ao qual o ser-aí pode se comportar e sempre se comporta desta ou daquela maneira, é por nós denominado *existência*".* Eu acrescento ainda que esse conceito de existência é definido por Heidegger como a possibilidade de si mesmo de ser ou não ser si mesmo – o que confirma uma tese que espero ainda poder desenvolver com precisão com os senhores: a de que o conceito do existir, no modo como desempenha um papel em geral na filosofia existencial, na verdade vai dar na mera identidade do existente consigo mesmo; e que então, de certo modo, de todos os imperativos que a filosofia, quando isso ainda fazia sentido, ofereceu alguma vez aos seres humanos que com ela travaram relações, de todos eles é como se, de certo modo, se fizesse agora parodicamente apenas um único: sê quem tu és! Uma vez que os seres humanos no mundo em que vivemos já não podem mais senão ser

* Ibidem, p.59. (N. T.)

o que são, isto é, aquilo a que estão condenados pelo arranjo dessa vida a ser, eles são encorajados, com um enorme rebuliço e um gesto verdadeiramente sacerdotal, a ainda tomar também para si e ser voluntariamente isso que lhes foi imposto e que lhes é inevitável – isto é, que eles agora podem ser si mesmos, pois já não podemos ser outra coisa senão aquilo a que fomos condenados. Essa é uma tese que, de modo realmente paródico, é levada até o absurdo contra a vontade em certas teorias de Jean-Paul Sartre.

Essa estrutura, a de que o ente ou um ente seria ontológico, é utilizada então por Heidegger na doutrina do ser-aí (o que os senhores terão compreendido bem) como uma característica distintiva, como um algo específico. Mas é algo que deve ser justificado caso se diga que essa sub-repção constitui em geral o esquema desse pensamento como um todo; quer dizer, que isso não se restringe de modo algum meramente ao ser-aí, ou seja, ao
136 fato de a consciência de si, mas a mesma virada // sempre voltar a acontecer também na "situatividade" e em todos esses teoremas. Obviamente, isso também tem seu modelo na tradição. Como é em geral o caso em Heidegger, isso ocorre na forma na qual essa tradição lhe foi legada diretamente por seu professor Husserl. Em Husserl, ocorre que ele relaciona a cada disciplina particular – por exemplo, também a ciência factual, a ciência do ente, a psicologia – uma assim chamada disciplina eidética, ou seja, uma ciência pura, de estruturas fundamentais da alma, que basicamente não se diferencia daquela outra senão pelo fato de que põe em *ἐποχή* a existência espaçotemporal daquilo que nela é tratado, ou seja, não o explicita. Essas "ontologias" husserlianas, que correspondem às disciplinas materiais, se comportam em relação às disciplinas empíricas de modo bastante seme-

lhante, segundo o argumento de Aristóteles, a como as ideias platônicas se comportam em relação ao mundo das coisas: elas na verdade apenas as *repetem*. Nessa repetição – no fato de que as doutrinas puras da essência repetem, são apenas uma vez mais o que o ente é, só que sem o momento da individuação –, ali já se encontra obviamente em potência que o ente mesmo seria um com sua ideia, ou, para falar com Heidegger, que o ôntico seria ontológico. É preciso apenas de certo modo abrir mão da separação metódica e científica entre disciplinas materiais e ontologia para se ter (caso a única preocupação seja a essência) que uma disciplina tal como a psicologia, se apreendida como uma pura doutrina da essência, é, enquanto um ôntico, simultaneamente ontológica. O ôntico, ou seja, os momentos da psicologia constatados no domínio da experiência, se torna então ontológico enquanto uma ciência eidética, enquanto uma doutrina pura da alma, enquanto possibilidade ideal. A teoria heideggeriana apenas retira dessa tensão na fenomenologia de Husserl a consequência do caráter ontológico universal do ôntico. E, diga-se de passagem, Heidegger ainda tem aqui a vantagem de se desfazer daquela duplicação importuna,
137 daquele paralelismo suspeito // de disciplinas eidéticas e ciências factuais, ao atribuir dignidade ontológica imediata aqui apenas aos conceitos superiores do ôntico, às universalidades superiores do ôntico, enquanto é sempre possível questionar Husserl, assim como Aristóteles o fez em relação a Platão: bem, mas se, salvo esse índice formal, as suas disciplinas eidéticas e as ciências factuais são a mesma coisa, então para que toda essa separação? E para que esse esforço enorme para chegar afinal a algo como uma fenomenologia pura?

Nisso que expus e interpretei com os senhores há ainda mais uma coisa que deveríamos abordar agora talvez com ao menos uma palavra. Pela interpretação do sujeito, do ser-aí, como um ôntico que possui a prioridade de ser ontológico, efetua-se uma estranha virada. Nela os senhores ainda podem reconhecer evidentemente a herança do velho idealismo, que considera a consciência de si do homem, a análise do espírito, como a chave para a compreensão de tudo pura e simplesmente – para a compreensão do ser. Mas a virada e aquilo que supostamente proporcionou à filosofia de Heidegger a sua influência consistem em que nele o ser, ou a objetividade, ou como quer que queiramos chamar isso momentaneamente, não é constituído, por exemplo, a partir do sujeito, mas a pergunta pelo sujeito é subordinada à pergunta pelo ser. Isso é completamente evidente pelo que eu lhes disse sobre a superioridade, sobre a prioridade do ser em sua filosofia em geral. E se em Heidegger o ser-aí é determinado justamente como aquele ente que possui ao mesmo tempo a vantagem especial de ser aberto e atravessável pelo ser, nisso os senhores encontram de imediato que, em oposição, por exemplo, à filosofia crítica, não é o ser, isto é, o conceito de ser que é reduzido criticamente à subjetividade, mas, ao contrário, é a subjetividade, eu poderia quase dizer com uma terminologia que empreguei anteriormente,[117]
138 // que se torna o palco do ser. Mas isso também tem a sua tradição, tampouco isso caiu do céu. Não sei quem dentre os se-

117 Cf., por exemplo, Adorno, "O conceito de inconsciente na doutrina transcendental da alma", em *Primeiros escritos filosóficos*, p.234 (GS 1, p.167); idem, *Kierkegaard*, p.42 e p.65 *passim* (GS 2, p.23 e p.38 *passim*).

nhores assistiu à aula inaugural do senhor Liebrucks,[118] na qual ele demonstrou, a partir de uma passagem decisiva de Kant, a saber, da "dedução dos conceitos puros do entendimento", que essa dedução, que se apresenta de modo tão enfaticamente subjetivo, é sempre guiada pelo interesse objetivo. Quero acrescentar a isso que o interesse em Kant, como se pode constatar em particular em uma passagem do prefácio da *Crítica da razão pura* que eu gostaria de ler para os senhores em uma das próximas aulas,[119] é, na verdade, *sempre* o interesse objetivo. Para Kant, e isso é o que Kant opõe ao empirismo, não se trata, por exemplo, de estudar os mecanismos da consciência, do pensamento – apesar de ele fazer isso também –, mas ele estuda esses mecanismos a fim de perguntar, informado sobre eles, como é possível algo como o conhecimento objetivo, como a validade, como a objetividade em geral. Nessa medida, portanto, aquele momento de objetividade do qual lhes falei em Heidegger, ou aquela virada da subjetividade como um palco, já se encontra preparada também em Kant – mas, é claro, com uma diferença decisiva.

---

118 Bruno Liebrucks (1911-1985), designado para uma cátedra de filosofia em Frankfurt a partir da intercessão determinante de Horkheimer e Adorno em 1960. A sua aula inaugural em Frankfurt, que ocorreu em 9 de fevereiro de 1960, teve por tema "A dialética na dedução objetiva das categorias em Kant". Ao que parece, o trabalho não foi publicado. Na principal obra de Liebrucks, *Sprache und Bewußtsein: Die erste Revolution der Denkungsart* [Consciência e linguagem], v.4, é dedicado à *Crítica da razão pura*.

119 Não ocorrido.

139 # // Aula 10
15 de dezembro de 1960

Falei-lhes da última vez, após termos nos ocupado intensamente do problema da ontologização do ôntico, do momento da objetividade na subjetividade. Gostaria de lembrar os senhores mais uma vez que aqui, em certo sentido, a ontologia fundamental realiza algo que já estava presente na filosofia subjetivista e idealista, pois o interesse no conjunto de questões relativas à análise do nosso assim chamado mecanismo de conhecimento – "do conhecer", como diz Kant* –, até mesmo o interesse nas questões dos empiristas ingleses não se

---

* O substantivo *Erkenntnis* possui dois gêneros em alemão: o feminino (*die Erkenntnis*) e o neutro (*das Erkenntnis*). O substantivo feminino significa simplesmente "conhecimento" e é o de uso ordinário na língua; já o substantivo neutro é de uso fundamentalmente jurídico e significa "decisão, juízo, veredito". Há passagens, na primeira Crítica, em que Kant utiliza o substantivo neutro – seguido do termo latino "conclusio" entre parênteses, por exemplo – no sentido de inferência, conclusão; também há passagens na *Crítica da razão pura*, no entanto, em que o termo é usado também no sentido de "conhecimento" ou "faculdade de conhecimento". Nesta sentença, Adorno utiliza o substantivo neutro, e não fica claro se alude a uma peculiaridade do

dava primariamente do ponto de vista do que caracterizaríamos atualmente como psicologia do pensamento.* Mas, antes, esse interesse se dava do ponto de vista de averiguar como se chega, afinal de contas, a algo como conhecimento, e de extrair indicações, na medida em que eles partiram mais ou menos da validade objetiva do conhecimento, de como afinal vem a ser algo como conhecimento objetivamente válido. Ou, ao contrário, eles queriam revelar, por meio da análise da relação entre a pretensão de objetividade do nosso conhecimento e os mecanismos de seu vir-a-ser – e essa era sobretudo a intenção de David Hume –, que aquela pretensão à objetividade era nula, isto é, que ela é apenas convencional e não fundada na própria coisa. Nesse sentido, pode-se dizer que reside nas filosofias idealistas tradicionais um interesse objetivamente orientado – Heidegger, para quem todo interesse objetivo é tacitamente igualado a um interesse ontológico, isto é, a um interesse pelo ser, depreendeu desse fato que esse interesse, em filosofias como a kantiana, já é um interesse pelo ser, e não pelo conhecimento. Aqui ele pode se basear inteiramente em certas formulações do próprio Kant, nas quais Kant fala expressamente
140 da objetividade // de seu interesse, na medida em que ele enfatiza que lhe interessa, na verdade, apenas a pergunta pela objetividade, e que a perspectiva subjetiva da *Crítica da razão pura* é apenas um veículo para trazer à tona essa objetividade. E certamente já é um mérito bastante considerável de Heidegger

vernáculo de Kant ou se tem em mente o segundo sentido da expressão. (N. T.)

* "Psicologia do pensamento" é um ramo da psicologia fundado no início do século XX por Oswald Külpe e incorporado atualmente pela psicologia cognitiva. (N. T.)

ter enfatizado tão expressamente esse momento – que, no entanto, não deve ser estranho ou novo a ninguém que tenha se ocupado seriamente com a *Crítica da razão pura*. Na pretensão da *Crítica da razão pura* de demonstrar a possibilidade de conhecimento objetivamente válido, isto é, de conhecimento necessário e universal, ou de fundar a "experiência" – nessa pretensão prevalece de fato o interesse pela objetividade sobre o interesse pelos mecanismos meramente subjetivos; e com isso se coaduna naturalmente também a virada antipsicológica que Kant empreendeu com a revisão da primeira edição da *Crítica*, que constitui o pressuposto da segunda edição. A necessidade desse primado do interesse objetivo provém da intenção da *Crítica da razão pura* de, justamente, legitimar a objetividade do conhecimento, demonstrada *ad oculos* pelas ciências – e não, como Hume, por exemplo, de colocá-la em questão. Só que ele se serve, e isso é, por assim dizer, a tirada kantiana ou, depois que falei do truque de Heidegger, posso talvez falar também: o truque kantiano – só que ele se serve, para demonstrar rigorosamente essa objetividade, dos mesmos meios analíticos que aquele que o estimulou decisivamente, Hume, havia usado justamente para o contrário, a dissolução dessa objetividade. É claro que, fundamentalmente, o momento que vai além disso está aí de modo implícito, o momento a ser formulado de forma geral: se o interesse da filosofia, na zona fronteiriça entre metafísica e epistemologia – na qual situam-se todas essas questões –, fosse um interesse apenas pela subjetividade, então a epistemologia redundaria na mera tautologia de que o que é
141 subjetivamente constituído em nosso conhecimento é, // justamente, subjetivo. Mas justamente nessa passagem, creio, há o que eu gostaria de chamar de uma interpretação errônea de

Kant. Devemos certamente conceder a Heidegger que a perspectiva de Kant seja ontológica ou, em certo sentido, metafísica. A *Crítica da razão pura*, com cuja problemática Heidegger se ocupou em um grande livro[120] e que não pode, de fato, estar ausente de nenhuma explicação das questões com as quais nos ocupamos aqui, é um livro que visou, na verdade, a *salvação*. E para nós, hoje, é dificilmente compreensível que ela tenha tido o efeito oposto entre muitas pessoas para fora do círculo mais restrito dos ditos filósofos profissionais; isto é, que ela deu[121] a Kant aquele nome de "destruidor universal" que os senhores conhecerão a partir do destino de Heinrich von Kleist,[122]

---

120 Cf. Heidegger, *Kant und das Problem der Metaphysik* [Kant e o problema da metafísica]. – Sobre a interpretação heideggeriana de Kant, cf. sobretudo Haag, *Der Fortschritt in der Philosophie* [O progresso na filosofia], p.149 *ss.*

121 O epíteto remonta a Moses Mendelssohn, que formulou, no "Anúncio preliminar" à sua obra *Morgenstunden: oder Vorlesungen über das Dasein Gottes* [Horas da manhã, ou: lições sobre a existência de Deus], publicada em 1785: "Conheço [...] os escritos dos grandes homens que entrementes se notabilizaram na metafísica, as obras de Lambert, de Tetens, de Platner e mesmo de Kant, o 'destruidor universal', apenas de relatos insuficientes de meus amigos ou de anúncios eruditos, que raramente são mais instrutivos" (Mendelssohn, *Schriften über Religion und Aufklärung* [Escritos sobre religião e esclarecimento], p.469). Schopenhauer também chama Kant de "o destruidor universal" (Schopenhauer, *Sämtliche Werke*, v.IV: Parerga und Paralipomena I, p.54 (Parerga, "Fragmentos sobre a história da filosofia", § 4); também ibidem, p.21 (Parerga, "Sobre a filosofia universitária").

122 "Há pouco tomei conhecimento da nova filosofia, a assim chamada filosofia kantiana [...] Se todos os seres humanos tivessem lentes verdes em vez de olhos, então elas teriam que julgar que os objetos que elas veem através deles são verdes – e nunca poderiam decidir se seus olhos mostram-lhes as coisas como elas são ou se não adicionam a elas

se os senhores forem germanistas ou se interessarem por literatura. A situação de Kant é de um nominalismo radical, para o qual a pretensão de ser-em-si dos conceitos foi dissolvida, e que, ao mesmo tempo, vê que é justamente quando se abandona essa pretensão que não mais haveria algo como conhecimento, como verdade, como tudo isso que, ao mesmo tempo – e isso é o que reside aqui de correto –, parece estar autenticado através do rigor das ciências naturais matemáticas e inclusive da lógica (embora ele a conhecesse apenas em sua forma antiga e inconclusa). Por isso, Kant procura salvar – e isso é um problema que voltará em toda a história posterior do idealismo alemão – o momento do realismo (no sentido do realismo dos conceitos) ou o momento da objetividade do conhecimento através da subjetividade. O que ele tem em mente é algo como um tipo de ontologia – se os senhores preferirem; concedo isso a Heidegger aqui – que seria agora subjetivamente mediada, porque não se pode restabelecer a crítica subjetiva à ontologia, isto é, a totalidade da pré-história do nominalis-
142 mo ocidental desde Guilherme de Ockham, por assim dizer, // com uma canetada. Mas esse interesse de salvação ou, até certo grau, visto do ponto de vista da teologia, esse interesse também

algo que não pertence a elas, mas aos olhos. Assim se passa com o entendimento. Não podemos decidir se isso que chamamos de verdade é verdadeiramente a verdade, ou se apenas nos parece assim. Se apenas nos parece assim, então a verdade que juntamos aqui não permanece após a morte – e todo esforço de adquirir uma propriedade que também nos seguirá no túmulo será em vão – [...] Meu único objetivo, meu objetivo mais elevado, se arruinou, e agora não tenho mais nenhum outro" (Kleist, *Sämtliche Werke und Briefe* [Obras e correspondências reunidas], v.2, p.634 [Carta a Wilhelmine von Zenge, 22 mar. 1801; semelhante à carta à irmã, 23 mar. 1801, cf. ibidem, p.636]).

apologético em Kant é um interesse mediado com o elemento nominalista crítico ou subjetivo; e justamente esse é o problema que domina todo o idealismo alemão que segue Kant, e é também a fórmula que abrirá para os senhores o acesso a esses pensadores, sobretudo a Schelling e Hegel: todos eles anseiam por uma objetividade ou um absoluto, a saber, o espírito como absoluto, mas isso pelo fato de encontrarem essa objetividade em si mesmos, por assim dizer, de toparem com ela no domínio da subjetividade, domínio no qual o pensamento da época moderna, refletido sobre si mesmo e tornado subjetivo, se encontra projetado. Dito de passagem, essa concepção do caráter mediado da objetividade através da subjetividade está conservada, em uma forma extremamente diluída (eu diria), ao menos ainda em *Ser e tempo*, na medida em que, também em *Ser e tempo*, a análise do ser-aí, a concepção do ser-aí – em certo sentido, uma análise subjetivamente orientada – deve fornecer as categorias que são, na verdade, determinantes para a análise do ser. Heidegger abandonou mais tarde justamente esse momento, mas não se pode abstrair isso da gênese e, com isso, também do contexto de sentido de sua filosofia.

O que me parece ser o *ψεῦδος*, o erro em sua interpretação ontológica de Kant, e o que simultaneamente revela a problemática de seu próprio filosofar – e por isso me aprofundo um pouco nessa interpretação histórico-filosófica – é o momento que eu gostaria de denominar, com uma expressão hegeliana, a mediação subjetiva da objetividade. Em Heidegger (creio que já lhes disse isso), a subjetividade se transforma em algo como o palco da ontologia; e nesse tipo de pensamento, isto é, no fato de que o ser só se mostra ou aparece no ser-aí, está
143 contido naturalmente // algo desse antigo momento subjetivo.

Mas com isso desaparece também aquilo que foi determinante para o pensamento anterior, isto é, o pensamento moderno anterior, o pensamento subjetivamente orientado: o momento da subjetividade, isto é, o momento que aparece, na filosofia kantiana, sob a expressão *espontaneidade* e, na hegeliana, sob o nome de *trabalho*. A subjetividade é, na verdade, introduzida aqui – e isso é a herança fenomenológica, isso é a herança da doutrina da intuição pura da coisa, como Husserl a formulou – no sentido de uma receptividade pura. É isso que eu tinha em mente com "palco": a subjetividade se converte naquilo a que o ser se mostra, mas sem que esse momento da atividade ou a "função", como Kant ocasionalmente o chamou, seja considerado conjuntamente. Naturalmente, essa estranha redução ou estreitamento do conceito de subjetividade, que aliás se efetivou de forma muito progressiva e gradual na filosofia heideggeriana, não é acaso ou mero capricho que poderia ser explicado simplesmente com referência à desmesurada pretensão de objetividade da ontologia, por exemplo. Ao contrário, refletem-se aí – e isso deve demonstrar aos senhores a seriedade dessas coisas; isso deve demonstrar aos senhores como também os erros, em uma abordagem em todo caso significativa, têm sua razão de ser –, isso remonta ao fato de que o sujeito, a pessoa de fato perdeu historicamente muitíssimo daquela espontaneidade e liberdade que dava o tom à época em que a burguesia tomou o poder e que foi a época da Revolução Francesa,[123] à qual o iluminista Kant ainda pertence e se filiou explicitamente. A época em que a filosofia heideggeriana é pensada é antes uma épo-

123 A oração subordinada é uma conjectura do editor; o original traz apenas *onde...? e a Revolução Francesa* (Vo 5796).

ca da impotência do sujeito do que de sua potência. E entre as funções dessa filosofia, não por último está a função, digamos, de transfigurar essa impotência na medida em que ela aparece como reflexo de algo superior e melhor. Ou seja, a verdade obje-
144 tiva que se apresenta ao sujeito não é outra coisa do que // esse sujeito tornado impotente que há muito já não pode determinar o próprio destino a partir da própria razão e é rebaixado no sentido mais literal, reduzido a uma mera estação de recepção, um mero estabelecimento de registro que reproduz o processo objetivo. Nesse sentido, o pensamento heideggeriano – acerca do qual Karl Löwith disse[124] que ele é servo da história em um sentido particularmente abstrato, que se curva ao veredito da história de maneira altamente formal – é de fato apropriado à história, em certo sentido ele capitula diante da história. Mas, de outro lado, é muito característico para a compleição desse pensamento que também aqui – e essa é a estrutura geral que eu

---

124 Cf. Löwith, *Heidegger: Denker in dürftiger Zeit* [Heidegger: pensador em tempos indigentes]. Ou então atualmente: Löwith, *Sämtliche Schriften*, v.8, p.124 *ss.*; ou ainda, por exemplo, ibidem, p.189 *s.*: "Não é [...] por acaso que o pensamento histórico e de essências de Heidegger possa ser interpretado de modo oposto: como uma consequência extrema do historicismo, na medida em que ele pensa de forma desmesuradamente histórica [*geschichtlich*], em um modo determinável historicamente [*historisch*]; e como um pensamento anistórico, na medida em que ele se distancia sobretudo de todo 'representar' meramente histórico e pensa a história essencial como destino do ser. Se é histórico não apenas o ser temporal do tipo do ser-aí finito, mas o próprio ser é, em um sentido ainda inexplicado, ser *e* tempo, porque tempo e história são originalmente essenciais [*wesen*], então nada, isto é, nenhum ente determinado é distintivo por historicidade, mas tudo é nivelado no ser único, pseudo-histórico determinável historicamente [*historisch*]".

gostaria de mostrar aos senhores –, que também aqui se credita ao sujeito de novo essa falta, isto é, essa renúncia do sujeito de pensar por si mesmo e, com isso, de pensar também aquilo que está diante dele; que dessa deficiência como que se faça um lucro metafísico (se os senhores me permitirem dizê-lo de modo vulgar); que essa deficiência, o fato de que o sujeito não tenha mais a força de pensar o mundo e suas contradições e a si mesmo, se torne, por meio de uma espécie de contabilização falsa, a vantagem de que agora se mostre a esse sujeito justamente por isso uma verdade superior, que ele, ao pensar, a deforma e cobre com o seu pensamento enquanto ela "se dá" imediatamente, pura, em si mesma. Creio que os senhores precisam considerar isso, os senhores precisam considerar essa dimensão se quiserem compreender corretamente a peculiar posição intermediária da ontologia entre subjetividade e objetividade. Pois o ser, já que ele tem em si o ser-aí, é, entre outros, também caracterizado desse modo – se podemos utilizar a expressão "caracterização", na verdade não se poderia –, que ele é *ἀδιάφορον*, que ele é indiferente à diferenciação de sujeito e objeto; que esses dois momentos não se deixam destacar no ser. E dessa indiferencia-
145 ção, se os senhores quiserem: dessa // indiferença entre sujeito e objeto, como de toda *στέρησις*, de toda falta, essa filosofia abre a sua prerrogativa.

Acredito que, com isso, eu concluo de certa forma essas observações preliminares que queria formular antes da filosofia do ser, observações que exigiram de mim mais do que eu havia pensado de fato – se não como seria o caso em relação ao destino do ser, então em todo caso ao de uma lição. É minha intenção – eu disse isso no início da aula, permitam-me talvez repeti-lo hoje

nesta "virada" – não simplesmente, como gostaria quase de dizer: de converter os senhores ao polemizar contra a ontologia, ao trazer argumentos contra ela; pois o próprio argumentar, e aí há algo de correto que esses fenomenólogos e ontólogos viram, o próprio argumentar nessa esfera tem também algo de precário. Procede-se em geral já segundo as regras do jogo de uma lógica que, na verdade, ela própria já está acima, que primeiramente tem de ser deduzida[125] – só que não, digamos, em relação ao ser, mas em todo caso em relação a todo o campo de ponderações no qual essa filosofia (assim como aquilo que eu próprio penso) reside. Por isso é minha intenção como que conceder mais peso à explicação, salvá-la daquilo que poderíamos chamar, com uma expressão de Kafka, de "alegre viagem vazia",[126] na medida em que eu passo agora a falar de uma série de problemas da assim chamada *carência ontológica*. Isto é, na medida em que tento levar os senhores às questões que tratamos aqui a partir das carências que inspiram essas questões; e na medida em que talvez poderei libertar os senhores, em uma camada mais profunda, do sugestionamento que emerge dessas coisas ao provocar nos senhores uma certa autorreflexão sobre aquelas carências – em vez de simplesmente muni-los com contra-argumentos do interior das carências já constituídas, às quais,
146 então, alguém escolado dialeticamente // possivelmente poderia contrapor com novos contra-argumentos. Por favor, não com-

125 No original, consta o seguinte: "que, na verdade, ela mesma já está acima, que primeiramente é deduzida" (Vo 5798).

126 Cf. Kafka, *Aforismos reunidos*, p.51: "Quanto mais cavalos você atrela para o trabalho, tanto mais rápido ele anda, ou seja: não para arrancar os blocos de alicerce, o que é impossível, mas para rebentar as correias e, como resultado, a alegre viagem vazia".

preendam isso de forma equivocada. Creio que tenho a obrigação para com os senhores, no caso dos conceitos determinantes, sobretudo no caso do conceito de ser, portanto, de lhes dar análises verdadeiramente desenvolvidas. Preparei estas análises e só posso rezar que consigamos chegar, neste semestre, a desenvolvê-las de fato; mas, em todo caso, considero mais correto que os senhores possam compreender o papel funcional dessas análises se eu entrar em todo esse complexo da carência ontológica ou, se a expressão "carência ontológica" não lhes agrada, daquelas carências que inspiraram a influência de tais filosofias e, com isso, em certo sentido também essas próprias filosofias.

Não pode haver dúvida de que exista uma tal carência, que ela exista justamente também entre jovens intelectuais, e que ela sempre venha à tona novamente, com cada nova geração que cresceu nos últimos quarenta anos ou ainda antes, digamos, desde o livro sobre o formalismo, de Scheler.[127] É evidente que, se os senhores me permitirem uma consideração sociológica de passagem, também essa carência não é uma carência pura e espontânea; mas aquilo que a sociologia hoje denomina em vários sentidos com a expressão "compulsão ao consumo" não encontra limites, em absoluto, no conceito de ser. Trata-se, para permanecer nessa esfera por mais um segundo, do fato de que, em todo caso em universidades alemãs, há uma espécie de exclusividade da oferta, isto é, que na Alemanha, de forma geral, pouco ainda é lecionado de posições responsáveis, vindo de cá-

127 Cf. Scheler, *Der Formalismus in der Ethik und die materiale Wertethik:* Neuer Versuch der Grundlegung eines ethischen Personalismus [O formalismo na ética e a ética material dos valores]. (Atualmente em Scheler, *Gesammelte Werke*, v.2).

tedras da filosofia, sem que com isso se sinta uma espécie de obrigação de se mostrar digno, em certo sentido, daquilo que foi feito por Heidegger e por Jaspers. E mesmo os pensadores que, por motivos políticos ou de outra ordem, se posicionam de forma muito crítica em relação a esses dois, sobretudo
147 Heidegger, encontram-se ainda hoje, de alguma forma, // sob a fascinação desse pensamento, e não são capazes de romper inteiramente o cordão umbilical – de uma maneira que me é difícil de compreender, pois eu próprio nunca experimentei esse feitiço em mim. Isso se tornou claríssimo para mim com o livro de Löwith, que em seus momentos críticos singulares é muito rico e do qual eu já comentei algo com os senhores: *Heidegger, um pensador em tempos indigentes*[128] – embora a pergunta seja se, na verdade, indigente é o tempo ou o pensador. Nessa carência, também entra em questão – estou apenas antecipando aqui essas coisas críticas, para então tratar com os senhores a questão da carência de forma tanto mais séria –, também entra em questão uma certa quantidade de imitação. Essa acusação de imitação é feita a cada nova corrente, fala-se sempre de um "nadar com a corrente": e estou muitíssimo habituado, a partir da minha experiência artística, ao fato de que pessoas que não gostam da arte nova e radical a descreditem por tradicionalismo e academicismo dizendo que todas as pessoas que se ocupam disso recaem na lógica de *manager*[129] ou que elas em realidade apenas nadam com a corrente, pois trata-se aí de uma moda – como se os produtos líricos dos senhores Carossa e Weinheber estivessem acima, e não abaixo da moda. É por isso que devemos

128 Cf. nota 7 da Aula 10.

129 Cf. o ensaio de Adorno, *Vorschlag zur Ungüte*, GS 10.1, p.330 *ss*.

ser muito céticos quanto a essa consideração de "nadar com a corrente", e lidar com isso com muita cautela. Acredito, no entanto, que, no caso dessa filosofia da qual falamos aqui, ela significa algo um pouquinho diferente. Quando, por exemplo, um jovem sociólogo[130] elabora uma observação, de resto inteiramente primitiva, completamente inocente e completamente trivial, utilizando um aparato de categorias jasperianas – como, sobretudo, o cuidado do ser-aí com o outro [*Daseinsfürsorge*] e coisas semelhantes –, observação essa sobre condições de moradia e o posicionamento da família na moradia; e quando as questões mais simples como as questões de saber se aposentados tentam ganhar a aposentadoria mais alta possível por seu tempo de trabalho, protegendo-se da fome, se isso aparece com o nimbo ontológico de um cuidado do ser-aí,* então acredito que, nes-

130 Não encontrado.

* *Fürsorge* é de fato um conceito em Heidegger, e não, até onde saibamos, em Jaspers. É comumente vertido como "cuidado", "preocupação", "solicitude". Fausto Castilho se vale de "preocupação-com", com a intenção de distingui-lo do conceito de *Besorgen* (em Castilho, "ocupar-se") destacando o fato de que enquanto o ser-aí se "ocupa" (*besorgt*) dos entes intramundanos que são ao modo da subsistência (*Vorhandenheit*) ou da utilizabilidade (*Zuhandenheit*), em sua lide com outro ser-aí, o ser-aí "cuida", "se preocupa com" (*i.e.*, assume uma atitude existencial de "*Fürsorge*"). Afastando-nos da terminologia heideggeriana, isso significa que o ser humano se "ocupa" dos objetos para utilizá-los ou conhecê-los, mas possui uma outra atitude em relação a outros seres humanos, o "cuidado". Nesta passagem em particular, é importante compreender que *Fürsorge* se refere também, em alemão, à instituição da seguridade ou da assistência social (*soziale Fürsorge*). O próprio Heidegger relembra esse sentido e o incorpora em sua analítica do ser-aí: "A '*Fürsorge*' como instituição social fática, por exemplo, se funda na constituição de ser do ser-aí como ser-com.

se caso, a ideia do "nadar com a corrente" tem um significado
148 um pouco diferente // do que ela tem quando um escritor[131] – para o que ele, em geral, recebe menor reconhecimento – tenta partir de Joyce e, com suas técnicas, porventura ainda superar Joyce. A concordância formal de um tal "nadar com a corrente" não deveria apagar sem mais as diferenças de nível e as diferenças de conteúdo que imperam em um caso como esse. É em geral um truque popular na vida espiritual hoje em dia que difamemos posturas espirituais que nos são desconfortáveis trazendo-as formalmente ao mesmo denominador que aquelas posturas contra as quais elas se voltam; e, com isso, desvalorizá-las, como quando, digamos, se repreende a alguém que critica o conceito de comprometimento que também ele fala a partir de um engajamento e também ele está comprometido. Nisso, a diferença determinante é ocultada: a saber, se o engajamento é um engajamento da autonomia ou se – como o conceito de comprometimento encerra em si – aí está em primeiro plano, essencialmente, o momento da heteronomia. Contra tais ponderações e também contra as ponderações análogas, de que hoje em dia o não conformismo seja apenas um modo de confor-

---

Sua urgência fática é motivada pelo fato de que o ser-aí se mantém de pronto e no mais das vezes nos modos deficientes do cuidado (*Fürsorge*)" (Heidegger, *Ser e tempo*, p.351). Adorno se refere, portanto, a um uso inadequado e fetichista do conceito existencial heideggeriano em investigações científicas empíricas (sobre a instituição da assistência social, no caso), que empresta à rotina prosaica da ciência um falso tom metafísico elevado. (N. T.)

131 Provavelmente Adorno tem em mente Hans G. Helms, acerca de cuja obra *Fa: M'ahniesgwow* ele proferiu uma conferência em Colônia, no fim de outubro de 1960. Cf. GS 11, p.431 *ss*.

mismo,[132] e contra todo esse tipo de argumentação com o qual obscurantistas de todas as espécies tentam se autoproclamar também como modernos e progressistas – contra isso eu gostaria de vacinar um pouco os senhores, e encorajá-los a terem um pouco mais de atenção sempre que toparem com essas coisas, seja no seu próprio jornal estudantil, e não dar muito espaço, sem mais, para tais histórias.

Mas falarei agora da carência. Creio que, no caso dessa carência, justamente desse lado da carência, esse lado negativo do qual eu lhes falava, creio que os senhores precisam contar ainda com um momento especificamente alemão, ao qual devem recorrer primeiramente aqueles que foram cegamente tomados pela fascinação sobretudo da linguagem; a saber, que não veio a ocorrer, na realidade, o movimento histórico do esclarecimento
149 na Alemanha, // e que, quando ele enfim ocorreu, foi confiscado por aquilo que se chama contraesclarecimento – de resto, um movimento no qual se poderia, com razão, incluir também a ontologia existencial. Quero dizer com isso que até em uma situação, em uma situação histórica em que as representações teológicas não são mais vinculantes para as pessoas e, mesmo se elas ainda se alinham a uma religião positiva, é intolerável dizer algo ou discursar acerca de algo sem revesti-lo com uma auréola por meio da qual isso aparece como se fosse mais do que é. Esse pensamento aureolar *par excellence*, esse pensamento que a todo momento promete ser mais do que é sem exigir

132 Adorno abordou a temática mais uma vez na preleção *Zur Lehre von der Geschichte und von der Freiheit* [Contribuição à doutrina da história e da liberdade], no semestre de inverno de 1964-1965. Cf. NaS IV.13, p.82 *ss*.

de alguém algo mais em termos de conteúdo do que se pode exigir de um jovem sagaz em tempos esclarecidos – creio que esse é um dos momentos que atraem as pessoas muito particularmente nessa filosofia. Se se quiser falar de "nadar com a corrente" ou de imitação, então isso terá o sentido específico que vai além daquele sentido geral e controverso caracterizado por mim, que aqui se concede, com poucos custos, à aparência de algo superior, de algo metafísico, sem que seja necessário se erguer em demasia acima da mera facticidade à qual estamos ligados por meio do nosso próprio trabalho. Pode-se chegar diretamente à ideia de que, nessa medida, a influência da nova ontologia e a carência ontológica, na figuração algo primitiva como a trato aqui hoje à guisa de introdução, é em geral complementar ao positivismo; isto é, de um lado, que as pessoas, por meio da coisificação e objetificação do mundo, são verdadeiramente levadas a lidar com meros fatos, mas que elas, de forma totalmente separada e independente disso, têm aquilo que se chama vulgarmente de "sentido para o elevado". E esse "sentido para o elevado" é unificado da forma mais feliz com
150 aquela fixação pela facticidade, com aquela falta de fantasia // e com aquela seriedade, de modo que a mera facticidade, sem modificá-la em si, é apresentada de uma maneira na qual ela desperta a impressão de ser mais do que é, como se fosse algo "dotado de sentido" em si. Creio que se os senhores – e permitam-me falar-lhes aqui de maneira muito aberta – verificarem essa carência profundamente enraizada em toda a nossa educação e formação alemã, os senhores provavelmente encontrarão uma das raízes disso na questão de saber por que os senhores ou, em todo caso, por que alguns dos senhores se sentem de fato, para falar em sua própria linguagem, tão interpelados

por essa filosofia. Permitam-me dizer – e eu próprio não me excluo disso de nenhuma maneira, sem nunca ter sucumbido a Heidegger – que hoje encontro, por exemplo, no meu próprio livro sobre Kierkegaard, escrito há mais de trinta anos, certos elementos da linguagem que pertencem inteiramente àquela esfera. Gostaria de acrescentar ainda que não se pode, com isso, facilitar as coisas demais para si mesmo. Quando Heidegger, contra o pedantismo detestável e a prolixidade pseudocientífica das filosofias que prosperaram no círculo do neokantismo de Marburg e de Heidelberg, mas também no de Dilthey, quando Heidegger lembrou mais uma vez que – como Kierkegaard chamou[133] – o "como" da comunicação é essencial para a própria verdade; e quando ele chamou a atenção novamente para o significado integral da linguagem para a filosofia, então isso é um grande ganho, ao menos para aqueles que ainda não sabiam disso. O fato de que outros, por exemplo Karl Kraus, o tenham feito de maneira muito melhor e mais radical do que ele não é algo que deve lhe ser dirigido como acusação. É claro que é essencial à filosofia que ela não se esgote na mera facticidade; e que tudo que é singular, tudo que é meramente factual, pelo fato de ser momento de um contexto geral que o transcende, seja mais do que meramente si mesmo – e se lembrar desse

---

133 Segundo a interpretação de Adorno, a doutrina da comunicação de Kierkegaard é antinômica; se, de um lado, "o 'como' fica sendo um sucedâneo subjetivo do modo coercitivo de aparecer da ontologia, que ameaça perder-se na abstração", por outro lado, "ao 'como' cabe seu direito filosófico – descoberto por Kierkegaard contra o dualismo raso de forma e conteúdo – como expressão de uma legalidade objetiva no aparecer da verdade" (Adorno, *Kierkegaard*, p.292-3 (GS 2, p.191)).

momento é, muito certamente, o negócio da filosofia, e nisso
151 Heidegger // tem razão. O erro, se posso usar mais uma vez a pedante expressão "erro", me parece estar, antes, no fato de que isso que acabo de caracterizar como um momento, a saber, o momento filosófico do transcender, esse momento de que para a reflexão filosófica o meramente factual, nunca sendo apenas si mesmo, é sempre mais do que meramente factual; de que isso, em certo sentido, beneficia imediatamente o factual singular, e que em sua mera facticidade se diz como se ele já fosse mais do que é. Nesse contexto, é totalmente característico que palavras que remetem à esfera da mera facticidade – como a substantivação da cópula "é" ou como a expressão ser-aí – desempenhem um papel tão distintivo para que essa filosofia seja em geral possível. Lembro-me (se me for permitido ser tão frívolo nesta última aula antes das férias) sempre da experiência que fiz na minha infância com um velho tio-avô tão rico quanto avarento que, quando queria dar um presente para o meu avô, seu cunhado, pegava uma única laranja na ponta dos dedos envolvida em papel de seda e lhe passava com um gesto elegante, dizendo: "Valencia!". Algo desse gesto do "Valencia" está sempre presente, para a minha intuição linguística, quando essas palavras primevas órficas[134] são gastas nessa filosofia. E creio que os senhores deveriam se proteger um pouco disso. É uma pena, graças ao fato de que a cronologia da filosofia tenha caído em tal desordem que Nietzsche tenha interrompido, com razão, tão prematuramente sua comunicação com este mundo, e não pôde mais ler *Ser e tempo* ou mesmo o trabalho sobre "A essência do fundamento", pois ele teria sido o único que poderia

134 Referência a *Urworte. Orphisch*, poema de Goethe de 1817, de cinco estâncias de oito versos sobre conceitos gregos como δαίμων, τύχη, ἔρως.

chamar essas coisas pelos seus nomes. Creio que, se os senhores lerem os escritos de Nietzsche contra Wagner, sobretudo *O caso*
152 *Wagner*, // creio que poderão extrapolar perfeitamente aquilo no sentido do que ele teria dito primeiramente contra Heidegger. E acredito que esse exercício de fantasia ao qual encorajo os senhores, de imaginar uma tal crítica nietzschiana também a Heidegger, é, no entanto, uma crítica cuja contundência supera tudo que posso ter dado aos senhores, com minhas modestas forças, nesta aula. Mas é preciso acrescentar ainda que a carência ontológica é indício de algo faltante. E tudo que a gente aprendeu com Hegel seria vergonhosamente esquecido se quiséssemos dispensar essas coisas, como fizeram aqueles de quem falei (mais para o meu próprio prazer e talvez para o dos senhores), sem que quiséssemos conservar aí ainda o momento da objetividade, sem que quiséssemos conservar aí uma certa coerção. Pode-se e deve-se dizer que a filosofia – em todo caso aqui na Alemanha, e tenho a forte suspeita de que também em todos os outros países –, em todo caso a filosofia acadêmica desde Hegel, ficou devendo aquilo que, na verdade, aqueles que se entregam à filosofia esperam dela; e que, no âmbito acadêmico, se fala novamente dessas coisas pela primeira vez na ontologia fundamental, esta é certamente a razão legítima e inteiramente compreensível para a influência que ela causou. A filosofia compartimentalizada de fato não tocava mais as pessoas em nada. E, em muitos sentidos, ela permaneceu atrás da situação tanto da sociedade quanto da consciência. Creio que aquilo que pareceu tão fascinante às pessoas que ainda não se enrijeceram em demasia é provavelmente que ao menos parecia que essa lacuna provocada pela não contemporaneidade e, ao mesmo tempo, essa inessencialidade e indiferença tinham sido superados por meio da dignidade dos objetos dos quais ela se ocupa.

153

// Aula 11
5 de janeiro de 1961

Penso que precisamos tentar de certo modo recolher novamente as linhas de pensamento lá onde as havíamos deixado. Os senhores se lembrarão de que passamos para considerações um pouco mais gerais através do problema da carência ontológica. Ou melhor, se eu puder exprimi-lo assim: da carência que conduziu às filosofias que são chamadas correntemente de ontologia, filosofia do ser, ontologia existencial ou como quer que seja. É um pouco difícil resumir aqui essas coisas sob um termo guarda-chuva, pois faz parte das técnicas de dominação (se eu puder chamá-lo assim) dessas filosofias que sempre que se trata de uma delas sob um tal nome comum, ela vem imediatamente se anunciar com veemência e dizer: aquilo que fazemos não é de modo algum isso, mas isso é algo completamente diferente. Esta é em geral uma das técnicas de defesa preferidas em coisas espirituais: subtrair-se a uma crítica restringindo-se às nuances da definição sob a qual se é subsumido a fim de evitar considerações de conteúdo e que dizem respeito à coisa, valendo-se de tais considerações formais e que dizem respeito à definição. Mas digo isso apenas de passagem. Eu lhes havia

dito – e acredito que deveríamos falar um pouco mais disso – que algo como a ampla repercussão (digo "ampla repercussão" de propósito) dessa tendência no modo como ela se encarna na Alemanha sobretudo no nome de Heidegger e, então, no nome de Jaspers, não seria imaginável se não houvesse existido de fato uma carência. Esse êxito das tendências ontológicas é índice de algo faltante. A filosofia, é o que eu lhes disse por fim, está desde Hegel em dívida com aquilo que dela espera aquele que dela se acerca sem qualquer preparação ou treinamento. A nossa formação filosófica também nos leva, a todos nós, a nos deteriorarmos um pouco nesse aspecto. É algo estranho: sem
154 formação filosófica, // isto é, sem conhecer o significado dos conceitos, conhecer a literatura, sem, se posso chamá-lo assim, ter sido iniciado na tradição, não se compreendem de modo algum as questões filosóficas. Mas essa iniciação possui ao mesmo tempo sempre também um pouco a tendência de nos levar a deixar de lado o motivo pelo qual na verdade quisemos ser iniciados. Não consigo me livrar às vezes da suspeita de que a tão louvada maturidade que se atribui a uma pessoa e que seria algo positivo, sem que eu queira diminuir nem um pouco o que ela tem de positivo, tem sempre também um pouco de que as pessoas perdem o costume, se lhes expurga aquilo que não as deixava se encaixar tão adequadamente no mecanismo dos dominantes. E o reconhecimento da maturidade tem então também sempre algo da concessão de uma insígnia: você é agora um cachorro bem comportado, que não faz suas necessidades no tapete, que vai buscar o osso quando eu o arremesso, e de você eu não espero mais nada de ruim! Em toda a nossa formação está também certamente contido algo dessa fatal educação para não fazer as necessidades no tapete. Com isso

não quero de modo algum encorajá-los a violar essa educação, quero apenas encorajá-los a refletir sobre isso e não supor ingenuamente que esse estado que adquirimos pela formação é o estado mais elevado, mas que também pensem seriamente naquilo que sacrificamos através de nossa formação, aquilo do que abrimos mão, mesmo sendo a razão pela qual buscamos a formação. Quando, por exemplo, alguém escolhe um curso superior na área das ciências humanas, quando vem primeiramente a fazê-lo, provavelmente sentirá essa decepção de modo muito intenso. Ele notará então, por exemplo, que aquilo que esperou, ser iniciado em grandes obras de arte ou na linguagem, justamente isso precisa ficar de fora e é malvisto como algo realmente não científico. Mas, depois de se estar nisso por alguns anos e ter de trabalhar e aprender tanto que já não se é mais capaz de pôr a cabeça em outro lugar, então age-se como o carpinteiro Valentin, na obra de Raimund, "e, bem, aí já se está
155 dentro".[135] // E no fim, quando se é jogado no mundo como um sujeito estudado e acabado, então é justamente isso que ele se tornou. E creio que não seria a menor das tarefas de um estudante universitário que ele, por um lado, deixe de ser infantil, mas, por outro lado, retenha todavia o momento da infância que não quer se conformar com menos.[136] Isso certamente não é mais cumprido pela filosofia na época pós-hegeliana, é algo

135 "A juventude quer sempre ser feliz/ à força em tudo na vida/ mas basta envelhecer um pouco/ e, bem, aí já se está dentro" [Die Jugend will halt stets mit Gwalt/ In allen glücklich sein,/ Doch wird man nur ein bissel alt,/ Da find man sich schon drein] (Raimund, *Sämtliche Werke*, p.583 [Der Verschwender [O perdulário], 3º ato, 6ª cena).

136 Cf. as palavras de Adorno sobre Alban Berg: "Ele foi capaz de não se tornar um adulto e de não permanecer infantil" (GS 13, p.367).

que se frustrou. E quando se lê os grandes críticos de Hegel, ou seja, Kierkegaard, por exemplo, ou Schopenhauer, ali a própria filosofia de Hegel já foi (aliás, de modo estranhíssimo) semelhantemente percebida e objeto de um sentimento semelhante, o de que ela permaneceria em dívida conosco no que diz respeito ao que teria de melhor – do que nós apenas podemos imaginar com muita facilidade, mas erroneamente, que foi somente então quando a filosofia efetivamente se rebaixou ao ramo acadêmico que ela teria se frustrado. Não há dúvida quando àquilo que justamente esses críticos, Schopenhauer e Kierkegaard, exprimiram com a maior ênfase e sem qualquer escrúpulo: que essa perda de interesse da filosofia em um determinado sentido, no sentido do *mea interest*, isso diz respeito a mim, isso é algo de que se trata para mim mesmo – não há dúvida de que isso tem a ver com a departamentalização da filosofia; ou seja, com o fato de que justamente a reflexão, que na verdade teria de ser crítica em relação à inteira divisão do trabalho e teria de repensá-la, está ela própria integrada à divisão do trabalho e se tornou ela mesma uma profissão. Há então um momento sociológico que desempenha de fato um papel bem no interior da história da filosofia. E talvez seja interessante notar que essas não são, digamos, considerações de malignos sociólogos modernos que querem (como Heidegger nos imputa)[137] puxar o tapete da filosofia desde um ponto fora

---

137 Sobre a desconfiança de Heidegger em relação à sociologia, cf. também NaS IV.4, p.252 e p.396, nota 208. Segundo Hermann Mörchen, *Adorno und Heidegger. Untersuchung einer philosophischen Kommunikationsverweigerung* [Adorno e Heidegger: investigação sobre uma recusa de comunicação filosófica], p.469, o "veredito sobre a sociologia" reprovado por Adorno em Heidegger (*Dialética negativa*, p.115

dela, mas que justamente pensadores sobre cuja atitude filosófica pura não pode haver nenhuma dúvida, como Schopenhauer e Kierkegaard, chamaram a atenção para esse momento social, ou seja, para o fato de que a filosofia esqueceu aquele algo de
156 melhor, porque // precisou ganhar o seu pão e teve de se integrar, procurar empregos fixos no sistema acadêmico, que está desde o início comprometido com as formas da sociedade no modo como elas são agora.

Gostaria de mencionar aos senhores ao menos alguns momentos nos quais a filosofia ficou em dívida no que diz respeito a esse algo melhor naquele período de que aqui se trata, ou seja, o período entre Hegel e a ressurreição das metafísicas. Eu lhes falei de um motivo social que conduziu a isso. Ora, acredito que, ao menos para a filosofia alemã desse período depois de Hegel, é característico que a relação com o social que era constitutiva da filosofia foi em geral eliminada dela. Assumo, minhas senhoras e meus senhores, que a sua própria educação, a sua própria formação, seja formação filosófica ou pré-filosófica, já é de tal modo que esse momento de que lhes falo se tornou quase uma obviedade; que os senhores quase acreditam: pois bem, a filosofia é a ciência das coisas últimas, e ela é, por assim dizer, boa demais para se envolver com questões sociais em geral. Eu gostaria aqui de lhes lembrar algo bastante simples: que, no que diz respeito à história da filosofia, essa concepção que tem se difundido em geral na sequência da escola ontológica é uma concepção totalmente alheia à história da filosofia até os nossos tempos. Se pedíssemos a filóso-

(GS 6, p.135)) seria antes apenas um "boato" que circulava em Frankfurt na época pré-fascista.

fos que se dedicaram à ontologia no passado, como Platão ou Aristóteles, que eles se ocupassem do ser do ente sem considerar a sociedade na qual eles vivem, esse modo de colocar a questão lhes teria sido pura e simplesmente incompreensível; eles teriam rejeitado exprimir essa separação. E é muito estranho que justamente Heidegger, que, de resto, quer tanto revogar o motivo da reflexão dissociadora na história da filosofia ocidental, precisamente nesse aspecto se abandona sem quais-
157 quer reservas a ela; ou seja, manda para além // do limiar da filosofia a reflexão sobre fatos e sentidos sociais – enquanto, para mencionar-lhes apenas o caso mais tangível, a ideia suprema em Platão, a ideia metafísica suprema em Platão, ou seja, a justiça, não pode de modo algum ser separada, segundo seu conteúdo de sentido, da forma da divisão do trabalho na sociedade da cidade na qual ela se desenvolveu. E se quiséssemos dizer que a doutrina das ideias é meramente demonstrada à luz da *πόλις*, seríamos provavelmente responsáveis por uma estilização idealista totalmente inadequada ao clima platônico, no qual justamente a vida dessa *πόλις* é tão experimentada como a vida da verdade que uma tal distinção como a que se faz entre a verdade eterna e a substância do social nem sequer seria pensável em Platão. Em todo caso, a partir de determinado ponto, cujo limiar – de resto, como os senhores sabem, um limiar que só se pode apontar retrospectivamente – é a *Filosofia do direito* de Hegel, a história da filosofia moderna na Alemanha se mostrou desinteressada por questões sociais quase com uma espécie de obstinação. Não posso abordar aqui as razões que condicionaram esse fato, pois isso me enredaria por demais em questões especificamente sociológicas, ao passo que quero permanecer fiel a nossa temática principal, filosófica. Só posso lhes dizer

que certamente um momento essencial para isso é que, justamente durante a primeira metade do século XIX, a Alemanha ficou tão para trás no desenvolvimento social que a violência monstruosa da dinâmica social não penetrou de modo algum tão bem no pensamento. Em vez disso, o pensamento pôde seguir prosperando naquela esfera um pouco privatizante no modo como a ela correspondia, digamos, o clima alemão ao redor de 1800. A isso se acrescenta ainda obviamente um outro fenômeno sobre o qual talvez ainda não se tenha refletido tão bem em toda a sua extensão histórico-espiritual: a emergência do materialismo marxista e, principalmente, da pretensão
158 levantada em certas passagens de modo muito crasso // nessa filosofia de liquidar a filosofia em geral, de substituir a filosofia pela prática. Não quero me estender na problemática dessa pretensão de fato bastante questionável,[138] mas acredito que na Alemanha e na consciência da burguesia alemã, que monopolizou a filosofia, justamente esse fato do marxismo operou como um campo infinito do qual se devia desviar; quer dizer, que, confessada ou inconfessadamente, praticamente tudo o que foi pensado filosoficamente naquele período foi pensado de algum modo apologeticamente contra essa pretensão materialista. E faz parte dessa apologética afastar a verdade da filosofia para o mais longe possível da sociedade real e de sua fundação. Se os senhores examinarem qualquer livro-texto de ética proveniente do neokantismo ou de todo esse mundo, encontrarão ali o quão infinitamente distante uma tal ética está

---

138 Cf. sobre isso em particular o curso *Zur Lehre von der Geschichte und von der Freiheit* [Contribuição à doutrina da história e da liberdade], por exemplo, em NaS IV.13, p.184 *ss.*

da questão ética que ao fim e ao cabo é, ora bolas, a questão mais relevante, qual seja, a questão pelo estado da sociedade e de sua ordenação racional. Mas isso não é apenas uma questão de distanciamento em termos de divisão do trabalho, mas tem também gravíssimas consequências para a forma da filosofia, para a sua perda de interesse. Quero proceder aqui apenas exemplarmente, apenas indicar um problema que resulta disso, em que pese o fato de que poderíamos nomear inúmeros problemas desse tipo. Dentre os que se seguiram à filosofia kantiana, o conceito de autonomia, de autodeterminação do indivíduo, que não tem nenhum sentido sem o estabelecimento de uma sociedade livre e que ainda foi pensado por Kant, assim como por Hegel, totalmente no sentido de uma pessoa que adquire sua liberdade como cidadão em uma sociedade livre – esse conceito de autonomia foi retido, mas sem conservar nem de longe algo daquela relação com uma sociedade de livres e, assim, com uma sociedade livre, relação que ela teve em
159 tão eminente medida em Kant // e nos jovens idealistas, como também no jovem Fichte.[139] Ora, isso também significa que um conceito, por exemplo, como o de personalidade assombrou toda essa filosofia tradicional ou essa filosofia de epígonos até a recuperação da metafísica, sem que lhe correspondesse mais nenhum substrato. Quer dizer, o discurso sobre esse pressuposto da autonomia e do ser [*Wesen*] que se determina a si mesmo ocorreu em um mundo no qual já não existia de modo algum algo desse tipo enquanto uma realidade social. Quando,

---

139 A referência não é, obviamente, a Immanuel Hermann (1796-1879), mas sim a seu pai, o "velho" Johann Gottlieb Fichte (1762-1814).

então, o conceito de personalidade é evitado[140] em Heidegger ou em Jaspers ou, eu diria, em qualquer pessoa que pensa em geral, e que pensa não apenas com uma capacidade intelectual mais ou menos formal ou remanescente, mas mesmo com seus nervos (e quero dizer em honra a Heidegger que não creio que esse conceito apareça nele), nisso se reflete exatamente uma espécie de insuficiência: a de que aparece como uma categoria central na filosofia uma categoria que nossa experiência já não alcança em geral e que, se nos deparamos com ela em algum lugar, ela é tão ridícula como um busto de gesso com uma barba cerrada em um panteão, e esperamos que felizmente seja posta de lado em algum canto depois da próxima revolução.[141]

Outro problema de tipo semelhante é o problema das direções distintas trilhadas pela filosofia e pelas ciências da natureza, desencontro pelo qual também a filosofia adquiriu algo de estranhamente obsoleto justamente para os homens que trabalham lá onde efetivamente lateja a pulsação da sociedade, isto é, no desenvolvimento das forças produtivas técnicas. Ou seja, a filosofia, na medida em que não se tornou verdadeiramente lógica das ciências naturais, praticamente não tomou mais notas ou não pode de algum modo tomar notas dos resultados das ciências naturais. Aqui apenas anuncio como um tema o fato de que me pareceria algo da maior importância para uma história das ciências naturais, assim como para uma história da filoso-

140 Cf. também a "Glosa sobre personalidade", em Adorno, *Palavras e sinais: modelos críticos 2*, p.62 *ss.* (GS 10.2, p.639 *ss.*).

141 O mesmo poderia valer também para bustos sem barba, como o indizível busto de Adorno na casa em Frankfurt onde ele habitou até sua morte.

160 fia, que nos ocupássemos // daquilo pelo qual essa fratura incurável entre ciências naturais e filosofia foi de fato provocada. Pode-se datá-la com precisão razoável: até Kant, elas até certo ponto ainda andavam juntas; a partir da filosofia da natureza de Schelling, a fratura se tornou então definitiva; e a parte de filosofia da natureza do sistema de Hegel já tampouco foi recepcionada pelas ciências da natureza na figura em que aparece em Hegel. Pode-se dizer que, sob esse aspecto, o neokantismo na sua figura marburguiana apresenta uma espécie de batida em retirada, quer dizer, tenta reunificar a formação continuada da filosofia kantiana com uma ciência da natureza cada vez mais funcionalmente orientada e que passou de conceitos substantivos para conceitos funcionais. Mas mesmo aqui a crise se mostrou na tentativa esforçada e, me parece, desesperada de Ernst Cassirer de acolher também ainda a teoria da relatividade no quadro desse kantismo,[142] aliás, uma concepção que é controversa nas ciências naturais, pois um grande número de cientistas, apesar de tudo, consideram a teoria da relatividade como física clássica e não propriamente como física moderna; mas também não quero entrar nesse assunto. As novas ontologias reagem a essa situação (assim como há pouco falei sobre uma reação ao marxismo) de modo muito decidido ao não mais – e acredito que isso é extraordinariamente importante para a compreensão da abordagem ontológica –, por exemplo, ao não mais sustentarem, por sua vez, uma solução dos assim

142 Cf. Cassirer, "Zur Einsteinschen Relativitätstheorie: Erkenntnistheoretische Bertrachtungen", em *Zur modernen Physik* ["Sobre a teoria da relatividade einsteiniana: considerações epistemológicas", em Sobre a física moderna], p.1 *ss.*

chamados problemas de constituição das ciências naturais, ou seja, não sustentarem, por exemplo, como ainda em Kant, serem capazes de mostrar como a ciência natural é possível em geral. Em vez disso, elas extraem dessa situação a consequência de não se importarem nem um pouco com as ciências naturais; de quererem relegar as ciências naturais, tanto segundo seu lado lógico quando segundo seu lado material, ao domínio do mero ente e assentar a reflexão propriamente filosófi-
161 ca em uma esfera // com a qual, embora se sustente *vaguement* que ela seria uma esfera prévia às ciências naturais, não é estabelecida a relação com estas. Permitam-me dizer aqui apenas que tentativas como as que são empreendidas sobretudo por alguns cientistas naturais de encontrar a conexão a partir da ciência da natureza acolhendo em si a ontologia me parecem tão questionáveis, tão pouco vinculantes quanto, inversamente, os esforços de alguns charlatões da filosofia da cultura em acumular, por sua vez, teoremas mal compreendidos das ciências naturais e em estabelecer uma espécie de mingau único de pintura moderna, teoria quântica, Heidegger e sabe se lá mais o que – certos hábitos contra os quais nunca posso preveni--los de modo enfático o suficiente.[143] Acredito que estamos hoje na filosofia – precisamos primeiramente concedê-lo, e é um mérito da filosofia heideggeriana não o ter maquiado –, estamos hoje na filosofia e também nas ciências naturais em uma situação na qual até agora não é possível uma tal transição imediata de uma à outra. E creio que é muito mais importante

143 Sobre os cientistas naturais a que Adorno se refere, cf. n. 37. Como protótipo do "charlatão da filosofia da cultura" que misturaria tudo em um "mingau único", Adorno pensa em Max Bense (1910-1990).

e muito mais decente e honesto intelectualmente prestar contas inicialmente dessa situação das coisas e tentar conceituá-la do que, de algum modo se valendo de palavras mágicas como a do "ser", chegar às soluções unitárias precipitadas que elas justamente parecem em geral ser. De todo modo, pode-se dizer que esse completo ficar-para-trás-das-ciências-naturais de uma filosofia que, apesar disso, não encontrou a coragem civil de dizer que na verdade não compreende nada disso, mas que sempre continuou agindo como se fosse, assim como a filosofia kantiana, uma fundamentação da ciência em geral e, portanto, da ciência natural. Com isso, a filosofia caiu naquele descrédito no qual, então, a reorientação da metafísica se apoiou.
162 É então evidente – para // lhes nomear mais um momento dessa desatualização da filosofia até esse movimento –, é flagrante a total alienação da filosofia em relação à arte correspondente a seu respectivo período e nele a cada vez mais avançada. A relação de filosofia e arte ainda se harmonizava em alguma medida em Schelling e em Hegel, cujas estéticas correspondiam em ambos ao estado mais avançado da consciência de então e que, consequentemente, ainda continuam sendo, mesmo para a produção artística mais avançada hoje, de uma extraordinária força produtiva. Tudo o que foi escrito depois disso em estética – seja então a de Carrière[144] ou a de Volkelt[145] ou qualquer

144 Cf. Carrière, *Aesthetik: Die Idee des Schönen und ihre Verwirklichung im Leben und in der Kunst*, 1.Teil: Die Schönheit. Die Welt. Die Phantasie, 2.Teil: Die bildende Kunst. Die Musik. Die Poesie [Estética: a ideia do belo e sua efetivação na vida e na arte. Parte I: A beleza. O mundo. A fantasia. Parte II: As artes visuais. A música. A poesia].

145 Cf. Volkelt, *System der Ästhetik: in zwei Bänden* [Sistema da estética em dois volumes]; sobre ele, cf. também as *Aufzeichnungen zur Ästhetik-*

outra; para deixar de lado o fenômeno Benedetto Croce,[146] que faz parte do contexto hegeliano – ficou para trás e permaneceu irremediavelmente provinciano em relação à prática artística fática. E quando alguém que toma parte vivamente no movimento artístico de seu tempo se volta àquilo que a filosofia lhe põe à disposição em termos estéticos, ele precisa se decepcionar perdidamente e ter a sensação de que ali são verdadeiros broncos provincianos que falam sobre arte sem ter nenhuma legitimação para isso – de modo que um dos momentos mais essenciais do sistema kantiano, tratado na *Crítica da faculdade de julgar*, simplesmente desapareceu do universo filosófico.

Finalmente, no entanto, e acredito que isso é o decisivo, a filosofia permaneceu sobretudo em dívida com aquilo que é propriamente a sua promessa; ou seja, as questões em razão das quais as pessoas se acercam da filosofia não tiveram vez. E justamente depois do colapso dos grandes sistemas especulativos, inclusive o sistema de Hegel, depois de sua pretensão de construir o universo a partir de si mesmo não ter podido mais ser honrada, a filosofia renunciou desesperançada aos esforços de responder às questões em razão das quais podemos afinal ver sentido em nos ocupar da filosofia. Acredito que esse fato,
163 que, // por sua vez, é ele mesmo necessário, corresponde a uma necessidade fatal, que esse fato precisa ser levado muito a sério se quisermos afinal compreender por que as tendências ontológicas exercem essa atração enorme: porque nelas, quanto a

-Vorlesung von 1931/32 [Notas sobre estética – Curso de 1931/32], de Adorno, nas quais a estética de Volkelt foi tomada como base (*Frankfurter Adorno Blätter*, I, p.35 *ss.*).

146 Cf. Croce, *Estética como ciência da expressão e linguística geral*.

isso, pareceu em todo caso que algo decisivo se modificou. Não devemos facilitar muito as coisas aqui para nós. Não acreditem que se trataria aqui daquilo que o esquema da história das ideias atribui ao epigonismo; como se a coisa se comportasse de tal modo que os filósofos grandes e realmente produtivos tivessem tratado das questões essenciais, ao passo que depois disso tivessem vindo os jovens moços e esquecido aquilo pelo que aqueles se interessaram e se ocupado então apenas do "dado mediado" e do "dado imediato". Não quero negar que isso tenha sido o caso, que eles tenham realmente em grande parte se ocupado de bagatelas, quer dizer, com questões supostamente relevantíssimas da teoria do conhecimento, questões cuja relevância para o próprio conhecimento fático não veio a ser demonstrada e que jamais conservaram essa relevância. Mas acredito que os senhores devem entender aqui – para que saiamos de uma visada meramente de história das ideias e vejamos essas coisas de modo tão sério quanto elas devem ser vistas – que o que denominei a necessidade desse processo já estava inscrita na própria filosofia kantiana. Quero lhes dizer apenas de maneira sinóptica em que medida a filosofia kantiana já é, eu diria, a decepção concentrada e elevada a um poderoso sistema na filosofia; dizer por que objetivamente já é levada a cabo no sistema kantiano aquela abdicação do filosofar em geral que conduziu então ao redespertar de uma reivindicação filosófica persistente. Primeiramente, o resultado negativo essencial da *Crítica da razão pura* – que foi realmente uma crítica: uma crítica da capacidade da razão de se pôr a par em geral de seus
164 objetos decisivos // –, é o resultado de que não nos é possível realizar nenhum enunciado sobre o que há de mais importante para nós, ou seja, sobre a existência de Deus, sobre a nossa pró-

pria liberdade e principalmente sobre a imortalidade. E nessa grande faxina, junto com muitos outros, caducou também o conceito de ser, pois ele mesmo seria apenas uma síntese que a consciência realiza no dado, e não um algo absoluto. Acredito que, por respeito à enorme realização kantiana e por respeito ao que se chama de giro copernicano[147] – ou seja: o giro da filosofia para o sujeito, para o sujeito do conhecimento em geral –, deixamos de compreender aquilo do que a carência filosófica foi privada, todavia, por meio desse giro.[148] Nem é que lhe tenha sido dito: não há Deus, não há liberdade, não há imortalidade – até essa refeição negativa lhe foi recusada. E, em vez disso, um guardião com um mosquete ameaçador plantou-se na porta e disse: isso na verdade não podes nem perguntar. De fato, a consciência suporta muito dificilmente essa proibição. E, se me permitem dizer logo: trata-se também da pergunta se há uma instância que tem o direito de pronunciar uma tal proibição. Diante disso, poderíamos dizer de início: sobre o que então deve a razão, se ela não é nada mais do que a razão, estar autorizada a decidir? De onde ela deve tirar a força para prescrever a si mesma, à razão: "tu alcanças até este ponto, e além daqui já não alcanças"? Mas justamente a tomada desse ponto de vista não seria idêntica a um ponto de vista que já está além dela, da razão? Com isso já não estaria refutado o ponto de vista de que *só* existe a razão, e mais nada? Ora, não quero enunciar nenhuma tese, e este não é o lugar para desenvolver

147 Sobre a compreensão de Adorno sobre a virada copernicana de Kant, cf. também NaS IV.4, p.9, p.55 *s.*, p.358, nota 1, e p.367, nota 43.

148 "Giro" [*Wendung*] é uma conjectura editorial para "movimento" [*Bewegung*] (Vo 5814).

justamente essa dialética. O argumento de que lhes falei, de resto, não provém de mim, mas está na crítica de Hegel a Kant no "Sistema da filosofia".[149]

Mas quero lhes chamar a atenção para o fato de que a proi-
165 bição kantiana de se perguntar em geral sobre essas // coisas é um caso muito peculiar; e que ele é tão problemático que se pode bem compreender que a consciência não se tranquilize com essa decisão resignadora, que tem também em si um pouco de algo restritivamente burguês: permanece na terra e alimenta-te bem, e não tenha pensamentos inúteis ou bobos sobre coisas que na verdade não te dizem respeito enquanto um humilde homem. Isso que está aqui inscrito objetivamente em Kant, de modo grandioso e com uma seriedade terrível, isso se tornou por fim então, na história da filosofia, a indiferença do pensamento em geral em relação àquelas questões que são para ele as questões a que ele na verdade precisa se dirigir em geral. E se se falou, num livro superficial e trivial de Peter Wust,[150] mas de muito sucesso em sua época, da "ressurreição da metafísica", nisso encontramos em todo caso o momento do sentimento que se teve de que aqui, nesse lugar da filosofia, entregou-se barato aquilo que lhe empresta afinal a única *raison d'être*. Há, todavia, ainda um segundo momento decepcionante que remonta igualmente à filosofia kantiana e que foi tão ou talvez ainda mais fatal do que o primeiro. Trata-se do momento em que a filosofia – se me permitem formulá-lo de modo bem grosseiro –, na sua figura kantiana, ou seja, na fi-

149 Cf. principalmente o § 60 na primeira parte de Hegel, *Enciclopédia das ciências filosóficas em compêndio*, v.I: A ciência da lógica, p.133 *ss*.

150 Cf. Wust, *Die Auferstehung der Metaphysik* [A ressurreição da metafísica].

gura da crítica cientificista à possibilidade do conhecimento, de fato deixa intocada a imagem do mundo. Os senhores terão todos ouvido alguma vez a famosa fórmula kantiana de que sua filosofia seria um idealismo transcendental e um realismo empírico.[151] Isso significa que, ainda que epistemologicamente

151 "Não tenho mais necessidade de proceder por inferência com respeito à realidade dos objetos externos do que com respeito à realidade do objeto do meu sentido interno (dos meus pensamentos), pois tanto num caso como noutro esses objetos são apenas representações, cuja percepção imediata (a consciência), é, ao mesmo tempo, uma prova suficiente da sua realidade. O idealista transcendental é, pois, um realista empírico; concede à matéria, como fenômeno, uma realidade que não tem necessidade de ser conclusão de um raciocínio, mas que é imediatamente percepcionada" (Kant, *Crítica da razão pura*, A 371). Cf. também o curso de Adorno sobre a *Crítica da razão pura* de Kant, NaS IV.4, p.146 *s.*: "A fórmula kantiana para esses nexos que gostaria agora de nomear para os senhores e a que os senhores já terão todos talvez ouvido alguma vez: idealismo transcendental/realismo empírico. Isso significa: no sentido transcendental, no sentido portanto das condições de possibilidade de juízos sintéticos *a priori*, trata-se de idealidade, ou seja, de algo que provém puramente do espírito. Essa objetividade tem suas raízes no espírito. Por outro lado, trata-se de um realismo empírico na medida em que a interação dessas condições transcendentais com nossos dados nos leva então de fato a constituir o mundo como um todo no qual nos movimentamos enquanto o nosso mundo da experiência. Entenderíamos então o idealismo kantiano de modo totalmente incorreto se quiséssemos interpretá-lo como um acosmismo, como uma negação da realidade empírica, da efetividade; ou se quiséssemos imputar a ele que ele também assume apenas a possibilidade – como celebremente Descartes fez em sua 'meditação' – de que o mundo seja um sonho. Kant zombou com toda ênfase justamente dessa possibilidade com o nome 'idealismo onírico' em uma polêmica que ficou famosa contra o idealismo empírico ou o espiritualismo de Berkeley".

o realismo ingênuo seja revogado e que o todo da realidade apareça como um compósito de dados caóticos e de formas da intuição e categorias subjetivas, depois que essa constituição vem a ser efetuada, o mundo como o temos, o nosso mundo
166 empírico normal cotidiano, permanece exatamente // como era antes. Esse momento, a impotência da filosofia em face da totalidade do *mundus sensibilis*, que simplesmente permanece como se apresenta, isso foi mantido através de toda a história da filosofia até um precursor imediato da ontologia existencial como Husserl, que também retém o mundo como ele é depois da assim chamada redução fenomenológica, apenas o reduzindo na afirmação de sua existência espaçotemporal, de sua facticidade individual. Mas é certamente uma das mais essenciais pretensões da filosofia, para dizer de modo bem simples, não permanecer na aparência, mas chegar à essência. Em um mundo no qual vigora uma tal diferença entre a essência, isto é, a regularidade que na verdade nele impera, e a aparência, ou seja, a fachada que ele nos oferece, essa carência de chegar à essência, a carência pela essência, no sentido do que se esconde por detrás da fachada, não no sentido do conceito universal em relação ao que ele apreende, mas sim no sentido do *essencial*, é uma carência legítima.

A filosofia prometeu de certo modo entregar a palavra mágica, ou, depois de ter se tornado menos ingênua, entregar ao menos a linguagem, a compreensão pela qual se dissolve a aparência do mundo de ser assim como ele se nos oferece. A filosofia permaneceu em dívida com essa pretensão, com essa esperança de ir até a essência. Ela se tornou, poderíamos dizer, uma mera organização metodológica para que a consciência escolada ou refletida simplesmente repetisse outra vez aquilo

que, enquanto homem de ciências, ou, eu diria, também apenas enquanto sadio entendimento humano, de todo modo já se sabe. Mas, uma vez que temos todas as razões para levantar dúvidas sobre essa consciência normal do mundo e o quanto ela procede, a consequência da filosofia kantiana que se desen-
167 volveu então nas filosofias do século XIX e XX // foi, nesse aspecto decisivo, insatisfatória. Esse algo insatisfatório para o qual eu lhes nomeei uma série de razões, em particular as especificamente filosóficas, que se baseiam na figura do próprio pensamento, esse algo insatisfatório conduziu, eu não diria às novas ontologias, mas em todo caso à *carência* que os senhores já conhecem. Mas não pensem que o insatisfatório nessas coisas que lhes acabei de apresentar seja algo tão novo, que seja algo que caiu do céu. Os senhores já encontram esse descontentamento na época em que a filosofia esteve em seu auge. Se lerem as *Lições sobre o método do estudo acadêmico* de Schelling, das quais eu queria tratar neste semestre em um seminário, mas não pude em razão de uma série de questões de planejamento, e gostaria ainda de recuperá-lo – se os senhores lerem esse escrito de Schelling, o que só posso lhes recomendar o mais fortemente, então encontrarão ali fundamentalmente a mesma insatisfação em relação ao funcionamento científico hegemônico, a mesma que conduziu à carência ontológica.[152] E se os senhores lerem

152 Cf., por exemplo, no escrito de Schelling de 1803: "O impulso e o desejo de investigar a essência das coisas está em geral enraizado tão profundamente nos homens que eles também tomam com fervor o não inteiro, o falso, quando há apenas a aparência e um pouco de esperança de que isso conduza àquele conhecimento. Não se compreende de outro modo como em uma seriedade de todo tão extrema as tentativas mais superficiais na filosofia poderiam suscitar interesse se

o que Schopenhauer escreveu sobre a filosofia universitária,[153] encontrarão lá igualmente isso do modo mais flagrante. De

---

prometessem certeza apenas em uma direção qualquer. O entendimento que a não filosofia chama de sadio entendimento humano, uma vez que ele é apenas o comum, exige de certo modo a moeda autêntica e tilintante da verdade e sai em sua busca sem qualquer consideração sobre a insuficiência de seus meios. Estendendo-se pela filosofia, ele produz o monstro de uma crua filosofia dogmática que tenta medir o incondicionado a partir do condicionado e expandir o finito até o infinito. O modo de inferir que, no domínio do dependente, alcança de um a outro, o ajudaria aqui a passar por cima do abismo entre o derivado e o absoluto. – Em regra, ele não se atreve a ir tão longe, mas permanece parado imediatamente naquilo que ele chama de seus fatos. A filosofia mais modesta nessa tendência é a que apresenta a experiência como a única ou a principal fonte do conhecimento real, mas, de resto, concede a respeito das ideias que elas talvez tenham uma realidade que lhes falte de todo apenas para o nosso saber. Poder-se-ia bem dizer que estudar uma tal filosofia é pior do que não conhecer nenhuma" (Schelling, *Werke* [Obras], v.3: Schriften zur Identitätsphilosophie 1801-1806 [Escritos sobre a filosofia da identidade 1801-1806], p.290).

153 Por exemplo: "Se [...] não se tratasse, nesse assunto, senão da promoção da filosofia e do avanço no caminho da verdade, então minha melhor recomendação seria a de que cessasse a sofistaria pedante que é o que se faz nas universidades. Pois elas provavelmente não são o lugar para filosofia com intenções sérias e sinceras, cuja posição lá precisa apenas adotar com demasiada frequência uma marionete enfiada em suas roupas e enfeitada e gesticular e desfilar como um '*nervis alienis mobile lignum*' [marionete movido por linhas alheias, Horácio]. Ora, se uma tal filosofia de cátedra, entretanto, quer colocar no lugar de verdadeiros pensamentos frases vazias incompreensíveis e que embriagam o cérebro, palavras inventadas e pensamentos inauditos que acabam de vir à mente cujo absurdo recebe o nome de especulativo e transcendental, então ela se torna uma paródia da filosofia que entrega a verdadeira filosofia ao descrédito; o que em nossos dias é de

Nietzsche, que renegou a filosofia oficial e estabelecida e optou por uma espécie de emigração voluntária, eu mal preciso dizer nada quanto a isso. Eu quase diria que para mim ele é bom demais para ser colocado nesse contexto. – Gostaria de tentar lhes mostrar no próximo encontro principalmente o que se modificou em relação a esse estado de consciência crítica da filosofia e da ciência hegemônicas no início do século XIX e em que consiste então o qualitativamente novo em um sentido histórico dos movimentos ontológicos.

fato o caso" (Schopenhauer, "Über die Universitäts-Philosophie" [Sobre a filosofia universitária], em *Sämtliche Werke*, v.IV: Parerga und Paralipomena I, op. cit., p.238 *s.*).

168

// Aula 12
10 de janeiro de 1961

Como os senhores se lembrarão, tentei explicar-lhes da última vez que a indiferença do pensamento em relação àquelas questões – em virtude das quais fazemos algo como filosofia e cuja história remonta, no essencial, ao "giro copernicano" kantiano – já estava presente, em todo caso, no tempo do idealismo alemão.[154] E talvez não seja por acaso que, dentre os idealistas alemães, foi aquele que tem mais em comum com a filosofia existencial – Schelling – que reagiu mais enfaticamente contra essa situação do seu tempo. Mas seria falso se quiséssemos dizer: *plus ça change, plus c'est la même chose.*[155] É claro que já

154 No original (Vo 5818), entre os termos "explicar" e "no tempo do idealismo alemão" encontra-se apenas a inscrição manuscrita "não audível" como indicação de uma falha sonora da fita; a parte incluída da frase é uma conjectura do editor.

155 Quanto mais se modifica, mais permanece o mesmo. Cf. também as palavras correspondentes em alemão que constam de Büchmann: "Nada é durável como a mudança" (Börne, Heine) e "Aqui nada é tão estável quanto a instabilidade" (Paul Fleming). (NaS IV.13, p.436, nota 255).

havia esses problemas no final do século XIX; e sem dúvida eles se relacionavam com o fato de que as profissões intelectuais se tornaram, todas, concorrentes no mercado da sociedade civil-burguesa e caíram, com isso, em um certo mecanismo de adaptação que as iludiu então quanto a sua determinação particular. Mas aí mudou-se algo de muito decisivo, e, na verdade, em muitíssimos sentidos. Primeiramente, o positivismo se impôs no funcionamento das ciências particulares de uma maneira que não seria pensável naquela época da qual eu lhes falava. Recentemente, por acaso, topei com uma referência sobre um trabalho de Schelling – não me recordo mais qual; trata-se de um trabalho de juventude de Schelling – que apareceu em uma revista que se chamava algo similar a "Revista de Física Especulativa".[156] Creio que os senhores precisam apenas evocar esse nome, que entre os anos 1794 e 1800 muito certamente não tinha nada de incomum, ou os senhores precisam apenas pensar, por exemplo, nos escritos de Ritter[157] ou mesmo

---

156 Trata-se da revista editada pelo próprio Schelling em 1800-1801, que não era apenas *semelhante*, mas que se chama exatamente assim, e na qual ele publicou, entre outros, "Darstellung meines Systems der Philosophie" [Apresentação de meu sistema de filosofia], de 1801.

157 Johann Wilhelm Ritter (1776-1810), do círculo do romantismo de Jena, foi, ao lado de Novalis e de Friedrich Schlegel, um dos maiores autores de fragmentos da literatura alemã, fundador da eletroquímica, autor dos *Fragmentos do espólio de um jovem físico: um livro de bolso para amigos da natureza.* Walter Benjamin chamou o "Prefácio desaparecido" aos *Fragmentos* de Ritter de "a mais significativa prosa confessional do romantismo alemão", que lhe teria "trazido à luz o que o esoterismo romântico é de fato". Em 1899, Ritter foi, em certo sentido, redescoberto para o público literário por Ricarda Huch, antes que Benjamin destinasse às considerações de filosofia da linguagem de Ritter um lugar significativo em seu *Origem do drama barroco alemão.*

em numerosos fragmentos de Novalis, para se darem conta do
169 que se modificou – pois hoje seria, por óbvio, // inteiramente impensável uma tal afinidade entre as ciências naturais e a filosofia, como de todo modo ela ainda existia então. E uma revista desse tipo, seja ela como for, se exporia hoje, no âmbito das ciências naturais, simplesmente ao ridículo. Acresce a isso que do movimento do idealismo alemão de então – que atacou tão enfaticamente a reificação e o que há de pedestre no funcionamento da ciência – vieram impulsos para todo o funcionamento das ciências particulares e também para a existência das ciências particulares, impulsos que mal podemos imaginar hoje em dia. Em suma, os opostos que, àquela época, já tinham se desenhado, ou seja, os opostos entre o interesse propriamente filosófico, de um lado, e a sua orientação a um ramo do saber e a dissociação do funcionamento da ciência da filosofia em geral, de outro, isso cresceu tanto entrementes que se pode talvez dizer que, aqui, a quantidade se converteu em uma nova qualidade. Isso tem uma consequência curiosa, no entanto, e, creio, uma consequência que se considerou muito pouco até agora quando se tentou (o que não ocorreu propriamente) compreender as tendências com as quais nos ocuparemos aqui partindo da carência e da sua origem na situação espiritual. A reação aos momentos do positivismo, da reificação e da desespiritualização da filosofia assim como das próprias ciências particulares alcançou uma tal amplitude que o movimento contrário, de sua parte, também se estabeleceu. Quase poderíamos dizer que o protesto contra a natureza acadêmica do espírito – que nos iludiria acerca do que o espírito espera, em verdade – se tornou também acadêmico e ele mesmo um ramo aprovado das ciências. Na história da Igreja, disseram uma vez que as or-

dens não seriam nada mais do que heresias recepcionadas. Parece-me, dito do ponto de vista da sociologia do conhecimento,
170 // que o estado de coisas apontado com isso tem sua validade muito além da história da Igreja; isto é, que sociedades existentes, quanto mais densamente se tece a sua rede, tanto mais o seu poder se difunde, tanto mais o seu poder migra também para dentro dos sujeitos, e mais ainda elas terão também a tendência a não combater, mas acolher em si escolas ou tendências que lhe sejam opostas. E muito particularmente adequadas a uma tal recepção foram, como se demonstrou, as tendências da filosofia existencial e as perguntas aparentemente tão radicais sobre o que a filosofia promete a alguém de fato.

Por outro lado, essa recepção – que o espírito do mundo de forma alguma providencia com intenção, mas justamente, de fato como espírito do mundo, de forma inconsciente, com um tipo de inevitabilidade – tem a enorme vantagem, para relações espirituais, acadêmicas e para outras relações a cada vez existentes, de, por meio de tal recepção, as heresias recepcionadas serem inteiramente atenuadas. O que nos concerne em todo o âmbito das tendências das quais falamos aqui é o elemento antiacadêmico compreendido como um setor acadêmico próprio. Se, à primeira vista, ele *parece* ser antiacadêmico, quando se diz: "Sim, todo esse funcionamento da ciência se tornou estranho para mim, ele se desenrola em uma certa esfera de objetividade, e onde eu me encontro nesse contexto? Onde é que estou nisso?" – tal como Simmel desenvolveu em sua famosa palestra sobre a crise da cultura,[158] então parece, à primeira vista, *tam-*

158 Trata-se provavelmente da conferência *O conflito na cultura moderna*. Cf. Simmel, *O conflito na cultura moderna e outros escritos*.

bém muito antiacadêmico dizer: "Sim, é preciso que o pensamento não se esqueça de mim, de meus interesses essenciais e de todas as coisas que foram excluídas pelo criticismo e pelo positivismo em seu sentido mais amplo". Mas o que é peculiar aqui é que justamente aquilo que foi excluído e que perdurou em seu essencial justamente em conteúdos espirituais tradicionais, em conteúdos espirituais mais ou menos secularizados, aquilo se prestou novamente também para, por assim dizer, ser administrado como um setor acadêmico especial – de modo
171 que // Ernst Bloch podia escrever, não sem razão (na época em que ele ainda se opunha à ontologia; entrementes, ele parece se posicionar em relação à ontologia de forma muito mais amigável do que eu, por exemplo), que Heidegger é um professor das disciplinas de angústia, cuidado e morte;[159] o que sem

159 Cf. o livro de Bloch, *Erbschaft dieser Zeit* [Herança desta época], em que se lê sobre Heidegger: "Certas sutilezas da alma, e também uma obstinada seriedade camponesa, unem-se estranhamente ao desejo de descrevê-lo, de torná-lo verdadeiramente descoberto em palavras; Heidegger tem a angústia, na medida em que ele a leciona. Estranhamente, essa seriedade é trazida por um pedante *Wandervogel* [integrante do movimento popular da juventude alemã de mesmo nome, existente de 1896 a 1933, de orientação protofascista], ao qual se liga um professor das disciplinas de angústia e cuidado, como se isso fosse conteúdo de ensino como qualquer outro. Assim surge um tipo de luto erudito de cátedra, que, embora tenha inteiramente subjetivizado a 'consciência em geral', não cessa de ser pura intuição de conceitos" (Bloch, *Erbschaft dieser Zeit*, p.217 s.) – Se Adorno fala da postura amigável recente de Bloch em relação à ontologia, ele deve ter pensado na conferência "Sobre a ontologia do ser-não-ainda", que Bloch proferiu em 1960 em Tübingen e Heidelberg, e que foi incorporado em um livro de mesmo nome (cf. Bloch, *Philosophische Grundfragen*, I: Zur On-

dúvida expressa muito bem o paradoxo ao qual eu gostaria de lhes chamar a atenção, pois aí se delineia muito claramente a transformação das coisas mais urgentes que há em ditos problemas-título, isto é, em perguntas de um pensamento objetivante. O elo entre os dois é, obviamente, a palavra "aspiração" [*Anliegen*].[160] Propaga-se aí uma espécie de arrepio agradável. Já apontei para os senhores que o assim chamado perguntar radical, ao retomar o que está atrás de todo o existente e de todo o ente, não acerta mais absolutamente nada. Pode-se perguntar tão radicalmente, isto é, mergulhar nas origens de tal maneira que cada resposta possível a uma tal pergunta radical é inteiramente indiferente em face da realidade na qual existimos. E ainda melhor impressão causaremos, obviamente, se dissermos que isso só concerne à pergunta e não às respostas, e que já se trata de um achatamento da questão se a pergunta espera por uma resposta – um gesto de pensamento que, de resto, é inteiramente familiar à ontologia existencial.

Mas me parece oportuno lhes chamar a atenção no mínimo para uma certa analogia. Não quero dizer que seja, aqui, mais do que uma analogia existente com algumas tendências políticas de nossa época. Trata-se de um pensamento pseudorrevolucionário, isto é, um pensamento que finge revirar tudo; que se apropria de resto até de expressões que eram particularmente repudiadas pela reação, como o conceito de destruição, se ca-

---

tologie des Noch-Nicht-Seins. Ein Vortrag und zwei Abhandlungen [Questões filosóficas fundamentais: sobre a ontologia do ainda-não-ser. Uma conferência e dois ensaios].

160 Sobre a expressão "aspiração" [*Anliegen*], cf. Adorno, *Jargon der Eigentlichkeit*; GS 6, p.465 *s.*, *passim*.

racterizando a si mesmo como destruição,[161] mas essa destruição se revela apenas como uma destruição do esclarecimento em seu sentido mais amplo, isto é, do pensamento racional, de
172 modo que aquilo que resta após essa destruição cabe // muito bem no mesmo bojo do antiesclarecimento e do irracionalismo. Aqui, poderíamos pensar também em expressões como a "revolução conservadora",[162] isto é, em um pensamento que se comporta como se fosse envolver um recomeço absoluto, sendo que o recomeço converge apenas para a renovação de conteúdos históricos já caducos ou condenados pela história. Pode-se falar igualmente do fenômeno do pseudoconservado-

161 O § 6 de *Ser e tempo* leva o título de "A tarefa de uma destruição da história da ontologia".

162 O conceito de "revolução conservadora", concebido originalmente contra a Revolução de 1789, foi adotado durante e após a Primeira Guerra Mundial por autores como Thomas Mann, Rudolf Borchardt e Hugo von Hofmannstahl, e instrumentalizado para uma tendência política que, com desvios mais ou menos grandes, conduziu ao fascismo alemão; não sem razão, Hitler podia se denominar em 1936 "o revolucionário mais conservador do mundo" (citado por Konersman, [verbete] Revolution, konservative, em Ritter; Gründer (orgs.), *Historisches Wörterbuch der Philosophie* [Dicionário histórico da filosofia], v.8, p.984). Após o fim do regime nazista, Armin Mohler, aluno de Carl Schmitt e secretário de Ernst Jünger, popularizou o conceito em sua dissertação orientada por Karl Jaspers, *Die konservative Revolution in Deutschland 1918-1932: Grundriss ihrer Weltanschauungen* [A revolução conservadora na Alemanha de 1918-1932: esboço de suas visões de mundo]; ainda mais interessante do que o imponente trabalho de recolha de Mohler é a crítica que fez dele Max Rychner, que contém, além do verbete de dicionário de Konersman citado acima, o necessário para se compreender a coisa (cf. Rychner, *Sphären der Bücherwelt: Aufsätze zur Literatur* [Esferas do mundo dos livros: ensaios de literatura], p.184 *ss.*).

rismo com o qual já me deparei em contextos muito distintos, a saber, em contextos sociológicos.[163] Trata-se aqui de um pensamento que se apresenta como se fosse o pensamento autenticamente preservador através da rememoração do verdadeiro e do esquecido – isto é, do ser. E Heidegger caracterizou o seu pensamento repetidas vezes e muito enfaticamente como o pensamento preservador – isto é, como um pensamento que preserva o ser. Mas, na realidade, esse pensamento preservador, esse conservadorismo converge para uma espécie de – tenho de dizê-lo – barbarização, na medida em que a tradição da racionalidade europeia é, com isso, jogada fora; ou seja, esse preservar é extremamente intolerante contra tudo aquilo que caberia preservar de fato na nossa época: contra razão, contra autonomia, contra a ideia de que os homens podem determinar a partir de si mesmos o seu destino. Em vez disso, eles devem ser "servos" [*hörig*] do ser. E o próprio ser é diretamente relacionado por Heidegger com o destino, no famoso trabalho "Sobre o 'humanismo': Carta a Jean Beaufret"; o conceito mítico do destino é citado explicitamente no contexto do que deve ser supostamente preservado.[164] Com isso, as pessoas ainda se

163 Em sua conferência "Sobre a situação atual da sociologia alemã", de 1959, Adorno denominou o nacional-socialismo como "pseudorrevolucionário e pseudoconservador a um só tempo" (GS 8, p.501).

164 Cf. Heidegger, "Carta sobre o 'humanismo'", em *Marcas do caminho*, p.343: "O advento do ente repousa no destino do ser". Em todas as referências ao escrito sobre o humanismo, de 1946, Adorno se referiu erroneamente a *A doutrina de Platão sobre a verdade*, segundo o próprio Heidegger proferido primeiramente em 1930-1931 e publicado em 1942, ao passo que a "Carta sobre o 'humanismo'" apareceu primeiramente como apêndice à edição suíça do escrito sobre Platão de 1947, do qual a edição mencionada de 1954 apresenta a segunda edição.

sentem mais ou menos em solo seguro, uma vez que as análises trazem esse certo caráter filológico e o próprio filosofar, de forma não totalmente transparente, é difamado por Heidegger em benefício de uma certa relação com a palavra. Nisso, a imersão na letra de qualquer texto já deve garantir algo da verdade,
173 sem que se reflita // de fato sobre a questão de saber se esse próprio texto é verdadeiro ou não. Antes, trata-se do serviço paciente à palavra que, em sua figuração inteiramente histórica e transitória, é hipostasiada e convertida em um absoluto em função da filosofia da linguagem de Heidegger (à qual já lhes fiz referência),[165] de forma que justamente as pessoas jovens, que se entregam a essas coisas visceralmente, não têm apenas o sentimento de ousadia, mas têm também o sentimento de, apesar de tudo, se encontrarem cientificamente em solo firme, sem que a diferença entre a interpretação filológica e a verdade do interpretado sequer entre no campo de visão da reflexão. Não posso me impedir de mencionar aqui que interpelei uma vez o meu falecido e muito querido professor Reinhardt[166]

Adorno parece ter tomado ambos os textos como uma unidade, o que não é possível nem filosófica nem filologicamente. [A informação do editor alemão de que Adorno teria se referido erroneamente a *A doutrina de Platão sobre a verdade* em todas suas referências ao escrito sobre o humanismo é provavelmente equivocada, como o leitor já pode ter percebido. (N. T.)]

165 Cf. p.52 *ss.*

166 Karl Reinhardt (1886-1958); cf. sobre Reinhardt os dois artigos de Gadamer (Gadamer, *Gesammelte Werke*, v.6: Griechische Philosophie II [Obra reunida, v.6: Filosofia grega II], p.278 *ss.* e p.285 *ss.*) – Extrato de uma carta de Adorno a Reinhardt, por ocasião de seu aniversário de 70 anos: "O senhor sabe que ainda hoje é o mesmo que era quando eu pude – não sei mais se foram primeiramente as lições

acerca da filologia heideggeriana – tratava-se, à época, sobretudo da relação entre os conceitos ἀλήθεια, verdade, e λανθάνω, esconder [*verbergen*]; como se sabe, Heidegger diz que a ἀλήθεια é o que se desabriga, isto é, o ser que se desabriga [*das sich entbergende Sein*] – que Reinhardt caracterizou como algo puramente sem sentido. E é lamentável que a filologia, a partir da miséria de seu próprio positivismo, se agarre aos fiapos dessa filosofia e aparentemente se esqueça da prudência da crítica a essa pretensão filológica, tal como antigos filólogos, como Karl Reinhardt, ainda a possuíam. O gesto – para conduzi-los a esse gesto e provocar nos senhores uma certa autorreflexão, na medida em que são seriamente tocados por essas coisas –, o gesto é um gesto peculiar da ousadia aprovada. De um lado (e é este, eu gostaria de dizer, o elemento relacionado ao "Movimento da Juventude"[167] nessa filosofia), sfaz-se uso da prerrogativa da juventude de ser ousada, começar bem do início, não ser prosaica, não se vender ao mecanismo e tudo isso. Mas

---

sobre Platão ou sobre os pré-socráticos – ouvir suas lições pela primeira vez, isto é, o jovem erudito, infinitamente superior a tudo que é acadêmico em um duplo sentido. Em um duplo sentido, porque o senhor sempre foi mais erudito que os eruditos, e porque o senhor sempre foi muito mais do que apenas erudito. O que o senhor significou para mim e para todo o meu desenvolvimento espiritual não pode ser colocado em palavras, e o pudor, que é uma grande categoria grega, proíbe em geral que se exprima tais coisas diretamente, mas neste dia talvez isso seja permitido" (Carta a Karl Reinhardt, 16 fev. 1956).

167 A expressão "relacionado ao Movimento da Juventude" [*jugendbewegte*] é uma conjectura editorial a partir da expressão *jugendbewegungshafte*, de mesmo significado (Vo 5822). [O *Movimento da Juventude* (*Jugendbewegung*) foi uma tendência cultural conservadora da juventude burguesa alemã no primeiro terço do século XX que opôs à vida urbana industrializada um estilo de vida bucólico e romântico. (N. T.)]

tem-se ao mesmo tempo o sentimento de que, com essa ou-
174 sadia, se está coberto pelos mais fortes batalhões – a saber, // que justamente aquele poder do ser deve estar por trás disso, ao qual só precisamos nos confiar e que, além disso, também o poder da linguagem e o poder das disciplinas filológicas está por trás disso. Creio que esse gesto de ousadia aceita, do excesso aprovado (eu gostaria de dizer), é, em larguíssima medida, responsável pelo destino do espírito alemão no entreguerras. E se os senhores não me levarem a mal se eu lhes falar hoje tão diretamente, se falar diretamente à própria situação de suas consciências e aos seus próprios interesses espirituais, então creio que é muito importante que perscrutemos esse contexto. O que houve na época entre 1918 e 1933 entre os jovens supostamente revolucionários e mais ou menos fascistas, querendo subverter tudo e desmontar a superestrutura da cultura – em certa analogia, a propósito, com a doutrina marxista da ideologia –, se portando de maneira muito absurda, nisso havia já aquela sabedoria *intus* presente na segunda parte do *Fausto*, de acordo com a qual o que se porta de forma tão absurda como mosto produz, no fim das contas, um bom vinho.[168] As pessoas tinham certeza desde o princípio de que por

168 Cf. Mefistófeles, no *Fausto II*, v.6807 *ss.*: "Original, leva o esplendor contigo! –/ Como te humilharia o fato:/ Quem pensou de tolo, algo, ou de sensato,/ Que já não tem pensado o mundo antigo? –/ Mas também esses as noçõezinhas urda!/ Transformá-lo-á o tempo em seu caminho:/ Ainda que o mosto abre de forma absurda,/ No fim acaba dando um vinho" (Goethe, *Fausto: uma tragédia*, Segunda parte, p.313). [Original fahr hin in deiner Pracht ! –/ Wie würde dich die Einsicht kränken:/ Wer kann was Dummes, wer was Kluges denken/ Das nicht die Vorwelt schon gedacht?/ Doch sind wir auch mit diesem nicht gefährdet,/

trás disso havia os "*powers that be*" – assim como Hitler falou sobre si mesmo e sobre seus seis camaradas nas tavernas que eles teriam assumido sozinhos a tarefa, ao passo que desde o começo tinham contatos cruzados com o Reichswehr ilegal, e o Reichswehr ilegal fora, como é sabido, uma ala do Reichswehr legal.[169] Ou seja, os riscos aí nunca foram tão brutalmente grandes. E algo desse gesto de ousadia que sacode tudo e no qual se podia, desde o começo, antever que nada pode ocorrer, isto é, que apenas a confirmação do ser advirá daí – todo esse movimento tem algo disso também. Não por acaso, Heidegger escreveu em algum lugar uma frase que diz que o obscurecimento do ser-aí no ser tem necessariamente os seus limites[170] –
175 ou seja, aí estamos, em certo sentido, cobertos. //

Os senhores podem observar em muitas categorias o fato de que o pensamento que se ergue contra a academia experimenta uma mudança de função quando se academiciza. Os senhores

---

In wenig Jahren wird es anders sein./ Wenn sich der Most auch ganz absurd gebärdet,/ Es gibt zuletzt doch noch e' Wein.]

169 Hitler entrou em setembro de 1919, em Munique, no Deutsche Arbeiterpartei [Partido Alemão dos Trabalhadores], com o número de filiação 555: "ele não era, como dizia sempre, o sétimo membro [...], mas no máximo o sétimo membro do comitê" no qual o primeiro chefe do partido, Anton Drexler, pediu-o para "entrar como chefe de turma de propaganda" (cf. Kershaw, *Hitler: 1889-1936*, p.171). Em função do Tratado de Versalhes, só era permitido à Reichswehr ter uma tropa de 100 mil homens e uma marinha de 15 mil homens; para contornar essa limitação, a Reichswehr, em acordo com os diferentes governos do Reich, manteve um armamento secreto por meio do assim chamado Reichswehr ilegal, isto é, que feria o contrato de paz – parcialmente, aliás, em trabalho conjunto com a União Soviética.

170 Não encontrado.

podem observá-la, no entanto, muito particularmente na relação com Kierkegaard, que, em certo sentido, ocupou o lugar de padrinho em todo esse movimento, e que, é preciso dizê-lo, se transformou diretamente, no curso de sua recepção, justamente no contrário do que dizem os seus textos literalmente. Creio que tenho a obrigação para com os senhores, nesta aula, de falar uma vez algo sobre a relação dessas filosofias, aqui investigadas, com Kierkegaard. Pois, se vejo corretamente, Kierkegaard é muito menos lido, hoje, do que era o caso, digamos, há trinta anos. E, de outro lado, provavelmente só se pode entender corretamente tanto o desenvolvimento para aquela filosofia quanto a mudança estrutural por que ela passou desde o seu estabelecimento se compreendermos corretamente a sua relação com Kierkegaard. Primeiramente, trata-se de uma relação extremamente distante que há entre essa filosofia e Kierkegaard. Kierkegaard foi – para dizê-lo sob a fórmula mais grosseira, pois eu não gostaria de me perder em uma aula sobre Kierkegaard, mas gostaria de tematizar Kierkegaard apenas na medida em que for necessário para a compreensão de nossos problemas –, Kierkegaard foi um teólogo protestante, segundo a sua intenção essencial, como está expresso não em seus escritos pseudonímicos, mas nos escritos que ele levava a sério imediatamente. Para ele, o que é central é o conceito de fé protestante, o conceito que torna a salvação do fiel essencialmente um assunto da fé, isto é, de sua subjetividade, e não um assunto da objetividade do dogma. De um lado, há uma radicalização extraordinária da pretensão teológica em face do indivíduo; mas, de outro lado, há também uma crítica à dog-
176 mática e à filosofia da religião, // que conduziu afinal a que, no

fim de sua vida relativamente curta, Kierkegaard tenha entrado em um conflito virulento com a Igreja luterana estabelecida em seu país, a Dinamarca. E ele morreu literalmente durante a sua última batalha contra a Igreja, ao publicar o escrito *O instante*. Poder-se-ia perguntar o que esse subjetivismo teológico elevado ao extremo – cujo princípio central religioso-filosófico é: "a subjetividade é a verdade" – tem a ver com o objetivismo mitológico que a filosofia heideggeriana, isto é, que Heidegger em todo caso advoga – permitam-me desconsiderar por um segundo Jaspers, que é kierkegaardiano de forma muito mais aberta. As duas coisas parecem não ter absolutamente nada a ver entre si. Apesar disso, se lerem *Ser e tempo*, os senhores encontrarão aí não apenas Kierkegaard citado repetidamente, mas verão, sobretudo nas partes de *Ser e tempo* que originalmente exerceram grande influência e nas quais baseia-se, até certo ponto, a autoridade que Heidegger assume até hoje na vida filosófica alemã, os senhores verão que justamente essas partes – a saber, a doutrina dos assim chamados existenciários – foram inspiradas por Kierkegaard em todos os seus momentos essenciais. Aquilo de que trata a filosofia de Kierkegaard é o conceito de existência. Os senhores já viram quando tentamos elucidar Heidegger que, em seu caso, o conceito de existência na verdade não é o centro, embora inicialmente a influência que Heidegger exerceu partiu muito mais do conceito de existência do que do conceito de ser. Em Kierkegaard, o conceito de existência é o principal. A sua tese fundamental é que a doutrina de Hegel é uma doutrina da essência, da ideia, da ideia se desenvolvendo objetivamente sobre as cabeças dos seres humanos, na qual o ser humano, enquanto um ser sensível e mortal, é preterido, e

177 na qual o próprio ser humano // nem se expresse.[171] Em uma entrada de diário de Kierkegaard, lê-se, em um ataque contra Hegel, que alguns filósofos constroem um palácio gigante para os pensamentos e moram ao lado, em uma casinha de cachorro. Isso é, originalmente, o *páthos* do conceito de existência, na medida em que ele é orientado contra o conceito de metafísica ou de filosofia especulativa. Então, Kierkegaard tenta – como diríamos na linguagem de Schelling – construir a própria existência, ou seja, desenvolver as determinações essenciais por meio das quais a existência se caracteriza propriamente como existência; as categorias de existência por meio das quais a existência justamente obstrui o caminho do sistema. Essas são as categorias que se parecem muitíssimo com o que aparece em *Ser e tempo* sob o nome de situatividades do ser-aí, por exemplo o conceito de angústia, ao qual Kierkegaard dedicou um livro inteiro e que é a situatividade-chave em Heidegger; o conceito de decisão, no qual ressoa excepcionalmente o conceito heideggeriano de resolução; e também o conceito de desespero, que se comunica intimamente com o conceito de "ser para a morte", como se vê claramente. Agora, os senhores devem ter clareza de que todas essas categorias – embora Kierkegaard não seja

171 Assim se lê em uma entrada datada de 1846: "À maioria dos sistemáticos em relação com os seus sistemas ocorre algo como quando um homem constrói um castelo gigantesco e vive ele próprio ao lado, em um celeiro; eles não vivem eles mesmos em seu gigantesco edifício sistemático. Mas em relações espirituais isso é e permanece sendo uma objeção decisiva. Compreendidos espiritualmente, os pensamentos de um homem devem ser o edifício onde ele mora – senão há algo errado" (Kierkegaard, *Die Tagebücher: 1834-1855* [Os diários: 1834-1855], p.194 *s.*).

de modo algum tão melindroso no uso da palavra "psicologia"; ele falou com frequência de psicologia, ao contrário de seus herdeiros modernos, pós-husserlianos, que, como se sabe, não querem saber nada de psicologia –, todos esses conceitos surgem em Kierkegaard como categorias da existência, como conceitos fundamentais constitutivos da existência, e não, digamos, como estruturas psicológicas que podem ser observadas nos seres humanos individualmente. Isso se relaciona ao fato de que todos esses conceitos não são vistos, para o teólogo que foi Kierkegaard, apenas como propriedades ou estruturas ou determinações dinâmicas do ente humano finito; antes, eles foram todos atados a um ponto bem determinado, a saber, ao ponto que interessa essencialmente ao teólogo e mes-
178 mo ao teólogo luterano, // a saber: ao ponto da relação do ser humano, enquanto ente finito, com a infinitude, com a deidade, e sobretudo do ser humano enquanto ente finito consigo mesmo e enquanto ente infinito no sentido dessa metafísica. Aqui, Kierkegaard é simplesmente o continuador do idealismo alemão, por ele em geral tão selvagemente insultado, no qual, como se sabe, a subjetividade também é as duas coisas, ser sensível finito, de um lado, e caráter inteligível, de outro – como já está expresso de maneira muito clara na *Crítica da razão prática*, e como constitui sobretudo a temática de toda a filosofia de Fichte; como se pode dizer em geral que Kierkegaard, em certo sentido, é uma remodelação, uma reformulação simultaneamente nominalista ou psicológica *e* teológica da filosofia fichtiana. Porque essas determinações da existência são de antemão, apesar do aparente mergulho no ser humano concreto, determinações do *ente* humano enquanto simultaneamente finito e infinito, e porque a relação desses momentos já é con-

cebida nele *pura e simplesmente* é que a intenção dessa filosofia já é objetivamente, se quisermos, uma intenção ontológica. E já fiz a tentativa – que penso, hoje, trinta anos depois, que não foi assim tão má –, no meu antigo livro sobre Kierkegaard (que será reeditado em breve, espero),[172] de mostrar que essa filosofia extremamente antiontológica já contém, em realidade, uma ontologia implícita.[173]

O movimento ontológico tocou justamente nesse ponto e extraiu dele esse interesse ontológico na subjetividade, essa passagem do sujeito para uma objetividade. Agora, que a análise da própria existência, que a existência seja determinada como uma relação entre finito e infinito – dito heideggerianamente: uma relação entre ser e ente –, que a existência se torne ao mesmo tempo algo ontológico; isto é, a tese de que o ser-aí
179 é aquele ente // que é assinalado pela qualidade singular de ser simultaneamente ontológico, essa tese fundamental da filosofia heideggeriana se encontra prefigurada na determinação do ser humano como ser-aí, como algo finito que se relaciona em si mesmo com o infinito; de forma que, apesar desse subjetivismo, a tese central, ou a tese de partida do objetivismo ontológico já se encontra aí implicitamente. Agora, isso tem uma consequência muito importante que foi imediatamente extraída de Kierkegaard tanto por Heidegger quanto, de outra forma, por Jaspers, a saber: a torção do conceito de verdade. Em Kierkegaard, o conceito de verdade foi, na realidade, primeiramente abstraído de forma muito radical da antiga de-

172 Cf. Adorno, *Kierkegaard*.

173 Conjectura editorial a partir da expressão *ontologia explícita* [*explizite Ontologie*].

finição de verdade como uma *adaequatio rei et atque cogitationes*, ou seja, como uma adequação do pensamento a seu objeto; o conceito de verdade foi despido dessa determinação, a não ser que se queira conceber Hegel, amargamente difamado por Kierkegaard, como o crítico decisivo dessa doutrina tradicional da verdade; a relação de Hegel com essa tese é muito complexa, não posso aprofundar aqui agora. Em todo caso, para Kierkegaard, a verdade não é mais algo que é anteposto ao sujeito, ela não é mais a verdade do juízo científico, mas nada mais do que a relação do finito para com o sujeito, para consigo mesmo, na medida em que essa relação designa a infinitude do sujeito. Que esse conceito de verdade aponte para uma tautologia, para uma mera duplicação do sujeito, é algo que só posso mencionar aqui de passagem. Mas eu gostaria de dizer que esse curioso caráter de duplicação entre a verdade e o ser-aí volta tanto em Heidegger quanto em Jaspers; que, em Heidegger, se encontram formulações altamente surpreendentes sobre o ser-aí enquanto o ser-ele-próprio que repetem justamente essa tautologia de Kierkegaard. Pode-se dizer, portanto, na medida em que o sujeito kierkegaardiano é determinado como finito e
180 infinito, que ele já deve ser ôntico e ontológico. // E a sentença: a subjetividade é a verdade – o famoso princípio de Kierkegaard presente no "Pós-escrito" às *Migalhas filosóficas*[174] – não deve (creio que não mais preciso enfatizar isso depois do que

174 Cf. o capítulo II da segunda seção da Segunda Parte do "Pós-escrito" às *Migalhas Filosóficas* [*Unwissenschaftliche Nachschrift*], na qual a formulação já se encontra no título: "A verdade é a subjetividade" (Kierkegaard, *Philosophische Brosamen und Unwissenschaftliche Nachschrift*, p.328). – Cf. também Adorno, *Kierkegaard*, op. cit., p.258 (GS 2, p.167).

falei com os senhores) ser compreendido no sentido de um relativismo psicológico: que não há outra verdade que a subjetividade; não se trata, portanto, de requentar o subjetivismo da sofística grega, digamos. Antes, o que é visado aí não é fundamentalmente diferente do elemento heideggeriano de que o ser-aí, isto é, a existência do ser humano, uma vez que ela é consciente, se transcende a si mesma, aponta para além de si e, com isso, toma parte na verdade que então não é mais procurada fora dela, que não pode ser fixada, mas que está presente no próprio ser humano enquanto um processo, uma relação. A tese heideggeriana – para deixar isso um pouco mais claro para os senhores – de que, em realidade, em filosofia o que importa é a *pergunta*, não a resposta,[175] essa tese é uma reprodução

---

175 A tese heideggeriana do primado da pergunta está presente provavelmente em todos os escritos de sua fase tardia. Cf. por exemplo, em "Sobre a questão do ser", uma contribuição à *Festschrift* para Ernst Jünger, de 1955: "escrevo tudo isso na forma de questões; pois um pensamento não é capaz hoje, pelo que vejo, de algo mais do que refletir incessantemente sobre o que evoca as perguntas mencionadas. [...] *A pergunta sobre a essência do ser extingue-se quando ela não abandona a linguagem da metafísica, porque o representar metafísico impede que se pense a pergunta pela essência do ser.* [...] Reside no 'ser' [...] o fato de que, na correspondência com ele, nosso dizer fracasse e só permaneça aquilo de que se desconfia de modo demasiadamente apressado sob o título de 'mística'? [...] Estas são perguntas que mal começaram a se nos tornar questionáveis e já nos encontramos nelas como em casa, e elas não mais nos deixam, mesmo sob risco de ter de abandonar hábitos de pensamento há muito arraigados no sentido do representar metafísico e de atrair o desprezo de toda razão sadia. Estas são perguntas que ainda demonstram, na passagem 'sobre a linha', uma acuidade particular; pois essa passagem se movimenta no âmbito do nada" (Heidegger, "Sobre a questão do ser", em *Marcas do caminho*, op. cit., p.415-20).

relativamente exata daquilo que quer dizer a tese kierkegaardiana de que a subjetividade é a verdade. A propósito, ambas têm uma fonte comum, a saber, o famoso dito de Lessing,[176] de que, se tivesse de escolher entre a verdade e a busca pela verdade, ele preferiria a última. Ou seja, também aqui – isso é uma invariável muito alemã – os senhores têm a preponderância da pergunta sobre a resposta. E Kierkegaard dedicou na obra de que acabo de falar, o "Pós-escrito", um capítulo inteiro a essa sentença de Lessing e, com isso, a uma apologia de Lessing.[177] No entanto, em Kierkegaard, todos esses momentos que assinalei para os senhores conjugam-se com traços muito fortemente nominalistas, iluministas e antimetafísicos. Em certo sentido, Kierkegaard está de acordo com os críticos jovem-hegelianos,
181 hegelianos de esquerda e materialistas de Hegel, // na medida em que ele retira do espírito, em nome da teologia – que nega a possibilidade de que o espírito possa conhecer o absoluto a partir de si mesmo –, a capacidade de determinar o absoluto em geral. E aquela verdadeira dinamização da verdade, que a verdade resida na pergunta e não na resposta, ou que a verdade seja subjetividade – isso se liga ao fato de que a razão, em realidade, não é capaz de se apoderar da verdade do absoluto, mas que a verdade está presente apenas em um modo de com-

---

176 "Se Deus mantivesse encerrado em sua direita toda verdade, e em sua esquerda o único e sempre vivo desejo pela verdade, embora com o acréscimo de me enganar sempre e eternamente, e dissesse a mim: escolha! Eu me prostaria humildemente em sua esquerda, e diria: dai-me, Pai! Pois a verdade pura pertence apenas a Ti!" (cf. Lessing, *Werke und Briefe*, v.8: Werke 1774-1778, p.510).

177 Cf. Kierkegaard, *Philosophische Brosamen und Unwissenschaftliche Nachschrift*, op. cit., p.189 *ss.*, nota 175: "Algo sobre Lessing".

portamento da subjetividade, que não pode pôr um padrão objetivo a partir de si mesma, e cujo modelo teológico é a fé; no que a similaridade entre o sujeito cognoscente e a deidade é fundamentalmente representada segundo o contato paradoxal de tempo e eternidade na cristologia. O que eu queria dizer é o seguinte: que esse momento teológico em Kierkegaard muito estranhamente o aproxima da esquerda hegeliana, a saber: ambos estão *contra* a metafísica. Ele está, por assim dizer, à direita da metafísica ou *de frente* para a metafísica, na medida em que ele retira do espírito a capacidade de conhecer o absoluto; e os hegelianos de esquerda defendem que justamente onde, em Hegel, há o absoluto ou a ideia, deve se encontrar algo finito, a natureza ou algo do tipo. E depois daqui há conexões transversais muito fortes. Há todo um conjunto de sentenças de Kierkegaard nas quais ele – sempre em oposição direta ao idealismo alemão, sobretudo a Hegel, mas também a Schelling – se declara expressamente em acordo com aqueles críticos à esquerda de Hegel, sobretudo com Feuerbach, mas também com Schopenhauer, em certo sentido um positivista em relação ao idealismo.

Isso de um lado, mas também o subjetivismo de Kierkegaard: é justamente isso que desapareceu, de modo peculiar, na filosofia de Heidegger. E quando lhes falei sobre a mudança de função que toda essa filosofia atravessou, os senhores podem reconhecer essa mudança de função com toda a clareza aqui.
182 // Seria de fato uma bela tese de doutorado (e talvez a algum dos senhores ocorra a ideia de fazer esse trabalho) escrever a história do conceito, da palavra "ontologia", digamos, de Hegel ou Kant até o nosso tempo. Em Hegel – de resto, semelhante a Kant –, a ontologia, dito de maneira simples, é um conceito

negativo, simplesmente igualado a metafísica. Kierkegaard,[178] portanto, questiona a possibilidade de haver um tal esboço racional do ser comensurável à razão, afetando-o, no entanto, com a contradição de que a doutrina da existência que ele próprio esboça, ao procurar elevar essa existência a determinações fundamentais como angústia ou desespero ou decisão ou salto, é ela própria, como eu disse aos senhores, uma ontologia disfarçada, uma ontologia não consciente de si mesma. E a isso os filósofos podiam aderir – nessas coisas os filósofos tiveram sempre os ouvidos extraordinariamente aguçados; sempre que um filósofo foi fraco em algum ponto, eles se lançaram a ele e deram continuidade justamente a esse momento, isso é a história da filosofia –, justamente a esse ponto os filósofos aderiram, enfatizaram-no e transformaram o palavrão que, em Kierkegaard, era "ontologia" no problema-título, como se diz tão belamente, que eles próprios queriam desenvolver. Por algum tempo, a palavra "ontologia" era praticamente a palavra-chave, mas ela se reconstituiu. Porque Heidegger reconduziu as ontologias individuais, isto é, as doutrinas dos constituintes de diferentes âmbitos do ser à pergunta por uma ontologia fundamental, por uma doutrina do ser, por isso é que ele chegou enfim à conclusão de que algo como uma ontologia, uma classificação racional desse ser em geral não é mais possível. E, ao final, aquilo que ele próprio (e não apenas os seus imitadores) caracterizou como a questão do ser substituiu inteiramente a ontologia. – Ainda gostaria de dizer apenas que o momento do academicismo ou do estabelecimento do antiaca-

178 "Kierkegaard" é uma conjectura editorial a partir da expressão "ele" (*er*) (Vo 5830).

183 dêmico se mostra // muito precisamente nessas coisas. Pois o conceito oposto à ontologia é, em Kierkegaard, o conceito de existência. E justamente esse conceito na sua forma tão palpável que é recorrente em Kierkegaard, a saber, na referência a relações altamente reais e materiais como aquelas que obrigam um jovem pastor a ensinar doutrinas nas quais ele não acredita realmente; esse conceito de existência é cada vez mais jogado em segundo plano, ele recua cada vez mais; e o conceito de ser ocupa, ele próprio, cada vez mais, justamente aquela função de uma mera doutrina, de um objeto de discussão erudita contra a qual essa filosofia foi cunhada. E, assim, a refuncionalização que esbocei aqui para os senhores é a prova decisiva dessa mudança de função por meio de sua recepção; uma mudança de função que, no entanto – e isso é, talvez, bom de se ter em mente para a construção da história do espírito em geral –, só foi possível porque, nisso, se associou a momentos justamente daquele pensamento.

184

// Aula 13
12 de janeiro de 1961

Na última vez eu lhes havia dito algumas coisas sobre a relação entre Kierkegaard e a ontologia existencial ou as tendências ontológicas em geral e lhes havia esboçado o processo de refuncionalização que se deu com essas ideias. Eu havia tentado – como em geral gosto de fazer, se puder lhes deixar dar uma olhada nas cartas – elucidar exemplarmente a minha tese geral a partir do caso do conceito kierkegaardiano de existência, a tese geral de que a ontologia existencial, ou as coisas que saíram dali, tende a neutralizar os seus próprios motivos. Se os senhores refletirem sobre esse processo de neutralização no modo como o apresentei a partir de Kierkegaard – no qual, de resto, como os senhores se lembrarão, esses momentos já estão presentes como potencialidades –, se os senhores considerarem mais de perto esse processo, ele vai dar em um antissubjetivismo muito marcado. Esse antissubjetivismo é o que todavia se tornou então essa filosofia radicalmente subjetiva – lembrem-se de que, quando falávamos de Kierkegaard, fiz referência a Fichte[179] –,

179 Cf. p.178.

o que é característico, na verdade, e por certo, se se quiser, já em Husserl. Em Husserl ele ainda está ligado a elementos muito fortes do idealismo transcendental; já em Scheler, para o terror de Husserl, ele já se desligou dele então totalmente. Eu gostaria inicialmente de lhes dizer algo sobre o antissubjetivismo dessas tendências como um todo, pois quase não falamos sobre esse complexo nesse contexto e por que esse momento é talvez um dos momentos centrais na nossa consideração das carências que conduziram a essa filosofia. Tangenciamos de distintos modos um momento, o antirrelativista. Preciso apenas lhes trazer novamente à memória a frase de Kierkegaard de que a subjetividade seria a verdade. Essa frase tão nominalista, de modo bem seme-
185 lhante à // doutrina da fé de Lutero, vincula-se em Kierkegaard a um motivo teológico, que apenas não vem à tona na forma de filosofia secular que ele emprestou a essas ideias em seus escritos sob pseudônimo, mas que está obviamente por detrás de tudo o que ele escreveu. Diga-se de passagem, os senhores só podem compreender Kierkegaard em geral, em sua escrita tão complexa e dissimulada, se tomarem os escritos explicitamente teológicos (ou seja, os que não foram escritos sob pseudônimo), os ditos discursos religiosos e também as suas derradeiras publicações[180] como chave para a sua *œuvre* inteira. Pois, quando ele escreveu *Ou-Ou* [*Enten-Eller*], ou seja, a obra que reproduzia o ponto de vista do esteticismo ao mesmo tempo a fim de mostrar que se tratava nele apenas de um estádio, ele já havia escrito os primeiros discursos religiosos e publicado em seu próprio nome. No que diz respeito a Kierkegaard, o problema

180 Adorno se refere ao periódico escrito por Kierkegaard, *Øieblikket* [O instante], já citado na p.250.

do relativismo está lá quando, na frase "a subjetividade é a verdade", não se tem em vista a relação dessa subjetividade com o absoluto, ou, como Kierkegaard não hesitaria em ter dito, não se tem em vista Deus; no momento em que se abstrai do fato de que essa relação do sujeito consigo mesmo enquanto um infinito significa em Kierkegaard o mesmo que a conduta de uma fé paradoxal, então essa filosofia já não se opõe ao relativismo. E, de fato, todos os movimentos relativistas livre-pensantes de tipo anticlerical e crítico à Igreja se apoiaram em Kierkegaard. Uma vez que a filosofia da qual tratamos aqui – como eu lhes disse mais de uma vez e como vale a pena, no entanto, ainda reter – nem professou de antemão uma posição teológica explícita nem acredita poder adotar uma a partir de si própria, ela foi obviamente muito sensível a esse elemento relativista em Kierkegaard e no subjetivismo em geral. E é interessante que lá onde o movimento ontológico se instalou com energia plena, a
186 saber, em Scheler, isso aconteceu expressamente sob o // signo do caráter vinculante objetivo da hierarquia de valores supostamente intuída por ele.

Ora, apesar disso, acredito que essa questão do relativismo não é tão terrivelmente importante para o complexo do antissubjetivismo como talvez os senhores possam pensar. É que com o relativismo acontece algo estranho. É em geral uma estrutura da consciência filosófica – sobre a qual ainda teremos de falar em outro contexto, na ocasião do conceito de pergunta – que as perguntas que a filosofia se coloca não são resolvidas no mesmo sentido do que é, por exemplo, o caso nas ciências particulares positivas ou mesmo na vida empírica, na qual perguntamos algo e então recebemos de volta uma resposta mais

ou menos definitiva. Em vez disso, na história da filosofia parece antes que as questões na verdade desaparecem, são esquecidas, em uma dinâmica que, tanto quanto eu saiba, não foi em absoluto bem compreendida pela historiografia da filosofia. Se considerarmos algum problema qualquer das primeiras filosofias da modernidade, por exemplo o problema que atravessou o século XVII sendo tema filosófico, o problema da mediação entre o mundo interior e o mundo exterior, entre as duas substâncias, de como elas se encontram, então, eu diria, não é que essa questão posta pela filosofia cartesiana tenha sido por fim resolvida pelas construções bastante artificiais de Espinosa, ou dos ocasionalistas ou de Leibniz, pois cada uma dessas tentativas de solução foi também ela mesma, cada uma de seu jeito, criticada tão enfaticamente quanto possível. Por razões que não podemos tratar aqui, o que aconteceu é que a questão foi mais ou menos esquecida. Parece-me que algo semelhante acontece com o problema do relativismo. Quase tenho a impressão de que a questão do relativismo, assim como muitas outras coisas que, como se costuma dizer, ocuparam as grandes cabeças, decaiu a um nível escolar, a cujas leituras,
187 como se sabe, pertence hoje em dia // também o *Hamlet*. O rapaz na puberdade ou, se não, em todo caso, o estudante universitário infantil que sempre reage imediatamente a alguma ideia dita com a pergunta: "Bem, mas onde está a prova disso? Isso não é apenas a sua mera opinião?", estes ainda se exaltam em alguma medida com a questão da relatividade no conhecimento; mas, no mais, essa questão de certo modo desapareceu do horizonte. Isso é em parte certamente um êxito da crítica que Husserl fez ao relativismo em sua primeira obra célebre,

o primeiro volume das *Investigações lógicas*.[181] Não que essa obra tenha sido lida em geral; salvo pelos acadêmicos, certamente ela foi lida por poucos. Mas a tese provavelmente se difundiu. Todavia, não acredito que isso seja o decisivo, mas penso em outra coisa: que justamente a tese da relatividade de todo conhecimento em relação ao sujeito é uma tese extraordinariamente abstrata, como Hegel a teria chamado; e que tão logo ingressamos em alguma disciplina de algo específico e começamos a trabalhar com algum problema específico, a questão sobre a relatividade subjetiva na verdade desaparece. Ela só permanece enquanto se está "do lado de fora", caso contrário é como com a capela goethiana:[182] quando se está dentro de uma questão qualquer, então ela recebe em geral uma pressão tal de suas próprias alternativas que, comparado a isso, a mera asseveração de que todo conhecimento seria apenas relativo tem muito pouca força.

---

181 Husserl, *Investigações lógicas*, v.1: Prolegômenos à lógica pura; cf. cap.7: "O psicologismo como relativismo cético", em particular os §§ 34 a 38.

182 Cf. a compilação de Goethe, "Parabólico": "Poemas são como vidraças pintadas!/ Se do mercado se olha para o interior da igreja/ é tudo escuro e sombrio [...]/ Mas se nela se adentra!/ Saúda-se a sagrada capela;/ ali tudo é coloridamente luminoso/ a história e a ornamentação resplandecem/ vigora com importância um brilho nobre/ isso servir-vos-á, filhos do Senhor/ edificai-vos e deleitai vossos olhos" [Gedichte sind gemalte Fensterscheiben!/ Sieht man vom Markt in die Kirche hinein/ Da ist alles dunkel und düster [...]./ Kommt aber nur einmal herein !/ Begrüßt die heilige Kapelle;/ Da ist's auf einmal farbig helle,/ Geschicht' und Zierrat glänzt in Schnelle,/ Bedeutend wirkt ein edler Schein;/ Dies wird euch Kindern Gottes taugen,/ Erbaut euch und ergetzt die Augen!] (Goethe, *Sämtliche Werke* [Obras completas], I. Abteilung, v.2: Gedichte 1800-1832, p.542).

Acredito que por trás disso há ainda outra coisa. A concepção do relativismo como um todo, no modo como ela possui um *páthos* bastante notável, um elã bastante notável, por exemplo, ainda em Nietzsche, é uma concepção que não pode ser compreendida como uma tese puramente intelectualista. Como uma pura lição teórica, ela é extremamente magra. E a crítica feita por Platão aos sofistas já foi, na verdade, uma crítica à qual não era possível opor resistência. O interesse pela tese do relativismo sempre foi essencialmente um inte-
188 resse prático, qual seja, // o interesse pela maior desvinculação e independência possível do sujeito individual na persecução de seus interesses e vantagens. Esse momento também inspirou a sofística grega, que era bem mais uma filosofia prática que se valeu de modo inconstante do relativismo do que uma filosofia que tivesse constituído o próprio relativismo como uma teoria. De resto, como com razão sempre se costuma dizer, o relativismo não se deixa constituir como uma posição teórica em geral, pois, como uma teoria em si mesma unitária, ele realmente aboliria o seu próprio conceito. Que esse interesse da subjetividade sem grilhões tenha se dissolvido assim, isso tem a ver novamente com a frase de Voltaire: "*Où il n'y a pas le vrai besoin il n'y a pas le vrai plaisir*";[183] quer dizer, com o enfraquecimento do sujeito individual, que pode cada vez menos perseguir com independência seus objetivos, diminui também o interesse desse sujeito em justificar seus objetivos. Se se fala hoje em dia da assim chamada geração cética – aliás, como os

183 "Onde não há verdadeira carência, não há verdadeiro prazer." Não encontrado em Voltaire. Adorno cita a frase também em GS 17, p.261, e remete a ela em GS 7, p.466.

senhores bem sabem, foi Schelsky quem entrementes retomou ou em todo caso restringiu fortemente a expressão[184] –, o que se quer dizer não é de modo algum que os jovens de que se fala recusariam normas objetivas a partir de uma individualidade indomada, mas sim quase o contrário: que eles estão tão ajustados em nexos sociais que toda a sua consciência é canalizada de tal modo que, como consequência, eles são céticos em relação a ideias na medida em que as ideias recusam esse traçado prévio dos canais de suas próprias vidas, dos trilhos que eles têm de percorrer. O que em todo caso se chama aqui de ceticismo é justamente o contrário *daquele* ceticismo; e se se falasse sobre essa juventude que ela é relativista, isso seria certamente uma conclusão errônea. Acredito que é verdade, e com boas razões, que o dito problema do relativismo tenha desaparecido consideravelmente da consciência, do espírito objetivo. E, para compreender o poder peculiar do antissubjetivismo que
189 marcou a filosofia, e, // poder-se-ia dizer, marcou-a em todas as suas nuances – não acredito que haja algum pensamento que não tenha tido parte nesse antissubjetivismo, e eu mesmo não me excluo, como se diz no *Cavaleiro da Rosa*[185] –, é preciso, toda-

184 A expressão foi cunhada como título em Schelsky, *Die skeptische Generation: Eine Soziologie der deutschen Jugend* [A geração cética: uma sociologia da juventude alemã]; sobre a avaliação de Adorno sobre o livro, cf. GS 8, p.527 *s.*

185 Assim diz o Barão Ochs auf Lerchenau no 2º ato a Otaviano: "Não é de se espantar como o jovem senhor parece semelhante a um certo alguém/ Tem uma bastarda!, e uma bem honrada, como irmã/ [...]/ Não sentes despeito, primo Rofrano,/ que o senhor teu pai tenha sido um travesso?/ Encontra-se nisso em boa companhia, o bem-aventurado senhor marquês./ Eu mesmo não me excluo" [Ist gar zum Staunen, wie der junge Herr jemand gewissem ähnlich sieht./ Hat ein Bastard!,

via, derivar essa violência do antissubjetivismo de outro lugar que não o mero antirrelativismo. Aliás, com certeza – não quero de modo algum desenvolver, mas ao menos aludir a isso aos senhores agora –, o momento que designei como o motivo da irrupção[186] desempenha nisso um papel, quer dizer, no próprio conceito de sujeito ao qual todo conhecimento foi reconduzido, farejou-se de certo modo uma situação de trancafiamento, um algo que na verdade é apenas fabricado, justamente, na verdade, como se poderia dizer, o produto da mera cultura, e quis-se liberar-se desse círculo enfeitiçado, sair para o espaço livre, ir imediatamente às coisas, como se diz na fenomenologia, em Husserl. E esse vir-às-coisas-mesmas é na filosofia da qual falamos um motivo muito forte. Toda a fascinação que emana do conceito de ser é na verdade a da coisa *par excellence*, isto é, da coisa que estaria preordenada a toda subjetividade, inclusive a toda subjetividade apenas pensável.

Mas acredito, no entanto, que isso ainda é algo geral, e, para dar conta desse problema do antissubjetivismo, precisamos adentrar um pouco de modo específico em certos problemas no interior da história da filosofia. Ocorre que a categoria da subjetividade – ou antes, não a *categoria*, mas sim a subjetividade; pois a subjetividade é a unidade das categorias no pensa-

---

recht ein sauberes, zur Schwester./ [...]/ Macht dir doch kein dépit, Cousin Rofrano,/ daß dein Herr Vater ein Streichmacher war ?/ Befindet sich dabei in guter Kompagnie, der selige Herr Marchese./ Ich selber exkludier mich nicht] (Hofmannsthal, *Lustspiele I* [Comédias I], p.351 *s.*).

186 Cf. a exposição de Adorno sobre a "tentativa de irrupção da fenomenologia" em *Para a metacrítica da teoria do conhecimento*, p.305 *ss.* (GS 5, p.193 *ss.*).

mento idealista em geral, e não uma categoria particular –, que então essa subjetividade, esse conceito da subjetividade foi de fato gravemente abalado. A sua problemática pode ser remontada já ao próprio Kant. Em Kant (como os senhores sabem, espero), o conhecimento é dividido em forma e conteúdo, em forma e matéria; no que a forma não é então senão o nexo puro de minhas funções de pensamento, ou, como ele diria, é apenas
190 o // "eu penso que acompanha as minhas representações" – ou seja, o fato de que todos os momentos individuais de minha consciência estabelecem um nexo entre si justamente enquanto pensamento em *minha* consciência individual. Nessa medida, o conceito de subjetividade já é em Kant tão abstrato, tão esvaziado de todo conteúdo particular, que fica difícil ainda reuni-lo com o conceito do eu em geral, pois lhe falta aquilo que se chamaria, em uma terminologia posterior,[187] de egoidade. Se, por sua vez, acrescentamos essa egoidade (*Egoität*), essa eudade [*Ichheit*], essa sensação de "eu", de "minha consciência", então ultrapassamos de imediato o mero pensamento, e um momento do ente, da facticidade, isto é, da consciência espaçotemporalmente individual aqui e agora acaba vindo junto. No outro lado, os senhores encontram o que em Kant se chama de material: o caos das impressões sensíveis. Esse caos das impressões sensíveis seria pura e simplesmente indeterminado. Todas as determinações que ele experimenta em geral, ele experimenta, por seu turno, apenas pelo sujeito. Isso é algo bastante curioso: ocorre, na verdade – se eu puder expressá-lo de modo bastante cru e exagerado –, que em Kant zero vezes zero seria igual a

187 Adorno quer dizer: na terminologia de Schelling, cf. *Dialética negativa*, p.233 (GS 6, p.275); ver também nota 17 da Aula 22.

alguma coisa; uma consequência que talvez não tenha sido ainda de modo algum considerada de maneira tão flagrante quanto a acabo de expressar. Que do fato de um algo tão indeterminado que fundamentalmente nem se pode falar algo sobre ele ser ordenado e elaborado por um algo igualmente abstrato e sem substrato, ou seja, pelo pensamento em geral, desse fato salta repentinamente o mundo. Essa é basicamente uma construção estranha e extremamente paradoxal que desaparece sob o modo circunspecto, racional, típico do *common sense* no qual a *Crítica da razão pura* é exposta em uma série de passos. Mas acredito que, se os senhores trouxerem essa construção realmente até seus polos e deixarem para trás tudo aquilo que vai além fundamentalmente de seu puro conceito vindo ou bem do material ou bem da forma, então de fato não resta em ambos os lados nada senão um algo completamente indeterminado. Em outras palavras, então: o subjetivismo transcendental
191 kantiano // é pago desde o início com o que se pode designar, na linguagem de Kierkegaard – já que já falamos dele –, como acosmismo, ou seja, com a carência de mundo, com a ausência do mundo.[188]

---

188 A passagem decisiva de Kierkegaard sobre o acosmismo se encontra em sua tese *O conceito de ironia*. Adorno cita-a em sua tese de habilitação: "Ao tornar infinito dessa maneira o eu, Fichte fez valer um idealismo em relação ao qual toda a realidade empalidecia, um acosmismo em relação ao qual seu idealismo se tornou realidade, embora fosse docetismo. Com Fichte, o pensamento se torna infinito, a subjetividade se torna a negatividade infinita, absoluto, a tensão e a aspiração infinitas. Daí provém a importância de Fichte na ciência. Sua *Doutrina da ciência* infinitizou o saber. Mas o tornou infinito negativamente, e assim ele obteve, em vez da verdade, a certeza, alcançou não a infinitude positiva, mas negativa, na identidade absoluta do eu con-

Trata-se de algo curioso: se os senhores imaginarem o que o idealismo alemão – ou seja, o movimento posterior a Kant, como representado sobretudo por Fichte, Schelling e Hegel –, o que o idealismo alemão representa em relação a Kant, então os senhores todos dirão (se, por exemplo, perguntados em um exame) que nessas filosofias a subjetividade elevou-se infinitamente mais alto do que em Kant, porque o material, que em Kant vem de fora, agora se torna ele mesmo também uma determinação do sujeito, que ele é, como se diz em Fichte, "posto" pelo sujeito em um sentido abrangente. Concedido, isso certamente é verdade. Mas acredito que essa compreensão usual na história da filosofia é, todavia, muito superficial. E que, na realidade, o movimento como um todo do idealismo alemão, ao expandir a circunferência da subjetividade infinitamente – infinitamente mesmo: quer dizer, expandir até o infinito, para além do que ela poderia reivindicar em Kant –, tentou dar conta desse problema do acosmismo. Por ser, portanto, um algo posto [(*eine Setzung*] pelo sujeito, o mundo ganha validade no sujeito com uma determinidade muito maior do que é o caso em Kant. Inicialmente, isso ocorre quando, em Fichte, o eu e o não eu aparecem ambos como postos [*Setzungen*]. E Schelling desenvolveu a partir daí de modo completamente consequente que, fundamentalmente, a natureza como um todo recai nas determinações da filosofia como um algo determinado a partir de si mesmo, uma vez que ela é ao mesmo tempo constituída pelo sujeito, mas que recai também como algo positivo e com con-

sigo mesmo; em vez de um esforço positivo, isto é, a felicidade, um esforço negativo, isto é, um dever" (Kierkegaard, *O conceito de ironia: constantemente referido a Sócrates*, p.275).

teúdo. E nesse recair na subjetividade consiste então o conceito especulativo que tentou se assegurar da objetividade. Essa pretensão elevou-se ao seu ponto mais alto na dialética de Hegel,
192 que // tentou então realmente reunir todo o conteúdo objetivo do mundo, que havia sido excluído da filosofia em Kant como meramente algo empírico, à subjetividade kantiana, sustentando a identidade absoluta de ambos; mas não uma identidade imediata, mas sim mediada, a identidade através daquele processo que se acostumou a chamar de dialético. A filosofia hegeliana é a tentativa de, nesse sentido, acolher o acosmismo para além do acosmismo, de em certo sentido devolver à consciência o mundo do qual ela se alienou pela sua redução a si mesma; e de devolvê-lo demonstrando como idênticos a consciência e o mundo por meio de um sistema infinitamente complicado e mediado. No entanto, nessa identidade está contida também necessariamente a pretensão de que sujeito e objeto seriam também idênticos pois o mundo, o objeto, seria reconhecido como algo do mesmo saco, da mesma matriz do sujeito – isto é, como sendo uno com a razão subjetiva que o produziu originariamente. Em outras palavras, portanto: nessa concepção de objetividade que recai na subjetividade universal, jaz ao mesmo tempo a reivindicação da racionalidade do mundo. Essa pretensão foi protestada.* Acredito que isso – se os senhores quiserem compreender a raiz mais profunda do antissubjetivismo em cujo signo está toda consciência hoje

* Em sentido jurídico, isto é, em analogia a um título de crédito vencido a cujo pagamento passa-se a ter a pretensão legítima. O protesto, segundo o Houaiss, é o "ato pelo qual o portador de um título comercial, não aceito nem pago no dia do vencimento, se resguarda o direito de qualquer procedimento futuro". (N. T.)

em geral imaginável e no qual contraposições extremas à heideggeriana, como defendo, ainda concordariam com a dele; essas concordâncias também não devem ser negadas –, acredito que isso remonta então em última instância ao fato de que a tese de que o mundo seria o mundo do sujeito enquanto um sujeito racional e, portanto, a tentativa de salvar o mundo a partir da subjetividade, se mostrou um fracasso. Esse mundo não é racional e, assim, também a crença na posição central da subjetividade é ela mesma abalada. Essa ideia, os senhores a podem reencontrar ainda, com toda a clareza no Heidegger do início – o Heidegger tardio já não tratava mais dessas questões –, no conceito de "projeto lançado" [*Geworfenheit*] e em //
193 todas as determinações negativas às quais o sujeito se submete nele. Ela está presente no fato de que ali apenas se ratifica que a situação (como se dizia então) do ser humano em relação ao mundo não é ela mesma uma situação que tivesse sentido e que, consequentemente, aquela reconciliação da razão na objetividade se tornou caduca.

Minhas senhoras e meus senhores, isso possui uma consequência muito mais ampla. Ou talvez seja errado dizer "uma consequência mais ampla", mas o correto seria dizer que essa experiência não pertence apenas àquele contexto social – ela pertence em primeiro lugar *obviamente* a um certo contexto social, qual seja, o fato de que foi desmentida pelo história do modo mais horrendo a afirmação hegeliana de que a sociedade civil-burguesa na qual vivemos seria uma sociedade essencialmente racional. E a filosofia levou a cabo esse desmentido (e é preciso dizê-lo em honra à filosofia) desde Nietzsche, muito antes de se chegar às grandes catástrofes europeias. Mas digo que se trata aqui de um fato ainda mais amplo, um fato ao qual

eu gostaria ao menos de aludir, apesar de nos deslocarmos assim para uma zona um pouco delicada, uma zona na qual de certo modo na verdade a tagarelice de visão de mundo e as modas – o que se chama de modas – depõem mais ou exprimem mais sobre o que aqui realmente ocorreu do que os pensamentos cultivados e diferenciados são capazes de dizer. É preciso então que os senhores me perdoem se me exprimo agora por um segundo por assim dizer na linguagem da tagarelice dos salões, pois é dificilmente possível dizer o que quero dizer em expressões que não foram confiscadas de algum modo por essa esfera. Quero dizer, então, que a modificação da situação veio à luz na crise da subjetividade como um momento que acredita ali tornar o mundo racional ao produzir concretamente o mundo a partir de si – que essa crise tem muito a ver com a
194 desilusão que experimentamos // sobre a posição do homem no cosmos.[189] Quer dizer de modo bem simples que, por meio do encadeamento de toda uma série de motivos, a ideia de que o homem realmente determina o mundo – deixando totalmente de lado a problemática puramente filosófica que acabei de revelar ao mostrar que o mundo não é de modo algum em sentido hegeliano um mundo racional proveniente do homem –, essa ideia de que o homem estaria no centro do universo sofreu as mais sensíveis perdas. Um dos motivos evidentes disso é o processo posterior de secularização da teologia, que conduziu a que o motivo da imagem e semelhança divina, a representação de um homem como imagem de Deus, a representação

189 Obviamente uma alusão ao escrito tardio de Scheler, cf. Scheler, *Die Stellung des Menschen im Kosmos* [A posição do homem no cosmo]; incluído em *Gesammelte Werke*, v.9.

da Terra como, por assim dizer, um lugar designado para escolha da graça e tudo aquilo em geral que tem a ver com isso tenham sido prejudicados do modo mais severo. Ainda outro momento disso é – e os senhores devem perdoar o modo bruto como lhes indico esse momento –, um outro momento que aqui esteve em jogo poderia ser o desenvolvimento da cosmologia, que tornou completamente obsoletos os últimos rastros de uma compreensão geocêntrica ou mesmo heliocêntrica. É claro que se pode dizer que a revolução copernicana na ciência não teria sido realmente decisiva para o horizonte de experiência do homem, pois para a consciência empírica cotidiana não muda muito se se assume que a Terra gira em torno do Sol ou o contrário. Quer dizer: a aparência para nós de que o Sol gira em torno da Terra, se não estivermos equipados de ferramentas astronômico-matemáticas, permanece do mesmo modo como nos tempos pré-copernicanos. Mas se acrescentarmos à virada copernicana em sentido próprio ainda as descobertas astronômicas que condenaram o céu sob o qual nos encontramos a uma pequenez totalmente insignificante, e se acrescentarmos toda a rede de reações a que correspondem es-
195 sas modificações, então acredito que não seria // muito assumir que, por meio da soma de todas essas coisas, o conceito de subjetividade se enfraqueceu extraordinariamente. Sei muito bem que um idealista da gema – tão sublime quanto um heideggeriano – me responderia: bem, o sujeito transcendental do qual falamos não tem tanto assim a ver com o nosso pobre sujeito empírico ou mesmo com o pobre sujeito empírico da humanidade como um todo. Acredito que quem se comporta tão arrogantemente poderia facilmente abaixar um pouco a cabeça com a leitura do próprio Kant, pois a ideia universal

da subjetividade como é determinada no fim da *Crítica da razão prática* é justamente a daquela humanidade que aqui é apontada como meramente empírica. Kant não foi de modo algum tão terrivelmente melindroso nessa passagem.[190] Mas, independentemente disso, há aqui algo mais profundo: que na realidade nós não somos capazes em absoluto, o quanto quer que nos esforcemos, de pensar o conceito de subjetividade sem o conceito – como eu disse há pouco – de egoidade, ou seja, sem o conceito de um sujeito humano individual concreto. O fato de que o sujeito universal, o sujeito transcendental é uma abstração dos sujeitos humanos individuais não nos deve desencaminhar e nos levar a imaginar algo que Fichte foi o primeiro a lecionar, a saber, que ele seria um sujeito válido em si pura e simplesmente, independente de sujeitos humanos individuais. Justamente esse momento, o de que nós, independentemente de como apreendamos a subjetividade, não podemos nos livrar totalmente – e não por razões de alguma debilidade empírica, mas sim por razões estruturais – da ideia do ser humano individual concreto, justamente esse momento condiciona então que todos os outros momentos pelos quais deixamos de compreender a posição central da essência antropológica humana também são, por fim, de importância para as assim chamadas questões filosóficas de constituição. E que não nos satisfaça-

190 A passagem que Adorno tem em vista se encontra na "Doutrina do método da razão prática pura", na qual se diz sobre os conceitos morais: "Ora, esses conceitos, se devem tornar-se subjetivamente práticos, não têm de se deter nas leis objetivas da moralidade para admirá-las e estimá-las profundamente em relação à humanidade, mas têm de considerar a representação dessas leis em relação ao homem e ao seu indivíduo" (Kant, *Crítica da razão prática*, p.198).

mos mais, justamente por isso, com a ideias da subjetividade
196 constitutiva – isso para não dizer de todas as // questões filosóficas da mediação, que já não permitem pensar uma tal subjetividade pura sem a necessidade de se pensar também um algo que, por sua vez, não é ele mesmo subjetividade.

Trata-se, em todo esse antissubjetivismo, de um caso duplo, muito curioso e complicado. E acredito que a orientação hoje, a orientação espiritual, depende essencialmente de que realmente nos certifiquemos da complexidade da questão que aqui está envolvida. De um dos lados, há nesse antissubjetivismo realmente algo anti-ideológico; nele está de início simplesmente o fato – e esse é um momento no qual a crítica filosófica sabe-se estranhamente em unidade com a teologia – de que o sujeito humano individual abandona a sua *hybris*, a sua arrogância, e não acredita mais que seria o senhor e o centro do mundo. E assim a reflexão toma criticamente também o conceito de dominação da natureza, que em toda a história da filosofia desde tempos imemoriais até hoje foi um conceito sacrossanto. Também em Heidegger se encontram fortes rudimentos, fortes traços dessa crítica ao espírito que apenas domina a natureza. Quando ele diz que o homem seria servo [*hörig*] do ser e teria de se abandonar ao ser, não se trata apenas desse algo cômico que essas formulações possuem, mas ali também já está o fato de que teríamos de nos despojar da ilusão de que aquilo que se nos contrapõe, com o que temos de ter, o que quer que seja – evito uma expressão para isso, pois não há uma correta –, que isso fosse algo que realmente controlássemos, que submetêssemos a nós, e isso ainda apenas na forma do nosso espírito. Esse momento anti-ideológico possui ao mesmo tempo o seu lado social, quer dizer, ele aponta para a caducidade da pre-

tensão de que esse mundo já fosse nosso, já fosse um mundo racional. Há algo, eu quase diria, de extraordinariamente materialista no fato de que somos advertidos sobre nossa própria fragilidade enquanto *physis*, sobre nossa mortalidade, em face
197 de nossa transfiguração ideológica // em mero e puro espírito. Se muitos se sentem atraídos pelo dito radicalismo da filosofia do ser, então certamente esse é um momento essencial disso. É curioso e deveria ser objeto de uma reflexão mais precisa o fato de que a tese da supremacia do ser sobre a consciência – apesar de "ser" significar aqui algo totalmente distinto – é compartilhada pela ontologia fundamental e a filosofia heideggeriana com a sua posição diametralmente oposta, isto é, com o materialismo dialético. Certamente não é casual que seja assim, mas, como em muitas outras coisas, também aqui fundamentalmente um motivo crítico, justamente o da supremacia do não subjetivo sobre o subjetivo, é absorvido e, por meio disso, neutralizado. Essa neutralização poderia ser perseguida até bem mais longe. Mas, do outro lado, esse antissubjetivismo possui também algo de infinitamente autoritário. Nele está sempre potencialmente a ideia de que, uma vez que o sujeito não se torna o senhor da realidade, não domina o todo, então, por isso, ele é insuficiente em geral. E isso também possui a sua verdade, pois um conceito de razão no qual está posta também de antemão a sua própria limitação perde justamente por isso a pretensão de sua logicidade pura e absoluta, pretensão que é constitutiva do próprio conceito de razão; uma razão, portanto, que limita a si mesma como um algo provisório e finito deixa, justamente por isso, até um certo grau, de ser racional. E essa modificação no conceito da razão se reflete aqui novamente. Disso vem então a reivindicação de abrir mão de certo

modo do pensamento, como se ele fosse uma espécie de esforço supérfluo – no sentido de medidas gerais de racionalização (quase poderíamos dizer) por cujo nexo economiza-se por fim também o próprio pensamento, como de fato prometem hoje em dia os androides cibernéticos. Este é um aspecto que deixo para os senhores imaginarem: que aqui parece se produzir
198 uma espécie de convergência // entre a "servidão" [*Hörigkeit*] ao ser e a cibernética. Em todo caso, também aqui isso vai dar no fato de que a razão, ao se pôr a par de certo modo de seu limite, joga a si própria na sucata, passa para o lado do oponente e abandona a si própria – como um mero "lançado", "mantido no nada", como quem escuta atenta ou servilmente – ao que lhe seja pura e simplesmente outro. Essa é aproximadamente a situação do antissubjetivismo. Tentei tanto quando pude lhes indicar os seus momentos de verdade e, por outro lado, também os de aparência e inverdade. A inverdade está baseada – e essa virada é decisiva para todas essas ideias – no fato de que a negatividade que o sujeito experimenta em sua relação com o mundo ou com o outro se transforma então como que num passe de mágica uma positividade. Quer dizer, em vez de o sujeito padecer sob esse estado e tentar enfrentá-lo, esse estado, que confirma a sua própria falta de sentido, é declarado pelo sujeito ainda como sendo o próprio sentido: o sentido do ser não é outro senão a existência sem sentido, lançada e mantida para fora no nada. A subjetividade como um negativo é hipostasiada e se torna o positivo pleno de sentido do ser, e nessa hipóstase está fundamentalmente a fraude ou a transição ideológica de que acuso a ontologia fundamental.

199

// Aula 14
17 de janeiro de 1961

Nas últimas aulas tentei desenvolver com os senhores algo da dialética que reside na virada antissubjetivista da filosofia. Agora penso que deveríamos aplicar isso de início a Heidegger. Descobriremos ao fazê-lo que essa virada antissubjetivista em Heidegger, no quadro de seu próprio desenvolvimento – se é que se pode falar assim; o conceito de desenvolvimento se torna tão mais problemático quanto mais nos aproximamos do objeto que supostamente teria se desenvolvido –, mas se se quiser então falar nesses termos, então resulta que o momento subjetivista que está definitivamente presente nos trabalhos iniciais de Heidegger, na doutrina dos existenciários [*Existenzialen*] e em todos os momentos nos quais ele pretendeu dizer algo sobre a existência, se torna cada vez mais fraco.[191] Quer dizer, no direcionamento do interesse de Heidegger, a existência retrocede cada vez mais. Acredito que não é sem interesse trazer à mente que a influência dessa filosofia, a influência

191 Frase corrigida pelo editor. No manuscrito (Vo 5845) consta: "se impõe cada vez mais fortemente".

original dessa filosofia consistiu em que ela prometeu oferecer uma resposta, por meio de uma análise daquilo que é essencialmente parte da existência do homem, àquela questão sobre a qual eu lhes disse que é a questão que inspira propriamente o interesse ontológico em geral. Ou seja, a questão de como o homem se comporta no cosmos e de como se comporta em relação ao absoluto; a questão de por meio de quais qualidades localizadas para além da constituição psicológica ou, como à época isso era chamado, por meio de quais situatividades, que se seguem como consequência da relação fundamental do homem com a realidade, o conceito de homem ao mesmo tempo se concretiza e se determina segundo suas formas apriorísticas. Esse interesse como um todo foi abandonado, poderíamos quase dizer, em *tudo* aquilo que Heidegger publicou depois de *Ser e tempo* ou do livro sobre Kant. E o foi de tal modo que
200 Heidegger realmente o desqualificou, // erguendo (e acredito, como já lhes disse, que com uma certa razão) a pretensão de que ele só executou toda a análise existencial – ou seja, aquilo que prometia dar uma resposta às questões que tocam ao homem – em vista do ser. Ambos são verdade: por um lado – acredito que já corroborei isso com os senhores por meio de uma série de citações; caso contrário, precisam apenas reler as trinta primeiras páginas de *Ser e tempo* e podem encontrar isso lá confirmado; em todo caso, lhes é indicado manter um certo contato com os textos a fim de serem capazes de seguir estas aulas –, então, por um lado, os senhores podem encontrar um grande número de formulações nas quais a análise do ser-aí, a análise existencial é executada apenas como um meio de acesso à análise ontológica no sentido enfático de uma análise fundamental, ou seja, da análise daquilo que o ser é propriamente.

Por outro lado, no entanto, em todo caso, em *Ser e tempo* foi concedida justamente ao sujeito uma determinada espécie de posição privilegiada, pelo fato de que ao sujeito, ao ser-aí, é atribuída a posição-chave de que ele seria um modo de ser do ser que é simultaneamente ôntico e ontológico, e que a existência é um ente que, como se diz em Kierkegaard,[192] é transparente a si mesmo e assim é ele mesmo ontológico. E, nessa medida, Heidegger se encontra, tanto quanto seu professor Husserl, na tradição idealista, de tal modo que a figura idealista do conceito de ser à qual já aludi aos senhores nas aulas anteriores tem a ver com essa posição de partida do caráter-chave da subjetividade. O objetivismo extremo que então neutraliza em maior ou menor medida esse sujeito, que o torna o "perguntador" ou, por fim, o instrumento (poder-se-ia

192 Cf., por exemplo, a passagem citada por Adorno de *Ou-Ou*: "O erro do místico consiste em que ele não se concretiza para si mesmo na escolha, nem para Deus; ele elege a si mesmo de modo abstrato e carece por isso da transparência" (citado a partir de Adorno, *Kierkegaard*, p.79 (GS 2, p.47)). E a passagem de *O desespero humano*: "O desespero do diabo é o mais intenso de todos, pois o diabo é somente espírito, e por isso consciência e transparência absolutas; no diabo não se dá nenhuma obscuridade que possa servir de desculpa atenuante, e por isso seu desespero é a obstinação mais absoluta" (ibidem, p.132 (GS 2, p.82)). Adorno interpreta: "A posição central da categoria de transparência foi reconhecida por Guardini: 'transparente' a si mesmo. Essa palavra tem para Kierkegaard um significado último. Significa autenticidade manifesta, sem enganos, 'livre de toda obscuridade'. Todavia, Guardini interpreta a 'transparência' de Kierkegaard à moda católica: para Guardini, a natureza vale como reconciliada pela morte sacrificial de Cristo, ao passo que, para o protestante Kierkegaard, ela é pecaminosamente ambígua e a cada instante necessita de novo de salvação" (ibidem, p.165 (GS 2, p.104)).

dizer, exagerando) pelo qual o ser interroga a si mesmo, esse objetivismo extremo levou, e acredito que até então prestou-se muito pouca atenção a isso, a que todos os momentos que despertaram originariamente o interesse por essa filosofia em
201 geral retrocedessem totalmente; de tal modo que // hoje esse pensamento se aproveita de um interesse, isto é, o interesse pela resposta a questões essenciais que ele já não responde mais há muito tempo. Aliás, é uma peculiaridade que encontra um curioso paralelo na história intelectual em uma figura diametralmente contraposta e, em alguns aspectos, não de todo dessemelhante a Heidegger, como Lukács, que também em toda a sua obra, mais ou menos a partir de 1925, se é que não um pouco mais cedo, retratou-se e afastou-se totalmente das coisas às quais devia então a sua reputação intelectual,[193] mas sem

193 O parentesco de Lukács e Heidegger seria mais complexo do que o que Adorno teria aqui em mente. No fim dos anos 1920 e início dos anos 1930, cada um deles representava posições diametralmente opostas e, assim, ambos como que forçavam a *intelligentsia*, na medida em que não estava vinculada confessionalmente, a escolher entre os dois pensadores. Nessa medida, tanto *História e consciência de classe* quanto *Ser e tempo* explodiam o quadro dos meros esforços teóricos e se prolongavam até uma esfera que costuma ser chamada de modo bastante insatisfatório de esfera da visão de mundo. Sem dúvida, ambos os livros confrontam seus leitores com uma pretensão que ultrapassa a pretensão filosófica usual e, ainda que seus autores argumentem ateisticamente de modo igualmente pronunciado, tocam a esfera da teologia. Em épocas anteriores, talvez se falasse de obras proféticas. Em Adorno, assim como em Benjamin, os primeiros escritos de Lukács provocaram a mais forte das impressões, de modo que ele esteve desde o início completamente imune à força de sedução que partia de Heidegger para muitos intelectuais de sua geração; o mesmo ocorre de modo muito semelhante a Benjamin. – Ainda que

que essa virada lhe causasse muitos danos à reputação; ao contrário, essa reputação foi então transferida a criações que não

---

Adorno tenha sempre acentuado enfaticamente a sua posição antagônica ao Lukács tardio, que representava a política cultural da União Soviética estalinista, pouco se sabe até hoje sobre sua proximidade ao filósofo húngaro durante os anos 1920. Também por isso, informo adiante sobre o relato de seu primeiro encontro com Lukács, enviado de Viena a seu amigo Kracauer em junho de 1925: "Tão logo depois do retorno, houve então um evento extraordinário: [Soma] Morgenstern me telefonou e me convidou para visitar Lukács, que ele conhece através de [Bela] Balazs, um mau literato húngaro. No domingo saí para visitá-lo, sozinho, em Hütteldorf, Isbarygasse 12, onde ele habita no andar térreo um quarto notoriamente modesto. Minha primeira impressão foi grande e profunda: um judeu oriental de baixa estatura, afetuoso, desajeitadamente loiro, com um nariz talmúdico e olhos maravilhosos, insondáveis; em um terno esportivo de linho, passava uma impressão muito erudita, mas com uma atmosfera totalmente desprovida de convenções, mortalmente clara e suave ao redor de si, que só é atravessada silenciosamente pela sua timidez. Ele realiza o ideal da discrição e, todavia, também a ideia da intangibilidade. De imediato, eu o senti como para além das relações humanas mesmo meramente possíveis, e me comportei e me detive correspondentemente na conversa de mais de três horas. Assim, a conversação foi mais uma entrevista do que uma conversa. Estou registrando por escrito a conversa e te enviarei o documento. Hoje, uma vez que escrevo apenas incitado pelo acontecimento, escrevo apenas algumas indicações. Ele rejeita em princípio radicalmente a teoria do romance, ela seria 'idealista e mitológica'. Contrasta-a com a 'conteudização' da história pela dialética marxista. À minha objeção de que ela também seria idealismo (que ele não compreenderia corretamente), ele replicou que 1) o objeto é 'levado consigo' pela dialética 'e produzido em seu em si e para si' (o que eu nunca conceituaria assim); 2) a verdadeira natureza só se tornará manifesta na 'sociedade sem classes'. – Ele rejeitou energicamente a interpretação de Bloch de seu 'agnosticismo'; o que para Bloch seria a 'casca', para ele seria o

a justificavam mais de modo algum. Acredito que seria bem interessante perseguir um dia essa estrutura em geral. Nela se

---

mundo como um todo. Ele se declarou a favor do antropomorfismo de Feuerbach, que apenas deixaria de considerar a 'lógica da aparência' hegeliana; ou seja, pelo fato de que Deus teria produzido efeitos como entidade histórica, ele seria 'efetivo' (tenebroso!). Por fim, polemizou veementemente contra Kierkegaard, contra quem ele teria escrito um livro que se perdeu na Hungria. Seria verdade que a sua crítica a Hegel atinge o 'Hegel que interpreta mal a si mesmo como um panlogista', mas não ao Hegel depurado pelo marxismo. Ele [Kierkegaard] não conheceria a coisa objetiva e a história, não se estenderia até o interior do concreto; o seu Deus calvinista não seria senão um 'abismo negro do desespero' e ele seria (e aqui ele [Lukács] assumiu de uma maneira que lhe é habitual um tom malicioso) um representante ideológico da burguesia decadente. Na polêmica sobre Kierkegaard, ele também se voltou contra ti [Kracauer] (eu havia constatado logo de entrada a nossa concordância intelectual) em razão da crítica a Bloch, que o irrita muito. Mais tarde, [se voltou] também outra vez notoriamente contra nós dois: a 'personalidade' se constituiria a partir de 'problemas privados' que 'a história não carrega consigo'. Em certo momento, ele me balançou: quando me explicava que, em seu conflito com a Terceira Internacional, os seus opositores teriam razão, concretamente, e apenas dialeticamente é que a sua abordagem absoluta da dialética seria exigida. Nessa insanidade se encontra a sua grandeza humana e a reviravolta trágica. Sobre Tolstói ele disse coisas tristemente ruins, talvez pensando em si mesmo" (carta a Siegfried Kracauer, 17-18 jun. 1925).

Dentre os manuscritos não publicados de Adorno, se encontra uma polêmica redigida em 1949 contra o artigo de Lukács "Heidegger redivivus", publicado na Alemanha Oriental (cf. agora GS 20.1, p.251 *ss.*); a crítica de Lukács a Heidegger é demonstrada por Adorno como "um caso escolar da insuficiência da crítica transcendente": em vez de "desenvolver as implicações político-sociais do culto fascista ao ser e a hierarquia segundo as 'originariedades' [...] a partir das determinações de sua própria inconsistência, [...] Lukács se esquece

mostra obviamente a desmedida carência de autoridade que predomina em nossos tempos também entre intelectuais, que, se

---

logo da problemática da reificação, à qual uma tal análise deveria se ligar, e assume ele mesmo um ponto de vista reificado no qual as categorias 'ser' e 'consciência' aparecem não mediadas, dadas previamente, como se o discurso sobre a dialética no marxismo não fosse em geral dito a sério" (ibidem, p.252). "Disso resulta a situação de certo modo grotesca de que, enquanto o burguês Heidegger, ainda que com acentos deslocados, emprega criticamente a categoria da reificação aos ditos grandes pensadores, à 'herança' de Platão e Aristóteles, o marxista Lukács abomina uma tal crítica por não honrar suficientemente a história do espírito e, por fim, a humanidade real. Ainda que o ato mitologizante de Heidegger de 'ir às origens', que ele aliás compartilha com a fenomenologia como um todo, levante suspeitas, sem dúvida há em sua crítica da grande filosofia um momento de verdade que Lukács em última análise não compreenderia: que aqueles pensadores, expoentes da civilização burguesa-urbana, já demonstram inteiramente momentos daquela reificação da consciência fundada nas relações de produção e da sua preparação para finalidades de dominação, que apenas um modo de consideração histórica renitente faz remontar apenas até o século XVII" (ibidem, p.253). Um dos poucos a perceber o "parentesco" de Lukács e Heidegger foi Lucien Goldmann, que em *Mensch, Gemeinschaft und Welt in der Philosophie Immanuel Kants* [O ser humano, a comunidade e o mundo na filosofia de Immanuel Kant], já bem cedo interpretou *Ser e tempo* como uma réplica polêmica a *História e consciência de classe*. Um livro de título "Lukács und Heidegger", que trataria da obra de juventude de ambos, não passou da introdução, que foi publicada postumamente junto com o curso de 1967-1968 (cf. Goldmann, *Lukács und Heidegger: Nachgelassene Fragmente*). No entanto, quando Goldmann assinala a Adorno um lugar na constelação Lukács-Heidegger, torna-se de certo modo bizarro, para não dizer involuntariamente cômico: Adorno chegaria "à ideia de uma dialética puramente negativa, à postura rechaçante e à exigência [!] de empobrecimento do conteúdo, a um empobrecimento e a uma postura rechaçante cujo ideal seria Beckett. Com tons qua-

esbarram onde quer que seja em alguma coisa que lhes diz algo e que significa algo para eles, então se aferram de modo quase sectário à qualidade desse fenômeno, mesmo que essa qualidade já tenha há muito se desmentido e se revertido em seu contrário. Não se pode realmente dizer dos escritos tardios de Heidegger, nos quais se trata fundamentalmente apenas ainda da interpretação desse conceito de ser, que eles tivessem algo a ver com aquele momento do interesse, daquilo que concerne a alguém, daquilo que diz respeito a alguém, do mesmo modo como tentei lhes mostrar que havia a partir do modelo de Kierkegaard. Mas isso nos leva de volta mais uma vez ao próprio conceito da carência filosófica. Quero lhes dizer hoje ainda algo para concluir o assunto.

O fato de que uma carência espiritual exista não garante a possibilidade de sua satisfação. Permitam-me analisar isso. Significa, é verdade, que em determinados domínios de objetos vigora um interesse e que esse interesse também pode reivindicar que se o persiga, que se responda às coisas que ele
202 coloca e expõe em forma de questões. // Mas, do fato de que estamos interessados em ter alguma espécie de conteúdo espiritual, que estamos interessados em um apoio, em sentido, em segurança, em afirmação, em uma palavra, em tudo o que, como se diz, faz que os soldados alvejados por uma saraivada

---

se heideggerianos, que ele, de resto, critica veementemente, Adorno recusa tudo o que é popular, toda aproximação ao popular, e assim, por meio do criticar veemente, ele recai em uma postura consideravelmente conservadora" (ibidem, p.186). Deve-se, no entanto, ter em conta que em tais disparates se trata da transcrição de uma gravação de áudio cuja edição impressa provavelmente não seria autorizada pelo próprio Goldmann.

de balas sintam repentinamente um carência pelo Deus querido, isso por si só não garante de modo algum que aquilo a que esse interesse se dirige se mostre, na análise que a consciência precisa realizar, de fato como algo que é, como algo presente, como algo verdadeiro. E acredito que, na virada peculiar que a filosofia de Heidegger realizou contra o momento da carência da qual ela se alimentou originariamente e à qual ela deve também a sua força de atração sectária, se encontra não apenas uma consequência do pensamento que se vê cada vez mais remetido a esse conceito de ser. Ela também está ligada ao fato de que esse pensamento – do qual eu lhes disse uma vez que é muito essencialmente um pensamento estratégico, ou seja, um pensamento para ocupar posições de poder intelectual – que esse pensamento não foi capaz de satisfazer a carência na forma como ela o requisitou, e que então, segundo sua própria estrutura, ele precisou realizar uma espécie de truque de cartas, a saber, o de ao mesmo tempo renunciar à satisfação dessa carência, uma vez que ela não se deixa satisfazer, e de todavia agir como se a tivesse satisfeito. Em um escrito tardio – no momento não sei se na *Genealogia da moral* ou em *Além do bem e do mal* –, Nietzsche argumentou uma vez contra algo que é sempre repetido pela apologética teológica: que o fato de que os seres humanos teriam uma carência pela existência de Deus contaria como argumento para demonstrar essa existência; e lá ele formula que uma prova ou uma ideia que provém da carência, bem, que em uma tal ideia a carência é quase um argumento para mostrar que a ideia não é verdadeira.[194] Quer dizer, o fato

194 Referência não encontrada; cf., no entanto, em *O anticristo*: "Ponho de lado alguns céticos, o tipo decente na história da filosofia: mas o

de que (para dizer de modo bem simples) alguém pensa o que
203 deseja, que faz o que os ingleses chamam de *wishful thinking*, // e que não domina a liberdade do pensamento capaz de julgar o fenômeno sem aprumá-lo de acordo com a própria carência emocional e instintiva. Quero deixar em aberto se essa análise bastante plausível e bastante esclarecida de Nietzsche é necessariamente rigorosa. Pois também não é possível pensar sem nenhuma espécie de carência; um pensamento que não está, em um certo sentido, colocado no objeto que ele visa também não vai acertar o seu objeto. Acredito que a relação da carência ou do instinto e do objeto é um pouco mais complexa do que aparece aqui. Mas o que quero dizer, no entanto, é que o que Nietzsche disse nessa argumentação, aliás, uma argumentação contra a teologia que já era conhecida pelo esclarecimento, também é uma argumentação própria da metafísica em sentido secular, não teológico: quer dizer, que a dita carência metafísica em princípio não diz em geral absolutamente nada sobre a substancialidade daquilo que ela inquire ou aquilo a que ela se dirige. Ora, isso tem a ver com o que eu designei há pouco como o truque de cartas ou o pulo dessa filosofia; e é preciso dizer que é já uma certa genialidade, se entendermos a expressão em um sentido não por demais elevado, ter vindo a pensar algo assim. É que a estrutura fundamental em Heidegger parece ser que a impossibilidade de responder questões metafísicas – no modo como

---

restante não conhece as exigências primeiras da retidão intelectual. Fazem todos eles como as mulherezinhas, esses grandes entusiastas e prodígios – já tomam os 'belos sentimentos' por argumentos, o 'peito erguido' por um fole da divindade, a convicção por *critério* da verdade" (Nietzsche, *O anticristo: maldição ao cristianismo; Ditirambos de Dionísio*, p.18).

já havia sido posta por Kant como uma impossibilidade – é ela mesma substituída pela resposta que ela se nega a dar. Quando Kant diz: tu não podes perguntar por Deus, pela liberdade e pela imortalidade, ou podes até perguntar por essas coisas, mas se refletires sobre isso e emitires juízos, então tu te enredas em contradições, e essas contradições mostram então que a tua pergunta, por mais indesviável que ela, de resto, seja, é uma pergunta ilegítima; se eu puder prolongar essas linhas de modo bastante grosseiro, então Heidegger diria: sim, e justamente no fato de que não posso dar essa resposta é que está propriamente
204 a resposta. // Ou seja: o ser humano em sua essência humana, segundo sua constituição metafísica, é caracterizado por todas aquelas qualidades da sua finitude que Kant lhe atribui e que lhe tornam impossível a resposta às chamadas questões metafísicas fundamentais. Isso está ligado a uma estrutura dessa filosofia do ser como um todo que vai se apresentar aos senhores a partir desse ponto de modo bastante claro, qual seja, aquele momento para o qual já lhes chamei a atenção de vários modos: a prioridade da pergunta em relação à resposta – o que, aliás, se encontra analogamente expresso também na filosofia de Jaspers, mesmo que ela tenha pouco a ver em sua estrutura fundamental com a ontologia existencial de Heidegger, que é um pouco anterior. É óbvio que uma filosofia que realmente toma como seu conteúdo próprio ou como conteúdo da metafísica o fato de que respostas às verdadeiras questões metafísicas não são possíveis, e que converte exatamente essa impossibilidade mesma em uma espécie de determinação positiva da existência humana – é óbvio que, em razão de suas perguntas serem amputadas de respostas, atribui-se uma dignidade muito mais elevada às perguntas do que em filosofias que não são perturbadas por tais dúvidas

subterrâneas, como a platônica, na qual é verdade que, enquanto ela é socrática, em sua primeira fase, também se fala muito da dignidade e da prioridade da pergunta, mas que então, no momento em que ela oferece uma doutrina positiva, transcendente e metafísica, ou seja, na doutrina das ideias, rebaixa a questão em certa medida a uma mera técnica, uma técnica para a formação de conceitos ao mesmo tempo naturais e claramente distintos uns dos outros. O perguntar se torna então uma técnica do pensamento, e não mais ele mesmo algo metafisicamente substancial. Mas é assim que ele aparece em toda a ontologia dessa fase atual.

É relativamente fácil extrair aqui a conclusão que já está certamente implícita naquilo que eu lhes disse: que essa é uma es-
205 pécie de metafísica das uvas azedas.* // Quer dizer, que é uma metafísica que, no momento em que precisa se dar conta de que não é capaz de responder suas perguntas, mas, apesar disso, conserva a pretensão de ser uma metafísica, então simplesmente glorifica a própria pergunta e de certo modo cria uma metafísica da pergunta; a pergunta mesma se torna algo que já porta sentido e que seria mais do que uma mera pergunta. De modo que a pergunta ganha já em Heidegger e em Jaspers uma espécie de aura, como é de fato o caso em todo o tratamento do complexo da pergunta em ambos os pensadores. Mas quero tentar ainda aqui tornar mais irretorquível a crítica que dirijo a essas figuras de pensamento, não me contentando com a argumentação que acabo de indicar e exemplificar aos senho-

---

* Alusão à fábula de Esopo, "A raposa e as uvas", na qual a raposa, após não conseguir alcançar um cacho de uvas que se encontrava, justifica com desdém seu fracasso dizendo a si mesma que as uvas certamente estariam azedas. (N. T.)

res, mas sim chamando-lhes a atenção para o fato de que também aqui, como em quase todos os pedaços dessa doutrina, se encontra um teor de verdade, ou que ele ao menos se liga a um teor de verdade. É que o conceito de pergunta possui, na filosofia, um significado distinto e uma estrutura distinta daqueles das ciências particulares. Quando, por exemplo, um matemático fala de um problema, esse problema é de fato algo para o que ele não tem uma resposta e para o que precisa produzir uma resposta por meio de suas operações matemáticas. Na física é semelhante: o físico pode até, como se diz, ter suas hipóteses, ou, se quisermos falar de modo mais relaxado e impertinente, menos comprometido, ele pode, como se chama a isso no trabalho científico americano, ter *hunches*, ou seja, palpites: bem, deve ser mais ou menos assim! Mas esses palpites ou hipóteses não possuem um significado constitutivo para a coisa mesma, eles são tão somente instrumentais e desaparecem tão logo a pergunta científica é solucionada. Quase seria possível, se se quisesse traçar uma linha de demarcação entre o filosofar e as ciências particulares, incluídas a lógica e a matemática, essa linha de demarcação por pouco não poderia ser buscada
206 // na figura da pergunta. Na filosofia – e digo isso totalmente consciente de que primeiro os senhores vão reagir com risos, ou, se forem corteses, com sorrisos –, as perguntas da filosofia na verdade não vêm a ser respondidas. Suponho sem mais que os senhores já poderiam extrair daí a consequência: bem, então por que na verdade as pessoas se ocupam dessa coisa? O fato de todos os senhores se ocuparem dela me parece, no entanto, demonstrar que a filosofia não está acabada, mas que nela se remete a uma outra figura da pergunta. Primeiramente, o que ocorre é que as perguntas filosóficas não são resolvi-

das ou decididas terminantemente, mas, antes, possuem muito frequentemente a tendência a serem ultrapassadas por desenvolvimentos e então esquecidas.[195] Essas perguntas, portanto, não permanecem na filosofia simplesmente o que elas são; e também não é o caso que elas simplesmente sempre voltem a ser perguntadas, como talvez os senhores tenham ouvido em manuais de filosofia, que certas questões fundamentais do ser recebem sempre novas tentativas de resposta por parte de todos os sistemas. Isso é de fato apenas palavreado vazio. Quando se persegue a figura dos sistemas filosóficos particulares, o que se encontra é que não apenas persiste uma espécie de contexto de motivação de um para o outro, mas também que por outro lado sempre desaparecem categorias e novas categorias entram em seu lugar sem que aquelas sejam então nem mesmo tratadas argumentativamente ou decididas positiva ou negativamente. Toda a estrutura da pergunta filosófica é completamente distinta. Permitam-me acrescentar que muito pouco se refletiu de modo correto sobre essa estrutura da pergunta na história da filosofia e que já passou da hora de alguém fazê-lo – só que não sob o feitiço da heideggerice dominante (pois, nesse caso, todas as perguntas iriam dar sempre apenas na pergunta pelo ser), mas sim nesse sentido diferenciado que tentei lhes mostrar. Por outro lado, no entanto, a situação da filosofia, apesar
207 da // condição inconciliada de tantos pontos de contenda essenciais – e permitam-me dizer que mesmo as teses que teriam sido decididas peremptoriamente na *Crítica da razão pura* com uma pretensão tão enorme se põem a cada vez novamente em aberto; e que não é possível falar de uma tal decisão peremp-

195 Cf. p.154 *ss*.

tória –, mas, por outro lado, nas perguntas filosóficas, ocorre por sua vez de tal modo que as próprias perguntas implicam, de modo muito peculiar, suas respostas. Quando se pensa – e o pensar filosófico é algo muito estranho –, quando se pensa, o ritmo desse pensamento não é em geral o de que alguém não sabe algo, se senta então em sua escrivaninha, apoia a cabeça na mão e reflete sobre a coisa até encontrar a resposta. Acredito que esse modelo, se os senhores quiserem imaginá-lo como o modelo da reflexão livre efetiva, é um modelo que erraria totalmente o alvo daquilo que se passa na realidade. No geral, o que acontece é antes que o pensamento se apossa ou se dá conta de algum estado de coisas qualquer em uma espécie de imediatidade – sobre a qual falaremos detalhadamente no decurso das próximas aulas –, que algo qualquer se torna compreensível a alguém ou, como se teria dito há trinta anos, que alguém "vê" algo e na verdade apenas então, eu diria, busca a pergunta pela qual aquilo que se tornou a ele compreensível é trazido à continuidade da consciência. Também se poderia dar a isso a forma de que, na filosofia, as respectivas respostas estão implicadas na figura da pergunta em um sentido totalmente diferente do que é o caso nas ciências particulares. Essas estruturas, sobre as quais só pude lhes dar aqui um primeiro esboço muito geral e que preciso deixar para os senhores as imaginarem de modo mais próximo – Heidegger também teve certamente a experiência dessas estruturas. Ele certamente viu que na filosofia ocorre com a figura da pergunta algo distinto do que o que aparece em todas aquelas tentativas filosoficamente ingênuas
208 que // consistem em simplesmente se transplantar ao filosofar a lógica científica a cada vez vigente. É esse, portanto, o momento de verdade acerca daquela preponderância da pergunta.

Só que me parece que há nisto um *ψεῦδος* – se me permitem evitar a palavra mais extrema "erro" –, no fato de Heidegger se deixar induzir por essa figura peculiar, que é a figura da pergunta filosófica, a desvalorizar o seu correlato, a resposta teórica. Uma vez que a pergunta no filosofar se mede pela experiência e uma vez que a pergunta, consequentemente, implica a sua resposta de antemão de um modo totalmente distinto do que nas ciências particulares, Heidegger acaba concedendo imediatamente à própria pergunta algo como a dignidade da verdade, sem que nisso ficasse claro que aquele caráter peculiar da pergunta do pensamento filosófico só se corrobora se aquilo que vem à mente e aquilo sobre o que se pergunta forem postos em uma relação tal um com o outro que recaiam em uma continuidade racional, em um nexo de fundamentação, em um nexo de motivação totalmente transparente para si mesmo. E, pela hipóstase da pergunta, Heidegger abstrai unilateralmente dessa operação da consciência específica, a racionalidade no contexto da experiência filosófica. A pergunta é absolutizada por ele então como algo totalmente abstrato e isolado, do mesmo modo como o é, correlativamente, aquilo a que essa pergunta totalmente abstrata e geral, desprovida de toda determinação, seria associada, a saber, o ser.

Ora, senhoras e senhores, tenham claro para si o que significa essa estrutura da pergunta para o problema com o qual nos ocupamos antes, ou seja, para o fato de que, por motivos histórico-filosóficos, essa filosofia não é capaz de cumprir em sua positividade aquilo que se pergunta a ela. Acredito que os senhores esbarrem aqui em algo relativamente simples e primitivo. Não tenho receio de lhes dizer isso, mesmo infringindo assim o tom solene presente nessa filosofia. Tentei e continua-

209 rei tentando derivar esse tom solene // e fundamentá-lo junto aos senhores – a saber, como a absolutização da aura. Mas não estou inclinado a submeter também a mim mesmo nem sequer por um segundo a esse tom solene como um ritual. Parece ser o caso, e aqui falo outra vez bastante *ad homines*, quero aqui travar um vínculo imediatamente com o interesse filosófico próprio dos senhores; parece-me ser o caso, se os senhores pensarem novamente no motivo da estratégia que salientei nessa filosofia como um motivo muito decisivo; parece que, como eu dizia, o fato de que certas questões são debatidas ou que elas, como antes isso se chamava em Husserl e talvez também no jovem Heidegger, são tematizadas, que isso é um magnífico sucedâneo para o fato de que essas perguntas não são de modo algum propriamente respondidas. Se as pessoas quiserem então realmente saber: sim, mas o que se passa então conosco? E com a crença no além? Não somos capazes de dar nenhum sentido de verdade a essa vida, sentimo-nos de fato diante do nada e sentimo-nos a nós mesmos como insignificantes e nulos, o que a filosofia tem para nos dizer sobre isso? Que consolações a filosofia tem para nos dar? Deixo em aberto se a filosofia é capaz de oferecer a alguém tais consolações. Não acredito que ela o possa, mas, sim – e eu quase diria: nesse ponto estaria ainda de acordo com Heidegger –, acredito que faz parte da sua essência negar o consolo. Mas em Heidegger parece que isso se dá de tal modo que essa nuance – é, de fato, apenas uma nuance; essa nuance me parece ser a inteira distinção entre verdade e mentira –, em Heidegger, parece que, se falarmos sobre todas essas categorias, ou seja, sobre a finitude do ser humano, sobre seu caráter de "projeto lançado" no ser-aí, sobre o acaso, a contingência cega da existência humana, sobre o caráter impla-

cável e inevitável da morte, se falarmos de algum modo sobre todas essas coisas – e mesmo que fosse o caso que repetíssemos essas coisas na maior trivialidade, como naquela passagem de *Ser e tempo* na qual se anuncia com um tom sumo sacerdotal que um cadáver ainda resta depois que alguém morre[196] –, se
210 fizermos isso, então // isso já parece de algum modo como se, ao nos ocuparmos com esses problemas, os problemas se resolvessem. Mais ou menos como quando algumas pessoas vão a certas conferências, digamos, em instituições de formação popular, porque acreditam que, se algumas pessoas mais ou menos proeminentes lhes contarem algo sobre a crise da cultura, então por esse mero fato já estaria acontecendo algo para a supressão dessa crise. Aqui talvez seja decisivo o mecanismo de que, quando as pessoas falam por tempo suficiente sobre o fato de que a morte é necessária e que a vida não tem sentido, elas acreditam então que não precisariam morrer e que a vida teria então um sentido. Acredito que nesse mecanismo, que Kant teria chamado de um mecanismo da fraude,* está de fato todo o segredo da fascinação dessa filosofia, um segredo que,

---

196 É provável que Adorno tenha em mente uma passagem do § 47 de *Ser e tempo*: "Todavia, o já-não-ser-no-mundo do morto é ainda – entendido em extremo – um ser no sentido do ainda-só-subsistência de uma coisa corporal que vem-de-encontro. [...] O *final* do ente *qua* ser-aí é o *começo* desse ente *qua* mero subsistente. [...] Mesmo o cadáver subsistente, teoricamente visto, é ainda um possível objeto de estudo da anatomia patológica, cuja tendência-a-entender permanece orientada pela ideia de vida" (Heidegger, *Ser e tempo*, p.659).

* Adorno tem em mente provavelmente a passagem do início da "Observação à anfibolia dos conceitos da reflexão", onde se fala das "fraudes do entendimento puro e das quimeras que delas resulta" (B 324). (N. T.)

de resto, também está ligado de modo muito estreito ao fenômeno que discuti com os senhores na última aula, quando lhes falei que o próprio aspecto anti-institucional e de rebelião contra o ramo profissional acadêmico se tornou então também um ramo profissional. Pois justamente esse tematizar o que não é um tema de discussão, mas que seria muitíssimo sério, ao mesmo tempo retira de toda essa seriedade a seriedade e a incorpora no inteiro funcionamento do existente, do qual sabemos muito bem que é aquele que na realidade nos encobre o acesso a essas perguntas das quais aqui se trata, de tal modo que praticamente não podemos nos aproximar direito delas. Só agora os senhores poderão entender plenamente quando lhes digo que as perguntas tratadas pela ontologia fundamental e por suas tendências aparentadas são todas índices de algo faltante. Acredito que é importante que os senhores obtenham nesse assunto primeiramente uma compreensão básica, pois apenas assim os senhores podem com alguma chance desviar-se daquele mecanismo atroz que consiste em que pessoas, por exemplo, que se encontram reclusas num operar totalmente prosaico e mais ou menos mecanizado, seja a ciência, sejam disciplinas administra-
211 tivas como a // assistência social [*Sozialfürsorge*] ou a pedagogia ou o que mais seja, que essas pessoas, a fim de dar um pouco de brilho a essa prosa, simplesmente vão buscar, como consumidores que buscam um produto fabricado, aquilo que as filosofias ontológicas lhes oferecem – de tal modo que um homem altivo e que se tem em alta conta que tem de escrever um livro sobre as condições de habitação de aposentados no campo irá escrever ao menos uma introdução na qual o "cuidado do ser-aí" [*Daseinsfürsorge*] e categorias semelhantes desempenham um certo papel. Um convém perfeitamente ao outro:

a operação administrativa inteiramente desprovida de espírito e que opera obstinadamente com fatos e escalas, que é o que o espírito hoje se tornou em medida esmagadora, e então o molho derramado por sobre o todo, um molho feito com cubos prontos de tempero, eu quase diria, que emprestam então a essa operação algo como uma espécie de aroma. E o que de sentido escapa dessa facticidade lhe é então novamente pespegado como que por feitiço por meio de uma sanção filosófica que zomba a todo momento desse domínio fático.

Permitam-me apenas lhes dizer indicativamente sobre algumas das mais importantes dessas categorias ontológicas em que sentido elas são de fato índices de algo faltante. Dentre elas está, então, a categoria do ser humano, a categoria do ser-aí, que tem finalmente o primeiro lugar em popularidade. Se fôssemos organizar hoje uma espécie de votação popular sobre as mais importantes categorias filosóficas, certamente a do ser humano seria nomeada em primeiro lugar. E que se trata apenas do homem, isso é algo que se encontra hoje repisado por toda parte, de excursões empresariais até as aulas na universidade, como se já essa repetição não devesse despertar a mais profunda desconfiança. Acredito que essa indizível acentuação da expressão "ser humano" – de um modo que, aliás, era totalmente estranho ao tempo do movimento humanista, por exemplo, o tempo de Wilhelm von Humboldt; os senhores não encontrarão a expressão "ser humano" pronunciada
212 com uma tal ênfase, com um tal *tremolo*, // nem em Humboldt, nem em Fichte, nem em Hegel; mas, uma vez que o substancial aqui é sempre o espírito ou a ideia, o ser humano aparece simplesmente como o que ele é, ou seja, em princípio como o ser genérico biológico – e ele se tornou algo assim consagrado

apenas depois de não restar mais nada que tivesse sentido e de a profanidade precisar de certo modo duplicar-se e tornar-se seu próprio domínio sagrado. Eu diria que justamente porque não se trata, no mundo em que vivemos, do ser humano – e já esse *o* ser humano, esse singular em um mundo de interesses cindidos e em um mundo no qual algo como um sujeito unitário total já não há de modo algum e é na verdade uma ideologia, uma ilusão –, justamente por isso se fala ininterruptamente do ser humano e do ser-aí, justamente por isso se diz que se trata *sempre* do ser humano. E cada um de nós que está aqui sentado ou em pé pode experimentar em si mesmo o fato de que fomos infinitamente reduzidos a meras funções de um aparato com poderes de dimensões esmagadoras e que no melhor dos casos podemos ainda obter desse aparato aquilo que podemos considerar a nossa determinação humana apenas burlando-o – e qual é o caso de uma tal determinação, que é, de certo modo, uma determinação humana furtada, é algo que não preciso mais explicar. Em outras palavras: tudo isso, todo esse *páthos* que se liga a palavras como ser humano ou análise do ser-aí, é fundamentalmente um *lucus a non lucendo* no sentido mais literal,[197] ou seja, é a demonstração de que efetivamente não há *o* ser humano; ele só é, por assim dizer, oferecido no mercado pela filosofia para que *os* seres humanos possam desse modo se enganar melhor sobre sua própria desumanização. Eles só são

---

197 Exemplo utilizado por Quintiliano nos *Institutio Oratoria* (I, 6) para uma dedução paradoxal: a palavra *lucus*, a floresta (escura), tem seu sentido derivado do fato de não ser clara, não ter luz (*non lucendo*). Cf. também Curtius, *Europäische Literatur und und lateinisches Mittelalter*, p.487, onde a explicação é citada por santo Isidoro.

transfigurados, enquanto sujeitos, em sentido de sua própria existência, porque na verdade não são sujeitos, mas aparatos. Costumo dar para isso sempre um exemplo do expressionismo,
213 no qual a expressão "ser humano" também // desempenhou um papel importante, mas tinha um tom totalmente distinto: o protesto contra as relações reificadas. Houve ali um livro com características de manifesto de Ludwig Rubiner, que se chamava *Der Mensch in der Mitte* [O ser humano no centro].[198] Vou me furtar de discutir se isso também tinha um momento de vacuidade e de tagarelice ideológica; em todo caso, significou um protesto em face da maquinaria da guerra. Há alguns anos, foi publicado um livro chamado *Der Mensch im Mittelpunkt des Betriebs* [O ser humano no centro da empresa, mas também "no centro do funcionamento, da operação"]:[199] é isso que se tornou o "ser humano no centro"! E temo que o que ocorre

---

198 Cf. Rubiner, *Der Mensch in der Mitte*.

199 Não encontrado. No entanto, em 1953 foram publicados dois livretos com o título (idêntico) "O homem no centro da ordem social" (em Düsseldorf e em Colônia). Cf. igualmente a passagem paralela no *Jargão da autenticidade*: "Para a caracterização da mudança de função do 'ser humano' são suficientes dois livros de títulos semelhantes. Ao redor da época da Revolução Alemã de Novembro, foi publicado um livro do pacifista Ludwig Rubiner, 'O ser humano no centro' [*Der Mensch in der Mitte*]; nos anos 1950, um chamado 'O ser humano no centro da empresa' [*Der Mensch im Mittelpunkt des Betriebs*]. Graças a sua abstração, o conceito pode ser regado como um óleo lubrificante na mesma maquinaria que ele gostaria de tomar de assalto. Seu *páthos*, que nesse ínterim se evaporou, reverbera na ideologia de que o funcionamento do qual os seres humanos têm de se valer estaria lá em função deles. O que se quer dizer é que a organização do trabalho teria de cuidar do trabalhador para que a produtividade se eleve" (GS 6, p.454).

com toda essa ideologia do ser humano, no momento, não é senão que, uma vez que o ser humano está no funcionamento das engrenagens, é preciso persuadi-lo de que ele é o seu centro. Mas ele não o é, mas apenas, segundo as palavras de Karl Kraus,[200] ou bem produtor, ou consumidor.

200 O sentido da citação, que o editor não pôde encontrar em Karl Kraus, parece ter sido estranhamente invertido nessa passagem de Adorno, na medida em que ele se esqueceu de como a havia citado num momento anterior, no trabalho "Aldous Huxley e a utopia": "Uma ordem que abolisse a irracionalidade na qual a produção de mercadorias estava enredada, mas que satisfizesse as carências, aboliria também o espírito prático que se reflete ainda no distanciamento em relação a finalidades da *l'art pour l'art* burguesa. Ela não apenas suprime o antagonismo de produção e consumo passado adiante até aqui, como também a sua mais recente unidade no capitalismo de Estado, e converge com a ideia de que, nas palavras de Karl Kraus, 'Deus não criou o ser humano como consumidores ou produtores, mas como ser humano'" (Adorno, *Prismas: crítica cultural e sociedade*, p.107 (GS 10.1, p.113)).

214 # // Aula 15
19 de janeiro de 1961

Na aula passada, eu disse que a conversa sobre o ser humano e sobre o meio em que ele supostamente está é um indício de que o ser humano, hoje, justamente não está no meio, usando como exemplo que, com frequência, conceitos da moda são índices para ausência das coisas sob as quais eles caem.[201] Obviamente, não quero dizer com isso que pura e simplesmente todo conceito que aparece na filosofia e é tematizado seja um tal índice de ausência, embora eu creia que essa tese é válida mais amplamente, que ela deva ser usada para além daquilo a que em geral se está disposto. Poderíamos, por exemplo, ter a ideia de que a temática do século XVII, isto é, a temática que faz referência à relação entre interior e exterior e entre a comunicação de interior e exterior tem diretamente a ver com a queda do cosmos medieval, no qual o interior e o exterior tendiam a se organizar segundo um princípio unitário. Ou, analogamente, poderíamos ter a ideia – isso não é uma ideia original,

---

201 No original falta a primeira frase (cf. Vo 5858), que é uma conjuntura editorial.

ao contrário, ela apareceu repetidamente na historiografia, na historiografia moderna da filosofia – de que a própria doutrina platônica das ideias e as estruturas sociais hierárquicas que estão associadas a elas tenham sido planejadas de maneira restauradora; quer dizer, de que elas são, na verdade, a tentativa de evocar a ordem estamental-feudal que havia na Grécia pré-democrática, na Grécia anterior ao Esclarecimento, enquanto essa Grécia esclarecida caiu em dificuldades justamente em virtude da Guerra do Peloponeso, dificuldades que foram refletidas claramente na filosofia posterior. Esse pensamento, de que não apenas a coruja de Minerva levanta seu voo ao entardecer,[202] mas que ela, por assim dizer, está sempre tateando em zigue-zague atrás da história, sempre bicando exatamente aqui-
215 lo que acabou // de cair do vagão da história universal (se os senhores me permitirem essa metáfora um pouco complexa), esse pensamento tem, em geral, as suas vantagens. Mas acredito, apesar disso – isso de que se trata aqui é de fato algo mais específico –, que uma série de conceitos que têm – eu gostaria de usar de novo o termo – uma certa aura, aos quais parece advir algo como um certo brilho metafísico, como o conceito de ser humano do qual falamos na última aula, esses conceitos são então tratados *in abstracto* quando o desencantamento justamente desses conceitos já está *realiter* muito avançado. Creio que os senhores podem visualizar mais facilmente o fenôme-

---

202 Cf. o prefácio à *Filosofia do direito* de Hegel: "Quando a filosofia pinta seu cinza sobre cinza, então uma figura da vida se tornou velha e, com cinza sobre cinza, ela não se deixa rejuvenescer, porém apenas conhecer; a coruja de Minerva somente começa seu voo com a irrupção do crepúsculo" (Hegel, *Linhas fundamentais da filosofia do direito: ou direito natural e ciência do Estado em compêndio*, p.44).

no que tenho em vista e que, como dito, é efetivamente muito específico, no fato relativamente palpável de que, na verdade, se fala sempre de tradição, de que as pessoas se reportam a uma tradição e evocam o conceito de tradição sempre que a tradição, na verdade, não está mais disponível, quando ela adquiriu brechas e se tornou problemática. Uma filosofia, uma filosofia apologética da monarquia e da ordem estamental só surgiu após as revoluções, sobretudo após a Revolução Francesa, como em pensadores como De Bonald e De Maistre,[203] ao passo que, em tempos de uma tradição feudal intacta, simplesmente por meio de sua presença, por meio de sua atualidade, não se tolera aquilo que se insurge contra ela. Algo assim não é feito, mas é simplesmente dito; e então isso é mais ou menos intuído e eliminado. Ao contrário, quando a força viva da tradição não está mais presente, costuma-se evocar a tradição e transformá-la, num passe de mágica, em uma essencialidade, e dizer: sim, mas de acordo com a tradição seria preciso se comportar assim e assado – e então desenrola-se uma metafísica ou uma doutrina da tradição para encontrar, dessa maneira, uma justificativa para aquilo que, de outra forma, não se teria mais. Tentei justificar para os senhores por que o concei-
216 to // de ser humano entrou dessa forma no centro da filosofia. Aliás, a assim chamada filosofia da vida – que data em geral de Nietzsche e encontra os seus representantes mais conhecidos posteriormente em Bergson, Simmel e Dilthey – teria um aspecto semelhante, pois só foi feito do conceito de vida uma entidade metafísica quando o ser humano em sua imediatidade, em virtude da tecnicização progressiva da vida, não era mais

203 Adorno trata de De Maistre também em NaS IV.13, p.37.

evidente. Nos grandes períodos da especulação metafísica, por outro lado, a vida nunca era glorificada – pela simples razão de que essa vida em si mesma pertence ao âmbito daquilo que pura e simplesmente é, porque ele representa o contexto dinâmico do ente, enquanto a filosofia, naquela época, justamente tentou explicar esse contexto dinâmico do ente como algo *mais* do que explicar o *mero* ente através de seu contexto. Apenas depois que algo como a vida imediata se transformou em geral em problema em um mundo técnico é que os homens se atentaram para o fato de que a vida, como se diz belamente, é um valor, e fizeram disso uma filosofia. Nisso, a propósito, com a tese de Simmel de que a vida é mais do que a vida retorna intacta a tese idealista clássica de que o contexto total da imanência a transcende, isto é, é mais do que apenas imanente. Nisso, o próprio Simmel pertence ao pensamento tradicional.[204]

Ao tocar nessa questão, chamo a atenção para algo que provavelmente já lhes ocorreu e a que frequentemente se faz referência, a saber: que a ontologia existencial, toda a filosofia da existência é, até certo grau, herdeira da filosofia da vida – só que ela se considera ora algo mais profundo, ora mais elevado,

204 Sobre a "tese" de Simmel sobre a vida, cf. também a conferência de Adorno de 1940, no Seminário de Sociologia de Robert MacIver, na Universidade Columbia, Nova York, "Über das Problem der individuellen Kausalität bei Simmel" [Sobre o problema da causalidade individual em Simmel], em Tiedemann (org.), *Frankfurter Adorno Blätter VIII*. Sobre a filosofia da vida de Simmel, de resto, cf. sobretudo Lieber, "Kulturkritik und Gesellschaftstheorie im Denken Georg Simmels", em *Kulturkritik und Lebensphilosophie: Studien zur Deutschen Philosophie der Jahrhundertwende* [„Crítica cultural e teoria da sociedade no pensamento de Georg Simmel", em Crítica cultural e filosofia da vida: estudos sobre a filosofia alemã da virada do século], p.67 *ss*.

uma vez que o substrato da filosofia da vida, a saber, a vida, permanece inteiramente no contexto do ente, ao passo que a
217 filosofia da existência //pretende, ao contrário, remontar, para aquém desse contexto do ente, aos seus constituintes. Mas podemos encontrar muitíssimos motivos da filosofia da vida já em Scheler, e igualmente em Heidegger na ontologia existencial. E, em certo sentido, toda essa filosofia de que falamos – sobretudo também em seu irracionalismo, no qual já entramos de várias formas – é um tipo de tentativa de levar adiante a filosofia da vida, de expropriá-la de seu elemento positivista, isto é, do elemento que iguala a vida com o contexto do mero ente, e fazer dela então aquilo que se tentou naquela filosofia, em vão, através da hipóstase relativamente arbitrária do princípio biológico "vida". Mas a ontologia existencial não é, em realidade, tão radicalmente nova e tão radicalmente diferente em relação à filosofia da vida como ela própria se compreende. *Materialiter*, as categorias remontam à filosofia da vida, e justamente naquele aspecto peculiarmente complementar. A filosofia, que cedeu sempre mais de seus âmbitos e regiões às ciências particulares, crê, em certo sentido, poder resguardar algo como um jardinzinho no lugar em que ela percebe um interesse que não teria mais espaço em um mundo inteiramente tecnicizado e estandardizado. E esse jardinzinho recebe nomes diferentes de acordo com sua situação específica, primordialmente o nome de filosofia da vida em tempos de expansão industrial e de prosperidade, e o nome sombrio de filosofia da existência – para a qual a morte é, enfim, mais importante que a vida – em tempos mais lúgubres, em tempos de guerras e em tempos nos quais se mostra que o contexto de nossa vida não é tão amigável assim à vida. Mas o horizonte dos questionamentos permanece

o mesmo tanto lá quanto cá. Os senhores podem dimensionar isso sobretudo no significado que o conceito de tempo recebeu em Heidegger, pois o tempo, com remissão ao ser-aí, se torna a
218 categoria na qual o ser-aí e, com isso, // o ente e o ser se relacionam constitutivamente entre si. E esse contexto geral do ente e do princípio metafísico, tal como ele é atribuído ao tempo, é extraordinariamente aparentado com aquela transcendência imanente da vida, se me for permitido caracterizar isso com essa questão. Agora, creio que a minha ideia do *lucus a non lucendo*, isto é, de que esses conceitos vêm à tona quando os seus substratos não chegam mais à experiência, vale de forma particularmente enfática em relação ao conceito de ser. Os senhores podem naturalmente retorquir que todos nós existimos no tempo e que algo como unidade da consciência, como pensamento, como tudo isso não se formaria sem algo como a consciência do tempo. Aliás, era essa a opinião de Kant, e a apologia do tempo, como ela se encontra em Heidegger, sobretudo em seu livro sobre Kant,[205] se baseia justamente em que o substrato ontológico, isto é, o que tem a dignidade do ser, no interior da teoria do conhecimento de Kant, deve ser buscado naquela anterioridade do tempo que torna possível algo como conhecimento, como *medium* do nexo da consciência. (Traduzido em minha linguagem, é isso, na verdade, o pensamento fundamental do livro sobre Kant de Heidegger.)

É certamente correto que não podemos dizer, por exemplo, que não há mais tempo ou não há mais consciência do tempo. Mas creio que pertence à compreensão da vida interior, da for-

205 Cf. Heidegger, *Kant und das Problem der Metaphysik*, *passim*, sobretudo p.157 *ss.* (§§ 32-4).

ma interior ou da composição de categorias filosóficas, que não nos contentemos a indicar *in abstracto* que há tais constituintes e que eles não podem ser ignorados. Ao contrário, eles adquirem a sua qualidade própria apenas no contexto da vida no qual vêm à tona. É possível que nada humano possa ser pensado sem o horizonte do tempo. Não quero desmentir isso. Mas o que significa o tempo de fato, o que é experimentado como tempo; o modo pelo qual principalmente chega à reflexão algo
219 como experiência do tempo // – isso é algo totalmente diferente. E eu pensaria que essas variantes históricas na experiência de tais categorias como o tempo ou, digamos, como também o indivíduo são tão centrais que os senhores não podem mais isolar, não podem mais extrair delas seu substrato, que aparentemente é imutável, a saber, o tempo como tal ou o indivíduo como ser biológico individual – mas podem experimentá-lo apenas na configuração com seus momentos especificamente histórico-sociais. Nesse sentido, um pouco mais sutil, um pouco mais sublimado, no entanto, creio que algo de realmente decisivo se modificou com a consciência do tempo, mesmo que dela só reste sua constituição formal. Isso se relaciona em parte com a estrutura do trabalho, sobretudo do trabalho industrial, no qual a tecnicização consiste na verdade apenas ainda na repetição de atividades tão idênticas quanto possível, tanto do indivíduo quanto das máquinas às quais as pessoas têm de se adaptar. É um fato sociológico peculiar ao qual eu gostaria de chamar a atenção dos senhores que essas transformações, como a que se dá na forma do próprio trabalho no atual estágio das forças produtivas – como dizemos na teoria social –, vão muito além desse âmbito restrito. Isso quer dizer que o fato de que algo como a experiência, no sentido da continuidade tempo-

ral, não seja mais necessária no núcleo dos conceitos de trabalho – esse fato se estende de tal maneira que suas mediações nos são ainda desconhecidas, e ele se estende a todos os âmbitos pensáveis da vida, o que soa um pouco místico e um pouco dogmático. Permitam-me demonstrar com um exemplo muito simples isso que eu gostaria de indicar aqui e a respeito do que os senhores, a princípio, talvez não possam imaginar muita coisa. Creio que quando alguém fosse falar a respeito de um
220 ser humano, a respeito de um idoso, que ele é *sábio*, então // os senhores ou não imaginariam nada ou iriam sorrir e imaginar que ele é uma pessoa afetada (com razão); e que, uma vez que ele possui esse privilégio discutível de ter vivido tanto, digamos, à custa da mediania estatística, ele também pode extrair daí o privilégio de dispor de uma visão mais profunda ou algo do tipo. Mas o conceito de sabedoria se tornou, ele próprio, anacrônico; ele se tornou anacrônico porque compreendemos a ideia de sabedoria – se temos um órgão para essas coisas, e se por um instante quisermos fazer fenomenologia do bom e velho jeito –, porque compreendemos a ideia de sabedoria não apenas como inteligência no sentido da capacidade de pensamento, e tampouco inteligência no sentido da relação com objetos, e nem mesmo experiência em si. Antes, compreendemos a sabedoria como a capacidade de se apropriar de experiências, a capacidade de transpor como que a continuidade de toda uma vida para o nível de consciência alcançado por um ser humano; ou seja, a unidade adquirida entre a experiência e a energia espiritual formada nessa experiência. É justamente isso que não há mais hoje. A energia espiritual, hoje, consiste muito mais no fato de que os seres humanos se adaptem a situações que se modificam continuamente, que eles sejam hábeis, que eles se virem em diferentes profissões, que percebam

as melhores chances, e não que eles, digamos, primeiramente se apropriem de conhecimentos formados por anos a fio em um ensinamento e que então sua vida, em certo sentido, dê continuidade à estrutura desse ensinamento. O fato de que hoje o tipo do trabalhador especializado ou mesmo do operário recue socialmente em relação ao trabalhador não especializado ou semiespecializado pertence também a esse complexo, do qual os senhores podem depreender que, com a própria consciência do tempo, alguma coisa se modificou, que algo ocorreu aí. – Isso se tornou particularmente acachapante na situação que se analisou com frequência (sobretudo Heimpel o fez), a saber, na
221 peculiar perda de sentido para a continuidade histórica que // se prefigurou após a Segunda Guerra Mundial na Alemanha, e que se pode constatar até com métodos de pesquisa palpáveis, no sentido de que jovens, hoje, sobretudo jovens não formados academicamente, mal sabem mais quem foi Guilherme II ou Bismarck;[206] ao passo que, na minha juventude, digamos, algo

206 Adorno tratou repetidamente da perda da consciência histórica, como em "O que significa elaborar o passado", uma conferência de 1959: "Hermann Heimpel falou reiteradamente sobre a contração da consciência de continuidade histórica na Alemanha, um sintoma daquele enfraquecimento social do eu, que Horkheimer e eu já tentamos inferir na *Dialética do esclarecimento*. Evidências empíricas do tipo de que a geração jovem frequentemente não sabe mais quem foi Bismarck e quem foi o imperador Guilherme I confirmaram a suspeita de perda histórica" (GS 10.2, p.558). Talvez ainda mais penetrante é sua análise em "Sobre a memória de Eichendorff", de 1957: "A quebra na continuidade da consciência histórica, reconhecida por Hermann Heimpel, produz uma polarização entre bens culturais de antiquário (quando não também amparados por fins ideológicos) e uma atualidade que, justamente porque nela a lembrança é fraturada, está a um passo de subscrever como um reflexo o meramente existente também

como a consciência de toda essa época de fundação do Reich e tudo que se relaciona com isso ainda era provavelmente presente de forma muito contínua. Aliás, esses fenômenos alemães aos quais se faz referência com frequência e com os quais se topa aqui e acolá não são absolutamente nada singulares, visto que na América, que em todas as relações é o país mais avançado em sentido capitalista, essa perda de sentido para a continuidade histórica se iniciou há muito. Impera na América – excetuado o âmbito acadêmico muito específico – algo como um alheamento histórico, sim, quase como um tipo de aversão à história em geral como se ela fosse a esfera do tradicionalismo,[207] que contradiz em seu todo o princípio imperante da racionalidade da troca. A famosa frase de Henry Ford: "*History is bunk*" expressa isso de forma bastante exata.[208] Trata-se,

---

lá onde ela se opõe a ele. O ritmo do tempo é perturbado. Enquanto os becos filosóficos ecoarem a metafísica do tempo, o próprio tempo, outrora medido no decurso constante de sua vida, é alienado dos seres humanos; é bem por isso que ele é discutido de maneira tão convulsiva" (GS 11, p.69).

207 O mesmo diagnóstico foi feito por Goethe já em 1827, nas "Zahmen Xenien", embora ele tenha aí ainda a ênfase contrária: "América, fazes melhor/ que nosso continente, o velho,/ não tens castelos arruinados/ ou basalto./ Teu interior não perturbam,/ em tempo vivido,/ a lembrança inútil,/ a disputa fútil" (Goethe, *Sämtliche Werke*, I. Abteilung, v.2: Gedichte 1800-1832, p.739).

208 Adorno cita a mesma frase em NaS IV.15, p.248, em sua própria tradução: "'O lugar da história...' – traduzindo livremente – 'o lugar da história é na lata de lixo'". Então prossegue Adorno, como se quisesse corrigir, com Goethe, a passagem de Goethe citada pelo editor na nota anterior: "E a mesma formulação já está antecipada no último grande discurso de Mefistófeles no final do *Fausto*, onde se lê de tudo o que foi e não é mais: '... e é tão bom como se não tivesse sido'".

em larga medida, do sentimento geral americano de que aquilo que não possui nada mais do que o fato de ter surgido historicamente e permanecido aí – que isso, na verdade, deve ir para a lata do lixo. E a paixão americana por relíquias e coisas do tipo que se compra na Europa é apenas o complemento dessa inclinação; assim, os processos que podemos observar aqui na Alemanha são apenas reflexos dessa tendência global.

Bem, falei do comércio de relíquias. Às vezes, se lemos as efusões da ontologia fundamental através do tempo, não podemos evitar inteiramente a impressão de que se trata aí de uma espécie de comércio de relíquias sublimado; isto é, que justamen-
222 te porque a consciência do tempo no sentido da consciência // da continuidade da vida expirou, como que se garante aos seres humanos de maneira consoladora que algo como o tempo, que algo como uma vida contínua ainda exista. Os senhores têm apenas de imaginar como são imensamente distantes de nós certas passagens bíblicas como aquela segundo a qual Abraão teria morrido velho e saciado da vida,[209] para imaginar a nostalgia que impregna o tempo como uma tal – eu quase gostaria de dizer – dimensão rural, constituinte da vida. E justamente essa saudade do próprio tempo, cuja consciência se destruiu e se despedaçou para nós, é explorada pela filosofia do ser na medida em que ela nos assegura a nós, que não mais experimentamos o tempo, de que não podemos perder o tempo – de forma que ela nos engana que a consciência do tempo inteiramente abstrata que ainda temos seja uma qualidade do ser em geral no

209 Gênesis, 25:7-8: "Estes, pois, são os dias dos anos da vida de Abraão, que viveu cento e setenta e cinco anos. E Abraão expirou, morrendo em boa velhice, velho e farto de dias; e foi congregado ao seu povo" (trad. João Ferreira de Almeida).

ser-aí, de que ela ainda nos aparece como se fosse o *ens concretissimum*. Creio que o conceito supremo, o conceito de ser tem também uma semelhante função complementar. Se os senhores verificarem por um instante o que soa aos seus ouvidos quando escutam a palavra ser... e esse apelo é legítimo porque nos é assegurado que ser não é nenhum conceito, mas justamente o próprio ser; e para perceber esse além-do-conceito pode-se remeter a outras instâncias além da meramente definitória. Creio que se poderá objetar pouco contra esse método quando se conceber o conceito de ser dessa forma, como ocorre. Se os senhores eventualmente rastrearem o que lhes ocorre ao ouvir uma palavra como "ser", talvez também o que faz que lhes seja agradável ouvir do ser, então se trata – e os senhores precisam me perdoar se me expresso dessa maneira vaga, mas a camada de experiência na qual nos movimentamos aqui é condizente com uma tal vagueza –, se trata de um certo sentimento de fixidez, de ter um apoio, de ter uma espécie de segurança. Quando se diz algo como: isto é uma pessoa cujo ser me diz algo – com isso
223 reverbera aquilo que antigamente // se queria considerar com expressões como "caráter", isto é, uma representação de algo fixo, como que impenetrável e substancial. Acredito que a palavra erudita "substancial" expressa isso com máxima exatidão. E é talvez particularmente característico para o clima restaurativo dessa filosofia que, ao passo que a filosofia kantiana justamente dissolveu o conceito de substância enquanto conceito ontológico e fez da substancialidade uma categoria, isto é, algo primeiramente constituído por subjetividade,[210] é justamente esse conceito de substância que é hipostasiado nas formas de

210 Sobre o conceito de substância na filosofia kantiana, cf. por exemplo, NaS IV.4, p.301 *ss*.

pensamento ontológico atuais; ou seja, convertidas naquilo sobre o que a constituição, a subjetividade em geral não tem nenhum poder. Creio que também aí se esconde uma carência peculiar, a saber: que é da essência de nossa sociedade atual – e acredito que isso transcende coisas relativamente exteriores como a tecnicização, e toca realmente no princípio social –, que é próprio à nossa sociedade que não haja nada mais nela que é em si mesmo, que exista em razão de si mesmo. Kant se reportou a esse estado de coisas na frase de que todas as coisas têm ou bem um preço ou bem dignidade[211] – no que a dignidade é justamente aquilo que existe por si mesmo, ao passo que o preço é aquilo que está em relação a um outro, o que, portanto, só vale na medida em que se recebe algo outro em troca; isto é, o que está submetido ao princípio de troca. Pode-se dizer que, nesse sentido, o conceito de ser é a tentativa de restituir o conceito de dignidade; mas ao mesmo tempo desconsiderando a dignidade do ser humano à qual a ideia de dignidade é atrelada em razão simplesmente de que, se alguém quiser afirmar hoje em dia a respeito das pessoas individuais como nós, inteiramente impotentes e manejadas arbitrariamente, que temos dignidade, então cairia facilmente naquela esfera do risível da qual lhes falei algo no começo dessa lição e para a qual justamente Heidegger – assim eu gostaria de supor – possui um órgão
224 perceptivo extraordinariamente refinado. // Quase gostaria de dizer que a tentativa de eximir-se desse riso e de preparar os conceitos que, caso aparecessem despidos, provocariam aquele riso – é essa justamente a arte que essa filosofia possui.

211 Na verdade, a passagem encontra-se em Kant, *Fundamentação da metafísica dos costumes*, p.77.

Em outras palavras: em uma constituição da sociedade que se pode caracterizar como uma sociedade da fungibilidade universal, isto é, uma sociedade na qual, sob o princípio de troca universalmente reinante, nada é para si mesmo, nada existe em função de si mesmo mas apenas por possuir valor de troca, nesse mundo somos como que consolados por meio da elevação do conceito de ser; querem nos fazer crer que ainda há algo para além daquele princípio de fungibilidade que – sim, para tal só há, interessantemente, palavras arcaicas – é maciço [*gediegen*], ou, como se diria em inglês: que é esterlino [*sterling*]; ou ainda em dialeto do sul da Alemanha: que é robusto [*pfundig*]; e é justamente essa aura de robustez que confere ao conceito de ser a sua atualidade incomparável e anacrônica. Ela nos faz crer que, uma vez que essa aura se furta de toda confrontação, esse elemento maciço, durável e que não se pode perder ainda subsiste em um âmbito disposto além de toda crítica; mas assim ela é disposta de tal maneira que é dispensada de toda confrontação com o estágio atual de nossa experiência. Se me for permitido retomar meu modelo de pensamento de há pouco, se no lugar de ser viesse à tona de fato o conceito de dignidade, cujos atributos como atributos conceituais correspondem exatamente à aura que tentei elaborar com os senhores como sendo a do ser, então viria à tona esse elemento anacrônico e impreciso graças à proximidade do conceito de dignidade com a experiência de pessoas reais. Mas, porque a dignidade é atualmente transposta a algo inteiramente abstrato que efetivamente possui toda a força dessa substancialidade, dessa intransponibilidade, desse estar-aí [*Da-heit*], mas que ao mesmo tempo tem de ser pretensamente não uma mera existência [*Dasein*], mas algo mais elevado e protegido do encantamento da mera existência

225 [*Dasein*] – // por isso é que se o conserva e simultaneamente o possui de forma a protegê-lo de todo tipo de controvérsia e de todo tipo de crítica. Creio que, quando os senhores, e isso eu gostaria de alcançar nesta lição, quando a sua própria consciência quiser se tornar autônoma; quando ela quiser, portanto, realmente conquistar a força de resistir a tais tentações como essas grandes tentações de que se parte abertamente com essa filosofia – creio então que seria melhor, em vez de se contentarem com a análise unicamente intelectual das implicações desses conceitos, que os senhores pensassem nessas articulações e, com isso, pensassem na esfera, nas disposições existentes dentro dos senhores às quais um tal pensamento se atrela. E por isso lhes elucidei esses momentos nos conceitos de tempo e de ser. Permitam-me dizer ainda apenas que um outro conceito que desempenha uma grande e ambígua função em Heidegger, a saber, o conceito de *sentido* tal como ele vem da análise fenomenológica de significados, que esse conceito de sentido é, em todo caso, complementar, complementar àquele fenômeno para o qual Max Weber encontrou a fórmula do "desencantamento do mundo".[212] Quanto mais desencanta-

212 Sobre a fórmula do desencantamento do mundo, cf. também NaS IV.13, p.269 e p.443, nota 285: "Desencantamento do mundo designa para Max Weber, em oposição à 'estereotipização mágica', o polo oposto no processo histórico de legitimação da ação social; o conceito é utilizado por ele basicamente como sinônimo ao conceito de racionalização". Adorno tomou para si o conceito com frequência, também modificado de forma não inessencial, como nas seguintes sentenças sobre teoria sociológica: "Teoria quer nomear o que secretamente mantém a engrenagem coesa. A nostalgia do pensamento, ao qual foi insuportável a falta de sentido do simplesmente existente, secularizou-se no ímpeto de desencantamento. O desencantamento

do é o mundo, tanto mais a filosofia se portará no sentido de uma ideologia complementar, para colocar diante dos olhos dos senhores um tal sentido. No entanto, já que ela não pode se apoderar de um tal sentido como um sentido substancial, então também aqui ela faz aquilo que chamo de um truque de cartas: isto é, ela se comporta como se a análise de significados, ou seja, a análise de conceitos, de palavras como a palavra "ser", a palavra "ser-aí", a palavra "existência" – como se a análise que lhes dá o sentido dessas *palavras* fosse idêntica *àquele* sentido, o que quer que seja isso, que sucumbiu ao desencantamento do mundo. Aquilo contra o que o simples entendimento humano poderia objetar de fato é que, se é verdade que podemos reter inteiramente o sentido de tais conceitos como ser, ser-aí, existência, tempo, e se pode, portanto, compreender
226 // exatamente o que eles significam, nem por isso compreender seu significado possui algum poder sobre o processo de desencantamento do mundo em si mesmo. Mas todo o *habitus* da filosofia heideggeriana é que o emprego de tais conceitos, ou a sua "contemplação" ou adoração sejam suficientes para reverter o desencantamento do mundo; que (para repeti-lo mais uma vez) tornar temáticas essas categorias já é compreendido como satisfação, e que já aparece como se aquela carência real em relação ao desencantamento do mundo que se manifesta

---

gostaria de erguer a pedra sob a qual viceja a desgraça; apenas em seu conhecimento conserva-se o sentido. A pesquisa sociológica sobre fatos debate-se contra um tal ímpeto. Desencantamento, tal como Max Weber ainda o afirmava, é para essa pesquisa apenas um caso especial de feitiçaria; a reflexão sobre o que permanece atuante às escondidas, que deveria ser modificado, mera perda de tempo a caminho da modificação do que é manifesto" (GS 8, p.196 *s.*).

por meio do sofrimento sob esse desencantamento fosse retirada de nós; ou seja, como se a coisa fosse garantida através do trato com os conceitos que em geral escondem a coisa.

Minhas senhoras e meus senhores, creio que lhes terá sido possível retirar algo dessas análises: será preciso ter clareza, quando falamos da mais nova figura dessa filosofia ou, permitam-me dizer agora como resultado da análise de hoje: quando falamos dessa ideologia em sua mais nova figura, que essa ideologia entrementes se tornou extraordinariamente astuta. Não se apresenta aqui simplesmente algo como um sentido divino a ser contemplado, nem se relata acerca da imutabilidade ou eternidade do ser, ou ainda, em termos concretos, acerca do que não se pode perder na experiência vivida que corre no tempo. Antes, a força dessa filosofia consiste em que ela cumpre, é verdade, todas as funções que analisei aqui, mas, ao mesmo tempo – e para isso, como pretendo lhes mostrar, o conceito de ser é uma invenção genial –, ela realiza todas essas coisas de forma que as invariantes com as quais se opera possuem inteiramente a marca de tais invariantes e, no entanto, ela não se deixa fixar nessas invariantes. A esse respeito, deve-se dizer, en-
227 tretanto, que essas // invariantes, que o arcaísmo e que a relação com fases sociais que são históricas e estão condenadas, são mais fortes e presentes nessa filosofia do que ela própria quer assumir. Todos os senhores sabem que a filosofia heideggeriana tem uma dupla pretensão. Primeiro, que a própria linguagem seja órgão do ser e não apenas, como quer o nominalismo, algo como um sistema de signos que é *θέσει* e deve conduzir as coisas feitas pelos homens à verdade. Isso é a primeira coisa que se pretende aqui, muito enfaticamente. A outra, igualmente

enfática, é que o pensamento do ser está sediado em uma zona que, poder-se-ia dizer, é indiferente ou preordenada à diferenciação entre filosofia e poesia, tal como nós a criamos. Uma vez em sua vida, Heidegger tirou daí a consequência extrema ao publicar um livrinho com – bem, não sei se se deve dizer poemas, ou talvez adágios ou aforismas; provavelmente, ele iria rejeitar tudo isso e dizer que se trata de manifestações do ser. Agora, creio que, diante da pretensão extraordinária que recai sobre a palavra poética e a linguagem, e diante da minha afirmação acerca do anacronismo e do arcaísmo desse pensamento, de fato implícitos, mas mesmo assim efetivos, vale a pena dar uma olhada mais de perto nesse escrito. Chama-se *Aus der Erfahrung des Denkens* [A partir da experiência do pensamento], foi escrito em 1947 e publicado já há seis anos em Pfullingen no ano de 1954. Creio que alguns dos senhores terão tido esse escrito em mãos. Não posso deixar de ler para os senhores algumas de suas linhas para que tracemos um certo ponto limítrofe dessa filosofia. Ali está escrito algo como: "Quando a primeira luz da manhã cresce silenciosamente sobre os montes...", ou ainda: "O obscurecimento do mundo nunca alcança a luz do Seer". Lembro aos senhores minha tese sobre o elemento afirmativo dessa filosofia: ou seja, o obscurecimento – que aqui é
228 pura e simplesmente revelado – // o obscurecimento do mundo deve ser mais fraco do que a "luz do Seer". Ou um outro mote: "Quando, sob o céu plúmbeo, súbito penetra um raio de sol sobre os campos lúgubres..."; ou seja, trata-se de uma imagem de uma paisagem montanhosa; então se lê: "Nunca vamos aos pensamentos. Eles vêm até nós./ É esta a hora conveniente da conversação". Ouçam ainda isto: "Quando, ao fim da primavera, florescem alguns isolados narcisos escondidos no campo

e brilha a rosa do monte sob o bordo...”; e a primeira sentença que segue desse mote é simplesmente: “O esplendor do simples”. Ouçam ainda o seguinte: “Quando o regato do monte conta de suas quedas pelos rochedos, na calada da noite...”; ou: “Quando, dos aclives do vale alto, puxam as manadas lentamente e os sinos dobram e dobram...”; ou o poema final: “Florestas campeiam/ Regatos prancheiam/ Rochas duram/ Chuva flui.// Várzeas esperam/ Fontes brotam/ Ventos moram/ Bênçãos refletem”.[213] As senhoras e os senhores riram; e levo essa risada extraordinariamente a sério. Pois essa risada parece comprovar para mim que os senhores reagiram à incomensurável contradição entre a pretensão patética dessas frases e a forma linguística em que elas aparecem. Essa contradição fundamenta-se no fato de que, aqui, recorre-se a uma reserva de imagens, de palavras e uma representação de mundo que foi ultrapassada tanto pelo desenvolvimento da linguagem como meio poético quanto, inversamente, pelo desenvolvimento do próprio mundo. Os senhores têm aqui simplesmente o sentimento que se discursa sobre as coisas mais sérias e patéticas como se, para decidir sobre as questões supremamente filosóficas, recorrêssemos a Max Jungnickel ou Cäsar Flaischlen como autoridades.[214]

213 As citações de Heidegger, *Aus der Erfahrung des Denkens* [A partir da experiência do pensamento], encontram-se nas páginas 6 *s.*, 10 *s.*, 12 *s.*, 18, 22 e 27.

214 O poeta lírico suábio Cäsar Flaischlen (1864-1920) também escreveu dramas e romances, como *Martin Lehnhardt* (1895) e *Jost Seyfried* (1905). Ele é o autor do poema “Hab Sonne im Herzen”, popular por certo tempo entre a burguesia ilustrada. Max Jungnickel (1890-1945, desaparecido na União Soviética), poeta lírico e prosador, autor de obras como *Himmelsschneider* (1913), *Ins Blaue Hinein* (1917)

Agora, os senhores poderiam dizer que é injusto insistir nessas coisas. E sinto aí a objeção do sadio entendimento humano, sempre pronto a defender o ruim; o sadio entendimento huma-
229 no, que diria neste caso: mas ele é um filósofo, você // não pode recriminá-lo se ele escreve maus poemas! A isso eu responderia: já que ele, como filósofo, pretende justamente estar sediado em uma esfera que está para além do conceito, que é uma esfera do "dizer", uma esfera que é *ἀδιάφορον* entre a poesia e a filosofia, então ele precisa se confrontar com os critérios erguidos por sua tão amada língua e pela poesia. Caso contrário, toda essa coisa se torna tão infundada como eu creio que ela de fato é, e como eu gostaria de designá-la aqui, por precaução, não com sua palavra correta. Em outras palavras, portanto: se se verificar que a formulação linguística e a relação da linguagem com aquilo que, se se quiser, é a formulação do cafona provinciano e rançoso, então isso significa em todo caso, creio eu, algo decisivo acerca do teor de verdade dessa filosofia.

---

e *Brennende Sense* (1928), partidário dos nazistas. Jungnickel também foi evocado por Adorno em GS 6, p.448, em relação a uma caracterização de Heidegger. Cf. também "O ensaio como forma": "Onde a filosofia, mediante empréstimos da literatura, imagina-se capaz de abolir o pensamento objetivante e sua história, enunciada pela terminologia habitual como a antítese entre sujeito e objeto, e espera até mesmo que o próprio Ser ganhe voz em uma poesia que junta Parmênides e Max Jungnickel, ela acaba se aproximando da desgastada conversa fiada sobre cultura" (Adorno, "O ensaio como forma", em *Notas de literatura I*, p.20-1 (GS 11, p.13)).

230

// Aula 16
24 de janeiro de 1961

Permitam-me voltar ainda por um momento aos poemas, se se quiser chamá-los assim, dos quais falamos da última vez. Acredito que os senhores não suspeitarão de mim por querer fazer gracinhas à custa de Heidegger – do que não tenho absolutamente a menor vontade. E que os senhores tampouco me imputarão uma ambição tão baixa quanto a de comprovar mais uma vez que um professor de filosofia escreve maus poemas. Isso já foi mostrado com frequência bastante no curso da história. Lembro-me de um professor que pôs por escrito a sua filosofia naquela compilação *Die Philosophie der Gegenwart in Selbstdarstellungen* [A filosofia do presente em apresentações próprias] na forma de uma paródia do poema de Goethe "Caminhava sozinho no bosque" [Ich ging im Walde so für mich hin],[215] sem que, como seria de se esperar, um raio tivesse caído

215 Trata-se do filósofo e médico Alfons Bilharz (1836-1925), autor de uma *Metaphysik als Lehre vom Vorbewussten* [Metafísica como doutrina do pré-consciente] e uma *Philosophie als Universalwissenschaft* [Filosofia como ciência universal]. Bilharz publicou um poema de título "Sum ergo cogito", no qual procura constatar qual foi o evento que

dos céus e o reduzido a pó – não, não aconteceu nada. Sem querer explicar um pouco mais agora as consequências metafísicas desse fato, gostaria de dizer, por razões objetivas, mais algumas palavras sobre esses poemas; e isso considerando que a atrocidade e a subalternidade desses poemas não é casual e tampouco algo que deveria ser imputado à mera individualidade de seu autor, mas tem suas razões objetivas na filosofia que, em manifestações como essa, tem a presunção, para usar sua própria linguagem, de se tornar saga [*Sage*].* De início, aquilo que Heidegger tem em vista, o ser – que, todavia, segundo o seu conceito, isto é, como algo destacado de todo ente, não tem simplesmente nada a ver com algo temporal –, evidentemente, não deve ser qualificado senão em uma linguagem arcaizante em geral. Isso vale não apenas para esses ditos, mas para todo o conjunto de expressões de *Ser e tempo* até as publicações tardias
231 nas quais Heidegger tentou em geral // descrever o que o ser propriamente é – nesse aspecto, esses ditos não se distinguem absolutamente nada das frases de sua filosofia. Mas isso demonstra algo, a saber, que o que se quer dizer aqui não se pode exprimir de outro modo senão em uma linguagem arcaizante;

o "transformou, de um cientista natural, em um filósofo": "Caminhava sozinho no bosque/ e nada procurava, era isso que eu queria/ foi quando me acertou um raio de luz do alto do céu,/ e acreditei ver o centro da Terra./ O raio de luz inverteu meu pensamento/ e me levou à santa verdade./ A verdade não é que pensar é ser,/ não, ser é pensar em simples união" (Schmidt (org.), *Die Philosophie der Gegenwart in Selbstdarstellungen*, v.5, p.2 s.).

* Trata-se um jogo de palavras. *Sage* significa saga, lenda, fábula de heróis e acontecimentos extraordinários, mas é utilizada por Heidegger visando uma espécie de novo particípio passado ou de infinitivo modificado do verbo *sagen*, dizer. (N. T.)

ou seja, que não poderia ser sequer expresso em uma linguagem que fosse adequada a nosso próprio nível de consciência. Mas isso indica então que é algo que, no processo histórico, se tornou para nós em geral indizível, se é que lhe subjaz mesmo algo a ser dito. E, por fim, isso demonstra que esse suposto caráter atemporal e supratemporal só pode ser dito como algo temporal, como algo que veio a ser. E a impossibilidade de enunciados atemporais desmente a afirmação do próprio Heidegger de que esse ser seria preordenado ao existente, pois o existente ao qual ele seria preordenado é justamente o temporal. E a necessidade de expressões temporais remete ao fato de que o tempo não pode ser de modo algum antecipado desse modo pelo ser em relação ao ser-aí, como se pretendeu aqui. O fato de que esse arcaico se subtrai a uma expressão adequada mostra que as expressões antigas aqui escolhidas não possuem de modo algum a força do arcaico, mas sim que elas trazem consigo o momento que chamei de momento artesanal,[216] ou seja, um momento da ficção: que as palavras que falam aqui sobre o arcaico, ou têm por intenção conjurá-lo, ao mesmo tempo não têm esse arcaico sob seu domínio. Pois o que aqui chamei de caráter artesanal é uma coisa que não está ligada apenas, por exemplo, ao gosto, mas está no fato de que aqui a expressão pretende estar no domínio de uma essência que ela ao mesmo tempo desmente pela sua própria impotência em capturá-la. Isso tem a ver com o fato de que a linguagem arcaizante aqui

216 Algo parecido, em referência clara a Heidegger, se encontra no trabalho "O ensaio como forma", publicado em 1958 – antes do *Jargão da autenticidade*, portanto. Cf. Adorno, "O ensaio como forma", em *Notas de literatura I*, p.21 (GS 11, p.14).

utilizada não é de modo algum uma linguagem da origem – tão pouco quanto um pensamento da origem, como Heidegger pretende, pode ser um pensamento da origem. Ela é antes uma
232 linguagem que simula a origem, que arremeda a origem // com figuras de linguagem que, por sua vez, pertencem ao passado recente. Por um lado, esse pretenso originário toma por modelo determinadas fases da economia campesina, como sobretudo o mundo dos pastores, ou seja, a criação de gado, que aqui se torna a chave para o ser. E, por outro lado, as figuras de linguagem utilizadas nessa passagem são figuras de linguagem que não possuem em absoluto a violência desse mundo primevo, mas que, se os senhores observarem com um olhar estético, remetem a algo que os senhores encontram nos poemas que são recolhidos no suplemento de domingo de algum pequeno jornal provinciano por seu redator provinciano – provavelmente a ranger os dentes quando esses poemas lhe são enviados por seu círculo de leitores e leitoras. Pois bem, justamente esse arcaico, justamente isso que finge estar além da sociedade por meio de locuções como essas que os senhores também notaram em particular, como a de que os sinos dobram e dobram ou de que as bençãos refletem, ou formulações semelhantes, justamente esse arcaico possui uma importância histórica localizada que ele nega, qual seja, a do caráter pequeno-burguês. Assim como justamente o caráter historicamente limitado e a estreiteza da existência pequeno-burguesa se expressa no fato de que a ideologia pequeno-burguesa lida de modo precipitado e desprendido com os supostos valores da eternidade e acredita já ter capturado alguma coisa da eternidade quando apenas diz que a neve cai ou que a montanha se eleva até o infinito. A impotência de um tal modo de proceder é evidente para os senhores

nos inumeráveis maus poemas nos quais se fala da eternidade das montanhas, sem que nisso o escrevinhador que assim fala fosse capaz mesmo que minimamente de expressar essa eternidade. Mas no caso dessa filosofia, por esse rebuliço que a rodeia e pela pretensão de autenticidade que ela levanta, acontece então um pouco como na fábula de Andersen das novas roupas do imperador: ninguém nota o que está de fato por debaixo.
233 E eu gostaria // de já lhes mostrar isso, para que fique claro que nesses poemas a eternidade está de fato tão pouco presente quanto em um poema do jornal ilustrado *Gartenlaube* e em um retirado do *Lichtenberger Anzeiger*, nos quais se fala da neve *firn** e do céu eternamente azul – e que do mesmo modo o ser está tão pouco presente na filosofia que acredita ter o ser pelo fato de tematizá-lo ou de falar dele. Essa era, portanto, a intenção pela qual lhes mostrei esses poemas; e espero que tenham entendido corretamente essa intenção, que, por um lado, é bem menos maldosa do que alguns dos senhores podem ter pensado, mas, por outro lado, é também muito mais maldosa: na medida em que é dirigida ao todo, e não apenas à questão do talento literário do professor Heidegger.

Mas quero agora continuar na trilha exatamente desse pensamento ao qual eu os trouxe aqui: a saber, à questão de por que na verdade essa ontologia de fato não é possível. A tese na qual quero exprimi-lo é a da irreversibilidade dos processos históricos que provocaram a dissolução da ontologia tra-

---

* Espécie de neve que, não tendo derretido e perdurado durante todo o ano, torna-se mais compacta e granular, num estágio intermediário entre a neve e o gelo. (N. T.)

dicional. Isso concerne igualmente à coisa, ou seja, igualmente à impossibilidade de uma ontologia em geral como algo a ser positivamente apreendido, assim como, por outro lado – e esse é o momento que eu quis ao menos iluminar aos senhores com os poemas –, também a impossibilidade da forma; isto é, a impossibilidade, como Heidegger diria, de simplesmente projetar [*entwerfen*] algo como uma ontologia, e que esse projeto [*Entwurf*] possuísse minimamente o caráter de autenticidade. Acredito que seria bom, no entanto, se os senhores se assegurassem de que as filosofias em geral não podem ser pensadas a esmo; que não podem ser pensadas de modo independente das relações sociais da estrutura social nas quais elas se produzem. Para lhes explicar um pouco melhor, assim como não seria possível hoje escrever um romance de cavalaria ou um
234 poema épico de cavaleiros em grande estilo, // mesmo que o modelo fosse um da mais elevada categoria, como o *Parzival* de Wolfram – do mesmo modo não é possível, mesmo que se conceda a essas ontologias de certo modo uma elevada dignidade, projetar hoje diretamente algo semelhante. A substância das formações espirituais – e a filosofia é ao fim e ao cabo uma formação espiritual, algo mediado pelos homens, feito pelos homens, e não uma aparição imediata da verdade –, elas possuem em si necessariamente um valor histórico localizado, um índice histórico. E aquilo que nelas seria imperecível ou eterno só é conservado pelo fato de que se modifica na história, que a história penetra nelas; mas não por se tentar, sob pressupostos sociais totalmente distintos, projetar filosofias que surgiram em condições completamente outras. As condições sociais das grandes ontologias medievais – quero deixar de lado agora a questão da ontologia platônica e da aristotélica, pois elas

envolvem problemas sociologicamente muito difíceis e complexos –, mas em todo caso as grandes ontologias medievais pressupõem uma sociedade hierarquicamente nivelada e essencialmente estática, uma sociedade que essencialmente não se move. Esse nivelamento da sociedade vem à luz na hierarquia das categorias, na estrutura das categorias objetivas que nem precisam primeiro se justificar perante a razão; e igualmente esse caráter estático real, pelo fato de que a sociedade feudal, em um sentido essencial, ou seja, segundo seu próprio princípio, o princípio do tradicionalismo, foi uma sociedade não dinâmica. Para falar de modo mais exato e concreto, isso também deveria, aliás, ser diferenciado. Quando temos presente de modo preciso – eu realmente não quero agora me afundar em um exame sociológico da filosofia –, mas quando temos presente de modo mais preciso as grandes ontologias e principal-
235 mente o fato de que foi justamente em estreita conexão // com um dos maiores dentre esses sistemas ontológicos (se é que posso dizer assim), o de Duns Scotus,[217] em sua escola direta, que surgiu então o nominalismo, então podemos bem dizer que, enquanto a hierarquia medieval ainda se manteve inquebrantada e gozou de uma atualidade não problemática, ela não refletiu de modo algum a si mesma desse modo. As ontologias pertencem em geral a um momento no tempo no qual o caráter estático da sociedade já se dissolve no sentido de um emburguesamento do pensamento, no sentido de uma economia de

217 Sobre a ontologia escotista, cf. Haag, *Der Fortschritt in der Philosophie*, p.51 *ss.*; e Mensching, *Das Allgemeine und das Besondere: Der Ursprung des modernen Denkens im Mittelalter* [O universal e o particular: a origem do pensamento moderno na Idade Média], p.210 *ss.*

mercado urbana que aos poucos se impunha; assim como hoje se assume em geral que já no século XIII, ou seja, no período do alto gótico, tem-se algo como um pré-Renascimento, que apenas então progride para o Renascimento propriamente dito.[218] E, se essa interpretação for correta, então essas grandes filosofias ontológicas surgiram na verdade todas no momento em que as sociedades estático-hierárquicas, por estarem ameaçadas e a ponto de perecer, e ao mesmo tempo, todavia, ainda estarem substancialmente presentes, refletiram a si mesmas em tais filosofias, que as tentavam reter justamente no momento de seu próprio perecimento.

Essa interpretação, que pretendo lhes expor sem grandes pretensões, mas antes para os incitar a refletir sobre isso – falaria a favor dessa interpretação o fato de que abrangeria em si também o surgimento das duas grandes ontologias antigas legadas pela tradição, a saber, a platônica e a aristotélica, ambas nas quais também (em Platão, obviamente, bem mais categoricamente do que em Aristóteles) são justificadas sociedades em maior ou menor medida estático-aristocráticas ou elitistas no instante em que ainda se pode ver a sua estrutura, mas ela já se encontra sob a ameaça do princípio do emburguesamento no modo como era representado pelo nominalismo da época, ou seja, a sofística. Mas, uma vez que essas condições não estão dadas hoje, e assim tampouco existe a possibilidade de uma ex-
236 periência do mundo como um mundo fechado, // imodificável, estruturado de modo essencialmente objetivo e independente de trabalho subjetivo e de valor subjetivo, e uma vez que o ca-

218 Cf. também, NaS IV.13, p.18, onde Adorno também faz referência a essa interpretação.

ráter estático que às vezes se desenha em nossa sociedade[219] é de uma natureza totalmente distinta daquele caráter estático como se apresenta no modelo tomista, a tentativa de filosofar ontologicamente hoje em geral é fundamentalmente anacrônica – como exprimiu-se de maneira bastante drástica no início desses movimentos ontológicos (acredito que já mencionei isso uma vez),[220] quando, por exemplo, Paul Ludwig Landsberg publicou seu pequeno livro *O mundo medieval e nós*,[221] no qual a ontologia medieval é realmente erigida como um modelo para nós, sem que se note que, justamente por meio desse anacronismo que se esconde num tal programa, põe-se já em questão a possibilidade daquilo mesmo que é ali projetado. Trata-se nessa filosofia como um todo de um movimento que é muito afim aos movimentos arcaizantes da arte de nosso tempo. Trata-se de uma espécie, poderíamos quase dizer, de neoclassicismo filosófico, nisso que se pratica; quer dizer, trata-se de uma tentativa de erigir uma ordem do ser objetivamente vinculante, pois o sujeito sente que essa ordem é boa[222] – embora essa ordem esteja

219 Sobre "o caráter estático que às vezes se desenha em nossa sociedade", cf. o artigo de Adorno "Über Statik und Dynamik als soziologische Kategorien" [Sobre estática e dinâmica como categorias sociológicas], GS 8, p.217 *ss*.

220 Adorno se engana.

221 Cf. Landsberg, *Die Welt des Mittelalters und wir: Ein geschichtsphilosophischer Versuch über den Sinn eines Zeitalters* [O mundo da Idade Média e nós: um ensaio de filosofia da história sobre o sentido de uma era].

222 Esse "sentimento" conta, para a teoria crítica, sempre como critério de inverdade na nova ontologia. Nesse sentido, Karl Heinz Haag, em sua tese de habilitação publicada em 1960, escreve: "A questão é se as estruturas ontológicas são algo que é em si, *φύσει*, ou se são meros produtos do pensamento, *θέσει*. [...] Se se pressupõe [...] essa questão implicitamente como respondida – como se, de certo modo, fosse

inscrita sem dúvida justamente nesse arbítrio. Talvez não seja impertinente se eu lhes disser neste lugar que as coisas que trabalhei em filosofia da música e essa crítica filosófica estão relacionadas do modo mais estreito; quer dizer – se eu puder confessá-lo – que a compreensão sobre a impossibilidade interna e estrutural dessa reversão se me tornou clara à luz da impossibilidade estética do anacronismo, da impossibilidade estética de reinstituir uma ordem na arte tão somente a partir da *vontade* de ter essa ordem, sem que essa ordem nos estivesse mais presente substancialmente na coisa mesma e na constitui-
237 ção do mundo em que vivemos. Ora, // mas as relações na filosofia são bem distintas, pois o conceito filosófico de verdade é de uma dimensão distinta da do conceito estético, justamente; pois não se trata aqui na verdade da adequação da filosofia ao estado da consciência, mas sim, em um sentido mais tangível, da sua verdade no sentido da consistência de seus juízos – enquanto a arte se distingue da filosofia por ser um nexo de verdade que é, por princípio, desprovido de juízos, ou seja, não se vale em absoluto da forma do juízo. Os senhores poderiam me reprovar aqui que eu transponha arbitrariamente uma impossibilidade que experimentei na arte para pensamentos nos quais ela não tem a mesma validade. Mas eu não poderia aceitar essa objeção. Acredito que, ao contrário, a evidência lógica com que essa impossibilidade se demonstra é maior no domínio da filosofia do que no da arte; quer dizer que, na filosofia, não é preciso estacionar no campo da afirmação abstrata da adequação

---

simplesmente bom ter finalmente outra vez uma ontologia –, então já se renunciou à decisão sobre a verdade ou a inverdade da ontologia" (Haag, *Kritik der neueren Ontologie*, p.7). Cf. também, p.318.

do estado histórico e da figura filosófica. Mas o fato de que na filosofia sempre volta a ocorrer algo como o desaparecimento das ontologias e a eliminação constante das filosofias ontológicas, não importa como elas venham a ser renovadas – a última de tais tentativas foi a racionalista do fim do século XVII e início do XVIII –, isso mostra justamente que a própria ideia da cogência dessas ontologias não pôde mais se manter.

Se a ideia das filosofias ontológicas de que não nos devemos deixar apartar do autêntico, de que devemos trespassar a fachada, de que não devemos sucumbir ao mero ilusório e superficial e de que devemos tentar compreender as leis segundo as quais o todo se ordena – se essa pretensão sobrevive, ela sobrevive então de fato apenas na figura da *crítica*, que nos ensinou que a tentativa de apreender o ser de modo imediato não
238 é possível. E, nessa medida, gostaria de dizer // que a inteira crítica à ontologia, como foi exercida do modo mais cortante em particular por Kant e Hegel, não pode ser eliminada através da indicação do pretenso subjetivismo ou idealismo desses dois pensadores. A cogência de ideias filosóficas não se mede simplesmente pelo fato de elas estarem dentro deste ou daquele sistema, mas esses sistemas mesmos provêm essencialmente de séries argumentativas, de reflexões, da compulsão lógica; e acontece muito reiteradamente – e principalmente em Hegel; tentei mostrar isso detalhadamente no texto sobre os "conteúdos da experiência da filosofia hegeliana"[223] –, acontece com

223 Originalmente uma conferência proferida em 25 de outubro de 1958 em Frankfurt am Main. Publicada pela primeira vez em *Archiv für Philosophie*, Stuttgart, v.9, n.1-2, p.67 *ss.*, 1959. Compilada em Adorno, *Três estudos sobre Hegel*, p.133 *ss.* (GS 5, p.295 *ss.*).

muita frequência que a força argumentativa interna das considerações isoladas e mesmo das considerações críticas contidas numa filosofia alcançam muito além das premissas filosóficas gerais que essa filosofia levanta; de tal modo que, por exemplo, os argumentos que Hegel aduziu em sua época contra o conceito de ser em Jacobi, a quem ele objetou que esse conceito seria como quando os tibetanos contemplam o seu próprio umbigo e nisso repetem "om, om, om", essa grandiosa passagem de Hegel,[224] que penetra na estrutura da repetição tautológica e proclamadora da palavra "ser", conserva a sua validade. Nesse sentido, eu me declaro com gosto a favor do antiquado e não acredito que o regresso ao mais-que-perfeito seria *eo ipso* o mais moderno em relação ao perfeito herdado da tradição, mas sim que de fato justamente o mais-que-perfeito é que mais deve ser confrontado com o que *depois dele* foi pensado de modo cogente e vinculante. Acredito que isso é uma reivindicação simples de retidão intelectual, da qual não nos devemos deixar dissuadir pela carência de dar sentido às coisas, se não queremos realmente nos tornar derrotistas da razão. Gostaria, no entanto, de dizer – se eu puder converter isso em um conselho bem fundado – que os senhores, a fim apenas de que formem para si mesmos um juízo sobre a possibilidade dessa abordagem, que os senhores deveriam certamente se orientar com exatidão pela crítica da ontologia em Kant (ela está par-
239 cialmente no capítulo da anfibolia // e parcialmente na "dialética transcendental")[225] e, então, pela crítica à ontologia que se encontra em distintas passagens em Hegel. Pois a ideia de que

224 Cf. NaS IV.14, p.148 e p.269, nota 173.
225 Cf., principalmente, NaS IV.4, p.132 *ss.*, *passim*.

"ah, já estamos hoje longe disso!" é uma ideia que frequentemente substitui a progressividade *interna* pela temporalidade abstrata, ou seja, pelo fato de que hoje temos a questionável sorte de não escrever mais 1786 ou 1820, mas 1960. Em outras palavras, é uma ideia que fica aquém da consistência ou da inconsistência do pensamento. Quero dizer que a crítica feita à ontologia na grande filosofia alemã não se abala nem um pouco pela mera afirmação de que isso teria sido há muito tempo e hoje já há muito estaríamos resolvidos com esse assunto.

Heidegger é obviamente muito esperto – gostaria de utilizar o conceito mais uma vez: muito estratégico para se valer de um meio tão grosseiro como o de confessar o recurso às ontologias mais antigas; e se os senhores examinarem principalmente os escritos tardios, encontrarão ali que ele dispensaria todo tipo de tentativa de recorrer às ontologias antigas, mesmo que como mera fachada, como algo por demais superficial e como uma total má compreensão daquilo que ele mesmo na verdade realizou. A estratégia dessa filosofia – para acolher aqui outra vez esse conceito do estratégico – consiste antes em que ele tenta se furtar daquela controvérsia entre as ontologias transmitidas historicamente pela tradição e a sua crítica pelo recurso a um pensamento que se pode designar como pré-ontológico; quer dizer, que ainda não contém de modo algum aquelas teses determinadas e tangíveis que foram então criticadas pela filosofia na ontologia, por exemplo a da constituição eterna e inalterável do ser ou do que quer que seja. Ele é tão arcaico, eu diria, que tenta – e agora falo dele como filósofo, e não como fazedor de provérbios –, que tenta retroceder para mais aquém do que o arcaísmo, por exemplo, do medievo, e escapar assim
240 da objeção de anacrônico // dizendo que as origens sobre as

quais ele ensina na verdade não teriam nada que ver com as *historicamente* mais antigas, mas que as origens seriam origens na essência, e de modo algum origens temporais... O que significa essa atemporalidade do recurso mitológico, isso eu lhes demonstrei de modo bastante claro, acredito, à luz dos seus versos. Gostaria apenas de acrescentar: não pensem que procedi de modo desleal ao escolher os poemas. Pois, se os senhores olharem para os escritos em prosa – por exemplo, o famoso "A doutrina da verdade de Platão" –, então os encontrarão entremeados dos mesmos arcaísmos que eu lhes designei nos versos. Esse pensamento supostamente não arcaizante, que é então tão originário que nem teria algo que ver com as origens da filosofia, esse pensamento não pode se exprimir por fim senão nessa forma arcaica. A tentativa de se manter para além dessa controvérsia vai dar no fato de que Heidegger pretende se furtar da controvérsia entre o ser em si da essência e a questão de sua mediação pelo sujeito pensante (e é nisso que vai dar de fato essa controvérsia) sustentando as teses da filosofia, que são necessariamente conceituais e mesmo nele são de caráter conceitual, como teses *sem conceitos*. Ocorre-lhe consequentemente uma espécie de culto da origem ou da renovação, ao qual a simpatia com a barbárie que se revelou em sua história política não é casual nem exterior.[226] Acredito que seria de certo modo

226 O propósito político da crítica de Adorno a Heidegger, como esta como um todo, mal pôde até hoje [2002] encontrar repercussão. É característico disso que em um calhamaço de 965 páginas "sobre a crítica da história textual de Martin Heidegger", que pôde ser publicado na editora de Adorno [Suhrkamp] e em cujo centro está hipocritamente a questão "o que o engajamento nazista de Heidegger tem a ver com sua filosofia", a crítica de Adorno praticamente não é levada em con-

injusto com Heidegger se, como ele mesmo o fez, quiséssemos classificá-lo como um simpatizante do nacional-socialismo e se o víssemos apenas como uma espécie de caso infeliz de um modo ingênuo de seguir os passos de Hitler. Naquele culto da origem, na crença da renovação, na crença de que a pujança
241 do ser triunfaria sobre o poder da escuridão – em todo esse // complexo se encontra na realidade justamente do modo mais real aquele complexo da ideologia nacional-socialista, de tal modo que em alguma medida poderíamos tomar Rosenberg,[227]

---

sideração. O autor trata detalhadamente dos últimos comentadores que alguma vez examinaram o tema, mas simplesmente se cala sobre o fato de que justamente essa questão é tratada pelos dois ensaios da *Dialética negativa* que compõem a sua primeira parte. Adorno conta para o autor como representante de uma "posição na qual Heidegger não é visto em seu desenvolvimento teórico, mas sempre vinculado já a uma determinada tendência que, em última análise, conduz a uma explicação não filosófica de sua filosofia"; e para embasar esse juízo de tom destrutivo, como dito, o autor não recorre à crítica a Heidegger na *Dialética negativa*, mas apenas à do *Jargão da autenticidade* – não, nem sequer essa: apenas ao resumo de sua exposição crítica em uma frase, feito por Adorno ocasionalmente em uma correspondência (Cf. Thomä, *Die Zeit des Selbst und die Zeit danach: Zur Kritik der Textgeschichte Martin Heideggers 1910-1976* [O tempo do eu e o tempo depois: para a crítica da história textual de Martin Heidegger, 1910-1976], p.486).

227 Alfred Rosenberg (1893-1946) foi um dos mais importantes ideólogos do Partido Nacional-Socialista, desde 1923 editor do *Völkischen Beobachter* ["Observador popular", no sentido racista que a palavra "povo" assume naquele contexto]. A partir de 1933 se torna *Reichsleiter* do NSDAP [Líder do Reich, segundo cargo mais alto na hierarquia do partido nazista, o NSDAP], responsável por questões da visão de mundo nazista e, durante a guerra, também pelo roubo de bens culturais e pela pilhagem de obras de arte. Desde 1941, ministro dos territórios ocupados a leste. Condenado à morte em Nürnberg no processo principal dos crimes de guerra. Rosenberg escreveu em

entendido *cum grano salis*, como uma chave de leitura para *Ser e tempo*. Assim ele pode se comportar como quiser. Há um momento de arbitrário, de decretado, característico hoje em dia do carisma, da pretensão do *Führer*, que se torna *Führer* pelo fato de declarar de si mesmo que ele é o *Führer* – esse momento do arbítrio pode certamente ser encontrado em Heidegger de modo bem preciso no conceito de *projeto lançado*. Gostaria de falar ainda algumas palavras sobre isso.

Apesar de a própria palavra não aparecer nele, esse conceito de projeto, no que diz respeito à coisa, provém de Husserl – isso é algo muito interessante. Se os senhores lerem a *Crítica da razão pura*, a *Lógica* de Hegel, a filosofia transcendental de Schelling[228] ou qualquer um dos grandes textos da tradição, não encontrarão neles algo como a ideia de que uma espécie de ato de arbítrio do filósofo que pensa, uma espécie de escolha, faz com que essa filosofia seja assim e não de outro modo, mas todas essas filosofias tentam deduzir racionalmente também

---

1930 *O mito do século XX*: "O 'mito do século XX' é o mito do sangue. Do solo vital nórdico floresceram os valores humanos mais elevados; onde a raça nórdica pôs os pés, cresceu a cultura. O homem nórdico bendiz a terra da Índia, da Pérsia, da Grécia e de Roma; ele é um doador abençoado e senhor por vocação. Suas obras se desintegram se o homem inferior, em particular o homem 'sírio-oriental', ganha terreno, se o homem nórdico se põe de acordo com a mistura racial e lega a bastardos a sua herança. [...] O 'mito do século XX' de Rosenberg é uma filosofia das cabeças robustas; ela lhes inculca que se trata a partir de agora do sangue. Ela faz coro assim adequadamente à situação de guerra civil: a mística do sangue de Rosenberg é o reflexo filosófico da sede de sangue fascista" (Niekisch, *Das Reich der niederen Dämonen* [O reino dos demônios inferiores], p.92 e 95).

228 Precisamente o *Sistema do idealismo transcendental* de Schelling, de 1800.

o seu próprio modo de colocar o problema – ainda que, obviamente, cada uma precise começar de algum lugar; sem um começo não há afinal filosofia –, tentam deduzir pela razão e de algum modo justificar esse começo. Se os senhores lerem as *Ideias* de Husserl[229] – e acredito que essa é uma das grandes dificuldades desse livro e até certo ponto a chave para todas as novas ontologias –, então a coisa é totalmente diferente. Lá acontece de repente... e acredito que isso está ligado ao fato de que Husserl era matemático e que a matemática possui a possibilidade de criar e pôr multiplicidades de modo totalmente livre e a partir de si mesmo, justamente porque ela não tem que se medir com conteúdos objetivos; aqui a matemática assumiu na história da filosofia um papel altamente paradoxal, qual seja, se se quiser, um papel irracionalista, antirracio-
242 nal. Se, // portanto, os senhores lerem as *Ideias* de Husserl, encontrarão então: ele gostaria de ir "às coisas"; para tanto, realizamos as seguintes operações: colocamos entre parênteses o todo do ambiente natural, colocamos entre parênteses a nós mesmos como pessoas naturais, colocamos entre parênteses também Deus e uma série de outras coisas e, por fim, colocamos entre parênteses o ser individual fático em geral em relação à essência; e aquilo que então retemos são as "coisas mesmas", é o campo no qual a filosofia fenomenológica quer agora se movimentar. *Por que* eu coloco tudo entre parênteses e o que me legitima, por exemplo, se quero dizer a verdade, a abstrair nisso da facticidade, cuja confrontação com a verda-

229 Ou seja, o livro de Husserl *Ideias para uma fenomenologia pura e uma filosofia fenomenológica* [1922].

de é todavia exigida pelo conceito de verdade – isso não é dito em nenhum lugar nas *Ideias*. Husserl tentou então nos escritos tardios, por exemplo na teoria do juízo,[230] tampar esse buraco passando pelo extremamente complicado desvio do preenchimento material [*stofflichen Erfüllung*], como quer que isso tenha se saído; mas de início tudo isso permanece simplesmente deixado para que a "atitude fenomenológica" decida. Os senhores chegam, portanto, à doutrina das essencialidades simplesmente colocando-se de determinada maneira em relação ao mundo e com isso suprimindo discricionariamente certos momentos ou dados do mundo. E, depois de terem executado esse ato arbitrário, aquilo que resta é a verdade – sem que, e isso é o decisivo, sem que essa atitude ela mesma tivesse sido deduzida ou tornada compreensível pelo caráter dessa filosofia. É claro que os senhores podem dizer que a filosofia idealista do passado também executa tais reduções, ou seja, que ela diz, por exemplo, que o fundamento de validade da verdade é o nexo do dado; não posso falar de coisas transcendentes, mas preciso reconduzir as coisas a meus dados sensíveis e a meu aparato categorial, como os empiristas e os racionalistas o fizeram,
243 cada um a seu modo. Mas a virada que eles realizaram // foi uma virada motivada. Quer dizer, eles disseram que a objetividade, se não a reduzo ao sujeito, pode ser um engano ou um sonho. Pensem na primeira meditação de Descartes, na qual ele diz que o mundo exterior como um todo não é absolutamen-

---

230 Adorno refere-se ao texto "Zur phänomenologischen Konstitution des Urteils" [Para a constituição fenomenológica do juízo], adendo II do livro *Formale und transzendentale Logik* [Lógica formal e lógica transcendental].

te certo, mas pode ser um sonho[231] e que a única coisa que é absolutamente certa é então que em todo caso eu sonho. Ou os senhores podem dizer que a experiência, como me é dada pelos dados sensíveis, seria enganosa e por isso não pode reivindicar aprioridade, enquanto nosso conceito de verdade tem a ver com o pura e simplesmente necessário. Onde quer que tais reduções tenham aparecido, ademais, na história da filosofia, elas se justificam pela necessidade de obter a verdade. Essa técnica da redução, isto é, a ideia de que o objeto da filosofia é aquilo que se retém de certo modo como um resto depois da dedução dos custos de produção – que isso seja a verdade, é algo que ele assumiu da tradição, mas ele mesmo não realizou a sua dedução. Pois, se o deduzisse, estaria assim já se confessando como um idealista, e é exatamente isso o que ele quer evitar. Em vez disso, diz: eu me entrego à atitude fenomenoló-

231 "Todavia, tenho de considerar aqui que sou homem e, por conseguinte, que costumo dormir e representar-me em meus sonhos as mesmas coisas, ou algumas vezes menos verossímeis, que aqueles insensatos quando estão em vigília. Quantas vezes aconteceu-me sonhar, à noite, que estava neste lugar, que estava vestido, que estava junto ao fogo, embora estivesse todo nu em minha cama? Parece-me presentemente que não é com olhos adormecidos que olho este papel, que esta cabeça que remexo não está dormente, que é com desígnio e propósito deliberado que estendo esta mão e que a sinto: o que acontece no sono não parece tão claro nem tão distinto quanto tudo isto. Mas, pensando nisso cuidadosamente, lembro-me de ter sido frequentemente enganado, quando dormia, por semelhantes ilusões. E, detendo-me nesse pensamento, vejo tão manifestamente que não há indícios concludentes nem marcas bastante certas por onde se possa distinguir nitidamente a vigília do sono, que fico muito espantado, e meu espanto é tal que é quase capaz de persuadir-me de que eu durmo." (Descartes, *Meditações metafísicas*, p.32 *s.*)

gica – mais ou menos como um fotógrafo opera com distintas regulações do aparelho.* Não entrarei na interessante questão da história da palavra "atitude" [*Einstellung*], que certamente se encontra no contexto da fotografia, mas também, por outro lado, do *Jugendstil*** – a palavra "atitude" se rebaixou muito hoje; hoje a palavra só se encontra em frases como: "minha atitude me proíbe de compartilhar tais pontos de vista". Só quero lhes chamar a atenção para o fato de que já na origem das novas filosofias ontológicas justamente a pretensão aparentemente elevada de objetividade anunciada na locução "às coisas" é paga ao mesmo tempo pela arbitrariedade de uma tal atitude.

Isso reaparece fielmente em Heidegger no conceito de pro-
244 jeto: que sua filosofia quer "projetar" o ser, a estrutura do // ser através da análise do ser-aí, sem que nisso se pergunte com o que se justifica a possibilidade de um projeto. Que esse aparente pensamento originário, visceralmente espontâneo e sem inibições, o fato de ele não se preocupar com qualquer reflexão epistêmica – que isso seguramente seja algo extraordinariamente sedutor para muitas pessoas, trata-se de algo que na realidade apenas oculta esse ato arbitrário de excluir da reflexão já de início aquilo que se faz enquanto filósofo, e assim se dispensa propriamente da confrontação com a razão crítica. Mas também aqui os senhores podem de novo observar como essas coisas se intensificam então em Heidegger até o extremo.

---

* A palavra *Einstellung*, traduzida ordinariamente em contexto fenomenológico como "atitude" ("atitude natural", *natürliche Einstellung*, ou "atitude fenomenológica", *phänomenologische Einstellung*), também significa, na fotografia, o foco ou o ajuste do foco. (N. T.)

** Estilo artístico do fim do século XIX e início do XX, influente em particular nas artes gráficas, *design* e arquitetura. (N. T.)

Heidegger é por demais inteligente para não ter consciência desse momento na noção de projeto, e ele se serve então de um truque de fazer inveja a qualquer artista de circo. Aquilo que há de justamente mais arbitrário em sua filosofia: eu sento, faço um projeto, esboço, portanto, em traços largos e sem me preocupar com o que já foi pensado antes, aquilo que mantém unido o mundo em seu âmago profundo[232] – sim, diz Heidegger, quem faz isso não sou eu, de modo algum, ou de modo algum somos nós. Mas quem projeta? O ser projeta! E para mostrar aos senhores que não estou exagerando ou caricaturando, quero documentar isso para os senhores com algumas das passagens mais interessantes. No escrito “‘sobre o humanismo’” consta: “O que lança no projeto não é o homem, mas o ser mesmo, que envia o homem à ek-sistência do ser-aí enquanto sua essência. Esse destino acontece apropriativamente como a clareira do ser, que ele é como tal. Essa clareira garante a proximidade com o ser. Nessa proximidade, na clareira do ‘aí’” – isso é uma secularização do velho conceito de revelação, mas que tem medo de seu nome franco –, “o homem habita enquanto ek-sistente, sem que ele já consiga hoje experimentar propriamente e assumir esse habitar”. Aqui outra vez a alegoria do habitar, tomada do mundo concreto, da esfera do
245 ente, e que também soa algo arcaico-acolhedor. // “A proximidade ‘do’ ser, uma proximidade segundo a qual se mostra o ‘aí’ do ser-aí, é pensada no interior do discurso sobre a elegia de Hölderlin ‘Volta ao lar’ [‘Heimkunft’] (1943) a partir de *Ser e tempo*” – isso tudo é o que diz o próprio Heidegger –, “ela é apreendida a partir da poesia cantada pelo poeta e denominada

232 Cf. Goethe, *Fausto: uma tragédia*, Primeira parte, p.63.

'terra natal' [*Heimat*] a partir da experiência do esquecimento do ser", na qual estamos hoje. "Essa palavra", terra natal, diz Heidegger, "é pensada aqui em um sentido essencial, não patriótico, não nacionalista, mas a partir da história do ser. A essência da terra natal, porém, vem citada igualmente com a intenção de pensar a situação do homem moderno em sua apatridade [*Heimatlosigkeit*] a partir da essência da história do ser."[233] Aqui os senhores tem tudo ao mesmo tempo: a contaminação do arcaico com a estrutura pura do ser, o arbítrio na posição e, por fim, a justificação desse arbítrio como uma estrutura do próprio ser, em outras palavras, como um destino – e, assim, a mitologização da filosofia. Em *Ser e tempo*, está contido em um nível incomparavelmente superior e com um refinamento incomparavelmente maior aquilo que um outro livro, em nível inferior, reivindica ser, ou seja, a ficção de um mito do século XX.[234] Quero falar mais sobre isso aos senhores no nosso próximo encontro.

---

233 Heidegger, "Carta sobre o 'humanismo'", em *Marcas do caminho*, p.350-1.

234 Referência ao livro de Alfred Rosenberg. Cf. nota 15 desta aula. A palavra "contido" é uma adição do editor alemão. Sem esse retoque, o "em" de "em *Ser e Tempo*" teria de ser cortado, e assim *Ser e tempo* seria equiparado ao calhamaço de Rosenberg [pois os verbos ser e estar em alemão se confundem. A frase ficaria, portanto: "Ser e tempo *é* [...] aquilo que um outro livro [...] reivindica ser [...]"]. Adorno dificilmente teria a intenção de realizar essa equiparação.

246
// Aula 17
26 de janeiro de 1961

No final da última aula, tentei um pouco precipitadamente, como costuma acontecer nos últimos minutos, lhes mostrar de que maneira a filosofia heideggeriana tem a tendência a se transformar ou se reverter em mitologia. Ora, mitologia é uma palavra que se diz de modo relativamente leviano, e faz parte realmente da consciência do filisteu denunciar conexões filosóficas amplas que se distanciam interpretativamente da realidade habitual, como se diz belamente, como se fossem poemas conceituais, e isso justamente porque se distanciam daquela realidade; e da expressão "poemas conceituais" já se está a um passo da expressão "mitologia" – assim falou-se de Nietzsche, de Hegel, de Schelling, sabe Deus mais de quem, de todos eles como mitologias. Quando chamei Heidegger, nesse sentido, de uma mitologia, utilizei uma ideia muito mais precisa de mitologia. Quero dizer com isso algo muito mais determinado do que nesses discursos gerais e, de costume, algo baixos, com os quais a consciência alheia ou hostil à filosofia pretende se defender de seu próprio alheamento. Nisso, acredito, é preciso distinguir dois momentos: primeiro, esse momento cujos con-

tornos tentei traçar com a expressão do mito do século XIX[235] ou do século XX, ou seja, esse momento, que é, no fundo, simulado, de se irromper em uma tal consciência imediata do absoluto ou do nexo da natureza a partir de um estado racional da consciência. Mas também então a inverdade ou a questionabilidade que se encontram no próprio mito, e justamente lá onde ele, como se diz, é genuíno. Seria tomar o caminho mais fácil, acredito, se hoje só avançássemos contra essas tendências de pensamento o argumento de que elas seriam falsas mitologias, e em face delas, como ocorre com muita facilidade na Ale-
247 manha, // retivéssemos e enaltecêssemos o mito autêntico. Mas se trata antes justamente de divisar no falso mito o próprio mito genuíno – se de fato houve um genuíno em geral. Trata-se de ver que, na inverdade de tais formações mitológicas, se restabelece a velha inverdade, que se mistura de maneira peculiar com a nova – com uma tal ficção de uma consciência mitológica que já não existe. Permitam-me tentar lhes dizer com mais exatidão por que esse construto mental deve ser tratado, em um sentido questionável, como mitológico. E permitam-me também acrescentar brevemente que o critério disso não é, por exemplo, a distância dos conceitos ali aplicados em relação à superfície da facticidade, como costuma ser registrado pela consciência cotidiana – o essencial não é isso, mas sim o *teor* dessa teoria mesma. Falar de reversão em mitologia signi-

235 Até aqui Adorno não havia utilizado a expressão "mito do século XIX". É possível que ele quisesse aludir à obra principal, a péssima *Die Grundlagen des Neuzehnten Jahrhunderts* [Os fundamentos do século XIX], de 1899, de Houston Stewart Chamberlain, o genro de Richard Wagner.

fica aqui propriamente a revogação da liberdade: retirar o momento da liberdade pelo qual o sujeito uma vez arrancava-se do destino, do cego e impenetrável nexo da natureza. Tanto as grandes religiões quanto aquilo que se pode chamar, no sentido mais amplo, de o processo como um todo do esclarecimento europeu, como se estende fundamentalmente dos pré-socráticos até a modernidade – ambos tentaram na mesma medida se contrapor a essa compulsão de uma consciência cega e curar a consciência do medo que se exprime nessa cegueira mostrando a ela que essa própria cegueira é na verdade apenas um produto justamente da consciência que sente medo dela; que, portanto, o próprio nexo da natureza que se põe contra nós como algo demoníaco e malicioso seria na verdade um antropomorfismo, uma projeção. A teoria de Epicuro, que, ainda que por precaução não tenha negado os deuses, os representou como completamente indiferentes e desinteressados na existência humana, como espectadores desse teatro horrendo
248 e, como tais, que se intrometem nele tão pouco // que também não lhes convém nenhuma esperança, mas tampouco nenhum medo[236] – essa teoria é, nesse sentido, talvez a primeira autoconsciência explícita alcançada pela humanidade da desmitologização. Não consigo me lembrar de nenhuma passagem em Heidegger (que, de resto, tem sabidamente uma boa relação com a filologia clássica) na qual ocorra uma menção a

---

236 Cf., por exemplo, a narrativa de Hipólito citada em NaS IV.14, p.271 *s.*, nota 179; um resumo sobre as teorias cosmológicas e teológicas de Epicuro e seus epígonos é encontrado em Long; Sedley, *Die hellenistischen Philosophen: Texte und Kommentare* [Os filósofos helenísticos: textos e comentários], p.66 *ss.* e 162 *ss.*

Epicuro[237] – e isso pode bem ter algo a ver com esse fato. Também aqui o destruidor não destoa em absoluto da história oficial da filosofia, no fato de que aqueles pensadores que têm uma má reputação (se posso dizer assim) na tradição oficial também ou bem não aparecem em sua obra ou aparecem de modo depreciativo. Mas isso é dito apenas de passagem sobre a imagem da história da filosofia que lhes é transmitida a partir daqui.

Os senhores talvez se lembrem da passagem que li da última vez, à qual liguei a constatação do mito. Trata-se da passagem onde aquele que "lançaria" no projetar [*das "Werfende" im Entwerfen*] não é o homem, mas o próprio ser "que envia o homem à ek-sistência do ser-aí enquanto sua essência". É claro que é proposital a ressonância harmônica do verbo "envia" [*schickt*] com o "destino" [*Schicksal*] em Heidegger, que sempre opera continuamente, eu diria, de um modo mecânico com tais conexões pseudoetimológicas. Basicamente, aqui se estaria atribuindo ao próprio ser justamente a qualidade que se atribui em geral ao destino. E pode-se bem dizer que, de fato, o conceito de ser que ele desenvolve, também e justamente em seu caráter abstrato, indeterminado, em sua vaga igualdade consigo mesmo, porta todos os traços daquele conceito de destino para fora do qual a humanidade se elevou com um esforço indizível. O maior monumento desse processo de liberação do homem da cegueira da compulsão do destino é talvez a tragédia ática. Quero lhes chamar a atenção para alguns momentos dessa espécie no conceito de ser heideggeriano. Em primeiro lugar, faz parte do conceito do destino o conceito de *hybris*, isto

---

237 Heidegger "menciona", todavia, "a conhecida exortação epicurista *λάθε βιώσας*" (Heidegger, *Vorträge und Aufsätze* [Ensaios e conferências], p.262.

249 é, o conceito de uma má autocompreensão do ser humano. // Justamente por isso está nesse contexto que o homem, como soberano e no domínio de si mesmo, de certo modo se lança acima desse nexo da natureza como um poder natural espontâneo, e com isso se entrega a esse contexto da natureza, recai naquilo com o que Benjamin definiu uma vez de modo muito belo e profundo o conceito de destino: no nexo de culpa* do vivente.[238] Os senhores encontram exatamente essa espécie de *hybris* – quero lhes chamar atenção agora outra vez especificamente para isso – na doutrina de que aquele que lança no projetar não seria o homem, mas o próprio ser. Reflitam pois por um instante, minhas senhoras e meus senhores, sobre o que isso significa: significa de imediato que os pensamentos ou construções de pensamento como o de um projeto filosófico – e o projeto filosófico do qual aqui se fala é o projeto filosófico do ser – devem ser tratados como se fossem imediatamente os do ser; portanto, como se o fazer do homem que está contido em tal projeto fosse imediatamente, e sem que isso tivesse de ser confirmado ou demonstrado, a voz do próprio ser objetivo. As mediações da subjetividade, que não são passíveis de modo algum de serem retiradas do pensamento, são simplesmente riscadas. Essa é a consequência mais extrema a concepção da escola fenomenológica como um todo, a de que as coisas se oferecem de modo puro e enquanto tais à consciência – esquecendo-se daquilo a que elas se oferecem e

* A palavra alemã é *Schuldzusammenhang*. *Schuld*, além de culpa, significa também dívida. A polissemia da palavra é explorada filosoficamente por Nietzsche na segunda dissertação da *Genealogia da moral*. (N. T.)

238 Cf. Benjamin, *Gesammelte Schriften* [Escritos reunidos], v.II.1, p.175; também v.I.1, p.138.

esquecendo-se de que, para que possam simplesmente se oferecer, elas pressupõem justamente uma consciência diante delas. Os senhores se lembrarão talvez de que, em uma aula há algum tempo,[239] eu desenvolvi com os senhores a ideia de que justamente esse conceito de ser, que se coloca contra o sujeito de modo tão espesso que na verdade perde todas as determinações subjetivas, esse conceito de ser é na realidade um idealismo ou um subjetivismo inconsciente de si mesmo, que encobre a si próprio, cego em relação a si mesmo. Tomem aquela passagem que pus há pouco sob uma lupa como uma comprovação para
250 minha afirmação; // ou seja, aquilo que só pode ser pensado em geral por meio da espontaneidade, da subjetividade, do pensamento, é bruscamente atribuído à própria coisa como algo simplesmente vindo da linguagem, do "lançar". O sujeito que está aqui em operação silencia sobre si próprio; e, ao se calar, cresce desmesuradamente pelo fato de colocar sua própria obra como se tivesse se evadido dos limites da subjetividade, como se ele fosse de modo imediato o objeto. Ou seja, justamente no antissubjetivismo dessa teoria, justamente no fato de que ela afirma não ser subjetiva, não ser pensamento, se esconde, eu diria, o desprezível orgulho do sujeito, que representa então o seu próprio pensamento como emancipado da limitação, como emancipado da subjetividade e age como se por meio disso o próprio absoluto falasse.

Mas então, eu diria, o conceito de destino que é imputado a esse ser é o de uma vontade cegamente enredante – pois aquilo que é imputado a esse ser é pensado com irracionalidade, absolutamente; em outras palavras, ele já é caracteriza-

---

239 Cf. p.124 *ss*.

do como algo totalmente obscuro, que pode ser ali sentido e venerado, mas sobre cujo conteúdo não se pode dizer nada. Observem de início que aqui nessa passagem foi feita de fato uma transição para o conceito de destino; e observem também como então esse conceito de destino é imediatamente dotado, mesmo que com um índice histórico, com justamente aquela cegueira da inelutabilidade que é característica do conceito de destino antigo ou tradicional. Lá consta, portanto: "Esse destino" – ou seja, aquilo que destina a essência, a saber, "o ser mesmo, que destina o homem à ek-sistência do ser-aí" – "Esse destino acontece apropriativamente como a clareira do ser, que ele é como tal". O fato de que ele acontece como a clareira do ser já abarca, na verdade, a frase seguinte – e consequentemente é tautológico e supérfluo, apenas uma espécie de *ἓν διὰ δυοῖν*,[240] que de algum modo imita uma linguagem mitológica. "Essa clareira garante a proximidade com o ser". E notem jus-
251 tamente a cegueira: // "Nessa proximidade, na clareira do 'aí', o homem habita enquanto ek-sistente, sem que ele já consiga hoje experimentar propriamente e assumir esse habitar". Se, no entanto, essa possibilidade de experimentá-lo extinguiu-se por princípio, se ele é algo assim tão completamente cego, pergunta-se: então de onde o pensamento retira a legitimação para falar sobre isso afinal? Em face dessa cegueira do ser, que lhe é imputada e que na verdade não exige nada senão aquilo que Heidegger designa em outra passagem como a "sujeição"

240 *hendiadyoin*, "um por meio de dois", dupla denominação; termo técnico da retórica, segundo Lausberg, "expressão de uma cumulação subordinante por meio da forma sintática da acumulação coordenante" (Lausberg, *Elemente der literarischen Rhetorik* [Elementos da retórica literária], p.99).

[*Hörigkeit*], ou seja, o escutar atento [*das Hinhören*] ao ser como uma submissão cega, pode-se entender que Heidegger faça do conceito de *angústia* o existenciário decisivo. Mas é preciso ter clareza sobre o fato de que esse existenciário justamente não é, como pressupõe Heidegger, uma situatividade fundamental do ser que se desvela no ser-aí, mas que essa angústia é mediada, porque ela só é o absolutamente dominante e determinante lá onde o pensamento não conhece outra instância que a desse destino cego – no que todavia é preciso ter em conta, num sentido histórico-filosófico, que a condição contemporânea do mundo, com a impotência de fato crescente do sujeito humano individual, efetivamente dá ensejo suficiente para uma tal angústia. E seria verdadeiramente um mérito se essa filosofia ao menos tivesse a coragem de exprimir a sua própria angústia em vez de continuamente se portar de modo heroico, se justamente essa própria explicitação da angústia não fosse na verdade caracterizada, segundo o truque geral heideggeriano, como uma realização verdadeiramente heroica, a saber, como a relação para com a morte como o incondicionado. A filosofia e as grandes religiões quiseram extirpar justamente essa angústia. Ainda que não me compita falar para teólogos ou em um contexto teológico, para mim é incompreensível, em todo caso, e um sintoma de o quão insegura a teologia se tornou hoje, que ela não tenha de modo algum se posto a par desse momento, para dizer de modo simples, desse momento pagão, absoluta-
252 mente contrário a ela, // na filosofia heideggeriana, mas sim que ela, em vez disso, tenha sempre voltado, com um afã ao mesmo tempo comovente e assustador e tanto em seu lado protestante quanto em seu lado católico, a procurar recepcionar essa filosofia e acolhê-la em si, sem perceber que essa tentativa de es-

tar, por assim dizer, filosoficamente *à jour* contém na realidade o princípio de dissolução de tudo aquilo que a religião na verdade alguma vez visou em geral.[241]

Quando falo de mitologia e de mitologia como uma recaída na religião natural, no culto da natureza, também o conceito de pátria [*Heimat*] – que igualmente aparece no contexto daquela passagem que li e interpretei para os senhores – pertence, claro, exatamente ao mesmo lugar. Pois é parte essencial da religião natural que as divindades da natureza sejam vinculadas a determinados lugares e que a sacralidade do lugar, isto é, do respectivo lugar limitado ao qual o indivíduo se encontra vinculado por seu nascimento e sua família, seja-lhe apresentada ao mesmo tempo como algo a ser venerado ou como o numinoso. E aqui também os senhores reencontram o modo como aquela recaída na representação mítica da ligação do absoluto com uma categoria natural como a do lugar está relacionada com o politicamente regressivo, a saber, com a glorificação como algo essencialmente superior das próprias raízes, da própria estirpe e da própria terra* de cada um na qual ora se está. Quando Heidegger diz nessa passagem que a palavra "pátria" é pensada ali em um sentido "essencial", não patriótico, não nacionalista, mas no sentido da história do ser, isso é apenas uma *captatio benevolentiae*. Se tudo aquilo que ele desmente aqui realmente não fosse o caso, esse pensamento precisaria, então, ter no entanto a força de encontrar uma palavra completamente outra

241 Com o "lado protestante", Adorno quer dizer em primeiro lugar a teologia de Rudolf Bultmann. Cf., de resto, a correspondência de Adorno com Paul Tillich sobre a teologia heideggerianizante da palavra de Deus, NaS IV.14, p.280, nota 213.

* *Land*, que carrega os sentidos de "terra" e "país". (N. T.)

que "pátria". O fato de ele não a encontrar, mas sim permanecer atado ao círculo representacional da *Heimatkunst*,* mostra o quão essencialmente está também contida nessas representações míticas ao mesmo tempo a
253 // recaída no nacionalismo contemporâneo, de tal modo que essas coisas não podem ser vistas como acidentais. Considero impossível riscar da filosofia heideggeriana – aliás, semelhantemente à hegeliana – as suas assim chamadas excentricidades políticas como aberrações de um pensador que começou a pensar de modo selvagem e assim a reter a sabedoria pura, a doutrina purificada, por assim dizer, nas mãos. Mas justamente esses momentos que lhe permitem dizer que o *Führer* é o ser[242] se encontram necessariamente resumidos no próprio conceito de ser, na constituição desse pensamento mesmo. Os senhores podem reconhecer nisso que, em geral, a separação de categorias histórico-sociais de categorias filosóficas, digam elas respeito à história do ser ou à teoria do conhecimento, separação que se quer hoje outra vez nos inculcar, é na verdade algo totalmente arbitrário e que só serviria para reservar para a filosofia um pequeno jardinzinho que não tivesse nada a ver com o mundo, de um lado, e, do outro, para

* *Heimatkunst* foi uma corrente literária de caráter nacionalista, anticosmopolita, antiurbano, antimoderno e anti-intelectualista do fim do século XIX e início do XX. (N. T.)

242 De uma carta de Heidegger aos "estudantes alemães", no *Freiburger Studentenzeitung*, 3 nov. 1933: "Não são teoremas ou 'ideias' as regras do vosso ser. O próprio *Führer* e apenas ele *é* a efetividade alemã atual e vindoura, e a sua lei. Aprendei de modo sempre mais profundo: doravante todas as coisas exigem decisão, e toda ação, responsabilidade. Heil Hitler!" (citado por Schneeberger, *Nachlese zu Heidegger: Dokumente zu seinem Leben und Denken* [Leituras suplementares de Heidegger: documentos sobre sua vida e pensamento], p.135 *s.*).

resguardar a esfera político-social da crítica pelo pensamento filosófico. Sempre que houve filosofia merecedora desse nome, ela não reconheceu aquele divórcio entre a filosofia "verdadeira" de um lado e a "mera" filosofia social do outro. E não nos rebaixamos para aquém da filosofia com a reflexão social, mas sim justamente com a rigidez e com a separação mecânica desses dois momentos. A consequência social própria (já aludi a isso) desse momento mitológico, desse ser que responde fundamentalmente pelo cosmo, no sentido de uma filosofia da natureza, essa consequência é a de que, diante dele, exatamente porque ele próprio é algo impenetrável e irracional, a única coisa que se pode fazer é submeter-se a ele cegamente. Em outras palavras: significa então concretamente a exigência de se submeter à cegueira da história como consumação da his-
254 tória do ser. A relação com a // história em Heidegger é complexa. De um lado – acredito que já dei a entender isso uma vez, ao menos de passagem –, o próprio conceito de história é sublimado com excessiva pressa quando, no lugar da história real entra a historicidade, ou seja, a história como uma estrutura que seguiria do próprio ser-aí; um existenciário que deve ser atribuído ao próprio ser-aí e que, por causa de sua essência ontológica, não deve ter nada que ver com a história ôntica real. Por outro lado, no eterno brilho furta-cor – do mesmo modo como se diz do brilho furta-cor de um vestido, eu diria talvez melhor: iridescência –, na eterna iridescência dessa filosofia entre o ôntico e o ontológico, e essa iridescência é propriamente o que lhe proporciona a aparência de sua vida em geral – é nessa iridescência que se encontra o fato de que se pode, inversamente, atribuir à história a potência do ser toda vez que ela se mostrar de modo real como a mais forte potên-

cia, e que se pode então exigir uma subordinação à história. E se os senhores lerem hoje os escritos do senhor professor Heidegger publicados por ele na época do início do nacional-socialismo,[243] encontrarão de modo literal exatamente essa argumentação, a de que nos acontecimentos históricos do tempo a potência do próprio ser anuncia a si mesma e que é preciso obedecer a essa potência do ser na figura desses acontecimentos históricos. Nesse pensamento, a história é, por um lado, dessubstancializada ou ontologizada e, por outro lado, também endeusada como a natureza em sua execução cega. Já não é o caso de se perguntar por sua justificação racional, ou por seu sentido racional, mas apenas, de certo modo, de ouvir nela a voz do ser e fazer o que ela nos exige. Justamente essa ideia (e me alegro particularmente por poder indicá-la aos senhores) foi apresentada de modo muito aberto e claro por um aluno de Heidegger que refletiu de modo crítico sobre ele, o meu colega de Heidelberg, Karl Löwith, em seu escrito sobre Heidegger
255 como "pensador em tempos indigentes".[244] // E é no contexto dessas reflexões críticas que desejo remetê-los ao escrito de

243 Cf. os textos impressos no livro *Nachlese zu Heidegger*, de Schneeberger, citado anteriormente. Além deles, um dos mais importantes: Heidegger, "A autoafirmação da universidade alemã (O discurso da reitoria)", *Terceira Margem*, n.17, p.155-66, 2007. Cf. também a edição do mesmo livreto (*Die Selbstbehauptung der deutschen Universität*) publicada em Frankfurt em 1983, na qual consta a tomada de posição de Heidegger, em 1945, sobre seu próprio discurso de 1933, "Das Rektorat 1933/34: Tatsachen und Gedanken" [O reitorado 1933/1934: fatos e pensamentos].

244 Cf. Löwith, *Heidegger: Denker in dürftiger Zeit* [Heidegger: pensador em tempos indigentes]; também em *Sämtliche Schriften*, v.8: Heidegger: *Denker in dürftiger Zeit*, p.124 *ss*.

Löwith; particularmente porque os senhores podem ver nele como o pensamento autônomo, mesmo quando vem originariamente dessa esfera, se vê impelido a consequências que não estão de modo algum distantes das que eu desenvolvi com os senhores. Ele demonstra ali também que as tendências de mitologização de Heidegger levam a uma mitologia da história.

Falei aos senhores sobre o mito e lhes disse que nele está contido sempre um momento da ilimitabilidade. O mito é o mundo no qual tudo pode significar tudo, no qual não existe univocidade absoluta. Os senhores precisam apenas examinar um livro como *Maya*, de Zimmer,[245] ou as *Metamorfoses*, de Ovídio, que consiste essencialmente em modificações de mitos de modo lúdico e helenista, para notar que nesses mitos ocorre realmente uma indeterminidade, um jogo de confusão sem contornos de todas as figuras pensáveis, ou, poder-se-ia dizer, o estar misturado de tudo com tudo. E essa mistura, esse caráter de mescla, esse algo iridescente no conceito de ser como um conceito que seria *ἀδιάφορον* entre o ente e o ser – ou, se me permitem dizer de preferência, entre o ente e o conceito –, corresponde com muita precisão a ele. Em outras palavras: a essa filosofia mitologizante – e isso é, em parte, a sua força de atração, e em parte aquilo de que parte a sua sedução teológica –, a essa filosofia mitologizante é adequada uma determinada espécie de indeterminidade e vagueza que ela deve à sua própria irracionalidade, que ela então, se possível, atribui todavia a si própria como uma qualidade mais elevada. Trata-se de uma filosofia que é, no seu essencial, abstrata. Os senhores chegam aqui a uma das mais estranhas situações na história do

245 Cf. Zimmer, *Maya der indische Mythos* [Maya o mito indiano].

movimento espiritual (se é que há tal coisa) com o qual nós nos ocupamos de início. Se os senhores se lembrarem daquilo que tentei lhes explicar sobre as procedências de todas as filosofias nas quais a palavra "existência" ou "existencial" ocorre
256 // com Kierkegaard, então terão se lembrado de que uma das procedências decisivas nisso foi a de escapar do formalismo da teoria kantiana ou da inteira teoria pós-kantiana, e que todas as filosofias devem ser subsumidas sob a exigência de *concretude*. E se os senhores lerem o próprio Heidegger, então encontrarão sempre na linguagem – do modo como essa linguagem se encontra naquela pequena passagem que li para os senhores – expressões que levantam a pretensão do concreto. Os senhores procurarão em vão em Hegel ou Kant expressões como a da clareira do aí, do destino, da pátria ou conceitos semelhantes. Mas ao mesmo tempo, e isso é muito característico, sempre se volta logo – bem como naquela passagem, que é totalmente exemplar para o todo dessa filosofia – a acrescentar: sim, é de fato concreto, mas esse concreto não é de modo algum concreto; quer dizer, o concreto não é de modo algum aquilo que você imagina por concreto, mas é algo "totalmente distinto", e é, na verdade, algo abstrato. Ele retira, portanto, da concretude a sua nata, de tal modo que se tenha o sentimento: aqui tem-se em mãos algo sólido, aqui não se é ludibriado; mas ele retira ao mesmo tempo a nata da filosofia ao dizer: está bem, mas não é o concreto inferior o que você quis dizer, mas sim algo mais elevado, algo essencial e algo que tem a ver com o ser eterno e imutável. O gesto, por assim dizer, de matar dois coelhos com uma cajadada só é continuamente anunciado. Originalmente, eu lhes dizia, a inteira tendência de que aqui se trata foi absolutamente antiformalista. Este é o ponto no qual estão de acordo

a crítica que Kierkegaard fez a Hegel (que ele entendeu, no entanto, muito mal) e a crítica que Scheler fez a Kant em sua célebre obra de juventude sobre o formalismo na ética.[246] Ambos disseram que aqueles filósofos permaneceram no domínio do conceito, no domínio do abstrato, sem que se lançasse um olhar para o interesse essencial do homem, isto é, para os mo-
257 dos de comportamento reais. // E Scheler lhe contrapôs a ideia de uma ética material de valores, de uma hierarquia dos valores, que já não deveria dizer respeito, por exemplo, ao princípio universal de legislação com o imperativo categórico, mas sim sistematizar e organizar com bastante precisão, em um sentido quase casuístico, os distintos valores que existem, dos mais baixos até os mais elevados – de tal maneira que a filosofia pudesse dizer concretamente, de certo modo, o que seria bom e o que seria ruim; e a repercussão que partiu de Scheler deve ser reconduzida a essa pretensão, aliás bastante hipócrita, de sua filosofia. Os senhores não podem pensar que esse elemento simplesmente tenha desaparecido em Heidegger. As locuções concretas das quais lembrei os senhores – a clareira: quem não gostaria de encontrar na floresta uma clareira? Ou a pátria: quem, particularmente se, como os nossos, teve de emigrar, não gostaria de voltar para sua pátria? –, esses elementos concretos alimentam a filosofia aqui por toda parte. Eles se tornam elementos filosóficos, mas ao mesmo tempo perdem a concretude que reivindicam ter. Acredito não exagerar se digo que essa filosofia, que levanta a pretensão ao concreto, supera em sua consequência última o grau de abstração, ou, eu diria,

246 Cf. Scheler, *Der Formalismus in der Ethik und die materiale Wertethik* [O formalismo na ética e a ética material de valores].

o formalismo do que quer que o próprio Kant tenha alguma vez realizado. Em Kant, na posição mais elevada se encontram as ideias, que são os conceitos de maior grau de universalidade, e então os juízos sintéticos *a priori*, que na verdade não são senão aquelas sentenças sob as quais a experiência possível é subsumida, mas que não possuem elas mesmas nenhum conteúdo vindo da experiência. O conceito de ser que os senhores encontram em Heidegger é ao menos tão vazio quanto, ou, eu diria, ainda mais vazio, de tal modo que no fim de todo esse movimento de pensamento nós nos percebemos enganados sobre aquilo que ele de fato prometera. O conceito do "autêntico", daquilo de que verdadeiramente se trataria, daquilo que toda filosofia anterior sonegou e que agora é entregue – isso
258 agora é realizado por conceitos // que já não são sequer definidos, enquanto conceitos, mais por meio de outros conceitos do que por meio de si mesmos, e que por fim se tornam então meramente fórmulas recitadas e repetidas como numa oração.

Acredito que seria bom se, para documentar essa tese, eu lesse primeiramente para os senhores uma passagem do escrito "sobre o 'humanismo'" e a interpretasse então um pouco. Mas, para que os senhores saibam que método seguimos e não sejam conduzidos no escuro, quero acrescentar que também não me contento aqui em criticar esse formalismo ou essa abstratidade da filosofia do ser, mas considero antes ser minha tarefa *deduzir* com os senhores esse algo peculiar dessa filosofia, de que ela, que começou como uma doutrina do concreto, se tornou outra vez o que há de mais abstrato; os senhores só se põem *acima* dessas coisas se estão *nelas*, quer dizer, se as conceituaram e compreenderam. Não é de modo algum o bastante que os senhores, por exemplo, digam: pois bem, eu gostaria de ter

algo concreto, mas por fim não é nada de concreto; mas os senhores precisam compreender por que não pode ser concreto, e apenas então é que é de fato efetiva a força do pensamento, do pensamento crítico que os lançaria para além daquilo. – Essa passagem, que, aliás, é bastante conhecida, também se encontra no escrito "Carta sobre o 'Humanismo'", que em geral, à exceção de *Ser e tempo*, é talvez a fonte mais rica para uma fisionomia desse pensamento. Lá consta na página 76 da edição de 1954: "No entanto, o ser – o que é o ser? O ser 'é' ele mesmo. O pensar do futuro precisa ainda aprender a experimentar e dizer isto". Ora, poderíamos pensar que dizer que o ser é ele mesmo, ou seja, a identidade pura, não seria algo tão terrivelmente pesado, e tem-se um pouco a impressão de que aqui estão sendo levantados pesos de borracha. "O ser", diz ele então, "não é nem Deus, nem um fundamento do mundo." Sobre isso só posso dizer: seguramente Heidegger tem razão aqui, pois esse ser não é senão o nexo indeterminado da natureza, que é em si totalmente cego. "O ser é essencialmente mais amplo
259 do que todos os // entes" – ora, isso também pode bem ser dito, pois ele é justamente um conceito, e ele mesmo não é um ente – "e, contudo, é mais próximo do homem do que qualquer ente". Aqui os senhores tem a pretensão de doação imediata desse ser, que o constitui: por um lado, ele seria universal, puro, livre de todo o fático, mas, por outro, seria mais próximo de nós, ou seja, mais imediato, de certo modo mais intuitivo a nós do que todo ente singular. Agora mencionam-se os entes: ele nos é então "mais próximo do que qualquer ente, seja este uma rocha, um animal, uma obra de arte, uma máquina, seja ele um anjo ou Deus. O ser é o mais próximo. E, todavia, a proximidade é o que permanece mais distante do homem.

De imediato, o homem se mantém sempre já e apenas junto ao ente. Quando o pensar representa o ente como ente, porém, ele se refere com efeito ao ser. Não obstante, pensa, em verdade, sempre apenas o ente como tal, mas não e jamais o ser como tal". Sobre isso, poder-se-ia dizer: pensar o ser como tal sem nisso pensar ao mesmo tempo o ente mal é possível, pois o ser heideggeriano seria justamente distinto do puro conceito; pois ele seria também ao mesmo tempo tanto conceito quanto ente; e porque o ser em geral não se deixa pensar em absoluto senão como preenchido por um conteúdo determinado. Assim como os senhores não podem imaginar o tempo sem algo temporal e como não podem imaginar o espaço sem algo espacial, tampouco podem sequer pensar o ser sem um ente – e quando Heidegger acusa o pensamento como esquecimento do ser de que ele não é capaz de fazer isso, ele de fato passa ao largo justamente desse limite da possibilidade do pensamento em geral, assim como foi exposto de modo tão grandioso na filosofia kantiana.[247] "Não obstante, pensa, em verdade, sempre apenas o ente como tal, mas não e jamais o ser como tal." Se os senhores levarem aqui a sério a expressão "ser como tal", o "como tal" nela, ele significa obviamente o ser em sua contraposição ou sob a exclusão do ente. Mas Heidegger logo abandona sua lealdade a essa pretensão subjacente ao "como tal", ao tomar do ente todos os atributos, quaisquer que se-
260 jam, que ele empresta ao // ser. "A 'questão do ser' continua sempre a questão acerca do ente. A questão do ser ainda não é de modo algum o que este título capcioso designa: a questão

247 Cf., no entanto, NaS IV.4, p.338 *ss.*, e principalmente p.409 *ss.*, nota 293.

acerca do ser. Mesmo ali onde seu procedimento é 'crítico', como em Descartes e Kant, a filosofia continua seguindo sempre o rumo da representação metafísica. Ela pensa a partir do ente em direção ao ente, passando por uma certa visada do ser. Pois todo e qualquer ponto de partida do ente e todo retorno a ele já se encontram sob a luz do ser."[248] Assumamos mesmo que nenhum ente se esgota em si próprio, mas sim que todo ente, enquanto momento em um todo, é mais do que o mero ente que é *hic et nunc* – isso eu concederia a Heidegger. Mas os senhores não podem imaginar esse outro, esse mais, ou, se me permitem dizer, esse transcendente, a cujo contexto o ente pertence, sem o próprio ente, assim como não podem absolutizar o ente particular. Nessa medida ele se depara aqui, então, com a imposição de tomar de fato o abstrato, o conceito de ser – que é um abstrato –, como se ele fosse o mais próximo e o imediato. Os senhores se lembrarão de que ele diz aqui, de fato e de maneira expressa, que esse ser (ou seja, esse algo mediado, produzido pela abstração) seria separado de todo conteúdo particular, de todo ente, mas que, apesar disso, ele nos seria o mais próximo e imediato, sem que todavia fosse possível ao pensamento alcançar de algum modo a tese da proximidade ou da imediatidade desse ser. Ao fato de que ela não pode ser alcançada e de que toda tentativa de determinar esse ser precisa necessariamente fracassar, pois um tal conceito ou bem precisaria torná-lo, pela abstração, algo distante de nós, ou bem, se se tomasse a concretude a sério, faria então dele um mero ente – a esse fato corresponde o de que sobre o ser

248 Heidegger, "Carta sobre o 'humanismo'", em *Marcas do caminho*, p.343-4.

não se pode pronunciar, fundamentalmente, nada que não seja a tautologia de que ele seria ele mesmo. Essa tautologia não é, portanto, um erro de pensamento, tampouco um mero rebuliço sacerdotal, sacerdotal sem religião, mas ao pensamento não
261 resta // de fato senão repetir o conceito de maneira aconceitual, pois toda tentativa de preencher o conceito precisaria no mesmo passo conflitar com o próprio conceito. Mas isso fica para a exposição do próximo encontro.

262

// Aula 18
31 de janeiro de 1961

Os senhores se lembrarão que, na última aula, após chamar a atenção para a tautologia da determinação do ser no escrito "Sobre o humanismo" – segundo a qual o ser é "ele mesmo" –, não me contentei com a simples constatação da tautologia, mas que eu gostaria de tentar, e essa tentativa já iniciei, deduzir essa tautologia mesma; isto é: não deduzir a tautologia, pois deduzir tautologias já envolveria novamente dificuldades lógicas consideráveis, mas deduzir para os senhores, explicar para os senhores por que se chega a essa tautologia. Permitam-me apenas antecipar que aquilo que se subtrai efetivamente da filosofia do ser, aquilo a que ela, não por último, deve a sua força de atração – e que faz parecer tão difícil argumentar contra ela sem, com isso, nos expor de súbito à objeção: sim, mas não era isso que eu quis dizer –, isso tem a ver justamente com aquele caráter tautológico. Para chegar a esse caráter tautológico, talvez seja bom que eu o desenvolva para os senhores não apenas em relação aos discursos heideggerianos que surgem ali e que possuem, eles mesmos, aquele caráter do que escapa, acerca do qual já lhes falei várias vezes. Antes, seria bom que

eu extraísse essa tautologia de dois dos principais teoremas de Husserl, professor de Heidegger, ao qual ele é (como creio ter mostrado na *Metacrítica* de maneira consideravelmente detalhada)[249] muito mais profundamente devedor, com o qual ele tem muito mais em comum do que julgava por bem assumir na era do pré-fascismo e do apogeu do fascismo. Na filosofia husserliana – e falo aqui da filosofia madura e tornada verdadeiramente influente do período intermediário de Husserl, ou seja, algo como o tratado sobre a intuição categorial da segunda
263 parte do segundo volume das *Investigações lógicas*, // e sobretudo o primeiro livro das *Ideias para uma fenomenologia pura e uma filosofia fenomenológica*, que permaneceu provavelmente a parte decididamente mais influente do pensamento de Husserl –, ali encontram-se fixadas duas exigências que não estão refletidas na filosofia husserliana de modo que sua incompatibilidade viesse à tona. A primeira dessas exigências já está presente no título dessa obra magna de Husserl, as ideias para uma fenomenologia *pura*: *grosso modo*, é o conceito de pureza em sentido kantiano. Não quero explorar a nuance[250] de que ele não se harmoniza inteiramente com isso, pois há em Husserl algo como um *a priori material* e não apenas o *a priori* formal kantiano, embora o caráter luminoso do conceito heideggeriano de ser ainda tenha nele o seu modelo. Ou seja, a pureza de que se fala em Husserl deve ser a mesma que em Kant, nos conceitos puros do entendimento ou nos juízos sintéticos *a priori*: puros de quê? Puros da mescla com o empírico e, com isso, com o que

249 Cf. sobretudo Adorno, *Para a metacrítica da teoria do conhecimento*, p.301 *ss*. (GS 5, p.190 *ss*.).

250 Cf. no entanto a nota sobre o *a priori* contingente, à diferença do *a priori* formal em Husserl, NaS IV.14, p.255 *s*., nota 110.

é perecível, que cederia ao ente a absoluta aprioridade das determinações de que se fala e, assim, a suprassumiria. Mas o caminho percorrido por Husserl aqui para chegar a essa pureza é totalmente distinto, totalmente distinto, do ponto de vista do método, do caminho kantiano; e essa modificação permaneceu determinante também para Heidegger, se se quiser. Permitam-me comentar, no registro da história da filosofia, que Husserl foi aluno de Franz Brentano e que Franz Brentano é uma síntese muito peculiar de motivos da tradição escolástica – ele foi originalmente padre católico e abandonou só posteriormente essa vocação – com elementos do empirismo, elementos psíquicos e empíricos em geral; e, se quiserem, os senhores podem reconduzir toda a aporética da filosofia heideggeriana do ser a essa estranha constelação de ontologia escolástica e empirismo. Seguir isso seria uma tarefa recompensatória para aqueles que empreendem uma historiografia racional da filosofia.
264 // Em todo caso, Husserl compreendeu o conceito de pureza tão escolasticamente que essa pureza é compreendida por ele no sentido de uma precedência do conceito em relação aos elementos reais subsumidos sob ele. Nisso, ele retomou o realismo medieval – como ocorre frequentemente em movimentos reativos, e o de Brentano e Husserl foi reativo contra o nominalismo, que ele não obstante contém em si – de forma que se afirma rigorosamente a precedência dos *universalia* em relação ao *res*; em contrapartida, a teoria mediadora de Aristóteles e, até certo ponto, também de São Tomás de Aquino, segundo a qual as essencialidades estão presentes *no* ente, recuaram.[251]

251 O problema medieval dos universais é tratado por Haag em *Kritik der neueren Ontologie* [Crítica da nova ontologia], p.10 *ss.*; idem, *Der Fortschritt in der Philosophie* [O progresso na filosofia], p.37 *ss.*; e tam-

O método husserliano consistiu – e creio que os senhores devem ter isso presente, pois nesse ponto Heidegger confessadamente nunca deixou de ser um aluno de Husserl – em extrair intuitivamente o conceito do ente dado a cada vez, do particular que se vislumbra, que é "dado" a alguém perceptivamente no sentido corriqueiro da epistemologia. E isso com a torção específica de que não se obtém o conceito, digamos, através de abstração comparativa, isto é, retirando de uma série de objetos tudo aquilo em que eles diferem e conservando apenas os atributos que eles têm em comum, fixando então esses atributos como conceito geral. Ao contrário, isso deve ser suficiente para voltar-se a um ente em sua doação, que se apreenda nesse ente singular a sua essência. Mas também essa aparente imediatidade, tal como ela está presente no conceito de intuição categorial ou de *intuição de essência*, possui um momento em Husserl em que a subjetividade, a atividade do conceito não é negada ou – diga-se em honra a Husserl – não quer ser negada. De acordo com Husserl, para extrair intuitivamente a essência de um objeto singular a partir dele, para descobrir o
265 que lhe é essencial, os senhores precisam, na verdade, // fazer algo muito simples que converge também para um certo ato de abstração – os senhores têm de lhe subtrair a facticidade. Quer dizer: se os senhores têm qualquer objeto "dado" ou diante dos olhos, então, para chegar à essência desse objeto, os senhores precisam apenas riscar a tese de sua realidade, de sua individuação no espaço e no tempo, e se voltar ao objeto como ele

---

bém Mensching, *Das Allgemeine und das Besondere* [O universal e o particular], p.59 *ss.*; assim como Tiedemann, *Studien zur Philosophie Walter Benjamins* [Estudos sobre a filosofia de Walter Benjamin], p.18 *ss.*

se apresenta aos senhores como objeto de pensamento, como o visado de um "ato intencional", sem querer entrar em quaisquer sentenças sobre sua existência espaçotemporal. Isso que é conservado através de uma tal abstração simples, isto é, isso que resta desse quadro quando os senhores retiram a existência espaçotemporal determinada desse quadro nesta aula e neste auditório – isso deve ser idêntico com a essência desse quadro. E essa essência deve ser pura, ela deve ser independente de toda experiência, deve ser vinculante. Mas deve, apesar disso – e este é o ponto dessa filosofia –, conservar, em certo sentido, a qualidade da doação e da intuição, porque ela foi extraída de um tal ente determinado. Com isso, chego ao segundo desiderato dessa filosofia, ao desiderato que se pode caracterizar como empírico ou, se quiserem, como um desiderato empírico de segunda ordem. A saber: que justamente essas essencialidades puras, justamente essas aprioridades que devem ser independentes de espaço e tempo e, como as Ideias platônicas, devem ser unitárias, pura e simplesmente imperecíveis e sem princípio – elas devem, ao mesmo tempo, ser imediatamente acessíveis, devem ser imediatamente objeto de uma experiência primordial ou, como Husserl costuma dizer (embora a expressão "experiência primordial" não falte em sua obra),[252] devem ser dadas em uma "intuição originariamente doadora".

É essa a constelação de toda essa escola filosófica. E eu gostaria muito de salientar que esse atributo, na verdade, é o atri-
266 buto-chave para a compreensão // do que significa "ser" em

252 O índice remissivo dos *Escritos reunidos* de Husserl, editado por Elisabeth Ströker, registra apenas uma única passagem no § 39 das *Ideias para uma fenomenologia pura e uma filosofia fenomenológica*.

Heidegger: que os predicados mutuamente excludentes da doação imediata, da intuitividade imediata, de um lado, e da pureza, da aprioridade, de outro, têm de ser preenchidos na mesma medida; e que se deve chegar a essa pureza, a essa aprioridade através de um ato relativamente simples – a saber, através do abandono da determinação espacial e temporal do que é intuído a cada vez. Permitam-me acrescentar, para o bem da exatidão, que essa teoria da subtração, esse abandono do lugar de individuação não é a única interpretação que Husserl deu a isso, mas ele antecipou ainda algo outro em um escrito anterior e talvez até ainda mais importante para a recepção dessas coisas – a saber, justamente a Sexta Investigação do segundo volume das *Investigações lógicas*; que ele nomeadamente construiu um ato das intuições categoriais no qual se poderia perceber tanto estados de coisas categoriais, isto é, espirituais, como também a intuição simples de fatos sensíveis. Husserl não tomou uma decisão clara entre essas duas teorias não inteiramente coincidentes, pois, nos seus escritos posteriores – e isso pode ser perseguido até os do período intermediário –, toda essa construção não o satisfez, e porque ele acreditou ter de fundamentar justamente aquelas evidências de estados de coisas espirituais de que se trata aqui por meio de uma teoria da subjetividade transcendental, isto é, justamente em sentido epistemológico tradicional, kantiano; mas podemos abstrair disso aqui.[253] Os senhores julgarão sem grandes dificuldades que essa estrutura peculiar – eu gostaria quase de dizer: essa estrutura antinômica da

253 Adorno aborda as questões da intuição categorial sobretudo no último capítulo da *Para a metacrítica da teoria do conhecimento*, op. cit., p.301 *ss.* (GS 5, p.190 *ss.*).

doação de estados de coisas espirituais em Husserl; antinômica porque o mediado, pensado, espiritual, ao mesmo tempo tem de ser algo independente –, que essa estrutura antinômica, digo, reaparece na filosofia heideggeriana e sobretudo justamente na doutrina do ser. // O que aparece em Husserl sob
267 o nome de pureza, sob o nome de essencialidade, de *εἶδος* (com a antiga expressão platônica para essência), reproduz-se com o conceito heideggeriano de ser na tese da separação desse ser de todo ente. Dito de passagem: a ambivalência, em Husserl, da qual eu lhes falava, se propagou pura e simplesmente na filosofia heideggeriana no fato de que, de um lado, esse ser tem de ser separado de todo ente, tem de ser expressamente diferenciado de todo ente e, de outro lado, tampouco pode ser algo como um conceito puro, e nem um terceiro – antes, ele deve ser algo anterior a tudo isso e, na verdade, de modo algum dizível, que em certo sentido é, ele mesmo, ainda indiferente à diferenciação de ser e ente.

Permitam-me acrescentar apenas uma palavra sobre a posição do conceito da diferença ontológica em Heidegger, sobre a qual já lhes falei diversas coisas. Os senhores poderiam me retrucar – e há certas formulações de Heidegger que dão motivo para isso imediatamente – que minha objeção de ontologização do ôntico, tal como levantei repetidamente contra Heidegger, não tem fundamento porque ele próprio salientou a distinção entre ser e ente muito enfaticamente na forma daquela doutrina da diferença ontológica. Mas isso é mera ilusão, pois demonstra-se – e posso atestar isso para os senhores (talvez ainda cheguemos a isso) em muitíssimas formulações do Heidegger tardio – que o conceito da diferença ontológica é construído por ele próprio apenas para aboli-lo. E, na verdade, com a ar-

gumentação relativamente simples e, por isso, de relativamente fácil visualização, que a própria diferença ontológica, isto é, a diferença de ser e ente só pode ser compreendida com base em uma análise do sentido de ser, que ela está posta no próprio ser, que se trata de um modo de ser do ser, tornar-se ente, aparecer
268 no ente // – de modo que, assim, a diferença ontológica que é alardeada a quatro ventos é, em verdade, desdita com o conceito de indiferença do ser. Peço que os senhores acreditem em mim neste particular; gostaria agora, ainda que momentaneamente, de não entrar, digamos, na demonstração filológica da correção dessa tese. Mas prometo aos senhores que não ficarei devendo, ainda que em publicações, a demonstração detalhada disso.[254] Por outro lado, o conceito da imediatidade ou da experiência primordial, tal como ele é atribuído, em Husserl, à intuição de essência, retorna em Heidegger quando ele diz, de forma muito enfática e explícita, que ser não é um conceito geral, sim, que ser não é mesmo o conceito mais geral de todos. Ofereço aos senhores aqui uma citação como prova, porque eu a tenho em mãos por acaso; haveria muitas outras à disposição: "A questão agora, porém, é a de saber se a proposição do ser como o conceito mais universal atinge a essência do ser ou se não a interpreta mal de antemão a ponto de tornar impossível um perguntar. Mas esta é a questão: se o ser só pode contar como o conceito mais universal que ocorre inevitavelmente em todos os conceitos particulares ou se o ser é de uma essência totalmente distinta e, assim, é qualquer outra

---

254 Adorno apresentou essa demonstração na *Dialética negativa*, sobretudo no capítulo "Ser e existência", *Dialética negativa*, p.90 (GS 6, p.104 *ss.*).

coisa, não apenas objeto de uma 'ontologia', suposto que se tome essa palavra no sentido tradicional".[255] Ocorre com essa formulação algo muito comum entre escritores, por exemplo também com Sigmund Freud: quando procuram introduzir algumas distinções ou teses de forma aparentemente cautelosa e problemática, já se tem em mente aí, em realidade, uma tese muito determinada; e, em outras passagens em Heidegger, vem à tona efetivamente que ele nega pura e simplesmente o caráter conceitual daquilo que chama de ser. Tem-se aí, de um lado, na afirmação da não conceitualidade do ser, a exigência de sua imediatidade e, com isso, a exigência de uma experiên-
269 cia primária // desse ser. E repete-se ininterruptamente que se trata aí dessa experiência primária – mas apenas com a torção objetivista característica para Heidegger, que essa experiência não está apenas entre nós. Ao contrário, isso é mitologizado de forma que se diga que, se podemos experimentar o ser, então isso é do ser que se nos desabriga, desvela, clareia, só pode se nos clarear; e seu ocultamento, isto é, sua impossibilidade de ser percebido imediatamente, também estaria contido em seu próprio caráter de ser. De outro lado, porém, esse ser tem de ser puro; isto é, ele deve ser independente de tudo que é determinado, singular. Com outras palavras, ele deve ter todos os méritos de um conceito diante dos conteúdos da experiência, e todos os méritos da experiência imediata diante do conceito. A distinção em relação a Husserl – e nisso se esconde muita ironia objetiva – consiste, na verdade, em que aquilo que ainda era pensado epistemologicamente em Husserl, ou seja, como explicação de determinados estados de coisas, de nossa possi-

255 Cf. nota 4 da Aula 8.

bilidade de ter evidências, de reconhecer algo com evidência, é destituído do sujeito com a virada heideggeriana, e, se os senhores me permitem a expressão: é interpretado objetivamente, isto é, com respeito ao ser que, nisso, é inteiramente emancipado do sujeito. Peço que os senhores pensem que, segundo as últimas determinações que li – sabe-se lá se "determinações" é, aqui, a palavra correta, pois isso é decretado –, segundo as últimas determinações justamente o ser não deve ser um conceito, não deve ser algo erigido. Àqueles dentre os senhores que acompanham essas coisas com os textos heideggerianos eu gostaria de chamar a atenção para que aquilo que caracterizei como conceito ou, com Hegel, como algo posto subjetivamente, é caracterizado por Heidegger com um neologismo ou arcaísmo (como os senhores quiserem) teutônico, a saber: o do gerado [*des Gemächtes*],* isto é, do que é simplesmente gerado pelo sujeito. Essa expressão atravessa muitos de seus es-
270 critos posteriores,[256] expressão na qual desde // o princípio o

* *Gemächte* é efetivamente um arcaísmo germânico formado a partir de *gimaht*, a cujas derivações pertence o termo *maht*, arcaísmo de *Macht* (poder, potência, faculdade) em alemão moderno. Seus significados abarcam um amplo campo semântico: o que é gerado e criado, o testamento, a combinação (entre indivíduos ou grupos) ou mesmo a genitália masculina. (N. T.)

256 Cf., por exemplo, a conferência "A questão da técnica", de 1953: "Na medida em que o homem cultiva a técnica, ele toma parte no requerer enquanto um modo de desabrigar. Entretanto, o descobrimento mesmo, no seio do qual o requerer se desdobra, nunca é algo feito pelo homem [*menschliches Gemächte*], muito menos o âmbito que o homem a toda hora sempre percorre, quando, enquanto um sujeito, se relaciona com um objeto" (Heidegger, "A questão da técnica", *Scientia Studia*, v.5, n.3, p.384, 2007). Ao passo que a substantivação [*Gemächte*] do verbo [*machen*: fazer, realizar] tornou-se entrementes extremamente

momento da mediação subjetiva a que chamei a atenção dos senhores é menosprezada – como se fosse uma superestrutura da consciência, apenas algo com o que a consciência que faz e adiciona algo, que erige algo, se desencontra e comete um sacrilégio diante daquela pureza e, ao mesmo tempo, doação do ser. E mesmo em relação a esse sacrilégio, Heidegger se exime da questão de maneira objetivista ao introjetar esse sacrilégio na história do ser. Isto é, ele advoga a tese de que o próprio ser não permite, de modo algum, uma outra relação histórica para com ele do que por um sacrilégio do que é gerado [*Gemächtes*] e do esquecimento do ser – no que se é empurrado em todo lado a especulações gnósticas sobre o ser, como se o próprio ser fosse uma espécie de demônio maligno disposto desde o princípio a enganar os seres humanos em sua relação para com ele.

Creio que mostrei aos senhores como essas determinações de pureza e de imediatidade formam, na verdade, a constelação-base de Heidegger; creio ainda que não é muito difícil se dar conta da incompatibilidade dessas duas determinações, pois a história da incompatibilidade dessas duas determinações é, *grosso modo*, idêntica à história da filosofia. Dificilmente podemos nos representar como imediato o que é puro, isto é, o que é livre de toda contaminação com a experiência, pois imediatidade significa justamente experiência, evidência primária. O que nos é imediatamente presente, no entanto, não é puro, não é *a priori* – a não ser que se adicione o sujeito, o momen-

---

inusual, é pouco provável que Heidegger soubesse que a palavra, que remonta ao *gimath* do alto alemão antigo e designa o genital masculino, ainda é utilizada hoje (cf. a documentação apresentada sob "III" no *Dicionário dos Irmãos Grimm*, v.5, reprodução de 1984, p.3148 *ss.*).

to da reflexão, e justamente essa adição da reflexão subjetiva é contestada pela filosofia fundamental, por Heidegger. Em suma: a construção do conceito de ser, que deve suprir essas exigências contraditórias, não pode ser cumprida – se nos servimos da lógica bivalente,[257] como aliás é apropriado à bivalente filosofia heideggeriana. Quando eu disse aos senhores
271 que não se pode pensar // absolutamente nada sob o ser, que esse conceito é, portanto, inteiramente vazio, que ele, na verdade, se furta a determinações mais específicas, então isso é consequência da demonstração aporética que levei a cabo hoje para os senhores. Isso quer dizer que mostrei aos senhores – ou espero ter lhes mostrado – que justamente em função do caráter contraditório daquela construção não se pode pensar absolutamente nada determinado sob ela, pois qualquer pensamento determinado acerca do que quer dizer esse ser deveria ir de encontro a uma ou outra exigência, isto é: ou de encontro à pureza do ser, à sua distinção em relação ao ente, ou à experiência primária, à automostração primária do ser. Por conseguinte, o vazio ou a ininteligibilidade do conceito de ser, aquilo que denominei o que se furta no conceito de ser, não é algo como um mero erro de pensamento que se comete aqui, mas é fundado na abordagem, na estrutura mesma desse pensamento.

---

257 Terminologia adorniana; o que está em questão é a divisão entre correto e falso, preto ou branco, sim ou não, de tudo o que está entre o céu e a terra. Cf. por exemplo, GS 3, p.333 (*Das Schema der Massenkultur*) na *Dialética do esclarecimento*: "Ele [o sentido hieroglífico do consumidor da cultura de massas] articula todos os fenômenos até as nuances mais sutis segundo a simples lógica binária do *do* e *don't*, e é graças a tal redução justamente do estranho e incompreensível que ele alcança os consumidores".

As duas exigências contraditórias só podem ser conciliadas na palavra ser – creio que não podemos sequer empregar o conceito ser – se se negar cada diferenciação determinada nesse ser; e apenas graças a uma tal diferenciação conseguimos nos apoderar de um sentido desse conceito. O procedimento de Heidegger – e isso pertence, por sua vez, àquela esfera que denominei desrespeitosamente a da estratégia –, o procedimento de Heidegger consiste em atribuir positivamente ao conceito de ser essa ininteligibilidade ou incompatibilidade dos momentos que constituem essencialmente seu conceito de ser, de modo a fazê-los contar como um mérito especial. Isso se conecta ao antigo motivo da história da filosofia que pode ser encontrado, por exemplo, inteiramente em Hegel e em quase todos os filósofos, a saber, o motivo do pecado original através do conceito, isto é: que ao invés de tomar parte da unidade indivisa e completa do ente ou
272 do ser, nós o cindimos por meio do pensamento; // que a reflexão seja como que o reflexo intelectual do pecado original em sentido mais literal, que nos ensinou a diferenciar o bom do mal; que ele é a punição para que nós, como se lê no Antigo Testamento, tenhamos comido da árvore do conhecimento.[258] Disso se segue para essa filosofia que a punição por termos comido da árvore do conhecimento nos persiga no conhecimento; isso quer dizer que o conhecimento que ganhamos então é um conhecimento reflexionante, do entendimento, diferenciante, divisante e justamente por isso necessariamente esquecido do ser; isto é, ele deve ser falso em sentido enfático. Essa construção, que obviamente não está presente tão literalmente em Heidegger, que no entanto, pensaria eu, descerra o clima de toda a sua *œuvre* – essa

258 Cf. Gênesis, 2:17-3:22.

construção se liga à construção peculiarmente aporética do conceito "ser", de modo que ele pretende que a falta de diferenciação determinada, a falta que impede que "ser" possa ser pensado *em geral*, seja privilégio desse ser e do pensamento acerca do ser para além de todo conhecimento do entendimento, agindo como se o pecado original da reflexão fosse superado por meio do chamado, em certo sentido. Nisso, não lhe ocorre se perguntar – depois que ele, de forma gnóstica, atribui essa queda, como eu disse, à história do ser –, uma vez que nós agora (e ele não menos do que todos nós) nos encontramos no estado da reflexão, se podemos nos apropriar disso, levar a cabo essa revogação e então, de uma só vez, nos tornar parte do indivisível que, mesmo segundo a sua visão, nós perdemos não sem razão. Ao contrário, ele pensa isso, como o seu intérprete Jean Beaufret[259] permitiu que se anuncie com toda a publicidade, que naquele giro para o ser se realiza imediatamente uma "virada" [*Kehre*] contra a reflexão; não apenas na filosofia e no conhecimento, mas no próprio ser. Aliás, o ato mais tosco de *hybris* que a filosofia se permitiu desde tempos imemoriais e que deixa muito atrás de si tudo aquilo que
273 principalmente // a teologia, que vê Heidegger com bons olhos, reprovou, por exemplo, em Nietzsche em razão dos escritos de sua fase tardia, em razão do *Ecce Homo*.

Agora os senhores compreenderão a marca peculiar da filosofia heideggeriana talvez melhor do que lhes foi possível antes de eu ter levado a cabo a análise que lhes ofereci hoje. Se as palavras soam corpóreas – seja de modo artesanal ou agrário, como eu lhes disse –, então isso é, em sua figura, o reflexo

259 Jean Beaufret (1907-1982), heideggeriano francês, destinatário da "Carta sobre o 'humanismo'".

da pretensão de imediatidade do presente corpóreo e sensível que elas recebem da concepção da experiência primordial ou do imediato, da afirmação da não conceitualidade do ser. De outro lado, todavia, vem o tom propriamente ontológico que todas essas palavras possuem – justamente aquilo que nomeei sua aura metafísica, da ideia de pureza: que elas recebem, de um lado, essa imediatidade do mundo empírico e jamais poderiam possuir essa imediatidade sem uma tal relação com o mundo empírico; de outro lado, que elas devem ser dispensadas de toda confrontação com o âmbito material justamente em virtude de sua pureza e apriorismo, sim, que todo e qualquer ato de uma tal confrontação é culpado como um mal-entendido tosco e que aquele que comete esse ato, o sacrílego, deve ainda se expor à censura de que ele, no mínimo, se encontra no estado de esquecimento do ser – isso se ele não for ainda algo muito pior, a saber, um ser humano completamente inautêntico que só tagarela. Agora, com a tagarelice [*Gerede*] se passa um pouco o mesmo que com o "Pega ladrão!". Parece-me característico dessa filosofia o fato de que ela, que não está tão distante da determinação tradicional da tagarelice na medida em que utiliza conceitos que não se prestam a ser preenchidos pelo pensamento, acusa de mera tagarelice, de baixeza, de impessoalidade [*Man*] e de cotidianidade justamente *aquele* pensamento que insiste que os discursos se deixam preencher
274 de fato por meio de ideias determinadas. // – Agora eu gostaria também, e creio que esse é o ponto derradeiro que alcançaremos nessa observação, de não ser injusto com Heidegger. Não gostaria de negar que há algo como a experiência que é abordada por ele sob o nome de ser, embora toda tentativa de fixar essa experiência ou de expressá-la de forma determinada

corra o risco desde o começo de sucumbir àquela cafonice que eu não tanto demonstrei, mas ao menos trouxe à tona para os senhores nos poemas de Heidegger. Creio (e os senhores terão de me perdoar pelo que há de contestável no exemplo), creio que haverá poucas pessoas, se elas ouviram o murmurar das folhas na disposição correta, que não tenham tido o sentimento de que essas folhas digam algo; que em geral haja algo como uma linguagem da natureza, e que apenas nós não compreendemos essa linguagem, embora seja uma linguagem muito determinada. A experiência da música tem algo daquilo a que aludo aqui: que algo se nos comunica como algo muito determinado, como algo que no entanto escapa ao conceito. Que esse fenômeno seja alcançado ainda pelo pensamento; que tentemos pensar o que é isso, o que ocorre aí – isso é legítimo; ocorre muito pouco. Creio que isso seria a tarefa de uma verdadeira estética e o tema autêntico de uma estética em geral.[260] Agora, isso de que Heidegger se culpa é que ele coisifica e retém essa experiência, que possui a sua nobreza e a sua dignidade justamente em sua fugacidade, justamente em que ela não se deixa fixar. É verdade que ele brada incessantemente contra a ideia de que o ser seja uma coisa – naturalmente o ser não pode ser uma coisa ou ser coisal, pois ele não pode ser nada determinado em geral, isto é, tampouco uma coisa –, mas ele transforma em algo positivo, no conceito do "ser ele mesmo", aquilo que que nessas folhas murmurantes ou o que na música têm a sua verdade justamente em que ela não permanece, mas que ela perece e se suprime: ele

260 Posteriormente, no parágrafo sobre o belo natural da *Teoria estética*, Adorno tentou satisfazer esse desiderato aqui formulado. Cf. GS 7, p.97 *ss*.

275 o transforma em algo que temos e que podemos segurar, // em algo que, ao fim, é sim objeto de pensamento. E nessa transição para a positividade daquilo que se torna inverdade no mesmo instante em que o tornamos um objeto de pensamento – é aí que vejo o *πρῶτον ψεῦδος* dessa filosofia. A verdade dessa experiência é inseparável de seu desvanecer. No instante em que ela é fixada e mesmo transformada em uma estrutura, tal como Heidegger faz ininterruptamente, ela já se torna algo ilusório e justamente uma espécie de reificação. E é exatamente nesse ponto em que há, de fato, uma má estetização do pensamento, no sentido em que modos de experiência que não são efetivamente possíveis senão na arte e que só são possíveis ao preço do caráter de aparência da arte são tratados como se elas fossem possíveis imediatamente sem uma tal aparência no âmbito do conhecimento. E essa paródia da arte no falso conhecimento é, ao mesmo tempo, a origem de uma arte falsa.

276

// Aula 19
2 de fevereiro de 1961

Minhas senhoras e meus senhores, já que o semestre está bastante avançado e tenho a louvável intenção de não ficar desta vez muito atrás do programa ao qual me propus nesta preleção, e não parar na metade do que eu queria dizer aos senhores, me decidi fazer agora o que evitei até aqui – a saber: lançar mão em maior medida do que fiz até aqui de textos meus já formulados, mesmo que ainda não publicados, e lê-los parcialmente para os senhores. Em geral, não sou simpático a esse procedimento; os senhores terão notado que falo o mais livremente possível, e isso tem sua razão de ser, a saber: porque sei que, na maneira pela qual escrevo, as coisas se tornam tão densas, *tant mieux que mal*,* que nem sempre é tão fácil segui-las. E por isso prefiro reproduzir os processos – ou, sob certas circunstâncias, produzi-los – que conduzem a tais formulações, em vez de jogar na cabeça dos senhores o produto literário já condensado. Tendo em vista que não quero ficar devendo em demasia aos senhores, no entanto, eu gostaria muito, e irei tentar, manejar

* Para o mal ou para o bem. (N. T.)

a coisa de tal modo que, se chegar a passagens que até a mim parecem difíceis, irei improvisar e me colocar como que o comentador de minhas próprias formulações – pelo que também tenho de me desculpar.[261]

Como os senhores sabem, a filosofia de Heidegger, em todo caso na famosa fase de *Ser e tempo*, apresentou uma antipatia extraordinária contra o que ele chama ali de impessoal [*Man*], cujo nome deve denunciar a antropologia da esfera da circulação. Posteriormente, no entanto, Heidegger revogou essa aversão – que tinha claramente seus acentos pré-fascistas – ao
277 tentar interpretar ontologicamente também o inautêntico, // o impessoal, a tagarelice, isto é, todas as categorias que aparecem nessa posição; a saber, como esquecimento do ser, que justamente são atribuídas àquele destino mítico e enigmático que o próprio ser possui. Mas isso me parece residir também mais no curso da estratégia heideggeriana que gostaria, antes, de se distanciar cada vez mais de toda determinidade do que de alterar algo na própria estrutura desse pensamento. Quando ele fala enfim de pensamento apátrida e daquele pensamento que gostaria de encontrar sua pátria, isso é apenas uma continuação daquela antiga estrutura. Por isso, creio que devo chamar a atenção dos senhores para o que talvez resulte do contexto da dedução que empreguei aqui da última vez, a saber: da dedu-

261 A seguir, Adorno começa a ler excertos de sua conferência parisiense "A carência ontológica", mais especificamente a partir da página 17 do texto datilografado (= Ts 13606). O capítulo homônimo da *Dialética negativa* deriva de uma revisão feita em 1965 desta quarta versão do texto; a Aula 19 corresponde ali à *Dialética negativa*, p.72-82 (GS 6, p.83-94).

ção da essência da categoria central de Heidegger, a categoria do ser – essência tautológica, vazia, não preenchível através do pensamento. A filosofia heideggeriana iguala-se a um sistema de crédito altamente desenvolvido: um conceito toma de empréstimo do outro. O estado de suspensão que se produz com isso ironiza o porte de uma filosofia que se sente com os pés firmes no chão, que prefere a palavra alemã "Denken" [pensamento] ao estrangeirismo "filosofia". Assim como o devedor, segundo uma piada gasta, se encontra em vantagem em relação ao credor porque este depende de que aquele queira pagá-lo, assim também bençãos fluem, para Heidegger, de tudo aquilo que ele deve. Que o ser não seja nem fato nem conceito dispensa-o de crítica. Deve-se despachar como mal-entendido aquilo a que ela se direciona. O conceito retira do fático o *air* da concreção, a plenitude substancial do que não é feito no pensamento – em suma, do em-si. Todavia, o ente retira do espírito, que o sintetiza, a aura do ser-mais-que-fático, a consagração da transcendência – tal como em uma passagem,[262] eu gostaria de dizer, Heidegger caracteriza o ser explicitamente como "o *transcendens* puro e simples". Esse mesmo *quid pro quo*, no entanto, é hipostasiado como um terceiro elemento, mais elevado em relação ao entendimento reflexionante, que separa
278 ente e conceito // com um bisturi. E mesmo quando falo desse terceiro elemento, Heidegger (ou um de seus seguidores, se houvesse um presente) poderia apontar imediatamente para as letras e dizer que também ele se posicionou contra a ideia de que o ser seja um terceiro elemento, pois justamente essa representação de um terceiro em relação ao ser e ao ente seria

262 Cf. *Ser e tempo*, p.129.

justamente já uma reificação. Com isso, ele é transformado em um princípio; e um tal princípio é justamente o que ele não seria – sem que se experimente o que ele deve ser em geral, se não deve ser nem conceito nem ente nem um terceiro elemento de outro tipo. Sua única determinação possível permanece, assim, a indeterminação.

Devemos mais uma vez aprofundar a questão sobre como o que transcende a subjetividade – e chamei a atenção dos senhores para a determinação do ser como do que é *transcendens* pura e simplesmente –, como essa afirmação se dá.[263] Não há dúvida de que Heidegger está farto da prisão subjetiva do conhecimento na qual ele se alojou por meio de sua reflexão, em suma, por meio da epistemologia e daquilo por meio de que ele se obstrui o acesso às coisas. Isso já estava presente na frase de Husserl, "Às coisas" [*Zu den Sachen*], e se torna naturalmente muito mais explícito, muito mais enfático no conceito heideggeriano de ser – que, entre outros, tampouco quer ser coisa, eu gostaria de adicionar, porque a coisa seria algo fixo, delineado, coisal, e esse ser deve ter a vantagem justamente, entre outras, de não ser coisal, não ter uma determinidade objetual, objetiva. É um fastio daquela parcialidade subjetiva do conhecimento em sua mediação que conduz Heidegger à certeza de que o que é transcendente à subjetividade é imediato à subjetividade, sem que ela seja eivada pelo conceito, como eu disse aos senhores da última vez: pelo que é gerado [*Gemächte*],[264] isto é, pelo que é criado arbitrariamente por ela. Análoga a correntes românticas

263 Para o que se segue, cf. o parágrafo "Objetividade fracassada", da *Dialética negativa*, op. cit., p.74 *s.* (GS 6, p.86 *s.*).

264 Cf. nota 8 da Aula 18.

como o Jugendbewegung,[265] a ontologia fundamental sente-se
279 // antirromântica. Em protesto contra o momento limitante e

265 O Jugendbewegung [Movimento da Juventude] alemão foi uma espécie de revolução cultural na qual uma parte da juventude burguesa tentou se rebelar contra o mundo guilhermino de seus pais, mas em geral incorporando sem resistência as suas tendências mais reacionárias, o nacionalismo e o antissemitismo das gerações do pré-guerra. O início do movimento remonta à fundação do Wandervögel (cf. nota 3 da Aula 13) em 1896, um agrupamento que dominou até 1910 aproximadamente, para então ceder a liderança à assim chamada Freideutsche Jugend [Juventude Livre Alemã]. Walter Benjamin desempenhou momentaneamente certo papel nesta última, até que ele se separou radicalmente do Jugendbewegung após a eclosão da guerra em 1914. Posteriormente, a Bündische Jugend [Liga da Juventude] tornou-se determinante, a qual converteu grande parte do Jugendbewegung ao nacional-socialismo em 1933. Diferentemente do que ocorreu a Benjamin, o Jugendbewegung em nenhum momento teve algo de sedutor a Adorno, onze anos mais novo; além disso, pode tê-lo imunizado ainda o fato de que ele tomou conhecimento sobretudo do Jugendbewegung musical, contra o qual ele moveu uma ampla polêmica ainda depois da Segunda Guerra Mundial (cf. GS 14, p.67 *ss.*). A apresentação mais penetrante de sua visão crítica sobre o Jugendbewegung alemão encontra-se nas recordações de infância de Adorno em Amorbach: "No terraço de Rossmann ouvi uma tarde, vindo da Platz von der Schlossmühle, uma cantoria tumultuada e berrada. Avistei três ou quatro rapazotes vestidos de forma indecorosa e pitoresca. Explicaram-me que eles eram dos Wandervögel sem que eu pudesse imaginar corretamente o que seria isso. Essa visão horrorizou-me ainda mais do que as horríveis canções populares acompanhadas, ademais equivocamente, por gaitas de fole. Nunca me escapou o fato de que eles não eram pobres como aqueles que costumavam pernoitar nos bancos do Meno em Frankfurt, mas sim, em linguagem infantil, gente de bem. Nenhuma necessidade, mas, antes, uma intenção a mim incompreensível ensejou o seu cortejo. Ele me preencheu com o medo de ser também interpelado, e um dia, desprotegido, ter

turvador da subjetividade, ela acredita "superá-la" – como reza o linguajar fatal utilizado expressamente por Heidegger na *Introdução à metafísica*; vejam na página 155 da *Introdução à metafísica*.[266] Esse discurso nefasto de superar imagina que o mundo do espírito consista em inimigos que devem ser abordados como que frontalmente ou dos quais se deve desviar para então superar; sobretudo, que tudo o que da consciência há de obscuro e negativo, por exemplo o dito niilismo, deva ser superado e que, com isso, a experiência da negatividade de uma coisa já seja o aval para que ela não tenha direito à existência e tenha, por isso, de ser abstraída. É verdade que esse clima é denominado por Heidegger apenas ocasionalmente e apenas através de tais *lapsus linguae*, mas na verdade ele domina em muito grande escala toda a sua filosofia. Todavia, uma vez que a subjetividade não pode abstrair de suas mediações, ela deseja regressar a etapas da consciência que se encontram antes da reflexão da subjetividade e da mediação. Mas isso fracassa. Quando o pensamento de Heidegger pretende como que se imiscuir de forma assubjetiva no que as coisas se mostram, isto é, quando gostaria de ser ao mesmo tempo materialmente fiel, arcaico e neo-objetivo,*

---

de soprar esse instrumento pelas florestas: a ameaça de ser desclassificado do Jugendbewegung muito antes de os burgueses rebaixados de sua classe unirem-se e alçarem voo" (GS 10.1, p.307).

266 Cf. Heidegger, *Introdução à metafísica*, p.224, onde se lê: "Na pergunta sobre o ser, ir expressamente até o limite do nada e incorporá-lo na questão do ser, é, ao contrário, o primeiro e único passo fecundo para a verdadeira superação do niilismo".

* Com o adjetivo *neusachlich*, "neo-objetivo" ou "coisal em novo sentido", "neocoisal", Adorno alude muito provavelmente à "Nova Objetividade" [Neue Sachlichkeit], movimento artístico alemão surgido nos inícios dos anos 1920 como reação ao expressionismo, e que ti-

é aí que ele retira do pensado todas as determinações, muito similar a Kant outrora em relação à sua transcendência, isto é, a coisa em si como causa desconhecida de seus fenômenos. Essas determinações seriam chocantes tanto quanto obra da razão meramente subjetiva como também, ao contrário, como descendente do ente particular. É esse o sentido do que eu disse aos senhores da última vez por meio da fórmula de que, em Heidegger, desideratos contraditórios colidem ou se unem – a saber, que, por meio dessa relação na qual eles entram, esses desideratos contraditórios se consomem mutuamente, de modo que nada sobra. Porque não é pensado de forma especu-
280 lativa o que quer que possa // ser posto pelo pensamento, nem, ao contrário, penetra um ente que, como pedaço do mundo, comprometeria o caráter preordenado do ser, o pensamento não se atreve a pensar nada além de algo inteiramente abstrato e vazio – muito mais um X do que o antigo sujeito transcendental que, como unidade da consciência, levava consigo sempre a recordação de uma consciência existente. Esse X, o absolutamente inexprimível, destituído de todos os predicados, Heidegger o converte, com o nome de ser, em *ens realissimum*. No caráter vinculante da formação conceitual aporética realiza-se nela, contra a intenção da filosofia do ser, o juízo de Hegel sobre o ser:[267] ele é indiscernivelmente uno em relação ao nada, e Heidegger se engana fortemente a esse respeito. Não se deve repreender a ontologia existencial por niilismo,

---

nha por programa estético o retorno ao mundo da objetividade, da coisalidade e da visualidade. (N. T.)

267 Cf. o começo da *Ciência da lógica*: "O ser, o imediato indeterminado, é de fato nada e nem mais nem menos do que nada" (Hegel, *Ciência da lógica*, v.1: A doutrina do ser, p.85).

que o próprio Heidegger rejeita,[268] e como, para seu horror, os existencialistas de esquerda de Paris interpretavam a ontologia existencial, mas se deve repreendê-la por declamar a pura e simples niilidade de sua palavra suprema como algo positivo.

Para isso, essa palavra, "ser", é insuperável. O que é espiritual é convertido em uma donação *sui generis*. Permitam-me citar aqui uma frase do livro extraordinariamente significativo de Karl Heinz Haag, *Crítica da nova ontologia*, que eu gostaria de indicar a todos os meus ouvintes expressamente, uma vez que ele pertence, com toda a independência, ao círculo de pensamento do qual também essas considerações aqui surgiram, e porque ele retira as consequências mais positivas desse círculo de pensamento. "Ontologia", diz Haag, "termina no arbítrio de empurrar para o 'ser' o caráter de imediato puro e simples, ser que só é compreensível, justamente em sua pureza, como o oposto exato de pura imediatidade, a saber, o que é inteiramente mediado, o que só é compreensível em mediações."[269] Arrasta-se para debaixo do tapete a questão kantiana sobre a constituição, que deveria abalar a tese ontológica sobre o primado do ser. O âmago da racionalidade, o conceito, é reinterpretado como algo que meramente se mostra e, com isso, é conduzido ao elemento irracional, que é alheio à ju-
281 risdição da razão // à qual ele permanecia atado em Husserl. É essa a diferença decisiva entre a filosofia heideggeriana e a doutrina eidética de Husserl. Com isso, no entanto, o que é mediado eleva-se à coisa mesma, *κἀτ' ἐξοχήν*, a algo que não

268 Cf. na *Dialética negativa* a referência a Heidegger, *Introdução à metafísica*, op. cit., p.224 *ss*.

269 Haag, *Kritik der neueren Ontologie*, p.73.

é mais coisa, como eu disse aos senhores. O que é espiritual se torna algo que deve ser aceito, dispensado de toda e qualquer crítica através da razão; o que deve ser aceito é espiritualizado, todavia, de forma que deve, como justamente o ser ao qual se eleva a pura mirada do pensamento, ser alheio àqueles *ὄντα* dispersos, em relação aos quais o ser só pode atuar como *prius* se ele for preestabilizado espiritualmente. Por mais que se exija, por meio dessa ambivalência, cautela permanente para ambos os lados, o ser sendo comprimido a um ponto sem dimensões, o procedimento tem o seu *fundamentum in re*.[270] A intuição categorial, a tomada de consciência do conceito, relembra que algo sempre deve corresponder aos estados de coisas constituídos categorialmente que as epistemologias tradicionais só conhecem como sínteses, mesmo para além dos *ὕλη* sensoriais. Tão pouco quanto uma simples frase matemática vale sem a síntese dos números entre os quais se estabelece a equação, tão pouco – e isso é de fato negligenciado por Kant – seria a síntese possível se a relação dos elementos não correspondesse a essa síntese; se não, dito de forma drástica e certamente também equívoca, os dois lados da equação não fossem de fato iguais. Só que faz tão pouco sentido falar desse pertencimento mútuo, desse – permitam-me falar novamente de forma equívoca – ser-igual-ao-outro objetivo independentemente da síntese pensante, quanto, inversamente, não haveria síntese racional sem aquela correspondência com um estado de coisas. Essa remissão mútua, o fato de que os senhores não possam sequer pronunciar um – a síntese – e o outro – o pertencimento mútuo – sepa-

270 Para o que se segue, cf. o parágrafo "Sobre a intuição categorial", em *Dialética negativa*, op. cit., p.75 *ss*. (GS 6, p.87 *ss*.).

radamente – isso é, na verdade, o paradigma, o caso escolar do que se quer dizer com o conceito de *mediação*, que mostra aos
282 senhores talvez dessa forma // um significado rigoroso. O simples fato de que sempre hesitemos na reflexão a afirmar que o pensamento é uma atividade e não, antes, justamente em sua tensão, um medir-se, faz referência a isso. O que é pensado espontaneamente é, de modo inseparável, também sempre algo que aparece. Que Heidegger acentue o aspecto do aparecer contra sua redução integral ao pensamento seria um corretivo salutar à filosofia do espírito. Mas nisso ele isola o momento do estado de coisas, trata-o de forma tão abstrata – segundo a terminologia de Hegel – quanto o idealismo; contraposto a ele, trata o momento sintético isolada e abstratamente, ou seja, descolado do que é sintetizado. Hipostasiado, o momento do pertencimento mútuo *in re* deixa de ser momento e se torna o que a ontologia menos gostaria de ser em seu protesto contra a separação entre conceito e ente: reificado. A consciência sintetizante realmente tem algo de receptivo, e esse momento não escapou às descrições que Husserl deu em suas fenomenologias dos atos de pensamento; na fase tardia de Husserl, fala-se explicitamente de uma receptividade espontânea.[271] Esse pertencimento mútuo, no juízo, dá-se a conhecer exemplar, e não apenas comparativamente. Eles veem um juízo através da comparação com outros estados de coisas não meramente como algo, em certo sentido, abstraído disso, mas como a imediatidade que é evidente como um estado de coisas nesse juízo singular determinado. Não é pura e simplesmente a imediatidade da intuição [*Einsicht*] que

271 Não encontrado em Husserl; cf., no entanto, Adorno, *Para a metacrítica da teoria do conhecimento*, p.330 *ss.* (GS 5, p.209).

é questionável, questionável não é que haja em geral algo como intuição imediata; questionável é sua hipóstase e sua absolutização e isolação. À medida que algo adere primariamente a um objeto específico, aquilo que não pertence à *species*, isto é, o que não é um universal, a ilumina fortemente: só esse momento transcende a tautologia que sempre afirma sobre a *species* não mais do que aquilo pelo que ela já é definida, como unidade de propriedades sob o que lhe é subsumido. Sem o momento
283 // da intuição imediata, a frase de Hegel de que o particular é o universal permaneceria vã. Desde Husserl, a fenomenologia salvou-o, certamente à custa do elemento complementar. A sua intuição de essência, no entanto, envolve contradições que não podem ser dirimidas em nome da estimada paz com o lado nominalista ou o lado realista. De um lado, intuição de essência é ideação, com afinidades eletivas com a ideologia, a fraude da imediatidade através do que é mediado, imediatidade que se reveste com a autoridade do ser-em-si absoluto e incontestavelmente evidente ao sujeito. De outro lado, a intuição de essência designa algo verdadeiro e correto, a saber, o olhar fisionômico a estados de coisas espirituais. Legitima-o o fato de que o que é espiritual não é constituído através da consciência que se dirige a ele cognitivamente, mas é fundado objetivamente em si mesmo, muito além do autor individual, na vida coletiva do espírito. O momento do olhar imediato é adequado àquela objetividade do espírito. Como algo já preformado em si, ele se deixa intuir como as coisas dos sentidos. Mas essa intuição é tão pouco absoluta e irrefutável quanto as coisas dos sentidos. Husserl rememorou com razão a intuitividade das coisas dos sentidos; mas ele igualou sem mais o que capta a visada fisionômica aos conceitos científicos gerais que se baseiam na abs-

tração, distinguida por ele do método da intuição de essência, oscilando entre o cientificismo como modelo filosófico e a filosofia como autorreflexão da ciência. Aquela confusão tem culpa no abuso ideológico da intuição categorial. Atribui-se sem mais ao lampejar fisionômico assim como aos juízos sintéticos *a priori* a necessidade e a generalidade. Àquilo a que a intuição categorial contribui, de forma suficientemente falível, seria a conceituação da coisa mesma, não a sua armadura classificatória. O ψεῦδος, seu engodo original, não é o caráter não científico da intuição
284 categorial, mas a sua cientifização dogmática, // que exige dela algo que ela não pode conceder. Sob o olhar ideador faz-se sentir a mediação que estava congelada na ilusão de imediatidade de dados espiritual; nisso, a intuição de essência, se os senhores quiserem, está próxima à consciência alegórica, que desperta nos objetos e nas imagens aquilo que elas eram, que eram as intenções, que eram o seu sopro de vida e que foram como que enrijecidos. Como experiência do que veio a ser aquilo que, em tese, meramente é, a ideação, a intuição de essência seria quase o contrário exato daquilo para que se a utiliza: ela seria não a aceitação devota do ser, mas crítica ao ser como um aparente; a consciência não da identidade da coisa com o seu conceito, mas, ao contrário, a consciência da ruptura entre ambos. Aquilo em que toca a filosofia do ser, como se fosse órgão do mau positivo, tem a sua verdade na negatividade.

A ênfase de Heidegger no ser que não deve ser mero conceito pode se respaldar na indissolubilidade do teor do juízo no ato de julgar, tal como, antes, Husserl podia se respaldar na unidade ideal da *species*. O valor de tal consciência exemplar poderia elevar-se historicamente. Quanto mais socializado é o mundo, quanto mais espessas são as determinações universais nas quais seus objetos são enredados, tanto mais[272] o estado de coisas singular é tendencialmente transparente de forma imediata por seu universal; tanto mais deixa-se olhar para fora dele através do mergulho micrológico nele; um estado de coisas, é certo, bruscamente contraposto à intenção ontológica, embora ele possa ter disparado a intuição de essência sem que ela tenha percebido. Tenho em mente não menos o sempre-igual do mundo estandardizado e administrado,[273] do qual tenden-

---

272 Na passagem paralela da *Dialética negativa* encontra-se a inserção (também ausente em Ts 13616): "segundo uma observação de Günther Anders". Cf. *Dialética negativa*, op. cit., p.78 (GS 6, p.90).

273 "Mundo administrado" – menos uma categoria do que um verbete com caráter de signo – é uma expressão empregada pela Teoria Crítica desde o retorno de seus protagonistas à Alemanha sempre que se deve apontar para o estado de uma sociedade socializada sem lacunas (entrementes deveria referir-se a uma sociedade definitivamente e sem resto integrada à "economia" ou ao "mercado" por meio de consórcios econômicos ou financeiros). Para Adorno – que ocasionalmente reivindicou a prioridade da formulação conceitual para a Teoria Crítica, sem poder se lembrar, no entanto, se Horkheimer ou ele próprio teriam falado primeiramente de mundo administrado –, estava em primeiro plano que, "o que o mundo faz de seus membros forçados" (*Dialética negativa*, p.42 (GS 6, p.51)) é a liquidação do indivíduo e de sua liberdade: "o mundo administrado tem a tendência de estrangular toda espontaneidade" (GS 10.2, p.351). Comportamentos administrados autonomizados e tornados fins em si mesmos alastraram-se havia muito, durante o período de vida de Adorno, às regiões da superestrutura; em primeiro lugar, danificando em seu mais íntimo a arte e a teoria, que outrora serviam à crítica e à contradição: "No mundo administrado, a neutralização é universal" (GS 7, p.339). No entanto, Adorno procurou determinar o mundo da administração não de forma abstratamente diabólica, mas dialeticamente

cialmente só se precisa ver à lupa um pedaço para encontrar nela, em certa medida, a fórmula do todo – e nisso a filosofia do ser muito certamente não pensou. A intuição categorial, esse procedimento da intuição de essência, é atualmente, em relação ao funcionamento classificatório sobretudo das ciências particulares do espírito, descolada destas, razão pela qual elas
285 existem. // Se, não obstante, esse procedimento se expõe sempre repetidamente à objeção da parte das ciências particulares, à acusação já há muito automatizada de generalização falsa ou ao menos apressada, então isso não é apenas culpa de um hábito de pensamento que há muito faz mau uso de seu *ethos* científico de ordenar de forma despretensiosa e externa estados de coisas depois que já se os coletou – faz mau uso como uma racionalização que não mais está nos estados de coisas, que ele não compreende. Enquanto investigações empíricas demonstrarem concretamente às antecipações do conceito, ao *medium* do pensamento exemplar, que o que é extraído de um singular como categorial de forma quase imediata não possui universalidade, elas vão trasladar o erro de Husserl como de Heidegger ao método.

---

no que concerne à possibilidade de determinar o outro nele, não contra ele; como ocorre no artigo de 1960 "Cultura e administração": "Se se deve compreender o mundo administrado como um mundo no qual as guaridas desaparecem, então justamente por isso ele é capaz, por sua vez, dispondo daqueles que podem ver, de criar centros de liberdade, assim como ele elimina o processo cego e inconsciente da mera seleção social. Aquela irracionalidade, que vem à tona com a autonomização da administração em relação à sociedade, é o refúgio do que não se exaure na própria cultura. Apenas no desvio da racionalidade dominante é que ela possui sua *ratio*" (GS 8, p.145).

A afirmação de que o ser, preordenado a toda e qualquer abstração, não seria um conceito ou ao menos um conceito qualitativamente distinto, esconde o fato de que aquele momento de imediatidade, que já na doutrina da *Fenomenologia* de Hegel se reproduz sempre repetidamente em toda etapa da consciência, em todas as mediações, que aquele momento é momento e não o todo do conhecimento.[274] Nenhum esboço ontológico, no entanto, erige-se sem absolutizar momentos singulares selecionados. Se o conhecimento é um entrelaçamento da função sintética do pensamento e do que é sintetizado, e nenhum dos dois momentos é independente do outro, então não sucede tampouco nenhuma rememoração imediata, que Heidegger estipula como a única fonte legítima de filosofia digna do ser, ainda que graças à espontaneidade, à atividade do pensamento que ele despreza. Se nenhuma reflexão viesse a ter algum teor sem algo imediato, então permanece não vinculante o que visa o ser que se mostra arbitrariamente sem a reflexão, sem a determinação pensante e diferenciante, de forma supostamente pura a um pensamento passivo e não pensante. O tom artesanal dos *pronunciamenti* de que o ser se desvela ou clareia é provocado pelo que é expresso. Se não é possível a determinação e o preenchimento pensantes da palavra primordial, sua confron-
286 tação crítica com aquilo de que ela trata, // então isso se volta contra todo o discurso do ser. Não foi pensado porque ele, na indeterminação que exige, não se deixa pensar de modo algum. E então se se fizer desse não pensamento uma realização da veneração do pensamento, essa veneração se iguala à atitude

274 Para o que se segue, cf. o parágrafo "Ser θέσει", na *Dialética negativa*, op. cit., p.78 *ss.* (GS 6, p.90 *ss.*).

da raposa para quem as usas são demasiado azedas.* Não foi pensado, repito, porque ele, na indeterminação que exige, não se deixa pensar de modo algum. Que a filosofia do ser transforme aquela ininteligibilidade em inatacabilidade, a isenção do processo racional em transcendência em relação ao entendimento reflexionante é um ato de violência tão astuto quanto desesperado. Mais decidida que a fenomenologia de Husserl, que parou a meio caminho, Heidegger gostaria de romper a imanência da consciência desde dentro. Seu rompimento, todavia, é um rompimento para dentro do espelho, ofuscado sobre o momento da síntese no substrato. Ele ignora que o espírito, que se declarou idêntico ao ser na filosofia do ser idolatrada por Heidegger, já está contido como implicação de sentido no que ele apresenta como aquela pura ipseidade, que tinha diante de si o espírito, justamente como ser. A crítica de Heidegger à tradição da filosofia se torna objetivamente o oposto daquilo que ela promete. Na medida em que ela esconde o momento do espírito subjetivo e, com isso, necessariamente também a determinação de seu oposto, do material, da facticidade na qual se realiza a síntese; na medida em que dissimula o que é articulado em si segundo esses momentos como algo unitário e absoluto, ela falha diante da exigência de desencantar aquilo que nos conceitos é feito por seres humanos – ela converge então, para falar com Heidegger, para se tornar ela própria um "gerado" [*Gemächt*]. Em vez de identificar aí relações humanas, ela os confunde com o *mundus intelligibilis*. Repetidamente, ela conser-

* Referência à fábula de Esopo "A raposa e as uvas", que narra a história de uma raposa faminta que, após tentar alcançar, em vão, as suculentas uvas de uma parreira carregada, desdenha delas. (N. T.)

va aquilo contra o que se insurge, as construções de pensamento, que, segundo seu jargão, precisam ser destruídas – embora essa vontade destrutiva lhes caia muito bem. Sob o pretexto de trazer a lume o que elas escondem, elas se transformam mais uma vez e sub-repticiamente naquele em-si, o qual elas aliás se
287 tornaram // para a consciência reificada. O que se porta como se destruísse os fetiches destrói apenas as condições para que se possa decifrá-los como fetiches. O rompimento redunda naquilo de que ele foge; o ser, no qual ele desemboca, é *θέσει*, e não *φύσει*. O acordo de Heidegger com o fascismo e a ideologia da revolução conservadora, a versão elegante da ideologia fascista,[275] não era uma falta de reflexão do filósofo, mas residia no teor de sua doutrina.[276] Na cessão do ser, o que é mediado espiritualmente à visão passiva faz convergir a filosofia com a irracionalista filosofia da vida que hoje em dia parece tão rasa aos adeptos da ontologia fundamental. A referência à irracionalidade não seria, por si só, o mesmo que o irracionalismo filosófico. Aquela, a irracionalidade, é o momento que a não identidade entre sujeito e objeto que não pode ser suprassumida lega ao conhecimento que postula identidade através da mera forma do juízo predicativo. A irracionalidade é também, ainda, a esperança contra a onipotência do conceito subjetivo, a garantia de que nem tudo que é se dissolve no conceito. Mas a irracionalidade permanece aí, ela própria, função da *ratio*, determinável através de sua autorreflexão: aquilo que escorrega

275 Cf. nota 9 da Aula 12.

276 Sobre o acordo de Heidegger com o fascismo, cf. também Lenk, "Das verborgene Sein" [O ser oculto], em Adorno; Lenk, *Briefwechsel 1962-1969* [Correspondência 1962-1969], p.182 *ss*.

através da rede ainda é filtrado por ela. Também as filosofias do irracionalismo são remetidas a conceitos e, com isso, a um momento racional que seria incompatível com a sua própria tese geral. Heidegger desvia daquela aporia – cujo enfrentamento é um dos motivos da dialética – ao simular uma posição além da diferença de sujeito e objeto ou, se os senhores preferirem, aquém da diferença de sujeito e objeto, na qual a inadequação da *ratio* em relação ao que é pensado se manifesta. Um tal salto, no entanto, fracassa com os meios da razão. O pensamento não pode conquistar uma posição na qual aquela separação de sujeito e objeto – que repousa em todo e qualquer pensamento, no próprio pensar – desapareceria imediatamente. Com isso, o momento de verdade de Heidegger se corrompe em irracio-
288 nalismo como visão de mundo. Filosofia hoje seria, // como no tempo de Kant, crítica da razão por meio desta, e não o seu banimento ou supressão.

Sob a proibição de pensar, o pensamento sanciona o meramente existente.[277] A carência genuinamente crítica do pensamento de despertar da fantasmagoria da cultura é erigida, canalizada, alimentada pela falsa consciência. A questão sobre o que tudo isso é e para que serve – dito de modo lasso: a questão por *sentido* – foi extraída da cultura para o pensamento, cultura que ele inverte. Ela desaparece atrás do ser-assim-e-não-de-outra-forma de tudo o que, como cultura, erige a pretensão de ter sentido. Diante do peso de sua existência insiste-se tão pouco na questão de se o sentido que ela afirma seria realizado quanto na própria verdade do que ela afirma como sentido. Em

277 Para o que se segue, cf. o parágrafo "'Sentido de ser'", na *Dialética negativa*, op. cit., p.80 (GS 6, p.93 *s.*).

oposição a isso, a ontologia fundamental emerge como porta-voz do interesse no sentido. Não por último, é por isso que ela polemiza contra a epistemologia, a quem aquele interesse aparece como preconceito. Não obstante, ela não pode anular a epistemologia pura e simplesmente. Na doutrina do ser-aí, da subjetividade como via régia para a ontologia, está em atuação sorrateiramente e humilhada pelo *pathos* ontológico a antiga *intentio obliqua*,[278] a reflexão sobre o sujeito. A evocação do método fenomenológico, da parte do jovem Heidegger, atesta igualmente que o método, ainda com a pretensão de enfraquecer a tradição da filosofia ocidental, está sediado nela; seu efeito de primordialidade ela deve aos progressos da incultura entre aqueles que se entusiasmam com ela. O fascínio da pergunta pelo sentido de ser ou pela sua variante tradicional: por que afinal existe apenas algo e não apenas nada[279] – creio que ela provém originalmente de Leibniz[280] – é cedido fenomeno-

278 Segundo Adorno, as novas tendências ontológicas tentam restaurar a antiga *intentio recta* da escolástica – o direcionamento direto a um objeto –, "a confiança subserviente no ser-assim do mundo exterior tal como ele aparece aquém da crítica, um estado antropológico da autoconsciência que só se cristaliza no contexto da reflexão do conhecimento ao conhecedor" (GS 10.2, p.746); "na terminologia filosófica", a reflexão cai "sob o nome da *intentio obliqua*" (ibidem, p.742), o direcionamento "oblíquo" ao objeto, mediado pela subjetividade.

279 A aula inaugural de Heidegger como professor de Freiburg em 1929, "O que é a metafísica?", termina com essa "questão fundamental da metafísica": "Por que afinal existe o ente e não antes o nada?" (Heidegger, "O que é a metafísica?", em *Marcas do caminho*, p.133); cf. também Heidegger, *Introdução à metafísica*, op. cit., p.33 *passim*.

280 Cf. os "Principes de la nature et de la grâce, fondés en raison": "Aceitando-se uma vez esse princípio [*i. e.*, o princípio segundo o qual

logicamente à análise do significado da palavra ser. O que em todo caso a palavra "ser" ou "ser-aí" significa seria o mesmo que o sentido de ser ou de ser-aí; algo já imanente à cultura como os significados, que a semântica decifra nas palavras, é declamado como se fosse dispensado da finitude do que é criado tanto quanto do meramente existente. É nisso que se
289 baseia a leitura heideggeriana // do primado da linguagem. Que o sentido da palavra "ser" seja imediatamente o sentido de ser é uma má equivocação segundo as regras da lógica corrente, assim como segundo as diferenciações do segundo volume das *Investigações lógicas*, de Husserl. "Equivocações" provavelmente não é apenas uma expressão imprecisa.[281] Em geral, o que das palavras soa igual se refere a algo verdadeiramente idêntico. Os dois significados de "sentido" são entrelaçados. Conceitos, os instrumentos do pensamento humano, podem não ter nenhum sentido quando o próprio sentido nega, quando deles foi banida toda e qualquer memória de algo objetivo para além dos mecanismos da formação de conceitos. O positivismo, para o qual os conceitos são apenas fichas substituíveis e ocasionais,

---

nada ocorre sem razão suficiente], então a primeira questão que se pode formular com justiça será a seguinte: *por que há antes algo do que o nada*" (Leibniz, *Philosophische Werke*, v.2: Hauptschriften zur Grundlegung der Philosophie, Parte II, p.597). – Cf. também alguém como Schelling: "se quero ir ao limite de todo pensar, então preciso também reconhecer como possível que só o nada fosse em toda parte. A questão última é sempre: por que afinal algo é, por que nada não é? A essa pergunta não posso responder com abstrações do seer (*Seyn*) efetivo" (Schelling, *Werke*, v.6: Ergänzungsband: Philosophie der Offenbarung [Volume complementar: Filosofia da revelação], t.1 e 2, p.242).

281 A esse respeito, uma referência na *Dialética negativa* aos *Três estudos sobre Hegel*, p.199 *ss.* (GS 5, p.343 *ss.*).

tirou daí a consequência que extirpa a verdade por honra da verdade, e a filosofia do ser o relembra da absurdidade de seu empreendimento. Mas a unidade do que é equívoco se torna visível apenas através dessa diferença implícita, não na nefasta noite da indiferença.[282] Aquela diferença no discurso do sentido desaparece em Heidegger. Ele segue também aí a sua inclinação à hipóstase: extraída da esfera do que é condicionado, o modo de sua expressão efetua o feitiço da aparência de incondicionalidade. Isso se torna possível por meio da cintilância da própria palavra "ser" e da palavra "é". E Heidegger é tão esperto e refletido que ele mesmo fala ocasionalmente daquelas equivocações, mas apenas para tentar eliminá-las através de operações mais ou menos sofísticas, cuja análise não posso realizar para nos mantermos nas considerações cardinais que agora temos de desenvolver.

282 Uma formulação que Adorno utilizou com frequência. Na "Ideia da história natural", ele a atribui a Hegel, em cuja obra, no entanto, ela não pôde ser encontrada: "Se a filosofia, porém, quisesse ser nada mais do que tal acolhida do choque, a saber, de que aquilo que é a história se apresenta a cada vez também como natureza – então se daria tal como Hegel reprovou a Schelling, ou seja, como a noite da indiferença, em que todos os gatos são pardos. Como nos evadimos dessa noite?" (Adorno, "A ideia da história natural", em *Primeiros escritos filosóficos*, p.477 *s.*; GS 1, p.361). Cf. também *Dialética negativa*, op. cit., p.245 (GS 6, p.290); GS 13, p.125; e GS 20.1, p.80.

290

// Aula 20
7 de fevereiro de 1961

Minhas senhoras e meus senhores, lembrem-se: na última aula, comecei por lhes dizer algo sobre a problemática associada ao conceito de sentido de ser na ontologia fundamental.[283] Como lhes expliquei, em Heidegger, o ser é essência segundo o modo fenomenológico – na linguagem de Husserl, digamos; quer dizer que ele não é atrelado aos *facta* individuados no espaço e no tempo, aos *ὄντα*.[284] Se o verdadeiro ser é concebido de forma tão radicalmente separada do ente, como no programa de *Ser e tempo*, então esse ser é de fato idêntico ao seu mero significado semântico, gramatical. Se ele é tão apartado

283 Nesta passagem faltam algumas sentenças que, segundo entrada manuscrita da secretária, eram "incompreensíveis"; o original (cf. Vo 5926) contém aqui apenas: "eu lhes havia dito primeiramente algo sobre a essência da equivocidade [...] para interpretar. Ao mesmo tempo, no entanto, como lhes expliquei, é nele" etc.

284 A seguir, a lição conecta-se a Ts 13621, em que Adorno interrompera a preleção de sua primeira conferência parisiense, ao fim da aula precedente; cf. também a passagem paralela em *Dialética negativa*, p.80 *s.* (GS 6, p.94).

de qualquer conteúdo real, de todo conteúdo fático, deve-se então apenas indicar o sentido da *essencialidade* "ser" e tem-se, com isso, o sentido do próprio ser. Segundo esse esquema, torna-se em Heidegger – espero que os senhores tenham compreendido isto –, quero dizer: se o ser é uma essência pura que não se refere a nada de factual, mas que se esgota (permitam-me dizê-lo assim uma vez) em seu teor espiritual, então não preciso, para me apossar do próprio ser, recorrer a quaisquer fatos que seriam designados por ele; ao contrário, preciso apenas me assegurar do sentido desse *termo*, do que é visado por ele, e então já saberei o que é o próprio ser. O próprio ser é uma essência pura; isso quer dizer justamente: nada além do que um *significado* puro, sem relação com um ente de fato. Segundo esse esquema, revoga-se a tentativa de rompimento com o idealismo que, como eu lhes dizia, toda a filosofia ontológica empreendeu. A doutrina do ser reconverte-se em uma doutrina do pensamento, isto é, do puro significar, e o ser é alienado de tudo aquilo que seria diferente do pensamento puro. Essa manipulação obedece a uma carência. Para ganhar qualquer que
291 seja o sentido de ser, // que já é pré-decidido negativamente como um ausente pela pergunta pelo ser, mobiliza-se o que já é previamente constituído como âmbito de sentido, a saber, a doutrina do significado. O fato de que os conceitos tenham de significar qualquer coisa para que possam ser conceitos em geral, torna-se o veículo para que o que lhes é subjacente, isto é, o próprio ser, tenha sentido, pois ele não é dado de outra forma que não como conceito, como significado linguístico. Por sua vez, o fato de que esse conceito, como Heidegger nos assegura, não deva ser conceito, mas deva ser imediato, deva se

mostrar, deva aparecer, isso concede dignidade ontológica a seu sentido semântico, isto é, ao objeto da análise de significado – como se aqui falássemos de sentido tal como empregamos a palavra "sentido" quando perguntamos, de forma pré-filosófica, se a vida tem um sentido ou não. E isso consola uma filosofia orientada desse modo. Na verdade, consolo é o magneto da ontologia fundamental, muito além de seu conteúdo teórico. Mas ela se adéqua à situação com um aparato sensorial apurado para relações espirituais de poder, resguarda-se toda afirmação demasiado castiça em que ninguém acreditaria em tempos mais sombrios. Antes, o seu instrumentário metafísico é similar ao instrumentário político de *blood, sweat and tears*, que também se conservou, de forma propagandista como apelo ao potencial masoquista das populações, quinze anos depois da guerra e muito tempo depois que Churchill disse essas palavras célebres.[285] As autenticidades são transpostas a um bemol trágico que encoraja o sacrifício daqueles que não sabemos ao certo para que são trazidos – em todo caso, é isso que ocorreu

285 Após as tropas alemãs invadirem a Holanda e a Bélgica, Winston Churchill (1874-1965), desde 10 de maio de 1940 primeiro-ministro britânico, disse em seu discurso diante da Câmara Baixa, em 13 de maio: "Nessa crise, espero que eu possa ser perdoado por não falar à casa hoje de modo mais extenso. Espero que algum de meus amigos e colegas, ou antigos colegas, que são afetados pela reconstrução política, dará toda permissão para qualquer falta de cerimônia com a qual foi necessário agir. Eu diria para a casa o que disse àqueles que entraram neste governo: 'Não tenho nada a oferecer senão sangue, labuta, lágrimas e suor' (*blood, toil, tears and sweat*). Temos diante de nós uma provação do tipo mais doloroso. Temos diante de nós muitos, muitos e longos meses de batalha e de sofrimento" (Churchill, *Into Battle*, p.208).

no nível de *Ser e tempo*; entrementes, a própria ontologia fundamental é demasiadamente hesitante a esse respeito. Aquele nada para o qual, como conceito aporético, o ser oscila permite ocasionalmente um gesto de seriedade desesperada e carrancuda, que não tolera mais nenhuma suspeita de otimismo oficial.

No entanto, a ontologia gostaria de restabelecer, a partir do espírito, a ordem e sua autoridade que foram dinamita-
292 das pelo espírito.[286] // O termo "projeto" [*Entwurf*] entrega a sua tendência de negar a liberdade a partir da liberdade: o caráter vinculante transubjetivo é entregue a um ato de subjetividade ponente. A arrogância da pretensão de pôr ordem que demonstrei aos senhores ao apresentar como Heidegger procura fazer do seu projeto aquele do próprio ser, é, no entanto, forçada por sua própria estrutura de pensamento, pois a perda que ressoa na expressão "esquecimento do ser", ainda que de forma cafona, tem sua motivação. Aquilo pelo que se faz o luto, a herança das antigas *ἀρχαί*, derreteu-se, com razão, para a consciência que se aparta da natureza – e não como que escapada dela por meio de um pecado original da inautenticidade; ou não se retirou para o sétimo céu do puro ser em virtude do aprisionamento dos seres humanos no ente. O mito se desfez como engodo; apenas o engodo pode atualizá-lo e ordená-lo. A autoestilização do ser, como aquele além do conceito crítico, deve criar ainda para ele a legitimidade de que sua heteronomia precisa, como proteção, enquanto ainda houver algo de esclarecimento no mundo. O sofrimento por aquilo que a filosofia

---

286 Para o que se segue, cf. na *Dialética negativa* o parágrafo "Ontologia decretada", p.82 *ss.* (GS 6, p.94 *ss.*).

de Heidegger registra como perda do ser não é apenas a inverdade; caso contrário, dificilmente ele procuraria justamente em Hölderlin seu suporte. A sociedade que, segundo seu próprio conceito, deveria fundar as relações do homem em liberdade sem que até hoje a liberdade estivesse realizada em suas relações, essa sociedade é, em toda sua fixidez e superpoder, desprovida de forma. A produção e reprodução da vida, e tudo aquilo que o nome "superestrutura" engloba não são transparentes àquela *ratio* cuja realização consensual e reconciliada só seria possível com uma ordem verdadeira, a ordem sem violência. As antigas ordens enraizadas na natureza ou bem pereceram ou bem sobrevivem à sua própria legitimação, vegetando ainda, como se diz, e nisso se esfacelando. É bem possível que a sociedade não se dê em nenhum lugar de forma tão caótica quanto ela aparece no ainda sempre irracional acaso do destino
293 individual. Assegurar-nos de que vivemos em um caos // pertence ao repertório preferido daqueles que querem nos impor sua ordem contra nossa vontade e nossa visão; e seria bom se os senhores se armassem com uma boa porção de ceticismo sempre que alguém quiser lhes tagarelar sobre o presente caótico, desprovido de valores, como do mundo que perdeu o prumo (o que dá no mesmo). O que o sujeito experimenta no mundo como caótico é um déficit de liberdade, não um excesso: isso ou não é compreendido pelos projetos ontológicos ou – e esse considero ser o motivo prioritário – é negado convulsivamente. É por isso que, para os projetos ontológicos, a ordem se transforma em fetiche, até as alturas da "estrutura do ser". E quando Heidegger se resguarda de dizer algo do tipo, uma análise linguística detalhada poderia encontrar em cada frase

essa fé arcaica na "abençoada filha do céu".[287] Na mesma hora, no entanto, o mundo prefere se armar em todos os lugares para migrar para o horror da ordem do que para a anarquia aberta ou sussurrada às escondidas pela filosofia apologética: não é da anarquia que se deve procurar salvação, mas da ordem que ele desejaria e que ela quer nos conceder. Que a liberdade ainda permaneça ideologia; que os seres humanos sejam impotentes diante da superpotência das instituições[288] e que eles não sejam

---

287 Alusão ao "Lied von der Glocke" [Canção do sino], de Schiller: "Ordem sagrada, abençoada/ filha do céu, que une o mesmo/ livre, leve e alegremente,/ que fundou a construção das cidades,/ que de dentro das campinas/ chamou os selvagens insociáveis,/ entrou nas cabanas dos homens/ acostumou-os aos brandos costumes/ e teceu o mais caro da banda,/ a pulsão pela pátria!" (Schiller, *Sämtliche Werke* [Obra completa], v.1: Gedichte/Dramen I [Poemas e Dramas I], p.438).

288 A superpotência das instituições é uma das figuras na qual o mundo administrado é expresso de forma robusta, e sua tendência é reconhecida abertamente como uma tendência para o horror da ordem que só conhece a liberdade como ideologia. Em *Urmensch und Spätkultur* [Homem pré-histórico e cultura tardia], de 1956, Arnold Gehlen desenvolveu uma teoria das instituições à qual Adorno se opôs de forma não pronunciada, mas não obstante decidida. Se, como sustenta Gehlen, as instituições sociais devessem servir ao desencargo e à proteção dos indivíduos, e se a estabilidade da sociedade se comportasse proporcionalmente à estabilidade de suas instituições, então a dissolução ou mesmo apenas o abalo do marco institucional na sociedade moderna conduziria necessariamente a algo que ele chama de "exaltação da subjetividade": a uma sobrelevação ou excesso do singular e de suas propriedades acidentais internas – um desenvolvimento que pode ter conduzido, na arte moderna, a inovações não desprezíveis, mas que se abate sobre a sociedade atual com total calamidade. Em oposição a isso, Adorno insiste no fato de que as instituições sociais têm em si mesmas uma tendência a limitar a liberdade dos seres humanos: que as instituições sociais determinantes, em primeira

capazes de determinar sua vida e a vida do todo a partir de sua razão; sim, que eles nem sequer possam pensar nisso sem sofrer adicionalmente, tudo isso converte a sua revolta na figura invertida: eles preferem o que é claramente pior do que a ilusão do bem, e nisso trazem a filosofia contemporânea consigo a reboque. Sua voz, no entanto, é falsa, porque eles já sentem atrás de si aquela ordem à qual os poderes querem se entregar, enquanto eles, como Hitler, simulam ousadia solitária. O fato de que se portem como metafisicamente desabrigados e "suspensos dentro do nada"[289] serve à ordem como ideologia jus-
294 tificatória, que coloca os seres humanos em desespero // e os ameaça com aniquilação física. A ressonância que encontram é

---

linha a economia, possuem um caráter de coerção que há muito comprometeram o caráter pressuposto nas instituições segundo o seu próprio sentido, ao menos no mundo administrado de hoje em dia. Segundo Adorno, a coisa é de tal modo "que, mesmo que se conceda o indescritível peso das instituições na vida, há nele, ao mesmo tempo, algo que não é inteiramente conciliável com a representação de um ser humano emancipado, a saber: determinado por meio de sua própria razão; que, portanto, os seres humanos, ao se emanciparem, ultrapassam sim aquele carecimento das instituições. E eu diria", prossegue Adorno em um debate televisivo com Gehlen, em 1967, "a tarefa da educação em um sentido grande e enfático reside justamente no fato de que ela emancipa os seres humanos e reduz as instituições verdadeiramente ao papel que lhes foi concedido por Kant, a saber, apenas zelar para que a liberdade de nenhum ser humano estorvasse a liberdade de um outro ser humano" (Conversa com Arnold Gehlen e Alexander von Cube sobre "Liberdade e instituição", TV da Alemanha Ocidental, 3º programa, 3 jun. 1967).

289 Alusão a uma célebre formulação de Heidegger: "Ser-aí quer dizer: estar suspenso dentro do nada" (Heidegger, "O que é a metafísica?", em *Marcas do caminho*, p.125).

o acordo prévio com aquela repressão, cuja vitória também no Ocidente é ainda uma potencialidade social e já se deu há tempos no Oriente, onde o pensamento da liberdade efetivada na realidade é encoberto pela não liberdade. Heidegger encoraja ao pensamento subserviente e rejeita o uso da palavra "humanismo" com o gesto tradicional de oposição ao mercado da opinião pública. Nisso, ele se alinha à ignomiosa frente unitária daqueles que trovejam contra os assim chamados "ismos".[290] Bem que se devia perguntar se, assim, ele não gostaria de abolir a suficientemente abjeta tagarelice sobre o humanismo, porque ele quer manter viva a coisa, o próprio humanismo.

Apesar de seu *parti pris* autoritário, a ontologia enriquecida de algumas experiências raramente enalteceu mais abertamente a hierarquia[291] do que nos tempos em que Landsberg, um aluno de Max Scheler, publicou um escrito sobre *O mundo medieval e nós*.[292] A tática de blindagem por todos os lados harmoniza-se com uma fase social que não mais baseia essencialmente suas relações de dominação em um nível anterior da sociedade. A tomada do poder conta com a estruturação final da sociedade e precisa dela. Tal como o *Führer* se ergue acima do povo atomizado, braveja contra o orgulho de classe e, para se perpetuar, troca ocasionalmente a guarda, assim também desaparecem os momentos qualitativamente hierárquicos advindos dos primórdios da *renaissance* ontológica na onipotência e onipresença do ser. Também isso, minhas senhoras e meus senhores, não é

290 Adorno, por outro lado, escreveu na *Teoria estética* uma defesa dos ismos. Cf. GS 7, p.43 *ss*.

291 Para o que se segue, cf. o parágrafo "Protesto contra a reificação", na *Dialética negativa*, op. cit., p.83 *ss*. (GS 6, p.96 *ss*.).

292 Ver nota 9 da Aula 16.

apenas ideologia. O antirrelativismo – que data dos primeiros escritos de Husserl para a fundamentação do assim chamado absolutismo lógico, os *Prolegômenos para a lógica pura* –[293] funde-se com uma aversão contra o pensamento estático, coisal, expressa no idealismo alemão e em Marx, e, no entanto, primeiramente ignorado por Scheler e pela primeira abordagem da nova on-
295 tologia. Mesmo assim, a atualidade do relativismo // diminui. A constituição do mundo mal deixa espaço para aquela arbitrariedade da ação individual de que se tratava o relativismo desde a sofística ática. O que veio à tona é a fraqueza do próprio comportamento relativista do espírito, que só consegue se manter fora das coisas, mas perece sem resistência sempre que o pensamento penetra na disciplina específica de um objeto. Façam um dia, em seus estudos em suas áreas de atuação, o teste de elaborar, fixar, conquistar qualquer conhecimento específico em seu trabalho em sua própria área de atuação – e os senhores verão que as ideias do assim chamado relativismo geral estão tão longe no horizonte tal como, no *Fausto*, os povos que se batem na Turquia,[294] sem que essa possibilidade de uma relatividade do conhecimento individual comprometa a sua consecução. E essa indiferença de todo e qualquer conhecimento específico em relação à possível cláusula geral de toda relatividade reduz a ideia dessa relatividade ao objeto de con-

293 Trata-se do primeiro volume das *Investigações lógicas*, publicado em 1900. Sobre o problema do relativismo, cf. acima p.185 *ss* [Aula 13].

294 Cf. *Fausto I*, versos 860 *ss*.; citação e referência NaS IV.13, p.387, nota 37. ["Nas folgas eu não sei de diversões que valham/ Palestras sobre lutas e guerras,/ Quando em Turquia, e outras longínquas terras,/ Os povos entre si batalham" (Goethe, *Fausto: uma tragédia*, Primeira parte, p.101).]

versação para quem faz o sacramento da confirmação e não sabe ao certo se eles agora devem se deixar confirmar ou não. Agora, a carência filosófica é transposta, imperceptivelmente, da carência por teor coisal e firmeza – que ela tivera quando esse movimento com o qual nos ocupamos começou – para aquela carência que, ao menos espiritualmente, desvia-se da reificação efetuada pela sociedade e ditada categoricamente pelos seus membros; ditada por meio de uma metafísica, ou da sucessora de uma metafísica que denuncia essa reificação, impõe-lhe limites por meio do apelo a algo inescapavelmente originário e, com isso, faz tão pouco mal ao funcionamento imperante do mundo das coisas quanto a ontologia faz ao funcionamento da ciência, que, ao invés de ser aniquilado por ela, se deixa, como se diz, estimular continuamente por ela. Nada mais restou dos embaraçosos valores eternos na fase tardia da filosofia heideggeriana do que a confiança na santidade da essência do ser, preordenada a toda coisidade. O mundo reificado,
296 // em virtude de sua desprezível inautenticidade em face do ser da transformação, é tido, em certo sentido, como sem valor; a desvalorização do relativismo é elevada a uma desvalorização da racionalidade progressiva do pensamento ocidental, de toda a razão subjetiva. O afeto há muito conservado e ainda vigente contra o intelecto analítico une-se com isso ao ódio, ao ódio justificado contra o que é coisalmente estranhado; desde sempre, desde Rousseau e Herder aproximadamente, e certamente desde o movimento da Liga Patriótica dos Estudantes Alemães,* ambos se misturam. Heidegger é coisofóbico e an-

* *Burschenschaft* (de *Bursche*: jovem moço, rapazote) é uma antiga forma de corporação estudantil ainda existente na Alemanha, na Áustria e

tifuncional ao mesmo tempo. De modo nenhum o ser deve ser uma coisa, e, no entanto, como a metaforização repetidamente indicia, ele deve ser um "chão", algo fixo – é sobretudo no escrito "Da essência do fundamento" que isso está formulado dessa forma, escrito este que acentua sobremaneira justamente esse momento no conceito de ser.[295] Subjetivação e reificação não divergem meramente, mas são correlatos. Quanto mais o conhecido é funcionalizado, quanto mais ele se torna produto do conhecimento, tanto mais completamente o momento de movimento em direção ao conhecido se torna uma atividade do sujeito, e o objeto o resultado de trabalho plasmado nele, algo morto. Pois a redução do objeto a mero material que precede toda síntese subjetiva como sua condição necessária suga toda a sua dinâmica do objeto; como algo desqualificado, ele é paralisado, privado do que se poderia predicar do movimento em geral. Não é por acaso que, em Kant, "dinâmica" é o nome de uma classe de categorias:[296] a dinâmica é transposta previamente ao sujeito transcendental. O material, no entanto, desprovido de dinâmica, não é algo pura e simplesmente imediato, mas é mediado pela abstração, a despeito da aparência de sua dona-

---

no Chile seguindo princípios fundamentalmente liberais e nacionalistas presentes desde a fundação da primeira *Burschenschaft*, em 1815. (N. T.)

295 Tanto a versão lida por Adorno (Ts 13627) quanto a *Dialética negativa* apresentam aí uma referência à edição de Frankfurt am Main, 1949, p.42 e 47.

296 Aqui a versão lida por Adorno apresenta uma referência à *Crítica da razão pura*, edição de Valentiner, Leipzig, 1913, p.133; a *Dialética negativa*, por sua vez, remete à edição da Academia, volume IV [*recte*: III], p.95 (B 110).

ção palpável; ele é como que fisgado primeiramente. A vida é polarizada entre o que é inteiramente abstrato e inteiramente concreto – eu quase gostaria de dizer: o que é concretista –, enquanto ela só existiria na tensão entre os dois. Ambos os polos:
297 o polo da síntese pura, do conceito puro, e o polo da // donação pura e desqualificada são igualmente reificados. E mesmo o que sobra do sujeito espontâneo, a unidade da apercepção, para de ser sujeito graças à sua separação de todo eu vivente, como o eu penso kantiano, antipsicológico, que acompanha todas as minhas representações. Mesmo essa pura apercepção, mesmo esse centro mais íntimo de subjetividade como pura essência, é envolta, em sua pura logicidade autonomizada, pela rigidez dominante em toda parte. Mas a crítica heideggeriana da reificação culpabiliza diretamente o intelecto meditativo e reconstrutivo, que encontra tais determinações, por aquilo que tem sua origem na realidade, que reifica o próprio intelecto e seu universo de experiências – uma realidade em relação à qual mesmo as especulações da epistemologia, se os senhores quiserem, representam, na verdade, apenas algo como reflexos. Em certo sentido, a epistemologia é o mais fino e sublime reflexo que o ser humano exerce na realidade ao tentar estranhar inteiramente o pensamento da realidade e reproduzir aquilo que, de fato, é determinado como um tal reflexo, como se ele fosse puro e unicamente sua própria coisa. Por conseguinte, apenas com não verdade pode-se remeter isso ao ser – ou, como se diz atualmente, à história do ser –, para que se faça o luto e sacramente como destino o que a autorreflexão talvez seria capaz de alterar. Bem que a doutrina do ser transmite, e de fato de forma altamente legítima contra o positivismo reinante, o que

toda a história da filosofia, por ela difamada, emoldura, sobretudo Kant e Hegel: que os dualismos de dentro e fora, de sujeito e objeto, de essência e aparência, de conceito e fato não sejam absolutos. Sua reconciliação é projetada na irrecuperável origem e, com isso, o próprio dualismo, contra o qual se concebeu tudo, é falsificado como segunda eternidade. A nênia a respeito do esquecimento do ser é uma sabotagem da reconciliação; a história do ser, à qual se cola a esperança, a aniquila através de sua cegueira[297] – justamente através daqueles traços que
298 // procurei desenvolver para os senhores como os traços míticos dessa filosofia.

No começo desta aula, por ocasião da análise do discurso sobre o sentido de ser, chamei-lhes a atenção para o fato de que o esquema (dito amigavelmente), o truque ou o ψεῦδος (dito de forma não amigável) de toda essa abordagem filosófica residiria na hipóstase em tomar como fundamento o que é equívoco e não diferenciado – e isso se alinha muito bem ao que elaborei para os senhores quando lhes mostrei como esse pensamento mitológico procura conjurar o indiferenciado contra o qual se voltou toda a história do esclarecimento em sentido amplo; e como, em certo sentido, procura conjurar esse horror originário do *mana*.[298] Agora, creio que é tempo de que passemos para isto: esse *quid pro quo* alcança até o centro da filosofia heideggeriana, a saber, a teoria do "é", e, com isso, a célula mais

297 Aqui termina a conferência de Adorno "A carência ontológica", Ts 13629; na *Dialética negativa*, a passagem corresponde à página 85 (GS 6, p.99).

298 Cf. nota 2 da Aula 8.

íntima do que significa "ser" em Heidegger; e eu gostaria de me voltar agora às considerações, quero dizer: às argumentações decisivas que devem provar isso.

Eu lhes disse[299] que o ente e o ser remetem à unidade gramatical; que um é particípio, o outro é infinitivo da mesma raiz; e, na verdade, não apenas em sentido etimológico, mas também em sentido semântico. Isso quer dizer que as formas sintáticas ou as formas gramaticais são justamente a mesma palavra que carrega o significado. A palavra "é", a cópula, pertence a um contexto similar; e creio que as ideias verdadeiramente centrais a serem dedicados criticamente à filosofia heideggeriana devem se ocupar com o conceito da cópula.[300] "É" estabelece entre o sujeito gramatical e o predicado (pensem agora simplesmente nas frases da gramática) a relação do juízo existencial: A é B. Com isso, esse "é" expressa algo ôntico, esse A = B = "é",*
299 isso é um estado de coisas que se refere // ao ente, que se torna um ente por meio do "é". Ao mesmo tempo, contudo, esse "é", tomado apenas para si mesmo, isto é, como cópula, significa em geral o estado de coisas categorial daquela síntese; não representa, portanto, algo ôntico. Permitam-me explicar isso para os senhores: queiram se movimentar uma vez agora não do ponto de vista daquele que persegue o que é feito em

---

299 Cf. p.24 e p.35.

300 A seguir, Adorno apoia-se em sua segunda conferência parisiense, "Ser e existência". Mais especificamente, ele começa em Ts 13959; a passagem corresponde, na *Dialética negativa*, ao parágrafo "Cópula", p.93 *ss.* (GS 6, p.107 *ss.*).

* Adorno provavelmente quer dizer que a cópula "é" no juízo "A é B" equivale à identidade entre A e B, e não à identidade intercambiável entre "A", "B", e "é". (N. T.)

uma certa frase "A é B", mas na situação, digamos, de um teórico da linguagem que tenha de definir em geral o que o "é" significa. Então os senhores iriam provavelmente responder que esse "é" representa uma síntese entre dois momentos dados que costumamos designar gramaticalmente como sujeito e objeto, mas que essa síntese, como tal, é justamente uma realização do pensamento, uma ligação desses momentos; e de que a essa síntese, em oposição ao sentido do "é" na própria frase, não se deve atribuir na verdade nada de ôntico; mas, ao contrário, de que se trata de algo *ontológico*. Pois esse "é", tomado isoladamente, não se deixa pôr na conta do ôntico, porque nenhum significado desse "é", *in abstracto*, é um ente, um ente determinado, ao passo que esse "é" possui, sim, um significado. (Pois, se não tivesse nenhum significado, ele não poderia atuar repetidamente como portador de significado em todos os juízos predicativos.) Por conseguinte, Heidegger extrai da logicidade da cópula – isto é, da função geral que ela ocupa – a pureza ontológica, como convém à sua alergia ao fático que mencionei corriqueiramente para os senhores. No entanto, do juízo existencial ele extrai aquela lembrança de algo ôntico, que permite que se hipostasie como donação a função categorial da síntese. Ele extrai, portanto, desse fixo "isto é isto e não outro", que também reside no "é", a possibilidade de interpretá-lo ôntica, e não apenas ontologicamente. Possivelmente, também o "é" – eu já disse isso aos senhores – corresponde a um estado de coisas, a saber: o estado de coisas simples que em todo juízo predicativo esse "é" possui seu significado, tanto quan-
300 to A e B, quanto sujeito e objeto. // Mas esse significado – e isso é o decisivo – não é, para falar com Kraus (Oskar Kraus),

autossemântico, mas sinsemântico;[301] ele consiste apenas na relação entre sujeito e objeto e não é algo independente. Na medida em que Heidegger a compreende equivocadamente como algo além dessa dependência que unicamente lhe confere significado, impõe-se para ele aquele pensamento coisal da antiga lógica pré-crítica contra a qual ele se ergue. Ao fixar o "é" como um estado de coisas absoluto e ideal – e aquilo a que deve corresponder ontologicamente, como estado de coisas, esse "é" é, em Heidegger, o famoso ser –, então, aquilo que é visado pelo sujeito e pelo predicado no juízo teria o mesmo direito, uma vez arrancado da cópula. Então, a sua síntese por meio da cópula se tornaria algo realizado de forma meramente externa, justamente aquilo contra o que o conceito de ser foi concebido. E o ser se tornaria apenas uma reunião de sujeito e objeto através de um terceiro elemento isolado – enquanto o ser deve ser justamente aquilo que deve ser preordenado, superior, dado anteriormente (como os senhores quiserem chamá-lo) a um tal arranjo externo, a uma tal unificação trazida de fora. Sujeito, cópula e predicado seriam então, como na lógica dos antigos, coisas encerradas em si, prontas. Mas a cópula "é", em seu significado geral, isto é, o da forma gramatical constante para a síntese do juízo, não é de modo algum idêntica ao significado específico que esse "é" adquire concretamente em cada

301 Não autossignificante, mas consignificante; cf. *Para a metacrítica da teoria do conhecimento*, p.127 (GS 5, p.75). Como fonte, Adorno se vale da introdução de Kraus ao primeiro volume de Franz Brentano, *Psychologie vom empirischen Standpunkt* [Psicologia de um ponto de vista empírico], p.XIX *s.* Kraus utiliza os conceitos em sentido similar também já em uma nota à sua edição de *Ursprung sittlicher Erkenntnis* [A origem do conhecimento ético], de Brentano, p.48 *s.*

juízo singular. Nessa medida, deve-se equiparar esse "é" às expressões ocasionais.[302] De um lado, ele possui, visto de forma geral, o significado de um espaço vazio, de uma mera função. Ele é preenchido, no entanto, com um conteúdo específico em seu contexto – a saber, como mediação justamente dessa ideia de que A é igual a B. E essa divergência no significado de "é" é ocultado por Heidegger. E esse é o ponto decisivo no qual ele fez uso, em seu conceito de ser, da equivocidade, em certo
301 sentido extraiu vantagem // da equivocidade. A universalidade das expressões ocasionais é, tal como a universalidade do "é", uma *indicação* de particularização, ela é a forma geral para a execução de juízos singulares. O vocabulário faz justiça a isso na medida em que mantém o termo cópula para aquela universalidade e para a função particular que ela deve levar a cabo, justamente o "é". Heidegger confunde os dois. É isso que vamos aprofundar na próxima aula.

302 Segundo Husserl (cf. *Gesammelte Schriften*, v.4: Logische Untersuchungen [Investigações lógicas], v.2, Parte II, p.552 *s.*), expressões apenas plenamente compreensíveis por meio da referência às condições de enunciação ou de uma percepção consumada: "é verdade que as expressões essencialmente ocasionais possuem um significado cambiante de caso a caso, mas em todo câmbio sobra algo comum que distingue uma tal polivocidade daquelas equivocações acidentais".

302

// Aula 21
9 de fevereiro de 1961

Na última aula, começamos a levar a cabo aquela que na verdade é, na minha humilde opinião, a análise central do conceito de ser heideggeriano, sob a figura da crítica à hipóstase da cópula.[303] Os senhores e as senhoras se lembrarão talvez de que eu lhes disse que corresponde também ao "é" na sentença predicativa simples um estado de coisas, a saber: o estado de coisas categorial de que, em todo e qualquer juízo, o "é" possui, assim como o sujeito e o predicado, seu significado; esse "é" é tanto um portador de significado quanto o A e o B no juízo predicativo – caso contrário, poderíamos simplesmente suprimir o "é". Seu significado é justamente que, por meio desse "é", a relação entre o conceito do predicado e o do sujeito é estabelecida. Mas – e isto é preciso fixar – esse significado se preenche, segundo seu próprio sentido, meramente na relação entre

303 A seguir, Adorno repete quase literalmente o que havia lido ao final da Aula 20, da segunda conferência parisiense sobre "Ser e existência", para então continuar nesta. Cf. Ts 13959 *ss.*, assim como, na própria *Dialética negativa*, correspondendo aos parágrafos "Cópula" e "Nenhuma transcendência do ser", p.93 *ss.* (GS 6, p.107 *ss.*).

o sujeito e o predicado, ele não é autônomo, ele é – como se diz na linguagem da lógica formal – sinsemântico e não autossemântico. Heidegger o compreende equivocadamente como algo que está além daquilo através do que ele unicamente pode adquirir significado; e com isso se realiza em seu pensamento – que se debate contra toda e qualquer reificação do ser – justamente a reificação contra a qual ele se ergue. Ao fixar esse "é" como estado de coisas absoluto e ideal – isto é, ao transformar esse "é" em expressão do estado de coisas "ser" subjacente –, aquilo que é visado pelo sujeito e pelo predicado, uma vez arrancado da cópula, deveria ter naturalmente o mesmo direito. A síntese através da cópula seria então um arranjo meramente exterior – justamente aquilo contra o que o conceito de "ser", na verdade, foi pensado. Sujeito, cópula e predicado seriam então, tal como na antiquada lógica mecânico-formal, coisas fechadas e concluídas em si mesmas. Mas agora vem a distinção que considero essencial, e peço aos senhores para seguirem es-
303 sas coisas algo abstratas de forma muito atenta. // Não escapo dessa abstração, que tem ela própria sua falsidade, porque as determinações de Heidegger de que se trata aqui são justamente do mesmo grau de abstração, e devemos nos mostrar à altura de um pensamento que criticamos no jeito em que ele mesmo aparece. A cópula "é", eu dizia, em seu significado geral, o significado da forma gramatical constante para a síntese do juízo, isto é, para a conexão de A e B, não é de forma alguma idêntica ao significado específico que o "é" recebe em todo e qualquer juízo, a saber: que esse A determinado é esse B determinado. E o significado que o "é" recebe no juízo concreto é justamente que esse A é esse B; e isso é algo inteiramente diferente da função geral e sintática, que quer dizer apenas que se trata

aqui de uma síntese em geral. Nesse sentido, esse "é" deve ser comparado às expressões ocasionais [*okkasionelle Ausdrücke*], que só se preenchem e adquirem o seu significado no interior do contexto no qual elas aparecem. Trata-se de dois significados, por assim dizer: por um lado, a característica sintática geral, a característica formal de que essa cópula estabelece uma síntese; por outro lado, o significado específico por meio do qual ela se realiza na medida em que expressa, em uma sentença determinada, que esse A seja justamente esse B. A generalidade da cópula é uma indicação à particularização, ela é a forma geral para a execução de juízos particulares. O vocabulário faz justiça a isso ao reservar para aquela generalidade justamente o termo geral lógico-epistemológico de "cópula", e a expressão concreta "é", como ela aparece respectivamente na sentença, para a ação particular que o juízo deve levar a cabo e à qual ele indica. Mas Heidegger mistura ambos – e eu naturalmente (para que os senhores não me compreendam equivocadamente) não repreendo Heidegger por uma confusão primitiva; o que está em questão aqui é, antes, que ele em certo sentido transforma essa ambivalência que existe na expressão e que se deixa, como
304 procurei fazê-lo, esclarecer semanticamente // em um absoluto e acredita que justamente nessa ambivalência, que se mostra de forma simples à crítica da linguagem, esconde-se algo em que a linguagem mostra um absoluto, algo verdadeiro em si mesmo que estaria além dessa crítica da linguagem. Ao misturar ambos, o desempenho específico do "é", desse "é" concreto cujo conteúdo é justamente a relação de A a B, torna-se apenas algo como uma forma de aparição daquele universal. Desaparece a diferença entre a categoria da cópula e o teor específico do juízo existencial. A substituição da forma gramatical geral

pelo conteúdo do juízo transforma o desempenho ôntico do "é" – isto é, que o "é" diga de um ente A que ele cai sob um conceito B – em algo ontológico, em um modo de ser do ser. No entanto, ao negligenciar a atividade postulada no sentido do "é", isto é, a atividade mediada e mediadora no particular, não remanesce nenhum substrato daquele "é", independentemente de que tipo seja, mas apenas a forma abstrata da mediação em geral, e ele – segundo a expressão de Hegel, o puro devir –[304] é tão pouco um princípio primevo quanto o que quer que seja, a menos que não se queira exorcizar o demônio com Belzebu, isto é, Parmênides com Heráclito.

A palavra "ser" possui uma conotação que passaria despercebida pela mera definição arbitrária: essa conotação concede à filosofia heideggeriana a sua coloração. Todo e qualquer ente é mais do que ele meramente é; ser, em contraste com o ente, evoca isso. Porque nenhum ente é, na medida em que ele é determinado e se determina a si mesmo, sem precisar de um outro que não seja si mesmo – pois ele não seria determinável

---

304 Adorno devia ter em mente o § 16 da assim chamada "Enciclopédia filosófica para a classe superior", de 1808, de que ele tratava no seminário: "1. O começo da ciência é o conceito imediato, sem determinações, de *ser*. – 2. Este é, em sua ausência de conteúdo, tanto quanto o *nada*. Com isso, o nada, enquanto pensamento daquele vazio, é, ao contrário, ele mesmo um ser e, em função de sua pureza, o mesmo do que aquele. – 3. Não há, portanto, nenhuma diferença dele, mas o que é é, por meio disso, apenas o pôr deles como distintos, e o desaparecer de cada um em seu oposto, ou é o puro *devir*" (Hegel, *Werke*, v.4: Nürnberger und Heidelberger Schriften 1808-1817 [Escritos de Nurembergue e Heidelbergue], p.13). – Cf. também o começo da Grande Lógica, sobretudo as "Observações" ao capítulo "Ser", ibidem, v.5, p.84 *ss*.

apenas por meio de si mesmo; ele seria nulo, como já Platão o sabia –, por isso o ente singular aponta para além de si. Aquilo que se chama mediação em Hegel é apenas outra palavra para esse apontar para além de si do singular determinado por meio da determinação. Heidegger procura reter isso que aponta para além de si, mas postergar aquilo para além do que ele aponta, em certo sentido como escombros no aterro do que é elimina-
305 do // da produção filosófica. O entrelaçamento se torna, para ele, o seu oposto absoluto, uma essência estática, coisal, a ser retida, a *πρώτη οὐσία*, justamente o primeiro ente compreendido como o ser. Também a mediação é mediada, a saber: pelo mediado. Os senhores não podem hipostasiar tanto a categoria de mediação e torná-la um absoluto quanto os momentos mediadores, pois a mediação só tem sentido como mediação dos membros mediados. O conceito de ser de Heidegger não é, no entanto, nada além de uma absolutização da mediação sem consideração com aquilo que ela medeia. Como reação àquilo que Benjamin denominou, de forma histórico-filosófica, a perda da aura – os senhores podem ler a respeito no trabalho sobre "A obra de arte na época de sua reprodutibilidade técnica" e também no trabalho "Sobre alguns temas em Baudelaire", que foram publicados no primeiro volume dos seus *Escritos*[305] –, como reação à perda histórica da aura, Heidegger a conserva, justamente esse apontar para além de si das coisas, aquilo nas coisas que é mais do que elas mesmas; isso é convertido em substrato e, com isso, é equiparado às coisas. Ele estatui uma

305 A versão da conferência tem aqui a referência: Benjamin, *Schriften I* [Escritos I], p.366 *ss.* e p.426 *ss.*; isso corresponde atualmente aos *Gesammelte Schriften* [Escritos reunidos], v.I.2, p.471 *ss.* e p.605 *ss.*

repristinação do horror que, muito antes das religiões naturais míticas e politeístas, preparava a fusão: sob o substantivo alemão "ser", a mana é resgatada como se igualasse a impotência crepuscular àquela do homem primitivo pré-animista diante da trovoada. Mas justamente esse ancestral não é a verdade absoluta, e sim a ilusão absoluta, o surdo enredamento em uma natureza cuja intransparência apenas parodia a sobrenatureza. Chamo a atenção, *en passant*, que a filosofia heideggeriana tem muito de um renascimento de um panteísmo não consciente de si e, por isso, certamente denegado. A transcendência de Heidegger é a imanência absolutizada, obstinada contra o próprio caráter de imanência. O que carece de explicação é justamente aquela ilusão: como o que é pura e simplesmente derivado, me-
306 diado, isto é, o ser, pode usurpar para si as insígnias do // *ens concretissimum*. Essa ilusão se baseia no fato de que os polos da epistemologia tradicional e da metafísica, isto é, o puro isto e o puro pensamento, são igualmente abstratos. De ambos são distanciadas, retiradas as determinações, de modo que não se pode pronunciar mais nada deles, na medida em que o juízo não quer perder aquilo sobre o que ele ajuíza. Por meio disso ambos os polos: o puro isto, o *τόδε τι*, e o puro Eu penso, a função de pensamento abstrata no lado oposto, se tornam indiscerníveis um ao outro, e isso autoriza empregar um no lugar do outro despercebidamente, a depender do *thema probandum*. O ente absoluto, sem nenhuma categoria, que não é nada além de meramente ente, em sua completa ausência de qualificação, carece de não se deixar identificar com nenhum ente e, justamente porque não pode ser trazido a nenhum ente determinado, pode se denominar "ser" com a ilusão de correção. Mas o ser, ao contrário, como conceito absoluto, não carece como tal de

se legitimar como conceito. Pois, por meio de toda extensão – cada conceito é, como se sabe, definido por sua extensão –, esse ser se delimitaria como conceito e pecaria contra o seu próprio sentido como conceito mais elevado, o sentido de não delimitação. Assim, tanto ele pode ser adornado com a dignidade do imediato quanto o *τόδε τι* com a do essencial. O *quid pro quo*, a oscilação ou o pêndulo entre ambos os extremos indiferentes entre si é verdadeiramente o espaço de atuação – o espaço, no qual ela atua – de toda a filosofia de Heidegger. Contra a intenção de Heidegger, no entanto, o ente se impõe no ser. Este, o ser, absorve sua vida do fruto proibido, do ente, como se o ente fosse a maçã de Freia.[306] Ao passo que o ser não quer ser contaminado com nada do ente em virtude de sua absolutidade aurática, ele só se torna aquele imediato que justifica sua pretensão à absolutidade se o ser significar algo como o ente pura e simplesmente.

Os momentos que se copertencem no estado de coisas lógi-
307 co – do qual nós partimos hoje, // isto é, no juízo, no simples juízo predicativo –, que permitem sua síntese sem, no entanto, se deixarem separar dela, são expressos linguisticamente pelo "é". O que diz o "é" deve estar contido no conceito do sujeito – refiro-me aqui naturalmente ao sujeito gramatical e não ao sujeito em sentido epistemológico – para que o predicado possa ser enunciado dele. A predicação não é adicio-

306 Sem dúvida, Adorno tem em mente a deusa do "Ouro do Reno", de Wagner, que, com suas maçãs, proporciona aos outros deuses eterna juventude: "Maçãs douradas/ crescem em seu jardim;/ apenas ela/ sabe colher as maçãs:/ o deleite do fruto/ serve a seu clã/ com juventude/ que nunca envelhece" (Wagner, *Dichtungen und Schriften* (Poesias e escritos), v.3, p.29).

nada, mas é também, ao conectar ambos, aquilo que ambos, sujeito e predicado, já seriam em sua relação um com o outro se esse "seria" pudesse ser pensado de alguma maneira sem a síntese do "é". Isso proíbe a extrapolação da cópula a um ser preordenado, assim como a um puro vir-a-ser, isto é, à síntese em certo sentido flutuante, absolutizada. A ilusão da transição ontológica que reside nessa hipóstase do ser é fortalecida, no entanto, porque toda e qualquer análise de juízos conduz a dois momentos que não podem ser reduzidos um ao outro. O pensamento – como ele está presente na filosofia tradicional – fascinado pela quimera de um elemento absolutamente primeiro irá tender a reclamar àquela própria irredutibilidade o papel de um tal elemento último. No conceito de ser de Heidegger ressoa a redução a uma tal irredutibilidade. Mas ela é uma formalização que não se conjuga com aquilo que é formalizado. Tomada em si mesma, ela enuncia apenas o negativo, que os momentos do juízo, sempre que se formular um juízo, não irão colapsar um no outro a partir de um ou do outro lado; que eles não são idênticos. Sem esse negativo, sem essa relação dos momentos do juízo, a irredutibilidade é um nada, sob ela não se pode pensar absolutamente nada. Por isso, não se pode afirmar dela nenhuma prioridade ontológica em relação aos momentos. A falácia, o paralogismo reside na reinterpretação do negativo, a reinterpretação de que nenhum dos momentos pode ser reconduzido ao outro, em um positivo e em um negativo
308 *sui generis*, em um estado de coisas independente // de seus momentos. Heidegger chegou até o limite da visão dialética da não identidade na identidade, mas aplica incansavelmente a lógica tradicional da não contradição ao âmbito pré-lógico ou metalógico de sua filosofia. A contradição no conceito de ser

não é dirimida, mas reprimida. A identidade do conceito com o que é visado por ele é objeto de escárnio por o que quer que possamos pensar sob o ser; Heidegger, no entanto, o maltrata como se ele fosse identidade, um ser si mesmo puro, desprovido de sua própria alteridade. A não identidade na identidade absoluta é abafada como um escândalo familiar. Já que o "é" não é mera função subjetiva, mas tampouco algo de coisal, da ordem do ente, ou objetividade segundo o pensamento tradicional, Heidegger o transforma em um terceiro elemento, a saber: ser. Mas o raciocínio que conduz até aí modifica a intenção da expressão "é" ou da expressão ser. O conhecimento de que o "é" não é nem mero pensamento nem mero ente não autoriza a realocá-lo em uma terceira região transcendente em relação àquelas duas determinações. Toda tentativa, mesmo na mais pálida universalidade, de pensar o "é" em geral conduz ao ente e a conceitos. A constelação dos momentos não deve ser trazida a uma essência singular, porque nela, nessa constelação, reside algo que não é ele próprio essência. A unidade prometida pela palavra "ser" dura apenas enquanto ele não for pensado, enquanto o seu significado – como seria de fato conforme o próprio método de Heidegger – não for analisado. Qualquer análise desse tipo revelaria o que desapareceria lá onde o discurso sobre o abismo do ser tão facilmente se instala entre ontólogos. Mas se, por isso, a própria análise do ser se torna tabu, se não se pode mais refletir sobre o que esse ser significa justamente em virtude dessa dificuldade, então a aporia que reside na coisa converte-se no truque da proibição do pensamento, que impede de pensar a coisa cujo pensamento justamente aquele próprio pensamento afirma ser. Deve-se pensar o absoluto no ser, mas apenas porque ele não se deixa pensar –

309 assim prossegue essa argumentação heideggeriana // – é que ele seria o absoluto; apenas porque o seu brilho mágico ofusca o conhecimento dos momentos é que ele estaria além dos momentos; é porque a razão não pode pensar o seu melhor que ela se torna, ela própria, o ruim.

A criança, assim poderia alegar a ontologia fundamental caso isso não lhe fosse tão ôntico ou tão psicológico, a criança pergunta pelo ser.[307] A reflexão expele isso dela no curso da vida, e a reflexão da reflexão – em outras palavras: a filosofia, como ocorre desde sempre com o idealismo – gostaria de restabelecê-lo. Mas dificilmente a reflexão duplicada pergunta como a criança de fato o faz. A filosofia imagina seu comportamento, em certo sentido com o antropomorfismo do adulto, como o da infância de toda a espécie, como pré-temporal e extratemporal. Antes, ela labora é na sua relação com as palavras, de que a criança se apropria, em idade mais avançada, com um esforço pouco mais imaginável do que aquele com que ela se apropria do mundo que lhe é mais ou menos conhecido como um mundo de objetos de ação nas primeiras fases. A criança quer se certificar do significado das palavras, e essa ocupação, mesmo a irritante teimosia a ser aclarada psicanaliticamente, a leva à relação entre palavra e coisa. Ela pode importunar sua mãe com o embaraçoso problema de saber por que o banco se chama banco. Sua ingenuidade não é ingênua. Como linguagem, a cultura migrou para estímulos muito iniciais de sua consciência; uma hipoteca sobre o discurso da originariedade. O sentido das palavras e o seu teor de verdade, sua "posição em

---

307 Para o que se segue, cf. o parágrafo "A questão infantil", na *Dialética negativa*, p.100 *ss*. (GS 6, p.116 *ss*.).

relação à objetividade",[308] ainda não foram distinguidos agudamente um do outro; saber o que a palavra "banco" significa e o que um banco é de fato – a que ainda se acrescenta o juízo sobre sua existência – são iguais para uma consciência ou, no mínimo, não diferenciados reciprocamente. Aliás, em incontáveis casos, a pergunta pelo significado das palavras e a pergunta pelo que o objeto visado é de fato só pode, em realidade, serem separadas com esforço considerável. Mas, no âmbito de que
310 aqui se trata: no âmbito do ser, essa diferenciação // é verdadeiramente central porque, aqui, assim como nas essencialidades da fenomenologia, o puro significado das palavras não diz ainda nada sobre a existência, mas na palavra "ser" já se esconde diretamente a pretensão à existência – de modo que a inferência do significado das palavras para o teor de verdade de uma expressão equivale a uma *μετάβασις εἰς ἄλλο γένος*. Orientada pelo vocabulário aprendido, justamente a imediatidade infantil é

308 Formulação utilizada por Hegel na *Enciclopédia*, para caracterizar a lógica: "O pensar, produzindo apenas determinações *finitas* e se movimentando em tais, chama-se *entendimento* (no sentido mais exato da palavra). Mais precisamente, a finitude das determinações do pensar deve ser concebida em sentido duplo: de um lado, de que eles são *apenas subjetivos* e possuem oposição permanente ao objetivo; de outro lado, de que eles, como *conteúdo limitado* em geral, persistem na oposição tanto a si quanto ainda mais ao absoluto. *As posições dadas ao pensamento em relação à objetividade* devem agora ser consideradas como uma introdução mais específica, para explicar e pôr em evidência o significado e o ponto de vista que aqui é dado à lógica" (Hegel, *Enciclopédia das ciências filosóficas em compêndio*, p.87). Adorno se apropriou com frequência e com gosto da formulação nos mais diferentes contextos, por exemplo em *Para a metacrítica da teoria do conhecimento*, p.92; em *Três estudos sobre Hegel*, p.134 (GS 5, p.52 e p.296); GS 7, p.13, p.364 e p.420; GS 13, p.174, *passim*.

em si mesma mediada na medida em que preforma a escavação pelo porquê, pelo que é primeiro. A linguagem é experimentada pela criança como *φύσει*, não como *θέσει*, ou, como se diz nos países anglo-saxões, *language is taken for granted*; no princípio há o fetichismo, e a caçada ao princípio permanece sempre subordinado a ele. É certo que aquele fetichismo mal pode ser perscrutado porque tudo que é pensado é, pura e simplesmente, também linguístico; o nominalismo irrefletido é tão falso quanto o realismo que atribui à linguagem falível os atributos da linguagem revelada. Heidegger tem razão em que não há um em-si sem linguagem; isto é, que a linguagem está na verdade e não a verdade na linguagem como algo apenas designado por ela. Mas a porção constitutiva da linguagem na verdade não é a identidade de ambas. A força da linguagem se mantém justamente na medida em que, na reflexão, expressão e coisa se separam. – Dr. Schweppenhäuser apresentou esses estados de coisas muito minuciosamente em sua tese, permitam-me indicar-lhes, nesse contexto, esse importante texto para a crítica da filosofia da linguagem de Heidegger.[309] A linguagem se torna instância de verdade apenas com a consciência da não identidade [*Unidentität*] da expressão com o que é visado. Heidegger nega-se a tal reflexão; ele se detém após o primeiro passo da dialética da filosofia da linguagem. Utilizei há pouco em relação a Heidegger o termo "repristinação"; seu pensamento é também repristinação – isto é, a restauração de algo antigo e passado –

309 Cf. Hermann Schweppenhäuser, "Studien über die Heideggersche Sprachtheorie" (Estudos sobre a teoria da linguagem heideggeriana), em *Archiv für Philosophie*, v.7, n.3-4, p.304, dez. 1957; atualmente em formato livro: Schweppenhäuser, *Studien über die Heideggersche Sprachtheorie*, p.35 *ss*.

ao querer restaurar por meio de um ritual da nomeação a violência do nome. Mas essa violência não é presente na linguagem secularizada de tal maneira que ela facilitaria as coisas para o
311 sujeito. // Através da secularização, os sujeitos destituíram da linguagem o nome, e a objetividade da linguagem carece de seu esforço intransigente, e não de nenhuma fé em Deus filosófica. Ela só existe enquanto em devir, na confrontação permanente de expressão e coisa. O ideal do ocaso da intenção subjetiva na verdade linguística não exige menos, mas mais subjetividade; assim operava Karl Kraus, que, ele próprio, pendia à visão ontológica da linguagem. O procedimento de Heidegger, porém, é[310] cabalística hipergermânica. Ele se comporta em relação às línguas históricas como se fossem línguas do ser, romanticamente como tudo que é violentamente antirromântico. Seu tipo de destruição emudece diante da formação inquestionada. Uma tal consciência irrefletida e de forma alguma radical está em acordo, ou ao menos se conforma, com o que a circunda; radicalismo genuinamente filosófico, como ele historicamente sempre emergiu, é produto da dúvida.[311] Ilusória é a própria pergunta radical que não destrói nada senão a dúvida.

---

310 Aqui segue-se, na *Dialética negativa*, op. cit., p.101 (GS 6 p.118), a oração subordinada adicionada: "segundo formulação de Scholem".

311 Cf. a formulação definitiva da ideia em *Jargão da autenticidade*: "O niilismo transforma-se em farsa, em mero método, como outrora já era o caso da dúvida cartesiana. A questão, o requisito predileto do jargão, tem de soar tanto mais radical quanto mais lealmente ela se orienta pelo tipo de uma resposta que pode ser tudo menos radical" (GS 6, p.431). – A categoria da dúvida, da *dubitatio* ou da *doute* entrou em Descartes e no cartesianismo em concorrência com o *θαυμάζειν* de Platão (ver nota 11 desta aula), e com isso fundou-se um pensamento

A expressão enfática da palavra "ser" sustenta-se pela antiga categoria heideggeriana da *autenticidade*, sobre a qual já lhes disse várias coisas; posteriormente, é certo que ela mal aparece mais em seu pensamento, porque depois disso, quando ainda se entendia apenas como filósofo do ser, ele aparentemente preferia reprimir as conotações histórico-filosóficas dessa expressão, isto é, esse certo traço anticivilizatório-interior que tinha

---

de experimentação que primeiro coloca, metodicamente, o conjunto das sentenças em dúvida, mas com a intenção de chegar a sentenças que pura e simplesmente não poderiam mais ser duvidadas; no *Discurso do método*, na forma: "mas, como então desejava ocupar-me somente da procura da verdade, pensei que precisava fazer exatamente o contrário, e rejeitar como absolutamente falso tudo em que pudesse imaginar a menor dúvida, a fim de ver se depois disso não restaria em minha crença alguma coisa que fosse inteiramente indubitável" (Descartes, *Discurso do método*, p.37.). Justamente a radicalidade com a qual a dúvida cartesiana se instala como método e reivindica validade universal é reconhecida por Adorno como ilusão ideológica: "O procedimento é planejado de antemão de tal modo que nada de fora de seus passos pode atrapalhá-lo. Daí provêm o caráter inofensivo de tudo que é metódico, da dúvida de Descartes até a destruição respeitosa do que é legado pela tradição, em Heidegger. Apenas a dúvida determinada, jamais a dúvida absoluta, pôs em perigo em algum momento as ideologias; a dúvida absoluta se desguarnece no objetivo metódico que deve emergir de si mais uma vez. [...] A dúvida apenas desloca o juízo para a preparação de vindicar cientificamente as assunções da consciência pré-crítica, em simpatia oculta com o entendimento humano convencional. Ao mesmo tempo, no entanto, o método violenta recorrentemente a coisa desconhecida apenas em razão de cujo conhecimento o método existe, modelando o outro segundo si mesmo – eis a contradição primordial na construção da ausência de contradição, feita pela filosofia das origens" (*Para a metacrítica da teoria do conhecimento*, op. cit., p.45 (GS 5, p.19 *s.*)).

a análise do ser-aí de *Ser e tempo*.[312] A transcendência do ser em relação a conceito e ente quer, no entanto, como que redimir o cânone da autenticidade como aquilo que não é aparência nem erigido pelo sujeito, nem caducado. Protesta-se com razão contra o fato de que o desdobramento histórico da filosofia, Hegel incluído, nivelaria a diferenciação de essência e aparência, um impulso inerente à filosofia como o *θαυμάζειν*,[313] o espanto, a

---

312 Para o que se segue, cf. o parágrafo "A questão do ser", na *Dialética negativa*, op. cit., p.102 *ss.* (GS 6, p.118 *ss.*).

313 Desde o *Teeteto*, de Platão (cf. 155 St.), o *θαυμάξειν*, o espanto, a admiração, conta como origem da filosofia e, via de regra, também como seu objetivo, se não, ao contrário, como é o caso entre os estoicos, o *Nihil admirari*, libertar-se do espanto, é transformado justamente em condição ideal do filósofo; isso, no entanto, permanece sempre determinado em relação à *admiratio*. Por toda a história da filosofia, tanto regressam paráfrases do *θαυμάξειν* quanto o conceito é rejeitado sempre renovadamente. Ele foi rejeitado, por exemplo, por Hamann, que explica de forma lapidar que "*nil admirari* permanece sempre o fundamento de todo juízo filosófico" (Hamann, *Sämtliche Werke* [Obras completas], v.II, p.164); a posição contrária é, por exemplo, a opinião de Schopenhauer: "O filósofo [...] torna-se filósofo por meio de uma perplexidade da qual ele procura se desvencilhar e que é o *θαυμάζειν* de Platão, que ele chama de *μάλα φιλοσοφικὸν πάθος*. Mas aqui isso separa os filósofos inautênticos dos autênticos, que nesses últimos cresce uma perplexidade a partir da visão do mundo, ao passo que naqueles cresce uma perplexidade apenas a partir de um livro" (Schopenhauer, *Sämtliche Werke* [Obras completas], v.I, p.68). – Adorno reencontrou o antigo tema do espanto no *Espírito da utopia*, de Ernst Bloch, como "uma filosofia que não teria com o que se envergonhar diante da literatura avançada. [...] Se, segundo Platão, a filosofia devesse surgir no espanto, literalmente: no admirar-se, e – como concluiu-se involuntariamente – acalmar aquele espanto por meio de seu decurso, então o livro de Bloch, um fólio *in quarto*, interpôs-se contra o sem-sentido congelado, tornado autoevidência, de que a filosofia,

insatisfação com a fachada. O esclarecimento irrefletido negou a tese metafísica da essência como o verdadeiro mundo detrás
312 das aparências com a // contratese igualmente abstrata de que a essência seria, como suma da metafísica, a ilusão, o "trás-mundo", segundo a expressão de Nietzsche:[314] como se a aparência, por isso, fosse a essência. Graças à cisão do mundo oculta-se a lei da cisão, o autêntico; se não se ocultasse, os seres humanos não tolerariam o mundo como ele é. O positivismo, que se adapta a isso ao excluir como mito e projeção subjetiva o que não é dado, o que está velado, fixa o caráter ilusório na negação da essência, assim como, antigamente, as doutrinas que consolavam o sofrimento no *mundus sensibilis* com o protesto da

---

com autoimportância, engana a respeito daquilo que ela deve ser. A filosofia de Bloch não começa simplesmente com o espanto, mas deságua, segundo sua intenção, no espantoso; místico e, em sentido duplo, altivo, queria cancelar o cerimonial de disciplina espiritual que ela traz ao redor de seu objeto; ela se associou irmãmente ao que há de mais ousado na arte que lhe é contemporânea, e teria querido, no melhor dos casos, transcendê-la, ao levá-la adiante por meio da reflexão pensante" (GS 11, p.557). Posteriormente, na *Teoria estética*, que permaneceu inacabada, o θαυμάζειν parece como que ter migrado da filosofia para a arte: "A arte se torna enigma, porque ela aparece como se tivesse resolvido o que é enigma na existência, ao passo que o enigma foi esquecido no meramente existente por meio de seu próprio e predominante endurecimento. Quanto mais densamente os seres humanos entretecem com a teia categorial aquilo que é diferente do espírito subjetivo, tanto mais substancialmente eles se desacostumam do espanto sobre aquela alteridade, enganando-se quanto ao desconhecido com crescente familiaridade. Debilmente, como com um gesto que se fatiga rapidamente, a arte procura restabelecer isso. *A priori*, ela traz ao espanto os seres humanos que se decidiram pelo contrário, tal como Platão exigia da filosofia havia tempos" (GS 7, p.191).

314 Cf. NaS IV.14, p.231, nota 3.

essência. Algo desse mecanismo foi revitalizado por Heidegger. Mas seu elemento autêntico converte-se em positividade, em autenticidade como um comportamento da consciência que, na medida em que emigra do profano, envia à antiga doutrina da essência o hábito teológico, mas impotentemente copiado. A essência oculta imuniza-se diante da suspeita de que ela poderia ser a inessência. Nenhuma ponderação ousaria pensar que as categorias da massificação, que *Ser e tempo* desenvolve, assim como o famoso livrinho da coleção Göschen[315] de Jaspers, poderiam, elas próprias, ser parte daquela inessência oculta que transforma os homens no que eles são; eles devem se deixar ainda insultar pela filosofia, porque teriam esquecido a essência. A resistência contra a consciência reificada estimulada no *pathos* da autenticidade é castrada. O resto de crítica é entregue ao fenômeno, a saber, os sujeitos, e não à essência cuja culpa apenas se espelha e reproduz na culpa dos sujeitos, essência que brilha branca sem manchas graças àquele alívio. – Agora, devo modificar isso mesmo assim, ou no mínimo precisar, na medida em que também algo disso se esclarece em Heidegger quando ele tenta, em sua fase tardia, empurrar ao próprio ser a inautenticidade, o esquecimento do ser, ou seja, todas as categorias que ele alardeou em *Ser e tempo* e em seus escritos mais influentes como uma doutrina do ocaso da civilização europeia.
313 // Com isso, elas são eximidas desse subjetivismo dos quais eu lhes falava; mas, de outro lado, ao serem puramente introjetadas no absoluto, elas são igualmente eximidas de toda e qualquer crítica à objetividade determinante, tal como ocor-

315 Cf. Jaspers, *Die geistige Situation der Zeit* [A situação espiritual do tempo].

re enquanto são concebidas como meras categorias subjetivas. Abstraindo inteiramente da concepção de que atribuir ao próprio ser algo como esquecimento do ser é um tipo de demonologia, que de fato lembra imediatamente aquelas doutrinas como a de Ludwig Klages,[316] Heidegger insiste que aquelas ca-

---

316 Ludwig Klages (1872-1956), filósofo e grafólogo, originalmente pertencente ao círculo de Stefan George, advogava um brutal irracionalismo e antissemitismo; sua obra principal chama-se *Der Geist als Widersacher der Seele* [O espírito como adversário da alma]. Adorno, que bizarramente é, ele próprio, "localizado" na proximidade de Klages por alguns assim chamados provenientes da Escola de Frankfurt (cf. por exemplo Wellmer, *Zur Dialektik von Moderne und Postmoderne: Vernuftkritik nach Adorno*, p.10 *s.* e p.45), sempre foi um opositor inequívoco daquele "apologeta zeloso de mito e sacrifício" (Adorno; Horkheimer, *Dialética do esclarecimento*, p.216, nota 6 (GS 3, p.68)). Já em sua aula inaugural, quando desenvolveu seu próprio programa de uma filosofia das imagens históricas, Adorno distinguiu sua filosofia – como "instrumento da razão humana" – inequivocamente das imagens de Klages e de seus semelhantes: "Aqui elas se separam de forma central dos arquétipos [*Urbilder*] arcaicos, míticos, tal como a psicanálise se depara com eles, como Klages espera conservá-los como categorias de nosso conhecimento. Mesmo que elas possam se igualar em centenas de traços, elas se distinguem ali onde aquelas descrevem sua trajetória fatal por sobre as cabeças dos homens" (Adorno, "A atualidade da filosofia", em *Primeiros escritos filosóficos*, p.451 *s.* (GS 1, p.341)). Adorno registrou, com aprovação, que Hofmannstahl "reconhecera já em 1902 a bizarra inconsistência entre a sobriedade pedante da expressão e o dogma da embriaguez que compromete incessantemente a filosofia de Klages e a aproxima da lírica de roupas de gala de Alfred Schuler" (GS 10.1, p.217). Em contraposição, "[critica-se] no culto agitatório das potências originárias", comum a Georg e a Klages, a antecipação "de tendência funestas do nacional-socialismo. Incessantemente, os mitólogos destroem, por meio de sua nomeação, aquilo que eles consideram ser sua substância. Eles foram os arautos da venda até o esgotamento de palavras supostamente

tegorias teriam perdido sua aura objetivamente a partir de um certo momento, por ele mesmo datado – a saber, o ano em que Nietzsche enlouqueceu. Vigora aqui de fato uma relação entre as especulações mais obscuras e ocultas de ultrarromânticos como Klages e a filosofia heideggeriana, uma relação que certamente seria muito embaraçosa para a escola heideggeriana, mas que, justamente porque inegável, é tão esclarecedora, pois não se pode imaginar outra coisa sob esse esquecimento do ser como destino do próprio ser do que esse ser em si mesmo sendo demonizado, que ele como que se subtrai dos seres humanos. E com isso completa-se verdadeiramente o regresso à pura religião natural, à demonologia.

Mas volto à determinação que encontramos e à relação da filosofia heideggeriana com o *θαυμάζειν*. Se o que há de bom na ontologia fundamental é a obstinação com a qual ela se atém a esse *θαυμάζειν*, com a qual ela pretende se espantar com toda e qualquer coisa (certamente e não raro também com coisas com

---

primevas como morte, interioridade e genuinidade que então se popularizou no Terceiro Reich" (ibidem, p.215). O fato de que Adorno, em cartas a Horkheimer – documentos privados, não pensados para a publicação –, mostrou um interesse significativo em Klages é, antes, um atestado da oposição objetiva ao ctônico; mais ou menos como Adorno também deu a entender em uma carta a Benjamin, do fim de 1934: "a relação para com Jung e, por exemplo, com Klages (cuja doutrina dos "fantasmas" na "Efetividade das imagens", do *Espírito como adversário* (v.3, Parte I) encontra-se relativamente o mais próxima de nossas questões)" poderia ser imaginada por ele apenas como "o mais agudo enfrentamento", "ou então, para dizê-lo mais exatamente: justamente aqui reside a linha divisória entre imagens arcaicas e dialéticas ou [...] uma teoria materialista das ideias" (Adorno; Benjamin, *Briefwechsel 1928-1940* [Correspondência, 1928-1940], p.84).

as quais mal se poderia espantar), então ela obstrui a resposta à pergunta sobre o que é através da configuração da pergunta. Não por acaso, essa pergunta se guarnece com o termo asqueroso "questão do ser" – que foi usada não primeiramente pelos epígonos de Heidegger. Essa expressão "questão do ser", com a qual reverberam os becos, ou melhor, as autoestradas alemãs,
314 é tão desonesta // porque apela ao interesse vivo de todo indivíduo – ao monólogo nu e cru de Hamlet se o indivíduo é totalmente liquidado com a morte ou se ele possui a esperança do *non confundar*[317] cristão –, mas o que Hamlet chama de ser ou não ser é substituído pela pura essência que engole a existência. A ontologia existencial negocia tanto isso quanto a angústia. Ao tematizar algo – segundo o costume fenomenológico – com uma profusão de descrições e distinções, ela satisfaz o interesse e simultaneamente desvia dele. "A questão do ser", cito Heidegger literalmente, "tem portanto por objetivo uma condição de possibilidade apriorística não apenas das ciências que investigam o ente como ente tal e qual e, com isso, já sempre se movimentam em uma compreensão do ser, mas

317 Do *Te Deum*, o Canto de Louvor ambrosiano, um hino surgido no século V-VI, utilizado pela Igreja Católica na missa matutina, do qual Lutero produziu uma versão alemã para o "Livro de canções evangélico" e a qual foi musicada por vários compositores, de Orlando di Lasso a Zoltán Kodály, passando por Bach e Mozart, Berlioz, Bruckner e Verdi. O verso final segue o texto da vulgata de Ps 30:2, ou de Ps 70:1-2: "In te Domine speravi non confundar in aeternum [Em Ti, Senhor, esperarei; que eu não seja jamais confundido]". Adorno cita a fórmula com frequência, na maioria das vezes no contexto relativo à arte e à sua promessa utópica. Cf. *Dialética negativa*, op. cit., p.103 (GS 6, p.119); GS 7, p.199 e p.200; GS 11, p.214; GS 16, p.320.

tem por objetivo a condição de possibilidade das ontologias que estão antes das ciências ônticas e as fundam. *Toda ontologia, mesmo que ela disponha de um sistema de categorias rico e coeso, permanece fundamentalmente cega e uma inversão de sua mais própria intenção se, anteriormente, ela não clarificar suficientemente o sentido de ser*" – e os senhores percebem novamente essa ambiguidade que analisamos hoje – "*e conceber essa clarificação como sua tarefa fundamental*".[318] Por meio do tensionamento daquilo que, em tais sentenças, a complicação fenomenológica extrai como questão do ser, perde-se o que pode ser representado sob a expressão "questão do ser", e aquilo que é representado é ainda eventualmente desvalorizado como parcialidade funcional, de modo que a denegação se impõe como verdade superior, como verdadeira resposta da questão contornada. Apenas para ser suficientemente autêntica, a assim chamada questão do ser contrai-se a um ponto sem dimensão, o único que ela permite como significado genuíno de ser. Ela se iguala à proibição de ir além de si mesma e, ao fim e ao cabo, além daquela tautologia que, em Heidegger, se manifesta no fato de que o ser que se desabriga não diz nada além de apenas "ser", sempre repetidamente. Ser é justamente ele próprio.

318 Heidegger, *Ser e tempo*, p.57, grifos do autor.

315 # // Aula 22
16 de fevereiro de 1961

Hoje, eu gostaria de finalizar o tratamento,[319] segundo o meu texto,[320] da relação dos conceitos "ser" e "existência" e a análise do conceito de ser, com o qual nos ocupamos da última vez, e gostaria então de utilizar o que nos resta desta aula e da próxima – que infelizmente será a última – para apresentar algo para os senhores sobre o conceito da *dialética negativa* e as coisas que tangenciam um conceito de dialética em geral. – A dialética de ser e ente: em virtude de seu momento conceitual, que nenhum ser possa ser pensado sem ente e nenhum ente sem a mediação do conceito, tal como ele tem lugar em Heidegger sob o nome de ser, torna-se uma essência não dialética para Heidegger: os momentos, que não são sem que um seja mediado pelo outro, são, para ele, o uno imediato, e esse uno é,

---

319 O começo da sentença teve de ser conjecturado pelo editor, já que o original (Vo 5949) contém aqui apenas reticências.

320 Isto é, de acordo com a segunda conferência parisiense, "Ser e existência", cf. Ts 13971 *ss.* – Para o que se segue, cf. na *Dialética negativa* o parágrafo "Volte", p.104 *ss.* (GS 6, p.121 *ss.*).

para ele, ser positivo. Mas a conta não fecha. A dívida das categorias é cobrada. O ente, extirpado à faca, retorna, pois o ser purificado do ente só é fenômeno primordial na medida em que tem em si, por sua vez, o ente que ele exclui. A forma pela qual Heidegger lida com isso é seu estratégico golpe de mestre e a matriz de toda a sua filosofia. Com o termo "diferença ontológica", essa filosofia toca o momento indissolúvel do ser. Mas, sob seu toque mágico, ele se torna, de certo modo, um fato ontológico, expressão disfarçada e hipostasiada de que o ser não pode ser pensado sem ente, assim como, segundo a intuição fundamental de Heidegger, o ente sem ser. Assim ele realiza seu truque de cartas. A necessidade da ontologia de se arranjar sem o seu oposto, sem o ôntico; o entrelaçamento do princípio ontológico com a sua própria contraparte, o escândalo incontornável da ontologia, é absorvido por ela. O triunfo
316 de Heidegger // sobre as outras ontologias, menos versadas estrategicamente, é a ontologização do ôntico. A verdade, que nenhum ser é sem ente, é levada à forma de que à essência do ser pertence o ser do ente, e com isso essa verdade se torna inverdade, isto é, o ente se torna essência. O ser se apodera daquilo que, na dimensão de seu ser em si, não gostaria de ser, do ente, cuja unidade conceitual é sempre também o sentido literal de ser. Toda a construção da diferença ontológica só é erguida para que a dúvida sobre o ser se possa abolir de forma tanto mais elegante em virtude da tese do ente como um modo de ser do ser.[321] Ao trazer todo o ente singular para o

321 Nesta passagem, a sentença correspondente na *Dialética negativa* possui uma referência ao famoso posfácio a "O que é a metafísica?", em cujas últimas edições Heidegger substituiu sua formulação origi-

seu conceito, o de ôntico, desaparece daí o que o torna ente em relação ao conceito. A estrutura formal e conceitualmente universal do discurso do ente e de todos os seus equivalentes se põe no lugar do conteúdo daquele conceito, heterogêneo ao conceitual. Essa é a recompensa para o fato de que o conceito de ente – nisso pouco menos excepcional do que o conceito celebrado por Heidegger, de ser – é aquele que engloba o pura e simplesmente não conceitual, que não se esgota no conceito, sem nunca expressar a sua diferença em relação ao que foi englobado. Porque "o ente" em geral é o conceito para todo ente, o próprio ente se torna, em Heidegger, um conceito, uma estrutura ontológica que se converte sem rupturas na estrutura do ser. Minhas senhoras e meus senhores, não pensem que se trata aqui de artes interpretativas do crítico! No próprio *Ser e tempo*, a ontologização do ente é trazida à seguinte fórmula pregnante (cito da p.42): "A 'essência' do Dasein está em sua existência". Compreendam isso corretamente: do fato de que o que é aí, do fato de que o existente *qua* existente é definido com os conceitos ser-aí e existência, emerge que justamente aquilo que no ser-aí *não* é essencial, *não* é ontológico, *seja* ontológico. A diferença ontológica é eliminada graças à conceitualização do não conceitual como não conceitualidade. A ontologização

---

nal ("[...] [...] se é certo que à verdade do ser pertence o fato de que o ser *plenamente* se essencia sem o ente, de que o ente jamais é sem o ser") pela formulação contraditória: "[...] se é certo que à verdade do ser pertence o fato de que o ser *nunca* se essencia sem o ente, de que o ente jamais é sem o ser" (Heidegger, Posfácio a "O que é a metafísica?", em *Marcas do caminho*, p.318; cf. *Dialética negativa*, op. cit., p.105 *ss*. (GS 6, p.122 *s*.)).

317 do ôntico // não serve apenas a este, mas também ao núcleo da doutrina heideggeriana, a palavra hipostasiada "ser".

Pois só se o ôntico é igualado à ontologia é que esta não é incomodada por aquele. A sub-repção, a fraude funda o caráter preordenado da ontologia antes da diferença ontológica (cito do escrito tardio *Sobre o humanismo*): "Mas não se trata aqui de uma oposição de *existentia* e *essentia*, porque essas duas determinações metafísicas do ser, que dirá então sua relação, não estão em questão".[322] O que é supostamente preordenado à diferença ontológica, ou seja, à oposição entre existência e essência, recai, em Heidegger, no lado da essência: na medida em que é contestada a distinção que o conceito de ente expressa, o conceito é elevado por meio do não conceitual que ele deve ter sob si. Em outra passagem da "Carta sobre o 'humanismo'" isso é ainda mais palpável. Ele desvia da questão sobre a existência desse mundo e a transforma imediatamente em uma questão sobre a essência (cito novamente): "A sentença: 'O homem ek-siste' não responde à questão de saber se, em verdade, o homem é ou não, mas responde à questão sobre a 'essência' do homem".[323] O discurso do "ainda não", ali onde a antítese entre existência e essência é afastada,[324] não é uma metáfora temporal ocasional para algo não temporal. Pois de fato é um pensar arcaico, o pensar dos hilozoístas jônicos muito mais do que o pensamento eleático, em cujos filosofemas parcamente transmitidos pela tradição existência e essência se misturam obscuramente. O trabalho

322 Heidegger, "Carta sobre o 'humanismo'", em *Marcas do caminho*, op. cit., p.338.

323 Ibidem, p.339.

324 Ibidem, p.338.

e o esforço da antiga metafísica, desde a eleática – que tinha primeiramente de separar pensamento e ser para então poder identificá-los – até a aristotélica, consiste em forçar a separação, essa separação de ente e ser. Desmitologização é separação; o mito é a unidade enganosa do indistinto. Mas, porque a insuficiência dos princípios supremos para a explicação do mun-
318 do neles visado causou o seu fracionamento e, com isso, // a exterritorialidade mágica do ser – um ser oscilante entre essência e fato – foi capturada na rede de conceitos, Heidegger precisa, em virtude do privilégio do ser, de trocar gato por lebre e condenar o trabalho crítico do conceito como história do declínio. Ele a anula, como se a filosofia, além da história, pudesse ocupar um ponto de vista histórico, enquanto ela, por outro lado, tem de obedecer à história que é, ela mesma, como a existência, ontologizada. Heidegger é anti-intelectualista por coerção sistemática, antifilosófico por filosofia, assim como os atuais renascimentos da religião não se deixam inspirar pela verdade de sua doutrina, mas porque seria bom ter religião. Mas porque a história do pensamento, se ela de fato se deixa retraçar de alguma forma, é dialética do esclarecimento, Heidegger não se detém, suficientemente decidido, em algumas de suas fases – como talvez tenha sido tentado em sua juventude –, mas se lança no abismo do arcaísmo com uma máquina do tempo wellsiana,[325] abismo no qual tudo pode ser

325 Herbert George Wells (1866-1946) descreveu em *The Time Machine*, um dos primeiros romances de ficção científica, uma invenção com a qual se podem realizar viagens à quarta dimensão, no "eixo temporal" tanto ao passado quanto ao futuro. Ao final, o inventor da máquina do tempo, o assim chamado viajante do tempo, desaparece com sua

tudo e tudo pode significar tudo. Tal como os nacional-socialistas, ele estende a mão para o mito; como o mito deles, também o seu permanece o mito do século XX, a ilusão desmascarada pela História e tornada evidente na completa incompatibilidade do mito com a figura racionalizada da realidade, com a qual também a consciência está entrelaçada. Ela se mede em relação ao estádio mitológico como se este lhe fosse possível sem serem iguais, sem que a consciência seja, ela mesma, consciência mítica. Com o conceito heideggeriano de ser anuncia-se também o conceito mítico de destino (eu cito): "A chegada do ente repousa na sina do ser".[326] A estimada inseparação de existência e essência no ser é chamada então pelo nome: cegueira do nexo natural, fatalidade do emaranhado, negação absoluta da transcendência que tirita no discurso sobre o ser. A ilusão do conceito de ser é essa transcendência; seu fundamento, no entanto, é que as determinações de Heidegger, extraídas do ser-aí
319 // como a penúria da história humana real até hoje, alienam-se da lembrança dessa história. Elas se tornam momentos do próprio ser e, com isso, algo preordenado àquela existência. Seu poder e grandiosidade astral são igualmente frios contra a ignomínia e a falibilidade da realidade histórica, tal como esta é san-

máquina, e o narrador do romance se pergunta: "Talvez ele [o viajante do tempo] foi tragado pelo passado e caiu entre os selvagens mais carniceiros do começo da Idade da Pedra, nas profundezas do mar calcário ou entre os grotescos sauros, esses répteis monstruosos do Período Jurássico. Talvez ele vagueie justamente agora [...] sobre um recife de corais povoado por plesiossauros oolíticos ou na costa de um solitário mar de sal do Período Triássico" (Wells, *Die Zeitmaschine*, p.148).

326 Heidegger, "Carta sobre o 'humanismo'", op. cit., p.343.

cionada como imutável. Mítica é a celebração do sem-sentido como sentido; a repetição ritual de nexos naturais em um singular simbólico, como se eles fossem, com isso, sobrenatureza.

A ênfase no ser é tida como a característica apenas do último Heidegger, e a mitologização a ela correlata é tomada como irrelevante pela razão mediana daqueles que idolatram *Ser e tempo* como um livro de grande filosofia. Contra isso, caberia defender Heidegger: que sua intenção, que o interesse já de *Ser e tempo* teria sido o ser e não a existência, não é nenhuma fantasia retrospectiva, mas pode ser comprovada em sua obra mais antiga. Como em Jaspers, nela o ôntico já é ontologizado. Isso é o objetivo, primariamente, da doutrina da existência.[327] Esta é honrada segundo o modelo de Kierkegaard e ao mesmo tempo neutralizada, contra Kierkegaard. Existência, como forma de ser do ser, não mais se contrapõe antiteticamente ao conceito. Ela recebe a dignidade da Ideia platônica mas também a blindagem do que não pode ser pensado diferentemente, porque não há pensamento que não toque a existência. De forma inócua, Jaspers fala da neutralização da existência contra Kierkegaard: "Eu sentia em suas decisões negativas [...] o oposto de tudo aquilo que eu amava e queria, estava pronto e não estava pronto para fazer".[328] Mesmo o existencialismo jasperiano, que na sua construção do conceito de ser não se deixou infectar pelo *pater subtilis*,[329] compreendeu-se desde o começo como "pergun-

327 Para o que se segue, cf. o parágrafo "Função do conceito de existência", na *Dialética negativa*, op. cit., p.110 *ss.* (GS 6, p.128 *ss.*).

328 Jaspers, *Philosophie*, v.1: Philosophische Weltorientierung [Filosofia, v.1: Orientação de mundo filosófica], p.XX.

329 Provavelmente referência a *doctor subtilis*, o cognome de João Duns Scotus.

ta pelo ser" – verifiquem logo no princípio, na página 4 do livro *Philosophie*, de Jaspers; ambos cidadãos notáveis, sem serem desleais um ao outro, podiam fazer o sinal da cruz diante do que, em Paris, sob o signo da existência, foi impelido, de forma excessivamente rápida segundo seus gostos, dos auditórios
320 para o porão.[330] //

Por tudo isso, a ontologização do ôntico tem o seu modelo na doutrina kierkegaardiana da existência.[331] Enquanto este, de forma nominalista, posiciona a existência contra a essência como arma da teologia contra a metafísica, segundo o dogma da imagem e semelhança de Deus, a existência, o singular é imediatamente dotado de sentido. Kierkegaard polemiza contra a ontologia, mas o ente, entendido como ser-aí, "aquele singular", absorve os atributos da ontologia. Não muito diferente do que ocorre nas reflexões introdutórias de *O desespero humano*,[332] também em *Ser e Tempo* a existência recebe uma distinção; a "transparência" kierkegaardiana do sujeito, a consciência, é o que atribui legitimidade à sua ontologização; assim se lê em Heidegger: "O ser próprio em relação ao qual o ser-aí pode se comportar e de algum modo sempre se comporta desta ou daquela maneira denominamos *existência*".[333] Ou, literalmente, em Heidegger: "o ser-aí é 'ontológico' em si mesmo em razão da

---

330 Aqui, a segunda conferência parisiense (cf. Ts 13977) tem a referência a Jaspers, *Philosophie*, v.1, op. cit., p.XXIII; e a Heidegger, *Über den Humanismus*, p.17 *s*.

331 Para o que se segue, cf. o parágrafo "'Ser-aí em si mesmo ontológico'", na *Dialética negativa*, op. cit., p.112 *ss*. (GS 6, p.130 *ss*.).

332 Cf. por exemplo nota 10 da Aula 9.

333 Heidegger, *Ser e tempo*, p.59.

sua determinidade de existência".[334] O conceito de subjetividade cintila não menos do que o de ser, e deve ser, por isso, sintonizado com este a bel-prazer. De um lado, subjetividade não pode ser inteiramente emancipada do indivíduo e de sua consciência, a despeito de todo esforço desde Fichte, se não é que deve perecer o que Schelling denomina egoidade,[335] sem a qual a subjetividade não seria pensável. De outro lado, a consciência é constitutiva para a subjetividade como universalidade do pensamento. Essa ambivalência permite igualar ser-aí a um modo de ser do ser e pressupor, sem analisá-la, a diferença ontológica. Em virtude de sua individuação espaçotemporal, o ser-aí é ôntico; como *logos*, ele é ontológico. O que é falso na transição do ser-aí ao ser feita por Heidegger é aquele "simultaneamente" que seu discurso do "múltiplo primado" do "ser-aí em relação a todos os outros entes" implica. É porque o sujeito é determinado pela consciência é que aquilo a que a consciência adere não é também inteiramente consciência, transparente,

334 Ibidem, p.63.

335 Adorno atribuiu o conceito de egoidade também a Schelling: "De nenhum conceito de sujeito se pode abstrair o momento da humanidade singular – chamada egoidade em Schelling –; sem qualquer recordação dela o sujeito perderia todo sentido" (GS 10.2, p.741; cf. também *Dialética negativa*, p.234 (GS 6, p.275)). No entanto, ele provém possivelmente de Hegel, que o utilizou repetidamente, em todo caso em *Fé e saber*, mesmo que não exatamente no sentido de Adorno. Cf. por exemplo: "O que há de mais abstrato daquela negação feita absoluta é a egoidade, como, ademais, a coisa é a mais elevada abstração da posição; tanto um quanto o outro é, ele próprio, apenas uma negação do outro. Puro ser tanto quanto puro pensamento – uma coisa absoluta e uma egoidade absoluta são, da mesma forma, a finitude feita um absoluto" (Hegel, *Werke*, v.2: Jenaer Schriften, 1801-1807, p.301).

"ontológico". O indivíduo que tem consciência – e sua consciência não seria sem isso – permanece espaçotemporal, facti-
321 cidade, ente; não ser. Que esse ente possa pensar não basta // para despi-lo de sua determinação como um ente, como se ele fosse imediatamente essencial. É justamente não "em si mesmo" que ele é "ontológico", pois esse si-mesmo postula aquele ôntico que a doutrina do primado ontológico expurga de si.

Por trás do conceito de existencial, em relação ao qual Heidegger privilegia o já ontologizado existenciário ser-aí como ser, há a representação de que ele seja a medida da verdade não de sua objetividade, como quer que seja concebida, mas a existência, o puro ser assim e o puro comportar-se assim daquele que pensa.[336] Nisso, Jaspers segue incondicionalmente Kierkegaard; o objetivismo de Heidegger, no entanto, dificilmente subscreveria a sentença de que a subjetividade seja a verdade. Na análise dos existenciários de *Ser e tempo*, ressoa entretanto essa mesma sentença. Para sua preferência alemã, contribui que o gesto radical e o tom elevado se encontram com uma ideologia do profundo e autêntico, respondendo aos instintos antissemitas. É a ideologia do suor das mãos do sedentário, cujo ganho é supostamente burlado pela rápida mobilidade. Os enraizados preferem antes perscrutá-la do que perscrutar o nexo de culpa ao qual ambos, os móveis e os sedentários, estão igualmente entrelaçados. Na medida em que a subjetividade, através de sua essência caracterizada por Kant como funcional, dissolve as substâncias fixas e preordenadas, sua afirmação ontológica recalca o medo diante disso, ao se identificar com o inimigo,

336 Para o que se segue, cf. o parágrafo "Existência autoritária", na *Dialética negativa*, op. cit., p.113 *ss*. (GS 6, p.132 *ss*).

desertando para o outro lado – segundo a terminologia da psicanálise, tão odiada por Jaspers. Subjetividade, o princípio da própria mobilidade, torna-se o que é absolutamente fixo, como aliás já estava disposto na doutrina kantiana da unidade transcendental, que basicamente não é nada além do que, como dizer: a regularidade objetificada das puras determinações da lógica. Mas verdade, a constelação de sujeito e objeto na qual ambos se interpenetram, não deve nem ser reduzida a subjetividade nem, ao contrário, àquele ser cujos limites em relação à subjetividade Heidegger intenta borrar. O que é verdadeiro no sujeito
322 // desdobra-se na relação com aquilo que ele mesmo não é, não por meio da produção da pura identidade consigo. Hegel sabia disso e sempre o expressou, assim como Goethe; às escolas da repristinação, isso é desconfortável. Se a verdade fosse de fato a subjetividade, então o pensamento não seria nada além da repetição do sujeito, ele seria inteiramente nulo. A elevação existencial do sujeito o elimina em prol do que poderia se dissolver nele. Com isso, ela se expõe ao relativismo, em relação ao qual ela se crê elevada, e rebaixa o sujeito ao acaso imperscrutável de seu ser-assim; comprovo isso com uma citação de Jaspers, de seu livro *Philosophie*: "O filósofo, no entanto, ousa a tagarelice na qual não há diferenciação objetiva entre fala autêntica, proveniente de origem filosofante, e intelectualidade vazia. Ao passo que o ser humano, enquanto pesquisador, possui critérios universalmente válidos para seus respectivos resultados e se satisfaz na solidez de sua validade, enquanto filósofo o ser humano possui, para diferenciação entre a fala vazia e a que desperta a existência, apenas o critério a cada momento subjetivo de seu próprio ser. Por isso, há um outro *ethos* na raiz do fazer teórico nas ciências e na

filosofia".[337] A existência que se proclama de tal maneira como critério do pensamento já é a mentira de elites que se nomeiam a si mesmas como tais. Desprovida de seu outro no qual ela se aliena, cria autoritariamente a validade para seus próprios decretos, assim como na prática do ditador de sua visão de mundo correspondente. Através da redução do pensamento aos seres pensantes, interrompe-se o processo unicamente no qual ele se tornaria pensamento e a subjetividade viveria. Como chão batido da verdade, ela é reificada. Pode-se ouvir tudo isso no som da palavra "personalidade". O pensamento se torna aquilo que o pensante já é de antemão, torna-se tautologia, uma forma de consciência regressiva. O potencial utópico do pensamento, no entanto, seria que ele rompesse, mediado pela universalidade da razão encarnada nos sujeitos singulares, a limitação daqueles
323 que pensam assim. // A maior força do pensamento é suplantar a fraqueza e a falibilidade daquele que pensa. Ela é estagnada – desde Kierkegaard, para fins obscurantistas – pelo conceito existencialista de verdade, a intolerância é propagada como força da verdade; é por isso que o culto da existência floresce na província de todos os países.

Há muito tempo, a ontologia desarmou a oposição do conceito de existência ao idealismo.[338] O ente, que deveria atestar contra a consagração da ideia feita pelos seres humanos, foi munido entrementes com a consagração muito mais ambiciosa do próprio ser. O seu éter o enobrece de antemão em relação às condições da existência material, que o Kierkegaard de *O Ins-*

337 Jaspers, *Philosophie*, v.1, op. cit., p.264.

338 Para o que se segue, cf. o parágrafo "Historicidade", na *Dialética negativa*, op. cit., p.115 *ss*. (GS 6, p.134 *ss*.).

tante[339] ainda tinha em mente quando confrontava a ideia com a existência. Através da absorção do conceito de existência no ser, sim, já através de sua preparação filosófica em termos de um conceito geral tematizável, a história é, de sua parte, repelida, a história que, em Kierkegaard – que não desprezava os jovens hegelianos –, irrompeu na especulação sob o signo teológico do contato paradoxal de tempo e eternidade. A ambivalência da doutrina do ser: tratar do ente e, ao mesmo tempo, ontologizá-lo, isto é, através do recurso à sua *characteristica formalis* desapropriá-lo daquilo que, nele, é não conceitual, determina também a sua relação com a história. Por outro lado, através de sua transposição em existenciário da historicidade, o espinho do que é histórico é removido, a pretensão, de toda *prima philosophia*, por uma doutrina de invariantes é estendida àquilo que varia: a historicidade é neutralizada em anistoricidade, em desconsideração às condições históricas que estão sujeitas à composição e constelação interna de sujeito e objeto.[340] Então, o veredito sobre a sociologia é destramado dessa meada. Ela se distorce, como antes dela a psicologia em Husserl, em uma relativização exterior à coisa mesma, relativização que prejudica o sólido trabalho do conceito como se não se armazenasse his-
324 tória real no cerne // de tudo que é cognoscível; como se todo

339 Embora o instante pertença aos conceitos fundamentais teológico-políticos de Kierkegaard, Adorno tem em mente aqui, provavelmente, o autor da revista (ou da coleção de panfletos) *O Instante* [*Øjeblikket*], publicada em 1854-1855, na qual Kierkegaard "procura atuar com os meios jornalísticos do instante, para trazer à luz justamente com isso, no entanto, o caráter de instante de uma tal atuação em função do 'instante' eterno" (Kierkegaard, *Werkausgabe*, v.II, p.589).

340 Sobre a crítica de Adorno à historicidade, cf. também nota 3 da Aula 9.

conhecimento que resiste seriamente à reificação não rompesse as coisas cristalizadas e as transformasse em fluxo, tomando consciência justamente por isso da história nelas. Por outro lado, a ontologização da história permite novamente atribuir a potência do ser ao poder histórico indiscriminado, e com isso justificar a subordinação sob situações históricas imperativas, como se ela fosse exigida pelo próprio ser.[341] Que a história possa ser, a depender do caso, escamoteada ou divinizada é uma consequência política praticável da filosofia do ser: o que ela tem de apolítico é, assim como tanta coisa apolítica hoje, algo político. O próprio tempo, e com ele a transitoriedade, é tanto absolutizado quanto transfigurado como eterno pelos projetos ontológico-existenciais. Eles estão de acordo com a morte, e assim, ininterruptamente, com o ruim. O conceito de existência, entendida como a essencialidade do transitório, a temporalidade do que é temporal, mantém a existência à distância por meio de sua nomeação. Ao ser tematizada como título para um problema fenomenológico, ela já é integrada. Esses são os mais novos consolos da filosofia, do tipo do eufemismo mítico, fé falsamente ressuscitada de que o feitiço do que é natural seria quebrado quando se o imita de forma tranquilizadora. O pensamento existencial mete-se na caverna da mimese antediluviana. Nisso, ele sucumbe ao preconceito fatal da história da filosofia, desmantelada por ele como se demite uma funcionária supérflua, o preconceito platônico de que o

341 Aqui, a conferência "Ser e existência" (Vo 13983) possui a menção: "Este aspecto da visão heideggeriana da história foi enfatizado por Karl Löwith (cf. Löwith, *Heidegger: Denker in dürftiger Zeit* [Heidegger: pensador em tempos indigentes], p.49)".

imperecível teria de ser o bom, com o que não se diz mais que os mais fortes a cada vez têm razão na guerra permanente. Se a pedagogia platônica cultivava as virtudes guerreiras, estas teriam de justificar-se, segundo o diálogo *Górgias*, diante da ideia de justiça, sua ideia suprema.[342] A doutrina da existência, no entanto, adéqua-se a um nível de consciência em cujo céu obscurecido não há mais o critério da ideia. A existência é sacramentada sem aquilo que sacramenta; ela é secularizada, mas o propriamente secularizado não é refletido. Diante da
325 ideia eterna, // na qual ela toma parte ou pela qual deveria ser condicionada, não resta nada mais do que o puro princípio do poder, ao qual se atribuiu certa feita a unidade da ideia em relação ao múltiplo disperso.

Minhas senhoras e meus senhores, eu havia anunciado estas lições sob o título *Ontologia e dialética*; creio que os senhores concederão que sob esse anúncio, na verdade, não havia que esperar que eu primeiramente, em uma parte, trataria da ontologia e então, em uma segunda parte, como contraposição, da dialética; creio ter feito aquilo que eu lhes prometi, a saber:

---

342 Adorno está equivocado ao mencionar o aqui o diálogo *Górgias*. Antes, ele deve ter pensado no diálogo *Mênon*, no qual Sócrates pergunta a Mênon, um aluno de Górgias: "Já que é a mesma virtude que pertence a todos, tenta reavivar a lembrança e dizer o que Górgias, e tu com ele, diz que ela é. – Mênon: Que outra coisa seria senão ser capaz de comandar os homens? Se é verdade pelo menos que procuras uma coisa única para todos os casos. [...] – Sócrates: Pois examina ainda o seguinte: afirmas que a virtude é ser capaz de comandar. Não devemos acrescentar aí 'com justiça, e não injustamente'? – Mênon: Creio, de minha parte, que sim. Pois a justiça é virtude, Sócrates" (Platão, *Mênon*, p.27 [73 St.]).

crítica imanente; isto é, tratado da problemática ontológica em si mesma, de modo que dela e da questão sobre a sua própria verdade advieram os motivos do pensamento dialético. Tentei, portanto, desentranhar a dialética implícita na filosofia ontológica, se posso dizer assim. Mas gostaria de utilizar o tempo que nos resta hoje, assim como a última aula que teremos na quinta-feira, para ao menos lhes comunicar alguns pensamentos que se relacionam com o *conceito de dialética* que tenho em mente; e gostaria de lhes pedir, para que avancemos ainda um pouco com o desenvolvimento de um conceito de dialética, que comecemos desde já. – Crítica da ontologia, tal como levei a cabo para os senhores, não quer chegar a nenhuma outra ontologia, tampouco uma ontologia do não ontológico: a nenhuma posição fundamental fixa.[343] Caso contrário, ela poria apenas um outro como o pura e simplesmente primeiro; não a identidade absoluta, o ser, o conceito, mas o não idêntico,[344] o ente, a facticidade. Com isso, faria a hipóstase do conceito do não conceitual e agiria contra aquilo que ela tem em mente. Filosofia fundacional, *πρώτη φιλοσοφία*, leva consigo necessariamente o primado do conceito; o que se lhe opõe resistência abandona também a forma de um filosofar a partir do fundamento. A filosofia pôde estabilizar-se no pensamento da apercepção

343 Com esta frase, Adorno começou a proferir partes de sua terceira conferência parisiense intitulada "Sobre a dialética negativa", cuja quarta versão parece ter sido concluída no dia 16 de fevereiro de 1961 (Ts 16715-16752); na *Dialética negativa*, essa conferência entrou então na segunda parte do livro: *Dialética negativa*, op. cit., p.117 *ss*. (GS 6, p.140 *ss*.).

344 Sobre a categoria e sobre o que é o *não idêntico* no pensamento de Adorno, cf. também NaS IV.14a.

326 transcendental, ou // do ser, porque aqueles conceitos eram idênticos ao pensamento que ela pensa. Se a tese geral dessa identidade é rescindida, então ela leva consigo em sua queda a estabilidade do conceito como algo último. Sem reservas, ela precisa se pôr no movimento que é motivado no conceito do próprio conceito. Se o conceito geral de um ente quiser por fim assimilar o ente, então o seu caráter fundamental se desfaz, por sua vez, diante do ente determinado. A filosofia, com todas as suas mediações, tem isso por objeto, por menos que ela possa esperar também pela totalidade.

No conceito de objetividade há a lembrança de um objeto, de algo ôntico que não se dissolve em seu conceito.[345] Quando o pensamento colide com seu outro – como a ontologia presume fazer com o seu ser –, então é justamente esse momento recalcitrante que ela quer volatilizar. Ele não se amolda ao domínio do conceito e, com isso, à ideia de algo imutável, igual a si mesmo, que deriva da constituição do próprio conceito, que quer ser constante em relação aos seus conteúdos. Em vez disso, a história, não a historicidade, torna-se meio da filosofia. Sua transição em história como o movimento do que é individuado no espaço-tempo não pode ser evitada pela evocação de uma essência supostamente autêntica. Tal apologética revela apenas a má consciência crescente da filosofia. Sempre que foi senhora de si, imiscuiu-se com o ente, não apenas em Schelling e Hegel, mas *contre coeur* já em Platão, que batizou o ente de não ente e, não obstante, escreveu uma doutrina da República na qual as ideias se entrecruzam com determinações em-

345 Para o que se segue, cf. o parágrafo "Coerção ao conteúdo coisal", na *Dialética negativa*, op. cit., p.120 *ss.* (GS 6, p.140 *ss.*).

píricas como a troca de equivalentes e a divisão do trabalho. A diferença, hoje academicamente arraigada, entre, de um lado, uma filosofia regular que lida com o ser, como também uma ontologia do conhecimento, depois que as ciências particulares lhe retiraram aquilo em que ela possuía a sua *raison d'être*: interpretação e instauração do real; e, de outro lado, uma rela-
327 ção meramente // genética e extrafilosófica com a sociedade, como resta à sociologia do conhecimento e à crítica da ideologia, essa diferença é tão suspeita quanto a carência por uma filosofia regular. Não apenas a filosofia receosa de sua própria pureza afasta-se tardiamente de tudo aquilo em que ela tinha a sua substância. Ao contrário, a análise filosófica depara-se imanentemente, no interior dos conceitos supostamente puros, sem nenhuma *μετάβασις* com sua origem e função, com aquele algo ôntico que estremece a pretensão à pureza, ôntico que essa pretensão cede às ciências particulares segundo a divisão do trabalho. O menor resíduo ôntico nos conceitos que a filosofia tenta em vão expurgar basta para, graças à sua conexão com o mundo existente, compelir o pensamento a refletir o próprio existente em vez de se acomodar em seu mero conceito. O que ainda a dialética hegeliana difamava como existência vadia[346] seria o ponto de partida de uma mais verdadeira; seu tema seria, primeiramente, as qualidades individuadas que a filosofia tradicional extirpa como escória contingente. Se for rompida a superstição em algo último, como quer que se chame, que

346 "Deus governa o mundo, o conteúdo de seu governo, a consumação de seu plano é a história mundial. A filosofia quer apreendê-la; pois apenas o que é consumado a partir dele tem efetividade, o que não está em conformidade com ele é existência vadia" (Hegel, *Werke*, op. cit., v.12: Philosophie der Geschichte, p.53).

converge para a tese da identidade e, com isso, para a supremacia do sujeito, então a abordagem contrária não pode inchar seus próprios conceitos como se fossem últimos. Os teores do pensamento filosófico não são nem os restos que sobram após a retirada de espaço e tempo, nem tampouco resultados gerais sobre algo espaçotemporal em geral, mas constelações do particular, determinados em espaço e tempo. O conceito de ente em geral é apenas a sombra do falso conceito de ser, e não é superior a este.

A dialética poderia se desdobrar ao perseguir a modificação de toda e qualquer categoria, também da de sujeito e objeto.[347] Sua polaridade abstrata deve ser preenchida de conteúdo através de sua confrontação com o jogo de forças latente no conceito, a ação recíproca entre o que é da ordem do conceito e do ente: através da crítica. Que sujeito e objeto não sejam algo último, não sejam entidades antitéticas estanques, não passou
328 despercebido à ontologia fundamental. // Mas ela barrou a crítica ao pensamento dicotômico – àquilo que Hegel fundamentalmente censurava à assim chamada filosofia da reflexão – de maneira anticrítica a algo primeiro, esquecido ou desfigurado naquela dicotomia, em vez de ter levado a crítica adiante, com a diferenciação de que os momentos da mediação nos dois polos e a relação da mediação e do mediado fosse levada a cabo. Depois que a ontologia fundamental conservou uma vez a inverdade da metafísica de sujeito e objeto, ela se deixa induzir justamente por aquela tendência do pensamento que a antítese estanque de sujeito e objeto ocasionava. Com isso, desapa-

---

347 Para o que se segue, cf. também o parágrafo "Metafísica da caixa de luz", p.121 *ss.* (GS 6, p.142 *s.*).

rece nela a divergência do que são entidades últimas segundo a filosofia da reflexão. A oposição abstrata entre sujeito e objeto como irredutível radica-se ela mesma no âmbito da aparência ontológica; sua unidade, no entanto, não se desabriga a nenhuma indagação remanescente sobre algo que lhe seja anterior; ao contrário, a estrutura dicotômica esfacela-se nas determinações concretas que atestam em cada um dos polos o momento de seu próprio oposto. A partir disso, seu dualismo não é o quadro para o pensamento filosófico, mas – compreendam bem – é falso. Mediação é apenas a expressão mais geral e ela mesma insuficiente para isso. O próprio sentido do sujeito concebido como mediado obriga aqueles momentos que a ontologia considera meros derivados à transição, a história da espécie que determina sua essência. Com a pretensão da prioridade do sujeito anula-se também a depreciação do secundário, o alvo estratégico da filosofia tradicional. Ao mesmo tempo, no entanto, o pensamento da mediação constitutiva do sujeito impede, como de costume, a trivialidade de que todo ente seja colorido pelas lentes do observador, de seu grupo ou espécie, enquanto a mediação subjetiva do que é objetivo implica a crítica à metafísica como uma visão do puro em si.

329 # // Aula 23
23 de fevereiro de 1961

Minhas senhoras e meus senhores, cumprimento-os como aquilo que se costuma chamar, em relação ao legislativo democrático, de *Rumpfparlament*,* procurando desenvolver as alusões que posso lhes dar nesta última aula sobre o conceito de dialética negativa. – Disse-lhes primeiramente que a ideia de uma mediação do sujeito costuma cuidar para que não se caia no subjetivismo vulgar, que diz que todo ente depende, como se diz tão belamente, do ponto de vista do observador; mas também, ao mesmo tempo, que a mediação subjetiva do objetivo significa a crítica ao tipo de metafísica que faz como se a metafísica fosse uma visão do em-si. Caracterizei esse tipo de metafísica, segundo uma analogia com a dramaturgia, de metafísica da caixa de luz; olha-se para fora da janela e vê-se

* A expressão *Rumpfparlament*, parlamento remanescente, foi utilizada historicamente para se referir à assembleia dos deputados remanescentes após a transferência da instituição de Frankfurt, onde fora primeiramente constituída, para Stuttgart, em junho de 1849. Adorno utiliza jocosamente a expressão para se referir aos últimos estudantes a perseverarem no curso. (N. T.)

lá fora, no céu negro, as estrelas – uma representação algo primitiva e impossível, de cuja crítica terei de me furtar hoje.[348] Em todo caso, a situação que está dada com isso instancia, com os dois momentos que caracterizei para os senhores, no mínimo uma aparência de paradoxo.[349] A subjetividade não poderia ser explicada a partir de si mesma, mas da sociedade fática, que, como um nexo, como uma totalidade, certamente já é mais do que mera donação palpável e fática. Mas a objetividade do conhecimento, por sua vez, não poderia ser explicada a partir daquela dependência, e não é relativizada sobretudo através daquela dependência. Esse paradoxo surge da norma cartesiana, há muito arraigada e elevada à autoevidência, de que a explicação deveria fundamentar o posterior ou, no mínimo, o logicamente posterior, a partir do antecedente, do que é anterior. O estado de coisas dialético, no entanto, como o qual, segundo o que foi apresentado, a relação de sujeito e objeto em si mesma se apresenta, não obedece àquela norma – e isso não simplesmente
330 porque, // graças à reciprocidade da relação de sujeito e objeto, é incorreta a diferenciação de um *ὕστερον* e um *πρότερον* em sen-

348 Cf. também o uso do conceito na *Dialética negativa*, a versão definitiva também dessa ideia: "A metafísica ocidental foi sempre, com a exceção dos heréticos, uma metafísica da câmara escura. O sujeito – ele mesmo apenas momento limitado – foi aprisionado por ela em toda a eternidade em seu si próprio, como punição por sua divinização. Como se, através das brechas de uma torre, ele olhasse para um céu escuro no qual desponta a estrela da ideia ou do ser" (Adorno, *Dialética negativa*, p.122-3 (GS 6, p.143)).

349 Com essa frase Adorno retorna à sua conferência "Sobre a dialética negativa" (Ts 16721 *ss.*); cf. também na *Dialética negativa* o parágrafo "A ausência de contradição não é hipostasiável" (Adorno, *Dialética negativa*, op. cit., p.123 *ss.* (GS 6, p.144 *ss.*)).

tido corriqueiro. De acordo com a medida de uma tal diferenciação, no entanto, a relação que lhes apresentei seria apenas a simples contradição lógica. Em contraposição, uma dialética – como modo de proceder filosófico, e não como estado de coisas de tipo objetivo – é a tentativa, com o meio mais antigo do esclarecimento, a astúcia, de desatar o nó do paradoxo, o liame interno entre o nexo natural mítico e a liberdade que dele se desprende; não por acaso, a forma decadente da dialética é o paradoxo, e já o era sobretudo em Kierkegaard. Aqui, os senhores podem compreender desde a raiz aquilo que muitos de vocês terão certamente percebido como o que mais estranha na dialética, a saber, que a lei de não contradição não é válida em sua figura tradicional. Isso é colhido daí. A razão dialética procura, nostalgicamente, transcender o nexo natural e sua ofuscação sem impor, de sua parte, sua própria dominação, a dominação da razão, ao nexo natural: ou seja, sem vítima e vingança, que apenas prolongam o nexo natural. A dialética não se prende a meio caminho entre relativismo e absolutismo. De nenhum lugar senão através do nominalismo ela anseia pela objetividade do conceito, nominalismo que dita o estado da época. Ela procura pensar conceitualmente o que o conceito fracassa em fazer, o qualitativo; ela procura penetrar o particular como o universal graças à insistência diante daquele, em vez da subsunção a este. Também a sua essência veio a ser e é transitória, como a sociedade antagonista. Ela não pode ser falsificada em uma dialética do ser em si. A extrapolação do sofrimento suprimível, do sofrimento evitável e não enraizado em um princípio primordial, seria, como negação abstrata da tese positiva do sentido do ser-aí, sua equivalente. Ela se assemelharia a uma mitologia das forças demoníacas da natureza, de modo clandestinamente

afirmativo, na medida em que, como em Schopenhauer, o sofri-
331 mento suprimível // seria confirmado como insuprimível, ou, como em Hegel, seria, em sua totalidade, festejada como seu próprio contrário, a suma da transitoriedade enquanto reconciliação. É claro que o antagonismo, tão pouco quanto o sofrimento, encontra seus limites na sociedade. Se a dialética não deve ser transposta à natureza como uma *prima philosophia*, isso não significa que, inversamente, se deveriam instituir dois tipos de verdade paralelos, a verdade dialética intrassocial e uma outra verdade lá fora. A separação absoluta do ser social e do extrassocial é por demais inofensiva: ela engana sobre o fato de que, na história heterônoma, seguem proliferando os cegos processos naturais. Nada conduz para fora no nexo de imanência dialético senão ele mesmo. A dialética o rememora criticamente e reflete o movimento que lhe é próprio; do contrário, a pretensão de direito de Kant contra Hegel permaneceria não prescrita. Chamo negativa a uma tal dialética. Sua ideia designa a diferença em relação a Hegel. Se também nele a negação determinada era o *movens* do conceito especulativo, por meio de seu fim permaneceu de modo positivo, no entanto, o *τέλος*, a saber, a totalidade das determinações individuais mediadas umas pelas outras, o absoluto. Identidade e positividade eram o mesmo; a inclusão de todo não idêntico e objetivo na subjetividade ampliada e elevada a espírito gostaria de ser essa reconciliação levada a cabo. Comparada a isso, a dialética negativa pensa a força do todo que atua em cada determinação individual não apenas como negação da determinação individual, mas também como o negativo – ou seja, como o não verdadeiro, como aquilo que sabota a reconciliação. O excedente daquilo que é externo ao sujeito, do heteronomamente institucional, nas partes materiais da filosofia

tardia de Hegel, que o qualifica como ideólogo de Estado da época do *Vormärz*,* não é nada contingente na filosofia do sujeito absoluto, nem nada que simplesmente a deformasse. Ao contrário, ela própria, o princípio da identidade e a subjetividade constitutiva são particulares. A dedução total do ente a partir do espírito leva-o a se encurvar abaixo do mero ente; não fosse assim, eles não coincidiriam. É justamente o princípio
332 radical da identidade que eterniza o // antagonismo em razão da repressão do antagônico pela razão dominadora da natureza. O que nada tolera que não lhe seja semelhante se torna adversário da reconciliação que ele crê falsamente ser. O ato de violência de igualar reproduz a contradição que ele erradica.

Por isso a tentativa de uma dialética negativa não é uma nuance do neo-hegelianismo ou da historicamente superada esquerda hegeliana, como nos reprovam às vezes.[350] O medo do epigonismo e do odor de escola que adere a cada reprise de motivos codificados nos termos da história da filosofia induz há muito justamente as escolas a fazer propaganda de si mesmas como algo que nunca antes existiu, como algo novo por excelência. Justo isso fortalece a continuidade fatal do que existiu, a saber, do primeiro. Por mais questionável, porém, que seja também um procedimento que tagarela sobre vivências originárias tão mais ruidosamente quanto mais prontamente suas categorias lhe são entregues pela teia social, as ideias, ao contrário, não podem ser subsumidas naquilo de onde elas

* A expressão designa os anos que antecedem as revoluções de março de 1848 nos estados da Confederação Alemã. (N. T.)

350 Para o que se segue, cf. os parágrafos "Relação com o hegelianismo de esquerda" (Adorno, *Dialética negativa*, op. cit., p.125 *s.* (GS 6, p.146 *s.*)); e "Materialismo sem imagens" (ibidem, p.174 *ss.* (GS 6, p.204 *ss.*)).

provêm; mesmo esse costume é um pedaço de filosofia da origem. Se resistimos ao esquecimento, só ao esquecimento histórico, claro, e não, como Heidegger, ao pré-histórico; ou seja, se resistimos ao sacrifício exigido em toda parte da liberdade da consciência conquistada outrora, não estamos defendendo uma restauração histórico-espiritual. A confiança de Hegel na totalidade buscou a dialética não apenas, como era seu programa, na "observação pura" no processo,[351] mas também, com uma discrepância secreta, no método relativamente autonomizado. Ora, método dialético é de partida uma *contradictio in adjecto*. Seu preço é cobrado no fato de que, por fim, também o seu próprio conceito não possa ser posto. Junto da separação cartesiana-kantiana de forma e conteúdo, Hegel quis abolir a concepção, correspondente à noção de uma forma destacável, de um método manipulável independentemente da coisa, e, no entanto, teve forçosamente de proceder de modo metódico. A reconstrução crítica do logicamente encadeado que a dialética
333 negativa // quer despotencializar permanece logicamente encadeada, na medida em que a reconstrução crítica se achega a ele. Sem esse momento de unidade, ela se dissocia em ocorrências paradoxais; e ela se inclina constantemente a isso. A consciên-

351 Cf. na Introdução da *Fenomenologia do espírito*: "Uma achega de nossa parte se torna supérflua segundo esse aspecto, em que conceito e objeto, o padrão de medida e o que deve ser testado estão presentes na consciência mesma. Aliás, somos também poupados da fadiga da comparação entre os dois, e do *exame* propriamente dito. Assim, já que a consciência se examina a si mesma, também sob esse aspecto, só nos resta o puro observar [*reine Zusehen*]. Com efeito, a consciência, por um lado, é consciência do objeto; por outro, consciência de si mesma: é consciência do que é verdadeiro para ela, e consciência de seu saber da verdade" (Hegel, *Fenomenologia do espírito*, p.79).

cia liberada na liberdade também estaria livre da dialética. Algo disso é representado em sua execução pensante pelo momento subjetivo. A dialética negativa não é nem método estrito nem aquilo com que Marx, cansado de seu tom árido, despachou a controvérsia: o suposto reflexo da realidade.[352] Não é método, pois a coisa irreconciliada, que carece justamente daquela identidade que substitui a ideia, é contraditória e mostra isso no caráter vão de toda tentativa de uma melhoria isolada de situações. Não é espelhamento, pois a ideia não é nenhuma cópia da coisa – só uma metafísica materialista de estilo epicurista

352 Chamou-se teoria do reflexo ou do espelhamento a teoria do conhecimento oficial do marxismo-leninismo institucionalizado, que não hesitava em dar a si próprio o nome de Diamat. Para Adorno, era incontroverso que "Marx, que, por repugnância ante as disputas acadêmicas, extravasou sua raiva nas categorias epistemológicas como na loja de porcelana do ditado popular, sobrecarregou de maneira demasiada certas expressões, como reflexo" (Adorno, *Dialética negativa*, op. cit., p.176 (GS 6, p.206)). Sua crítica à teoria do reflexo, segundo a qual o conhecimento refletiria ou espelharia a realidade objetiva na consciência humana, consiste numa casca de noz: "A teoria do reflexo nega a espontaneidade do sujeito, um mobilizador da dialética objetiva das forças produtivas e das relações de produção. Se o sujeito é reduzido a um espelhamento obtuso do objeto que sempre perde necessariamente o objeto que só se abre ao excedente subjetivo no pensamento, então resulta daí a calma intelectual inquieta de uma administração integral" (ibidem, p.175 (GS 6, p.205)). Thomas Metscher realiza uma apologia da teoria do reflexo em um nível notável, em "Ästhetik als Abbildtheorie: Erkenntnistheoretische Grundlagen materialistischer Kunsttheorie und das Realismusproblem in den Literaturwissenschaften", em *Kunst und sozialer Prozess: Studien zu einer Theorie der ästhetischen Erkenntnis*, p.150 *ss.* [Estética como teoria do reflexo: Fundamentos epistemológicos da teoria da arte materialista e o problema do realismo nas ciências literárias, em: *Arte e processo social: Estudos para uma teoria do conhecimento estético.*].

torna-a algo assim, exigindo da matéria que emita pequenas imagens[353] –, mas vai à coisa mesma sem qualquer imagem. A intenção esclarecedora do pensamento, a desmitologização, apaga justamente o caráter imagético da consciência. Aquilo que se cola à imagem permanece cativo do mito, permanece idolatria, e a suma das imagens se encaixa no muro que se antepõe à realidade. Dialética, no entanto, é pensar em contradições em razão da contradição outrora experimentada.

A crítica à identidade, desde que seja levada a cabo e não meramente propalada, tateia em busca da preponderância do objeto.[354] O pensamento da identidade, mesmo quando o nega, é subjetivo. Revirá-lo criticamente, atribuir a identidade à inverdade, não estabelece equilíbrio entre sujeito e objeto: o sujeito restringido, ao contrário, já é em certo sentido despotencializado por sua restrição. É com razão que o menor dos excedentes do não idêntico exala o cheiro da ameaça absoluta: sua medida é sua própria absolutidade. Já com um mínimo, ele se frustraria enquanto todo, pois seu sentido é o todo. A determinação do não idêntico permite a reflexão sobre o sujeito como mediação, mas o princípio da identidade não pode, por princípio, tolerar o não idêntico, como algo que contradiz a
334 ele próprio. Isso é confirmado pelo fato // de que o nexo no qual a subjetividade encontra seus lugares cambiantes é mais

---

353 Sobre o epicurismo e sua doutrina das imagens (εἴδωλα), cf. sobretudo a carta de Epicuro a Heródoto, 46-53; de resto, também Long; Sedley, *Die hellenistischen Philosophen*, por exemplo na p.99.

354 Essa é provavelmente a primeira formulação de Adorno de sua teoria do primado do objeto, decisiva para seu pensamento. Cf. também o parágrafo "Primado do objeto" em Adorno, *Dialética negativa*, op. cit., p.157 *ss.* (GS 6, p.184 *ss.*). Cf. igualmente NaS IV.4, p.412 *ss.*, nota 296; e NaS IV.14, p.266 e p.442, nota 282.

abrangente do que o nexo a ser de algum modo desenvolvido a partir da subjetividade. O sujeito está no objeto de um modo inteiramente distinto do modo como o objeto está no sujeito. O objeto só pode ser pensado por meio do sujeito, mas se conserva sempre como um outro em relação a ele; o sujeito, todavia, é segundo a sua própria constituição de antemão também objeto, ainda que nenhuma água régia da teoria do conhecimento possa destilar de modo puro uma tal objetividade. O objeto não pode ser abstraído do sujeito nem mesmo enquanto ideia. O ente é uma implicação de sentido inclusive do lógico "'Eu penso' que acompanha todas as minhas representações",[355] pois ele tem a sucessão temporal como condição de sua possibilidade, e esta só é enquanto uma sucessão do que é temporal. A expressão "ser-aí" alude a isso. O fato de que o sujeito é tomado da objetividade e empresta a ele próprio algo de objetividade; não por acaso, *subjectum*, o subjacente, adverte justamente sobre aquilo que a linguagem artificial da filosofia chama precisamente de objetivo. No entanto, de modo algum a subjetividade está da mesma maneira e de modo qualitativamente comparável incluída no sentido da objetividade, mas apenas na reflexão sobre a possibilidade da determinação do objeto. Não que a objetividade fosse um imediato ou que a crí-

355 Formulação de Kant na *Crítica da razão pura*. Cf. sobretudo a "Dedução dos conceitos puros do entendimento" na segunda edição (B), em particular o § 16, "Sobre a unidade sintético-originária da apercepção": "O *eu penso* deve *poder* acompanhar todas as minhas representações; se assim não fosse, algo se representaria em mim, que não poderia, de modo algum, ser pensado, que o mesmo é dizer, que a representação ou seria impossível ou pelo menos nada seria para mim" (Kant, *Crítica da razão pura*, p.157 (B 131 *s*). Cf. também p.189 *s*.

tica ao realismo ingênuo tivesse sido revogada. O sujeito mediador e o objeto mediador não são, todavia, o mesmo;[356] mesmo na esfera das abstrações mais elevadas o conceito de mediação seria abstrato demais. Que sujeito e objeto são mediados um pelo outro, que eles não são entidades últimas, que não devemos recorrer a um absolutamente uno por trás deles – em suma, a necessidade da intenção da não identidade é ao mesmo tempo a da crítica do dualismo de sujeito e objeto. Se a filosofia permanecesse parada nele, ela permaneceria falsa; não apenas como variante de uma filosofia primeira, mas também porque o próprio dualismo abstrato – como aquele, em Fichte, de eu e não eu – seria primado do sujeito que realiza a abstração. Seguir perseguindo-o significaria também ao mesmo tempo suprassumir o dualismo insuprassumível. O primado do objeto não significa a sua prioridade, mas sim a progressiva di-
335 ferenciação qualitativa da // mediação em si. Kant ainda não se deixara enganar sobre o momento da prioridade da objetividade. Ele tanto conduziu a decomposição subjetiva da faculdade cognitiva pela intenção objetiva da crítica da razão[357] quanto defendeu obstinadamente a coisa em si transcendente; a filosofia da identidade que se desenvolveu a partir daí o reprovou por isso, como uma inconsequência e como contradição com a doutrina das categorias. Ele viu com clareza que não contradiz

---

356 Está assim na transcrição da aula (cf. Vo 5965). No texto escrito da conferência lida consta: "Mas a mediação do sujeito e a mediação do objeto não são o mesmo" (Ts 16743).

357 No original, consta, talvez por erro, o acréscimo: "isso já estava na Introdução da *Crítica da razão pura*". Na passagem correspondente da *Dialética negativa* (op. cit., p.158 (GS 6, p.185)) há uma nota de rodapé (nota 12) que remete à *Crítica da razão pura*, B 106 *s*.

o conceito de objeto que ele seja em si; que sua mediação subjetiva deve menos ser atribuída à ideia de objeto do que ao sujeito que toma partido por si mesmo – ou, seria melhor dizer, que está preso em si mesmo. Enquanto ele não é capaz de sair de si mesmo, não sacrifica, todavia, a ideia de alteridade. Sem ele, o conhecimento seria rebaixado a pura tautologia. O pensamento totalmente indeterminado criaria um algo a partir de um material igualmente indeterminado. Esse absurdo obviamente desconcertava a meditação kantiana mais do que o teorema de que a coisa em si seria a causa desconhecida de suas aparições fenomênicas, ao passo que a causalidade havia sido atribuída pela crítica da razão ao sujeito, como categoria. O fato de que a consciência não "tem", como se costuma dizer, o objeto puro, mas sim está sempre nele, não implica que o sujeito poderia de algum modo ser representado sem o objeto. O sujeito, em ambos os seus polos, não é possível sem o ente, nem sem aquilo que porta a consciência nem sem aquilo que está implicado mesmo no "algo" mais formal. Todos os esforços do conceito especulativo, e de modo algum apenas o kantiano, querem na verdade o objeto, e a construção da subjetividade transcendental é apenas o esforço grandiosamente paradoxal e vão de dominá-lo. Nesse ponto, a dialética negativa também gostaria de levar a cabo aquilo que a dialética positiva e idealista já visava. Ela tem, nessa medida, um momento ontológico, assim como a ontologia destitui o sujeito de seu papel terminantemente constitutivo. Só que ela não substitui, como Nicolai Hartmann, o sujeito pelo objeto como seu contrário estático. O primado do objeto só pode ser alcançado passando-se pela
336 subjetividade – // ou seja, pela determinação da divergência do conceito e de sua coisa em cada conceito. Pode-se imaginar com

mais detalhes o estado de coisas dificilmente exprimível segundo as regras da lógica corrente e que lhes ocorreria, em sua abstratidade, talvez como algo disparatado, o estado de coisas, digamos, de que se pudesse escrever uma pré-história do sujeito, como Horkheimer e eu a esboçamos na *Dialética do esclarecimento*, mas não se pode imaginar uma pré-história do objeto, pois esta trataria desde já de objetos. Se se argumentasse contra isso que não haveria nenhum conhecimento sobre o objeto sem um sujeito do conhecimento, daí não se seguiria nenhum *prius* ontológico da consciência. Que ela seja capaz de refletir sobre si mesma como algo que emergiu, que sua origem só possa ser pensada por ela própria, isso não implica de modo algum que ela seja a origem absoluta. Reflexões análogas sobre a gênese do objeto seriam nulas. É verdade que o pensamento é a mediação dos objetos num sentido real, mas, segundo sua possibilidade, os objetos podem ser pensados apartados do pensamento; o mesmo não acontece com a possibilidade do pensamento apartado de um algo objetivo. Essa é a distinção qualitativa da sentença de que tudo que é objetivo é mediado pelo conceito em relação à sentença de que não há sujeito sem objeto. Mediação do objeto significa que ele não pode ser hipostasiado de modo estático ou dogmático, mas só pode ser capturado em seu entrelaçamento com a subjetividade; mediação do sujeito, que sem o momento da objetividade ele simplesmente é nada. Se identificarmos a mediação, a identificação pura e simples, à dominação, então esse caráter duplo atesta o da própria dominação: como verdadeira e como ilusão. Ela é verdadeira, pois nada se exime da dominação, pois mesmo a natureza é determinada negativamente pela isenção da dominação e, por isso, é, por outra parte, de certo modo determinada por ela. A identificação e,

com ela, a dominação são ilusão, no entanto, porque a dominação possui desde o início também algo arbitrário, não necessário, que se transmite para todas as necessidades que dela fluem. Um índice do primado do objeto é a impotência do espírito
337 em todos os seus juízos, assim como na constituição // da realidade. O fato negativo de que, com a identificação, malogrou-se a reconciliação aos olhos do espírito e de que assim seu próprio primado se viu frustrado se torna motor de seu próprio desencantamento no interior do desencantamento do mundo. Com isso, o esclarecimento transcende sua autocompreensão tradicional: ele é desmitologização não apenas enquanto *reductio ad hominem*, mas também como compreensão do engodo da subjetividade que se erige em absoluto. O sujeito é a figura tardia do mito, mas é também a sua figura mais antiga ocultada de si própria.

Por fim, justamente as determinações pelas quais o conceito de subjetividade, segundo a tradição da filosofia, se destaca do ente são cunhadas segundo o modelo do ente.[358] Não apenas o eu puro é mediado pelo eu empírico, não apenas o objeto do pensamento possível por um objeto que não é próprio do sujeito, mas também o próprio princípio transcendental no qual a filosofia acredita possuir o seu elemento primeiro em face do ente. Nele, na atividade universal e necessária do espírito, se oculta o trabalho social.[359] O conceito aporético de sujeito transcenden-

---

358 Para o que segue, cf. o parágrafo "Inversão da redução subjetiva", Adorno, *Dialética negativa*, op. cit., p.152 *ss.* (GS 6, p.178 *ss.*).

359 Na versão consolidada do livro *Dialética negativa*, Adorno complementa a frase: "Alfred Sohn-Rethel foi o primeiro a chamar a atenção para o fato de que nisso, na atividade universal e necessária do espírito, se esconde incondicionalmente trabalho social" (Adorno, *Dialética nega-*

tal, um *μὴ ὄν*, um não ente, que todavia age, um universal que todavia vivenciaria coisas particulares, seria uma bolha de sabão se não fosse construído segundo o modelo de um algo que é essencialmente outro em relação ao puro nexo de imanência da consciência. Em face desse outro, ele representa não apenas algo mais abstrato, mas também, por força de sua transcendência, em relação a seu outro e de seu poder de dar forma, algo mais efetivo. Para além do círculo mágico da filosofia da identidade, o sujeito transcendental se evidenciaria como a sociedade inconsciente de si mesma. Só é deduzível a sua inconsciência. Na medida em que o trabalho espiritual se separa do trabalho manual e que aquela separação se funde com a violência dominadora do espírito, com a justificação do primado dos privilegiados, o espírito cindido precisa justamente justificar aquela pretensão de dominação que ele levanta enquanto o primeiro e originário, e precisa todavia esquecer de onde vem essa pretensão caso não queira que ela expire. No seu íntimo, o espírito pressente
338 // que sua dominação, na medida em que ela se impõe e se estabelece, não é dominação do espírito, mas possui sua *ultima ratio* na violência física de que ela dispõe. Ela não pode explicitá-lo, sob pena de sua ruína; a dialética negativa dirige a ela essa admoestação. A abstração que, mesmo segundo o testemunho de idealistas extremos como Fichte, vem primeiro a fazer do sujeito um *constituens* em geral, é ela mesma una com aquela separação

---

tiva, op. cit., p.152 (GS 6, p.178)). Sobre Sohn-Rethel, que encontrou apenas tardiamente uma formulação definitiva de suas ideias, cf. principalmente Sohn-Rethel, *Geistige und körperliche Arbeit: Zur Theorie der gesellschaftlichen Synthesis* [*Trabalho intelectual e manual: Contribuição à teoria da síntese social*]. Sobre a relação entre ele e Adorno: Adorno; Sohn-Rethel, *Briefwechsel 1936-1969*.

do trabalho corporal e se torna clara através da confrontação com ele. Se Marx redarguia aos lassalianos na *Crítica do programa de Gotha* que o trabalho não era, como comumente se recitava entre os socialistas vulgares, a única fonte de toda riqueza,[360] o que com isso ele expressava filosoficamente – num período em que já havia deixado para trás a temática filosófica oficial – não era nada menos do que a ideia de que o trabalho não pode ser hipostasiado em nenhuma de suas figuras, a do esforço das mãos tão pouco quanto a da assim chamada produção espiritual; e que uma tal hipóstase apenas dá continuidade à ilusão da supremacia do princípio gerador. Esse princípio espiritual só alcança sua verdade na relação com aquele não idêntico, para o qual Marx, que desprezava a teoria do conhecimento, escolhera o nome de natureza. Aquilo que, desde a *Crítica da razão pura*, constitui a essência do sujeito transcendental, a funcionalidade, a atividade pura que é levada a cabo nas realizações do sujeito individual e que ao mesmo tempo as transcende, é não apenas análoga à teoria do valor objetiva como também, vista de fora, é ela própria, só que como que projetada no sujeito puro como fundamento de ser. Se Kant ainda conseguiu represar a funcionalidade do sujeito ao concebê-lo como nulo e vazio sem um material adveniente, nisso ele conservou resolutamente a constituição do trabalho social, isto é, do trabalho sobre algo, constituição que os idealistas que o sucederam, em sua maior consequência, eliminaram sem titubear. A universalidade do sujeito transcenden-

360 Sobre isso, tanto na versão da conferência quanto na da *Dialética negativa* consta a indicação: Cf. Marx, *Kritik des Gothaer Programms*, p.199 *ss.* – Cf. Adorno, *Três estudos sobre Hegel*, p.97 *s.* (GS 5, p.270).

tal é a do nexo funcional da sociedade em uma totalidade que se compõe a partir das espontaneidades e das qualidades individuais, mas que, ao mesmo tempo, as limita pelo nivelador
339 princípio da troca // e virtualmente as desativa, tornando-as impotentes e dependentes do todo. A dominação universal do valor de troca sobre os homens, que nega *a priori* aos sujeitos serem sujeitos, rebaixa a própria subjetividade a mero objeto, relega à inverdade aquele princípio universal que afirma fundar o predomínio do sujeito.

Como caso limite extremo da ideologia, no entanto, o sujeito transcendental também chega bem junto da verdade.[361] Pois a universalidade transcendental não é uma mera ficção do sujeito sobre si mesmo, não é uma mera hipóstase de uma autonomia alucinada, mas possui ela própria, por sua vez, seu *fundamentum in re*. Ela é tão efetiva quanto a dominação que se realiza através do princípio de equivalência. O processo de abstração absolutizado pela filosofia tem vez na sociedade da troca, que é um fato. A determinação do transcendental como necessário, que se junta à da funcionalidade e da universalidade, contém o princípio da autoconservação da espécie. *Sese conservare*, como formula Espinosa.[362] Ele fornece o fundamento *de jure* para a

---

361 Para o que segue, cf., na *Dialética negativa*, op. cit., o parágrafo "Sobre a interpretação do transcendental", p.154 *s.* (GS 6, p.180 *s.*).

362 "*Unaquaeque res, quantum in se est, in suo esse perseverare conatur*" ("Cada coisa, o quanto está em suas forças, esforça-se para perseverar em seu ser") (Espinosa, p.251, Parte III, Proposição VI). Seguindo a isso, diz Adorno: "O *sese conservare* espinosista, a autoconservação, é verdadeiramente a lei natural de todo vivente" (*Dialética negativa*, op. cit., p.289 (GS 6, p.342). Sobre o destino histórico dessa lei da natureza, cf., no entanto, Horkheimer, "Vernunft und Selbsterhaltung", em

abstração constitutiva, sem a qual ele não opera; ela é o *medium* da razão de autoconservação. Parodiando Heidegger sem muita afetação, a ideia da necessidade no filosoficamente universal deveria ser interpretada como a carência de virar a penúria ao avesso, de remediar a escassez de bens pelo trabalho organizado;* mas com isso, é claro, a própria mitologia da linguagem heideggeriana já seria posta de ponta-cabeça, uma mitologia que, enquanto deificação do espírito objetivo, bane de partida enquanto ôntica a reflexão sobre o processo material que nele irrompe. O quanto aquela necessidade teria sido desde o início ideologia é algo a se questionar. A unidade da consciência porta, por fim e do modo mais visível, os traços do humano individual e, assim, do ente. Ela é, segundo a fórmula de Husserl, um pedaço de mundo,[363] sem nenhum tipo de prioridade em relação

---

Gesammelte Schriften, v.5, p.320 *ss.*, assim como Adorno; Horkheimer, *Dialética do esclarecimento*, p.26, *passim* (GS 3, p.28, *passim*).

* Sobre essa paródia não muito forçada que Adorno faz de Heidegger, acrescenta Marco Antonio Casanova em sua tradução da *Dialética negativa*: "Adorno alude aqui a uma expressão recorrente no pensamento heideggeriano: 'die Not der Notwendigkeit' (a penúria da necessidade). Com essa expressão, Heidegger procura pensar a necessidade associada tradicionalmente à verdade em sua relação com a negatividade constitutiva do ser-aí (para Heidegger, o ser-aí pensa a partir da negatividade). A paródia adorniana consiste, neste contexto, na transformação da negatividade supostamente abstrata do ser-aí na penúria material concreta" (*Dialética negativa*, op. cit., p.153, nota do tradutor em asterisco). Caberia acrescentar, na verdade, que Adorno parodia o *estilo* de Heidegger, seu modo de especular filosoficamente a partir de etimologias, formações e radicais de vocábulos: "*die Not wenden*" (virar ao avesso a penúria) seria como que um significado oculto, "esquecido", de *Notwendigkeit*, necessidade (*Not-Wendigkeit*, "virabilidade da penúria"). (N. T.)

363 Cf. Husserl, *Meditações cartesianas e conferências de Paris*, p.7.

ao mundo exterior. Como, no entanto, é construída segundo o modelo da objetividade, ou seja, tem sua medida na possibi-
340 lidade da constituição de objetos, ela é o eco conceitual // da associação total e sem lacunas dos atos de produção na sociedade, pelos quais primeiro se forma em geral a objetividade do produzido, verdadeiramente a sua "objetualidade".

Minhas senhoras e meus senhores, estou chegando ao fim. Algo de uma *μετάβασις εἰς ἄλλο γένος* vem junto de todas as especulações desse tipo para a filosofia tradicional, seja ela idealista ou ontológica.[364] Pode-se lhes replicar, com a aparência de rigor, que elas pressupõem como algo mediante aquilo que querem deduzir por sua própria mediação, o sujeito, o pensamento; as determinações do pensamento, pelo mero fato de serem determinações, seriam todas determinações suas. Porém, a dialética negativa contradiz a dialética positiva e irrenunciavelmente total justamente pelo fato de que ela não se submete ao postulado de um último, imediato. Ela não quer arranjar para o objeto o trono real abandonado do sujeito, no qual o objeto não seria senão um ídolo, mas sim gostaria de eliminar a hierarquia. O mais certo é que a aparência da preponderância do sujeito transcendental não pode ser quebrada imanentemente, pela análise da subjetividade puramente em si. Pois essa aparência contém também o verdadeiro (e não há operação para extraí-lo das mediações do pensamento): a previedade da sociedade em relação à consciência individual e a tudo o que ela experimenta. A compreensão sobre o caráter mediado do pensamento pela objetividade não nega o pensamento e as normas

364 Sobre o que se segue, cf. na *Dialética negativa*, op. cit., o parágrafo "Aparência transcendental", p.155 *ss.* (GS 6, p.182 *ss.*).

pelas quais o pensamento é pensamento. O fato de que não é possível alcançar além daí indica ele mesmo aquele deter-se no não pensamento, ao mesmo tempo nega o pensamento e aspira a estabelecê-lo a partir de si. Transparente ainda, entretanto, é o fundamento da verdadeira aparência, da aparência transcendental muito para além de Kant: por que o pensamento, na *intentio obliqua*, sempre volta a desaguar, sem saída, em seu próprio primado, a hipóstase do sujeito. É que a abstração cuja reificação a história do nominalismo, desde a crítica de Aristóteles a Platão, reprovou como o erro do sujeito é ela mesma o princípio pelo qual o sujeito vem a ser sujeito em geral, sua
341 própria essência. // Por isso, o recurso àquilo que não é ele mesmo precisa lhe parecer continuamente exterior, um ato de arbítrio. Aquilo que demonstra ao sujeito o seu próprio arbítrio, que demonstra a seu *prius* a sua própria aposterioridade, soa-lhe sem dúvida como a antítese transcendente não vinculante. O sujeito como ideologia está enfeitiçado pelo nome "subjetividade" assim como o anão Napa da fábula de Hauff pela erva espirro-com-gosto.[365] Essa erva lhe foi ocultada, ele nunca aprendeu a preparar a torta *Souzeraine*, que carrega o nome da

365 O filho do sapateiro, enfeitiçado em feia aparência na fábula de Hauff "O anão Napa", foi cozinheiro do duque, mas não era capaz de preparar a *Souzeraine*, a mais deliciosa das tortas, pois não conhecia uma erva chamada "espirro-com-gosto". Apenas com a ajuda do ganso que também fora enfeitiçado ele próprio se livra de seu feitiço através daquela erva e "foi com o ganso embora do palácio feliz e sem ser reconhecido" (Hauff, *Romane, Märchen, Gedichte*, p.693 *ss*., citação na p.719). O papel desempenhado pelo autor de *Die Sängerin* [A cantora] na vida doméstica de Adorno pode ser depreendido de um texto de 1937 sobre o concerto burguês, no qual se fala laconicamente sobre o "grande Wilhelm Hauff" (cf. GS 16, p.279 *s*.).

soberania em declínio. Nenhuma introspecção por si só o teria levado à regra que preside sua figura deformada e seu trabalho. É necessário um impulso de fora, a sabedoria do ganso Mimi. Um tal impulso é anátema para a filosofia, e ainda mais para a mais elevada, a hegeliana. A crítica imanente encontra seus limites no fato de que, por fim, a lei de seu nexo de imanência é una com a ofuscação que ela precisaria transpassar. Mas esse instante, que é apenas verdadeiramente o salto qualitativo, só se apresenta na execução da dialética imanente. A dialética negativa é imanentemente a jogada de suspender a si mesma; se ela se fechasse em si totalmente, já seria aquela totalidade que remonta ao princípio da identidade. Schelling percebeu, contra Hegel, esse interesse, e com isso ofereceu-se ao escárnio sobre a inconsequência do pensamento que se refugia na mística. O momento materialista em Schelling, que atribui ao próprio material algo como uma força impulsora, talvez participe desse aspecto de sua filosofia.[366] Mas mesmo o salto não pode ser hipostasiado, como em Kierkegaard. Do contrário, ele avilta a razão. A dialética precisa se restringir a partir da consciência de si mesma. Não obstante, o desengano sobre o fato de que, sem qualquer salto, em um movimento próprio, a filosofia não desperta de seu sonho; sobre o fato de que ela precisa daquilo que o seu feitiço mantém afastado, do outro e do novo – esse desengano não é outro senão o da criança que, lendo a fábula de Hauff, se entristece porque o anão que escapou de sua figura deformada escapa também do triunfo de servir ao duque a torta *Souzeraine*.

366 Cf., sobre isso, NaS IV.14, p.100, assim como as citações de Schelling na mesma página, nota 124.

421 # // Posfácio do editor alemão

Assim como Adorno considerou provisoriamente para as "Meditações sobre a metafísica", que talvez constituam o centro de sua *Dialética negativa*, o título "É possível a metafísica depois de Auschwitz?",[1] também a formulação que alude à questão de Kant na introdução da *Crítica da razão pura* poderia ser com toda razão transposta para o livro como um todo: dizer o que é dialética negativa é tatear em busca de uma resposta à pergunta se ainda se pode fazer filosofia em geral depois do acontecido. Enquanto a crítica tradicional da razão podia ora perguntar *como* a verdade em sentido enfático – Kant falava de juízos sintéticos *a priori* – seria possível sem precisar colocar essa própria possibilidade em questão, para os filósofos que regressaram à Alemanha pós-fascista, depois do que houve com a indústria de extermínio dos alemães no mundo, era tudo, menos óbvio, tocar adiante o seu trabalho como se nada de essencial tivesse se modificado. Na *Dialética do esclarecimento*, escrita nos anos 1940, sob a impressão imediata das notícias

---

1 NaS IV.13, p.462.

da Alemanha, Adorno e Horkheimer se propuseram "nada menos do que descobrir por que a humanidade, em vez de entrar em um estado verdadeiramente humano, está se afundando em uma nova espécie de barbárie".[2] Essa questão, perto da qual os problemas tradicionais da filosofia pareciam irrelevantes, não deixou Adorno mais em paz; ela se desloca para o centro de seu pensamento a um ponto comparável apenas talvez ao caso de Günther Anders. Perto do final da *Dialética negativa*, pergunta-se "se ainda é possível viver depois de Auschwitz"; não se tratava de uma pergunta retórica, mas sim da mais séria das questões, que Adorno complementa em vista de sua própria pessoa: "se aquele que por acaso escapou quando deveria ter sido assassinado tem plenamente o direito à vida. Sua sobrevivência necessita já daquela frieza que é o princípio fundamental da subjetividade burguesa e sem a qual Auschwitz não teria sido possível".[3] Depois de Adorno, desde seu retorno do exílio, ter escrito diversos ensaios e investigações dedicadas a variados temas e objetos, mas que em seu conjunto se voltavam fundamentalmente à decifração daquilo que ele chamou de "princípio fundamental da subjetividade burguesa", ele se ocupou nos sete anos entre 1959 e 1966 em passar para o pa-
422 pel a *Dialética negativa*, que extrai uma espécie de suma // de seus trabalhos materiais ao empreender, pela travessia do "deserto de gelo da abstração",[4] uma elaboração daquilo que as categorias filosóficas tradicionais se tornaram sob as condições da sociedade depois de Auschwitz – condições que, em seu tempo,

2 Adorno; Horkheimer, *Dialética do esclarecimento*, p.11 (GS 3, p.11).

3 Adorno, *Dialética negativa*, p.300 (GS 6, p.355 s.).

4 Ibidem, p.7 (GS 6, p.9).

eram atuais quase apenas para Adorno, depois decaíram para uma espécie de moda, e que continuam presentes. Em termos de conteúdo, desenvolve-se então em "modelos" o modo como a filosofia moral e a filosofia da história tiveram de se transformar para permanecer possíveis dali em diante. A *Dialética negativa* não tinha nenhum "dito", nenhuma solução para oferecer em conclusão, apenas a doutrina tão exposta quanto frágil de que algo como a filosofia só poderia ser salvo lá onde se pudesse credenciar como materialista. "Aquilo que eu" – escrevia Adorno a Gershom Scholem após a publicação do livro – "chamo, na discussão imanentemente epistemológica, de primado do objeto, e aquilo que pode ser representado de fato de modo muito delicado, a saber, apenas no interior da dialética, e não como uma afirmação bruta, parece-me fazer justiça, tendo-se escapado do feitiço da identidade, ao conceito de materialismo. Os argumentos acertados que acreditei opor ao idealismo se apresentam para além do feitiço e, como penso, rigorosamente, como argumentos materialistas. Nisso, no entanto, está também o fato de que um tal materialismo não é terminante, não é uma visão de mundo, não é algo fixo. Essa via totalmente distinta da do dogma é a que me parece garantir aquela afinidade com a metafísica, eu quase diria: com a teologia, que o senhor reconheceu com razão como o motivo central."[5] Esse conceito de materialismo ao redor do qual Adorno dá voltas na *Dialética negativa* impede que a filosofia tape os ouvidos diante dos gritos das vítimas; ele tenta, ao contrário, pensar com esses ouvidos; "condição de toda verdade", para ele, é "a carência de dar voz

5 Carta a Gershom Scholem, 14 mar. 1967.

ao sofrimento".[6] Somente nesse sentido é que a última frase do livro ganha seu peso: "Um tal pensamento é solidário com a metafísica no instante de sua queda".[7]

Adorno, que em regra conduziu sua atividade docente em geral sem vinculá-la à atividade paralela da escrita, desviou da regra no caso da escrita da *Dialética negativa*: nos anos de 1964 a 1966, ele ministrou três preleções consecutivas sobre o objeto do livro que, apesar de toda a crítica de seu autor à ideia de uma obra magna, de um "*genre chef-d'œuvre*", é, ao fim e ao cabo, a de Adorno. O primeiro curso foi anunciado no semestre de inverno de 1964-1965 com o título "Contribuição à doutrina
423 da história e da liberdade" [Zur Lehre von der Geschichte // und von der Freiheit], e abordou os eixos temáticos aos quais seriam dedicados, na *Dialética negativa*, os capítulos sobre Hegel e Kant. No semestre de verão de 1965, seguiu-se então o curso "Metafísica: conceito e problemas" [Metaphysik. Begriff und Probleme], que se ligava ao último dos "modelos" da *Dialética negativa*, as mencionadas "Meditações sobre a metafísica". O último curso, lecionado no semestre de inverno de 1965-1966, desenvolveu então (correspondendo à introdução do livro, escrita por último) a ideia daquela dialética da negatividade à qual Adorno deu o nome de dialética negativa, título tanto do livro quanto daquele curso [Vorlesung über Negative Dialektik]. É comum aos três cursos o fato de que foram a cada vez lecionados num momento em que os textos paralelos da versão do livro ainda estavam longe de encontrar sua forma definitiva; que os cursos surgiram durante o trabalho no livro

6 Adorno, *Dialética negativa*, op. cit., p.24 (GS 6, p.29).

7 Ibidem, p.337 (GS 6, p.400).

e tiveram origem, como gostava de dizer Adorno, em um *work in progress* sobre o qual ainda não estava resolvido em que figura viria a se apresentar. A intenção perseguida por Adorno nesses encontros era "algo como uma consideração metódica daquilo que faço [Adorno] em geral",[8] uma determinação correspondente à da "metodologia dos trabalhos materiais do autor" do prefácio da *Dialética negativa*.[9] Não se deve excluir que esse caráter metodológico, a análise categorial imanente, que ao menos em parte baniu o livro para aquilo que Benjamin chamou de "deserto de gelo da abstração", contribuiu para que a *Dialética negativa* ganhasse logo a reputação de obra de especial dificuldade. Pode bem ser que o autor tenha previsto isso e desejado facilitar um pouco a leitura a seus futuros leitores (tendo-os presumido entre seus estudantes) pela forma livremente improvisada da maioria das aulas – mesmo que a intenção prioritária, como o próprio Adorno admitia repetidamente, era outra: liberar-se do trabalho com novos materiais para os cursos e ganhar tempo para o esforço de escrita do livro. O leitor contemporâneo dos cursos que compuseram a *Dialética negativa* poderia ver neles confirmado aquilo que o editor explicou na ocasião de outro curso: "Poder acompanhar o pensamento adorniano em seus caminhos e desvios conduz a aspectos nos quais a forma conclusa e conclusiva que predomina, em todo caso, nos escritos de Adorno é outra vez quebrada, e entram
424 em cena possibilidades // cujo cumprimento era recusado ao autor em suas obras definitivas. [...] Apenas os protocolos de seus cursos permitem observá-lo no esforço do pensamento;

8 Theodor W. Adorno Archiv, Vo 10813.

9 Adorno, *Dialética negativa*, op. cit., p.7 (GS 6, p.9).

lançar os olhos na oficina na qual, assim como Siegfried forja sua espada na caverna de Mime, o filósofo forja seus conceitos [...]".[10] Sobretudo, os cursos que compuseram a *Dialética negativa* formam uma propedêutica não desprezível à obra que de fato não é exatamente de fácil acesso, a uma obra que, como nenhuma outra, encontrou os nomes de sua era e que poderia auxiliar a era atual a encontrar os seus: "como crítica, como resistência contra a heteronomia em expansão, seja como tentativa impotente do pensamento de permanecer senhor de si mesmo".[11]

Os três cursos mencionados eram antecedidos por um quarto, o curso sobre "Ontologia e dialética" publicado aqui e ministrado no semestre de inverno de 1960-1961, quando o plano para a *Dialética negativa* ainda não fora concebido – plano este que se cristalizou, como disse Adorno, apenas nesse curso. Pouco faltava, e pode-se dizer que a *Dialética negativa* se deve a uma ocasião; em todo caso em seu início está uma conversa quase acidental com o germanista francês Robert Minder, que deu uma conferência no Instituto para a Pesquisa Social de Frankfurt no dia 25 de junho de 1959 a convite de Adorno. Minder falou sobre problemas da história cultural suábia à luz da sociologia, e juntou a esse tema – como ele mesmo disse: de forma pouco feliz – algumas observações sobre Heidegger; Adorno e Minder sabiam há tempos que estavam de acordo quanto à rejeição do murmurinho sobre o ser vindo do sul da Floresta Negra, e suas implicações políticas fatais. Quando Minder, que ocupava a cadeira de Langues et littéra-

10 NaS IV.4, p.420 *s*.
11 GS 10.2, p.464.

tures d'Origine Germanique no Collège de France, convidou Adorno para retribuir a visita a Paris, este escreveu em sua carta de agradecimento: "Devo dizer ao senhor que grande honra e satisfação isso seria para mim. Agora, acredito que seria bom por razões intelectuais estratégicas, como elas vieram à tona em nossa conversa de maneira suficientemente clara, expor a heideggerice de forma muito fundamental. Para não conceder a Heidegger uma honra objetiva, que a ele, segundo minha mais profunda convicção, não é devida, isso certamente não deveria, do ponto de vista temático, ser centrado nele e em sua pessoa, mas formulado de forma ainda mais fundamental, para que sobre espaço suficiente para falar o necessário sobre ele. Como tema, portanto, eu pensaria em 'Ontologia e dialética'".[12] Logo
425 depois que Adorno escreveu a Minder, ele escreveu // em seu caderno de notas as primeiras ideias *ad Ontologie und Dialektik*, das quais derivaram então tanto o curso de 1960-1961 quanto as três conferências dadas no Collège de France em março de 1961. Eis estas primeiras notas, como que embriões das quais o livro viria a nascer:

"Tema principal: que a ontologia não pode ser encontrada isenta da história e que ela não é isenta da história.

Nenhum *salto* por cima do nominalism[o].

Transcendê-lo a partir dele mesmo (já em Kant).

Compreender a *imposição* à ontologia.

1) Autodissolução da razão, sua crise.

2) Suprassumir a reificação S[ujeito]-O[bjeto].

---

12 Carta a Robert Minder, 25 jun. 1959.

3) A impossibilidade do idealism[o], da fundamentação no espírito.

Mas o[ntologia] recai em tudo isto: arbítrio, imobilidade, hipóstase do espírito (ser abstrato = espírito).

O[ntologia] é consciência falsa correta, isto é, adequada a uma situação (pré ou pós)-fascista, mas tão falsa quanto esta.

A ontologização da história: o que permanece o que perece – já em Hegel. Diferença. Mas criticar em ambos [*i.e.*, Hegel e Heidegger).

O caráter abstrato da ontologia. Decisivo aí não a abstratidade como tal, mas a sua importância. O *proton pseudos*: que uma falta, um omitir represente *mais* verdade.

O[ntologia] como idealismo disfarçado, inconsciente de si e, por isso, só então verdadeiramente ruim. Ser, sem qualquer outra determinação, *é* igual a pensamento. Nisso Hegel tem razão.

Designar o momento do arbítrio. O discurso sobre o esquecimento do ser corresponde à pior tradição idealista: baixo seria aquele que *nomeia* o que é baixo. "Que tipo de filosofia alguém possui depende de que tipo de ser humano ele é."

Ideologia no sentido mais rigoroso: falsa consciência necessária. Transposição do *fechamento* do mundo administrado à metafísica. ([Inserção:] Levar a termo. O primeiro é engodo: ele é posto pelo pensamento de dominação irrefletido, mas *necessariamente*).

Duplicação do ente como ser como justificação.

Também em Hegel o que perece = historicidade é, em certo sentido, ontologizado. Mostrar a diferença: a negatividade.

426 (Ir muito além: em H[egel] nenhum ser). //

Aplicar criticamente a doutrina de Hegel da dialética da essência que perece [*Dialektik des zugrunde gehenden Wesens*]* à ontologia.

Se a ontologia quer voltar para antes da cisão de s[ujeito] + o[bjeto] – por que ela exclui então o conteúdo coisal.

Segundo Hegel, toda filosofia não conteudística é uma recaída. A o[ntologia] o esconde. Pseudoconcretude, onde ela passa para o conteúdo coisal, é ocasional como em todo idealismo. (Existencialism[o]).

Aparência da destruição.

Arcaísmo que posa de modernidade. O objetivismo é subjetivista [...]. ([Adendo:] Sujeito/Objeto devem ser criticados, mas não recair antes deles!) *en attendant*, 27.VI.59.[13]

Que esse início poderia uma vez se tornar a *Dialética negativa* faz pensar na interpretação adorniana de Beethoven, com cujos temas e motivos ele atesta a reiterada "nulidade do singular e a casualidade do primeiro";[14] como o compositor da *Eroica*, de modo totalmente hegeliano, com frequência "desenvolveu o ente musical a partir do nada",[15] assim surge em Adorno o todo teórico não raro do que não foi levado a termo, do que, em sua isolação, pode parecer desimportante e pouco vistoso

* A expressão "zugrunde gehen", recorrente em Hegel, comporta uma ambiguidade em seu texto entre "perecer" e "ir ao fundamento". Os tradutores da edição brasileira da "Doutrina da essência" da *Ciência da lógica*, Christian Iber e Federico Orsini, propõem vertê-la por "ir ao fundo". (N. T.)

13 Theodor W. Adorno Archiv, Caderno de notas E, p.59 *ss*.

14 NaS I.1, p.34.

15 Adorno, *Filosofia da nova música*, p.66 (GS 12, p.77).

à primeira vista. – Aos primeiros apontamentos já citados sobre ontologia e dialética seguiram-se, nas semanas e meses seguintes, muitos outros nos cadernos de notas de Adorno, na maior parte ainda não particularmente conclusivos ou elucidativos. Quando Adorno, um ano e meio depois, no começo de novembro de 1960, começou a ministrar o presente curso em Frankfurt, ele ainda não havia começado, ao que parece, a ditar as três conferências para Paris. Apenas em 19 de dezembro de 1960, quando já tinha ministrado dez aulas em Frankfurt, lê-se em uma carta a Minder: "Estou mergulhado na redação da versão original alemã das três conferências que quero proferir em março em Paris. A primeira está pronta, as duas outras amplamente delineadas".[16] A versão corrigida da primeira conferência, "A carência ontológica", é datada do dia anterior, 18 de dezembro. Sobre a segunda conferência, "Ser e existência", relata Adorno a Minder em 2 de janeiro de 1961 (o manuscrito foi finalizado em 9 de janeiro): "Entrementes, já tenho o esboço pronto da segunda das conferências de Paris, preciso ainda colocá-lo em ordem de modo que possa ser traduzido em meados de janeiro, e então resta apenas o último para
427 // fazer, que deveria ocorrer em meados de fevereiro em Paris".[17] Uma datação exata dessa última conferência, "Sobre dialética negativa", não é atualmente possível. Depois que as aulas em Frankfurt terminaram no final de fevereiro, Adorno partiu, no dia 13 de março, em viagem a Paris e à Itália para realizar suas conferências, viagem que durou até o dia 17 de abril; em um

16 Carta a Robert Minder, 19 dez. 1960.

17 Carta a Robert Minder, 2 jan. 1961.

relato à Deutsche Forschungsgemeinschaft,* que financiara a sua viagem, Adorno escreveu: "Em Paris proferi [...] as três conferências sobre ontologia e dialética no Collège de France, que tinham os seguintes títulos: 'Le Besoin d'une ontologie', 'Être et existence' e 'Vers une dialectique négative'. Vários membros da Faculdade de Filosofia, entre eles os colegas Minder e Merleau-Ponty [...] estavam presentes. Às aulas seguiram-se discussões muitíssimo frutíferas. [...] Fomos de avião de Paris a Roma. Lá eu dei duas aulas sobre questões de estética musical [...] e repeti na universidade, a convite do meu colega Lombardi, duas das aulas de Paris".[18] Sobre suas conferências em Paris, Adorno escreveu em seu diário apenas notas mais ou menos lapidares; em 15 de março, por exemplo: "Conferência dada, difícil demais, Merleau-Ponty chocado. Deus e o mundo estavam lá"; em 18 de março: "Aula lotada, foi muito melhor"; e em 21 de março: "Última aula foi muito bem, berrou como um boi. Merleau-Ponty e Jean Wahl presentes, mas não nos falamos".[19] Maurice Merleau-Ponty, o amigo, e posteriormente adversário de Sartre, que ocupara desde 1952 a cátedra de Bergson no Collège de France, foi claramente o destinatário próprio, por assim dizer ideal, ao qual Adorno se dirigiu em suas conferências de Paris; não chegou a ocorrer um diálogo com ele, e para isso era provavelmente tarde demais, se se considera que Merleau faleceu poucas semanas depois. Difícil imaginar como uma conversa do aluno de Husserl que se em-

* Comunidade Alemã de Pesquisa, principal instituição de fomento à pesquisa científica da Alemanha. (N. T.)

18 Relatório à DFG, 18 abr. 1961.

19 Theodor W. Adorno Archiv, Caderno de notas J, p.5, 12 s., 17.

penhava em desenvolver uma "ontologia indireta" poderia ter transcorrido com o "dialético negativo"; impossível certamente não teria sido. Adorno escreveu a Minder – um testemunho impressionante de sua humanidade – sobre a morte de Merleau: "Permita-me acrescentar como a morte de Merleau-Ponty me abalou. Nada teria me levado à ideia, quando o senhor fora tão bondoso em nos apresentar, de que eu estava diante de um doente à beira da morte. Ele era, sem dúvida nenhuma, uma força de pensamento inteiramente extraordinária – justamente em face das profundas diferenças teóricas, creio de fato que sou qualificado e também obrigado a dizer isso. E em face do
428 irrevogável sinto por ele, // após ter atacado até o âmago posições que eram cruciais para ele logo antes de sua morte, algo como um sentimento de culpa. Como estamos emaranhados na vida; se quisermos dizer a verdade, também isso se converte no mal; Ibsen viu isso de forma totalmente correta".[20]

Adorno repetiu as três conferências de Paris, mas não as publicou, já que elas formavam a fundação do novo livro que tinha em mente e no qual ele, no entanto, ainda trabalharia por mais cinco anos. Os primeiros planos que considerou para o livro[21] não tinham ainda muitas semelhanças com o plano segundo o qual a *Dialética negativa* foi organizada por fim. Nesse plano, as conferências "A carência ontológica" e "Ser e existência" foram retrabalhadas na primeira parte, intitulada "Relação com a ontologia", ao passo que a terceira conferência, "Sobre dialética negativa", foi absorvida na segunda parte, com o tí-

20 Carta a Robert Minder, 16 maio 1961.

21 Cf. Theodor W. Adorno Archiv, Caderno de notas E, p.59; e Carta a Stefan Burger, 18 abr. 1961.

tulo "Dialética negativa. Conceito e categorias". As aulas deste livro, todavia, devem – e podem – valer como aquele livro sobre Heidegger que Adorno não escreveu e não queria escrever. Ele é como que a execução tardia de um projeto que Benjamin e Brecht já traçavam em 1930, pouco depois da publicação de *Ser e tempo*, sem levá-lo a cabo: "destroçar Heidegger".[22] Adorno, todavia, não carecia da lembrança ao plano do amigo, que se tornara uma vítima daqueles nazistas aos quais Heidegger pertencia; quando um aluno de Heidegger, preocupado com a comunicação, dirigiu-se a Adorno após a publicação do *Jargão da autenticidade*, Adorno pôde responder que ele "reagiu hoje e logo imediatamente após a publicação de *Ser e tempo*, ou seja, muito antes da adesão aberta de Heidegger ao fascismo, de forma exatamente igual".[23] Isso está igualmente atestado tanto na aula inaugural [*Antrittsvorlesung*] de 1931[24] quanto em uma conferência para a Sociedade Kant do ano subsequente,[25] e por fim também em sua tese de habilitação sobre Kierkegaard, publicada em 1933.[26] Após seu retorno do exílio, Adorno era tido ainda como adversário intelectual de Heidegger, e de fato
429 Adorno se ocupou do pensamento de Heidegger mais // intensivamente do que de qualquer outro filósofo contemporâneo; o índice de suas *Obras reunidas* apresenta quase seiscentas

22 Benjamin, *Gesammelte Briefe* [Cartas reunidas], v.III: 1925-1930, p.522.

23 Carta a Hermann Mörchen, 13 set. 1965.

24 Adorno, "A atualidade da filosofia", em *Primeiros escritos filosóficos*, p.436, *passim* (GS 1, p.329 *passim*).

25 Idem, "A ideia da história natural", em ibidem, p.464, *passim* (GS 1, p.351 *passim*).

26 Idem, *Kierkegaard*, p.158 e 186 (GS 2, p.100 e 119).

ocorrências do nome Heidegger, mais ocorrências encontra-se apenas do amigo Benjamin. Mas isso não significa de modo algum que Adorno tenha superestimado a importância de Heidegger, ele o considerava um pensador simplório e, exatamente por isso, tanto mais perigoso. Em 1950, foram publicados os *Caminhos da floresta* [*Holzwege*], uma das primeiras publicações de Heidegger depois do fim do Terceiro Reich, e que na época causaram uma espécie de furor na esfera pública filosófica; Adorno leu imediatamente o livro no qual o filósofo que, junto a Schmitt, Gehlen e outros, formara a vanguarda do Estado do Führer, por assim dizer dava a saber de seu regresso à democracia. Mas nem tanto assim: em 1949, enquanto ainda estava proibido de lecionar, Heidegger já havia soltado a frase indizível, a única que lhe veio à mente sobre Auschwitz: "A agricultura é agora uma indústria motorizada da alimentação, em essência o mesmo que a fabricação de cadáveres em câmaras de gás e campos de extermínio, o mesmo que o bloqueio e a privação de alimento até a fome de países, o mesmo que a fabricação de bombas de hidrogênio";[27] e em 1953 ele teve a confiança de publicar aquela outra frase sobre o nacional-socialismo, na qual se fala da "verdade e grandeza interior desse movimento".[28] Antes da publicação do *Jargão da autenticidade*, em 1964, e antes da publicação da *Dialética negativa*, dois anos depois, Adorno já tinha se ocupado repetidamente de Heidegger e de seus escritos; em parte alguma na forma da denúncia po-

27 Citado em Schirmacher, *Technik und Gelassenheit:* Zeitkritik nach Heidegger [Técnica e serenidade: crítica do tempo segundo Heidegger], p.25.

28 Heidegger, *Introdução à metafísica*, p.217.

lítica, mas ao demonstrar o nexo do teor filosófico com o político. – Se a *Dialética negativa* partia, em sua primeira parte, "do estado da ontologia que ainda domina na Alemanha",[29] então pouco se alterou nesse domínio até hoje; ao contrário, sobre a filosofia adorniana da rememoração do que passou há pouco triunfa um interesse renascido nas origens do ctônico, a ideologia de uma mitologia mais uma vez "nova", tal como se expressa igualmente na conjunção de um Nietzsche mal compreendido e do renascimento, há muito impensável, de Heidegger, que há muito, como "Irmão Heidegger", foi trazido de volta para casa no novo Reich, unido em camaradagem com os
430 outros irmãos, // de Ernst Jünger a Carl Schmitt. Em todas as frentes, à direita, à esquerda e ao centro, a ontologia parece ter vencido a dialética. Ao recolhimento da filosofia em um tipo de irracionalismo pré-socrático corresponde uma retirada da história real, que apaga a lembrança e borra a experiência: ratificação de tendências que a sociedade atual segue por si mesma. Em uma tal situação das coisas, a publicação do único curso que Adorno dedicou ao pensamento de seu antípoda pode ser não inteiramente obsoleta, talvez nem mesmo inútil: como defesa de esclarecimento e racionalidade, que – para variar uma formulação de Benjamin – são hoje notoriamente pequenas e feias e que não podem dar a ver as caras.

A edição comentada do presente curso baseia-se nas transcrições de gravações sonoras que foram preparadas no Instituto de Pesquisa Social, na maioria das vezes, imediatamente após as aulas individuais. As fitas utilizadas, por sua vez, fo-

29 Ts 53504.

ram apagadas para serem reutilizadas; a transcrição é conservada hoje no Theodor W. Adorno Archiv sob a assinatura Vo 5688-5972.

Para a redação do texto, o editor tentou proceder de forma semelhante à do próprio Adorno ao cuidar da redação de conferências realizadas livremente, se ele as concedeu para publicação; sobretudo, tentou-se resguardar o caráter de uma conferência oral. O editor interveio no texto transmitido o mínimo possível, mas tanto quanto necessário; após as experiências que pôde fazer por ocasião da edição passada de cursos de Adorno, ele se sentiu um pouco mais livre na edição atual para realizar retoques nos originais que não remontam à pena de Adorno nem foram autorizados por ele. Anacolutos e elipses foram corrigidos tacitamente, assim como outras transgressões de regras gramaticais. Para além da supressão cuidadosa de repetições demasiado incômodas, ocorreram também intervenções ocasionais em construções sintáticas obscuras. Não tão raramente, Adorno, que costumava falar relativamente rápido, deslocava um pouco palavras individuais; a sintaxe foi melhorada sempre que se pôde determinar univocamente, pelo sentido geral, a passagem à qual pertenciam tais palavras. Vocábulos de
431 preenchimento, sobretudo // partículas como *agora*, *então*, *bem*, também um *na verdade* ocasionalmente quase inflacionado, foram riscados sempre que se reduziam a rodeios de expressão ou de pensamento. Também o muitas vezes repetido endereçamento aos ouvintes – *minhas senhoras e meus senhores* – foi deixado de lado em vários casos nos quais soava apenas redundante. No manuseio da pontuação, que pela natureza da coisa teve de ser acrescentada pelo editor, este se sabia o mais livre possível; e, sem respeitar as regras observadas por Adorno em seus textos

escritos, procurou articular o falado da forma mais unívoca e inequívoca possível.* No entanto, em nenhum lugar se tentou "melhorar" o texto de Adorno, mas sempre apenas produzir o *seu* texto tão bem quanto o editor o compreendeu.

Nas notas do editor, as citações utilizadas nas aulas foram conferidas sempre que possível, assim como foram citadas aquelas passagens às quais Adorno se referiu ou possa ter se referido. Além disso, passagens paralelas de seus escritos foram ocasionalmente apresentadas, passagens que podem elucidar o que foi desenvolvido nas aulas, mas que também devem demonstrar que as aulas e os escritos do autor são inteiramente conectados de várias maneiras. – "Deve-se desenvolver o órgão a partir das ênfases, dos sotaques que são peculiares a uma filosofia, explorar sua relação no interior do nexo filosófico e, a partir daí, apreender a filosofia propriamente – isso é, no mínimo, tão crucial quanto simplesmente saber de modo firme: isso é assim e assado" – por exemplo, a ontologia ou a dialética:[30] as notas do editor querem servir também para uma leitura que se aproprie dessa orientação de Adorno. Em sua totalidade, elas querem ajudar a evocar aquela esfera de formação, aquele *univers imaginaire* de Adorno, no qual sua atividade docente se movimentava e que, entrementes, mal pode ser pressuposta como dada de forma evidente.

* * *

* Assim também procederam os tradutores no que concerne à pontuação do texto em português. (N. T.)

30 NaS IV.14, p.81.

Resta agradecer a Hermann Schweppenhäuser e a Michael Schwarz por alguma ajuda nos trabalhos de edição.

Rolf Tiedemann
outubro 2001

Referências bibliográficas

ADORNO, Theodor W. A atualidade da filosofia. In: *Primeiros escritos filosóficos*. Trad. Verlaine Freitas. São Paulo: Editora Unesp, 2018.

______. A ideia da história natural. In: *Primeiros escritos filosóficos*. Trad. Verlaine Freitas. São Paulo: Editora Unesp, 2018.

______. *Dialética negativa*. Trad. Marco Antonio Casanova. Rev. E. S. Neves Silva. Rio de Janeiro: Zahar, 2009.

______. *Filosofia da nova música*. Trad. Magda França. São Paulo: Perspectiva, 1974.

______. *Kierkegaard*. Trad. A. L. M. Valls. São Paulo: Editora Unesp, 2010.

______; HORKHEIMER, Max. *Dialética do esclarecimento*: fragmentos filosóficos. Trad. Guido de Almeida. Rio de Janeiro: Zahar, 1985.

BENJAMIN, Walter. *Gesammelte Briefe*. Org. Christoph Gödde e Henri Lonitz. 6v. Frankfurt am Main: Suhrkamp, 1997.

HEIDEGGER, Martin. *Introdução à metafísica*. 4.ed. Trad. E. Carneiro Leão. Rio de Janeiro: Tempo Brasileiro, 1999.

SCHIRMACHER, Wolfgang. *Technik und Gelassenheit*: Zeitkritik nach Heidegger. Friburgo; Munique: Alber, 1983.

Posfácio à edição brasileira

Diferença ontológica e não identidade

Daniel Pucciarelli
Luiz Philipe de Caux

As lições que o leitor tem em mãos constituem a exposição mais ampla e detalhada da crítica realizada por Adorno às correntes ontológicas alemãs do século XX, em particular à ontologia fundamental heideggeriana. Desde o fim da década de 1950, vários dos cursos expositivos de Adorno na Universidade de Frankfurt são dedicados a temas que correspondem direta[1] ou indiretamente a futuros capítulos da *Dialética negativa*, publicada em 1966. Dentre eles, o curso do semestre de inverno de 1960-1961, de título *Ontologia e dialética*, representa o laboratório de experimentação no qual o pensamento vivo de Adorno afia seus instrumentos, testa argumentos e aprimora as formulações que vieram a se tornar a Parte I da *Dialética negativa*, de título "Re-

1 De modo direto, além deste curso de 1960-1961, os três cursos seguidos do semestre de inverno de 1964-1965 (*Sobre a doutrina da história e da liberdade*, correspondente ao primeiro e ao segundo modelos, "Liberdade" e "Espírito do mundo e história natural"), do semestre de verão de 1965 (*Metafísica: conceito e problemas*, correspondente ao terceiro modelo, "Meditações sobre a metafísica"), e do semestre de inverno de 1965-1966 (*Lições sobre a dialética negativa*, correspondente à introdução do livro então no prelo).

lação com a ontologia", formada pelos capítulos "A carência ontológica" e "Ser e existência". Para a pesquisa filosófica sobre Adorno, sua relevância é evidente. Mas não apenas. Se este livro e a Parte I da *Dialética negativa* cobrem fundamentalmente um mesmo conteúdo, suas distintas formas de exposição, todavia, justificam o interesse por estas lições. Pois, como o próprio Adorno parece subscrever explicitamente ao menos desde o começo dos anos 1930, quando da redação do ensaio "Teses sobre a linguagem do filósofo", "onde a estrutura objetiva de uma obra filosófica não coincidir com sua estrutura linguística, pode pelo menos estar em uma relação configurada de forma tensa com ela".[2] Assim, não é exagero dizer que, na *Dialética negativa*, a forma de exposição incide ela própria sobre o conteúdo e traduz formalmente uma tese filosófica em sentido forte. Lá, Adorno tece de modo condensado e elaborado a urdidura do texto em vista de certos objetivos relacionados à formulação de uma dialética da não identidade,[3] e é verdade que a forma ensaística constelatória do *magnum opus* adorniano não favorece a leitura dos desprevenidos. Todavia, aqui as intenções são antes de tudo didáticas. Encontramos o professor Adorno falando a um auditório lotado e preocupado sobretudo com a clareza de suas teses, ao menos tanto quanto o seu objeto o permita.

Há, claro, um sentido político na insistência de Adorno em sua crítica a Heidegger e às escolas de pensamento afins, que se estende de seus primeiros trabalhos filosóficos no início da década de 1930 até o fim de sua vida. O formulador da ontologia fundamental é também, como sempre se soube, um nacional-

2 Adorno, *Primeiros escritos filosóficos*, p.491.

3 Cf. Neves Silva, *Filosofia e arte em Theodor W. Adorno: a categoria da constelação.*

-socialista de primeira hora e, como hoje não se têm mais dúvidas, um antissemita cujas representações racistas não deixavam de se imiscuir em sua filosofia[4] – acerca da qual Adorno veio mesmo a afirmar, a propósito, que ela "[é fascista] até as suas células mais íntimas".[5] Para o frankfurtiano, não se trata, no entanto, de modo algum de uma crítica política no sentido de uma crítica a um conjunto de valores enunciada desde o ponto de vista de uma visão de mundo distinta, convicta de si e incomensurável com aquela à qual se dirige. Justamente, não se trata de um enfrentamento político-*existencial*. Como ressalta já na abertura da primeira aula deste curso, recorrendo a uma anedota de uma conversa ao ar livre entre os compositores Mahler, Schönberg e Webern, não se trata de opor abstratamente a ontologia à dialética, mas de enfrentar dialeticamente a ontologia, levar a ontologia às suas últimas consequências, o que significa: levá-la à negação determinada de si própria. Não é a dialética que refuta a ontologia, mas a ontologia que supera a si própria dialeticamente por meio de uma lide consequente com suas próprias teses. Em Adorno (aliás, como em Hegel), a ontologia *passa* à dialética, e a dialética começa, mas apenas começa, com a ontologia.

Heidegger e os frankfurtianos

O pensamento heideggeriano provocou de distintos modos os frankfurtianos.[6] Quem dele mais se aproximou foi Marcuse,

4 Cf. Trawny, *Heidegger und der Mythos der jüdischen Weltverschwörung*, v.2.

5 Adorno, *Gesammelte Schriften*, v.19: Musikalische Schriften VI (GS 19), p.638.

6 Uma excelente documentação do lugar de Heidegger na formação do pensamento de Marcuse, Adorno e Horkheimer é dada pelo recente

que logo após a publicação de *Ser e tempo*, seis anos após seu doutoramento, retorna a Freiburg, onde havia estudado, para tornar-se assistente de Heidegger em 1928, escrever sua tese de habilitação (*A ontologia de Hegel e a teoria da historicidade*), vê-la negada por seu supervisor e retornar a Berlim em 1933 – ano em que Heidegger vem a público como partidário do novo regime nazista e assume a reitoria da Universidade de Freiburg, surpreendendo Marcuse, que então se afasta, desiludido com seu velho mestre.[7] Horkheimer conheceu Heidegger pessoalmente em 1920, quando, ainda um estudante de graduação em Frankfurt, passa um ano em Freiburg frequentando as aulas de Husserl e, por indicação deste, mais tarde também as aulas de seu então assistente, Heidegger. Horkheimer sofre uma impressão muito forte do trato com o jovem e excêntrico pensador, mas, a se crer em Abromeit,[8] já então não foi muito "suscetível às carismáticas lições de Heidegger". Benjamin, por sua vez, é o primeiro a tomar conhecimento e rejeitar enfaticamente a filosofia heideggeriana, mais de uma década antes de *Ser e tempo*. Em 1916, Benjamin lê o artigo de Heidegger "O conceito de tempo nas ciências históricas"[9] e chama-o, em carta a Gershom Scholem, de "um trabalho atroz", que "documenta exatamente como *não* se deve tratar o assunto".[10] Ao

---

Immanen, *Toward a Concrete Philosophy: Heidegger and the Emergence of the Frankfurt School*.

7 Sobre a relação de Marcuse e Heidegger, cf. o ótimo capítulo "Der Ort Marcuses in der Kritischen Theorie", em Breuer, *Kritische Theorie: Schlüsselbegriffe, Kontroversen, Grenzen*.

8 Abromeit, *Max Horkheimer and the Foundations of the Frankfurt School*, p.58 *ss*.

9 Heidegger, "Der Zeitbegriff in der Geschichtswissenschaft", em *Gesamtausgabe*, v.I.1: Frühe Schriften, p.413-33.

10 Benjamin, *Briefe*, v.I, p.129.

mesmo Scholem, Benjamin escreve, dessa vez em 1930, em plena vaga da primeira repercussão de *Ser e tempo*, sobre seus planos abortados de formar sob condução sua e de Brecht um grupo de leitura cujo objetivo teria sido o de "destroçar Heidegger".[11]

Adorno e Heidegger

Como Benjamin, que conheceu em 1923, Adorno também recusa desde o início a via heideggeriana de renovação da filosofia no contexto da crise weimariana. Segundo Immanen,[12] a "assim chamada discussão frankfurtiana" à qual se refere Adorno[13] no início de sua conferência "Ideia de história natural" é, de fato, uma longa discussão de corredores, gabinetes e cafés entre o jovem professor Adorno e seus colegas Kurt Riezler, filósofo e então reitor da Universidade de Frankfurt, Paul Tillich, teólogo, e Max Wertheimer, psicólogo, designados por Immanen como os "heideggerianos frankfurtianos" e com quem Adorno mantinha uma relação cordial, quando não afetuosa. Já a Tese de Habilitação de Adorno sobre *Kierkegaard*, defendida em 1931 sob a supervisão de Tillich, dedicava a primeira seção de seu quarto capítulo[14] a uma comparação avaliativa entre os conceitos de existência de Kierkegaard e Heidegger, em favor daquele, o que lhe rendeu críticas por parte dos colegas. É nesse contexto que deve ser entendida a centralidade da oposição a Heidegger já nas conferências programáticas de

11 Ibidem, v.II, p.514.

12 Immanen, *Toward a Concrete Philosophy*, op. cit., p.117.

13 Adorno, *Primeiros escritos filosóficos*, op. cit., p.457.

14 Adorno, *Kierkegaard: construção do estético*, p.157 *ss*.

1931 e 1932, "A atualidade da filosofia" e "Ideia de história natural". Em suas próprias palavras, foram as objeções expressas pelos "representantes da ontologia fundamental" que o "encaminharam pela primeira vez para a formulação de uma teoria segundo a qual [Adorno] proced[era] até agora na práxis da interpretação filosófica".[15] Na gênese das primeiras ideias filosóficas do jovem Adorno, que, como se estabeleceu ao menos desde o importante livro de Buck-Morss,[16] constituem como que um gérmen deixado por alguns anos de lado e recuperado e amadurecido na *Dialética negativa*, está já o confronto com o recém-publicado *Ser e tempo*, em particular com suas sedutoras reverberações pelos corredores da Universidade de Frankfurt. Vários dos temas da crítica madura a Heidegger já se encontram indicados naquelas duas conferências, reunidas no volume *Primeiros escritos filosóficos*, desta mesma coleção: a carência ontológica (p.436), o criptossubjetivismo (p.436), a crítica do dado (p.437), a ontologização do tempo (p.438), a má ambiguidade da pergunta pelo ser e pelo sentido de ser (p.450 *ss.*), o caráter a-histórico e a ontologização do ôntico (p.465).

Desde aqueles escritos, o debate de mão única de Adorno com Heidegger, que, como lembra Mörchen,[17] jamais se pronunciou publicamente sobre as críticas de seu colega frankfurtiano, se dá em várias frentes, reavivado em particular após 1953, isto é, depois do retorno definitivo de Adorno à Alema-

15 Idem, *Primeiros escritos filosóficos*, op. cit., p.453.

16 Buck-Morss, *The Origin of Negative Dialectics: Theodor W. Adorno, Walter Benjamin and the Frankfurt Institute*.

17 Mörchen, *Adorno und Heidegger: Untersuchung einer philosophischen Kommunikationsverweigerung*.

nha Ocidental. A *Metacrítica da teoria do conhecimento*, publicada em 1956 e, de fato, escrita e reescrita desde o segundo doutoramento de Adorno em Oxford entre 1934 e 1937, contém inúmeras invectivas contra os desdobramentos da fenomenologia husserliana em Heidegger. "Conteúdo da experiência", de 1958, incluída nos *Três estudos sobre Hegel*, pode ser entendida como uma interpretação de Hegel tacitamente contraposta à de "O conceito de experiência de Hegel", redigido por Heidegger em 1942-1943 e incluído em *Holzwege*. "Parataxis: sobre a lírica tardia de Hölderlin", de 1964, visa retomar o poeta da interpretação dada por Heidegger nas *Explicações da poesia de Hölderlin*. O *Jargão da autenticidade*, também de 1964, obra pensada inicialmente como uma parte da *Dialética negativa*, dedica-se em sua primeira metade à crítica de certos trejeitos da linguagem filosófica que se impuseram na Alemanha desde *Ser e tempo* e, em sua segunda metade, à crítica dos fundamentos filosóficos do próprio livro de Heidegger.

Porém, é na Parte I da *Dialética negativa*, "Relação com a ontologia", que esse confronto se dá de modo mais extenso e pleno de consequências, pois ali, como nas duas conferências de juventude, Adorno volta a demonstrar sem nenhum pudor o quanto a sua própria reformulação da dialética depende de uma correta travessia da filosofia heideggeriana – travessia na qual se é levado para fora dela. Heidegger é reconhecido por Adorno como o mais sério e importante filósofo de sua era – e se o próprio filósofo talvez seja "indigente", como insinua Adorno com referência ao título de um livro de Löwith, é que a miséria de sua filosofia carrega como momento de verdade a elevação ao conceito da miséria de seu tempo. A filosofia heideggeriana é a filosofia mais "avançada" de seu tempo, de um tempo que mostrou que o "progresso", inclusive o do pensamento, se enreda sem cessar em seu contrário. Se assumirmos que o "problema do começo", como é conhecido na literatura sobre a dialética hegeliana, mantém-se como um problema importante também para a dialética negativa, então não é de pouca monta o fato de que esta tem início com um enfrentamento da ontologia fundamental. *Hic Rhodus, hic salta*! É da ontologia fundamental, o menos dialético dos desdobramentos tardios da filosofia clássica alemã, que é preciso partir se se quiser revisar a relação precária que se tem com a dialética no capitalismo tardio e sem reconciliação real à vista.

Ontologia e dialética: histórico

No curso de 1960-1961, este que o leitor tem em mãos, Adorno não apenas cristaliza pela primeira vez sua abordagem madura de Heidegger, mas também o primeiro plano geral do livro que viria a ser publicado em 1966. Como conta Rolf Tiedemann no posfácio à edição alemã deste livro, foi a partir de um intercâmbio intelectual e institucional em 1959 entre Adorno e o germanista francês Robert Minder que nasceram num só ato a ideia e o impulso tanto do curso *Ontologia e dialética* quanto da *Dialética negativa*. Minder havia proferido uma conferência no Instituto de Pesquisa Social de Frankfurt a convite de Adorno e, em retribuição, convidado o frankfurtiano a realizar uma série de conferências na sua própria instituição, o Collège de France, sobre o objeto de aversão comum a ambos, isto é, Heidegger. O leitor pode encontrar essa história no "Posfácio do editor alemão", ao fim deste volume. Em Paris, Adorno proferiu três conferências, suas assim chamadas *Pariser*

Vorträge: "A carência ontológica", "Ser e existência" e "Sobre a dialética negativa", respectivamente em 15, 18 e 21 de março de 1961, ou seja, poucas semanas depois de ter concluído em Frankfurt o curso que deu origem a este livro. Aqui, no livro, a partir da "Aula 19", de 2 de fevereiro de 1961, Adorno abandona em parte a exposição oral mais livre e passa a "ensaiar" com seus alunos a leitura do texto escrito para as conferências de Paris. Como mais tarde aquelas conferências foram incorporadas em parte textualmente na *Dialética negativa*, muitas vezes há coincidências literais entre trechos das aulas 19 a 23 deste curso e trechos de parágrafos do livro, sempre indicadas pelo editor alemão em notas de rodapé.

Embora as primeiras notas de concepção da *Dialética negativa* remontem ainda a meados de 1959, quando do encontro e da posterior correspondência com Minder, é portanto nas três *Pariser Vorträge*, dispersas entre as cinco aulas finais deste livro, que se cristaliza o que poderíamos considerar o primeiro documento textual que viria a integrar, ainda que parcialmente, a obra publicada em 1966. Em particular, as aulas 19 a 22 retomam de forma concentrada e desenvolvem vários tópicos que já haviam sido tematizados nas aulas anteriores, como é o caso da problemática em torno à carência ontológica; o nexo entre ontologia e linguagem e o caráter mediado do conceito de ser; o conceito mesmo de diferença ontológica, entre outros. Assim, não é excessivo afirmar que essas aulas como que condensam o núcleo duro do curso *Ontologia e dialética* e mesmo os principais elementos da crítica de Adorno à ontologia em geral, tal como ela enfim se consolidou em sua versão final na *Dialética negativa*. Mais ainda, são essas aulas que conduzem toda a exposição ao seu desfecho, isto é, ao conceito de dialética negativa, que, como dito, havia sido o objeto da terceira conferência parisiense e, neste livro, constitui o tema da última aula. Por sua vez, o conteúdo dessa última aula será desenvolvido na Parte II da obra publicada em 1966, intitulada "Dialética negativa: conceito e categorias". Temos nessas últimas aulas, de fato, em forma altamente condensada e ainda incipiente, o coração da *Dialética negativa*. Vê-se que a antiga pretensão de Adorno de aceder ao conceito mesmo de dialética negativa através da crítica imanente à ontologia já se verifica, de alguma forma, na própria história de composição do texto.

Como é de se esperar de textos compostos em registros e para propósitos tão distintos, a estrutura do curso *Ontologia e dialética* não reflete exatamente o encadeamento argumentativo que se consolidou na Parte I da *Dialética negativa*. Aqui, antes de adentrar propriamente a questão da carência ontológica – com a qual, como se sabe, Adorno abre a "Relação com a ontologia" na obra de 1966 –, o filósofo tece longas considerações introdutórias (*Vorerwägungen* – cf. nota 113) que lhe tomam as primeiras oito ou nove aulas do curso. Essas aulas oferecem aos alunos uma primeira aproximação tanto à ontologia em geral quanto à especificidade (e aos problemas) da ontologia fundamental heideggeriana. Para tal, para além do corpo a corpo com longas citações de textos do próprio Heidegger, Adorno também se vale de uma reconstrução histórica do conceito de ser em estações cruciais da ontologia antiga (aulas 2 e 3) e da fenomenologia pré-heideggeriana (aulas 4 a 6). Todavia, essa reconstrução não se dá por mera motivação historiográfica, mas por interesse eminentemente crítico ("com segundas intenções", p.66).

Revisão crítica da história da ontologia

Por meio de uma releitura da história da ontologia antiga (de Parmênides a Platão e Aristóteles), Adorno pretende demonstrar que o próprio conceito parmenídico de ser já é resultado de uma considerável reflexão histórico-filosófica do pensamento antigo sobre "a antiga doutrina da *ἀρχή*", que "foi sendo substituída pela doutrina do ser como essência e fundamento de todas as coisas" (p.67). Com isso, o filósofo frankfurtiano não apenas inscreve o que ele denomina "a experiência do ser" (p.69) no interior do processo de esclarecimento ocidental, como também concebe a reflexão ontológica da Antiguidade como agente e vetor inequívoco desse processo. O ser dos filósofos pré-platônicos, *ens concretissimum* aos olhos de Heidegger, já é, na reconstrução crítica de Adorno, resultado de abstração lógica. Trata-se aí, de resto, de uma tese que Adorno mobiliza, com outras razões mas sempre em contraposição a Heidegger, já nas notas de abertura do seu curso "O problema do idealismo", do semestre de inverno de 1953-1954: "Primeira aparição da tese [da identidade] em Parmênides. / Segundo Diels, um idealista. / Hoje isso escandaliza. (Heidegger, Riezler). / [2] Desconfiança no mítico. A tese da identidade já pressupõe a ruptura".[18] Contesta-se assim a suposta dimensão originária que Heidegger atribui ao ser – seu "caráter preordenado em relação ao ente" e, com ele, também a própria construção da "diferença ontológica" – já do ponto

18 Adorno, "Das Problem des Idealismus. Stichworte zur Vorlesung 1953-54", em Theodor W. Adorno Archiv (org.), *Frankfurter Adorno Blätter V*, p.106 *ss*., destaque do autor.

de vista de sua primeira codificação conceitual. Aqui já se verifica, aliás, um *tópos* central da crítica de Adorno à ontologia, que será desdobrado com variações durante todo o curso: a tentativa de demonstração do caráter mediado – histórica, social e linguisticamente – das categorias ontológicas, o que deverá implicar, para o filósofo, a demonstração de sua dialeticidade imanente.

Se Adorno relê a história da ontologia antiga, contra Heidegger, do ponto de vista de sua participação no progresso do esclarecimento, sua interpretação da *renaissance* da ontologia no ambiente intelectual pós-hegeliano aponta para o caminho oposto. Trata-se aqui, justamente, de um inequívoco movimento de *Gegenaufklärung*, de contraesclarecimento (p.166, p.209). Na esteira de uma tradição que remonta pelo menos a Marx, Adorno subscreve a tese de que certa tendência contrailuminista está profundamente enraizada na vida social e intelectual alemã, tendo como um de seus antecedentes históricos o atraso de seus processos de modernização em comparação com seus vizinhos geográficos e espirituais a oeste. Não tendo se consolidado efetivamente como cultura hegemônica na Alemanha, a tendência iluminista é repetidamente confrontada por uma série de eventos de *reação* a seu avanço no país. Esse é o caso, para Adorno, não apenas de seu representante paradigmático no plano sociopolítico – o nazismo –, mas também de uma de suas mais refinadas reflexões intelectuais: o renascimento das ontologias e, em particular, a ontologia fundamental heideggeriana. O fato de que os dois fenômenos estejam em conexão (não tão) subterrânea, aliás, não deixa de ser um bom indício, para Adorno, de seu pertencimento a uma tendência (ou contratendência) comum. Em termos gerais, ambos aspiram à restituição de uma ordem vinculante após a tendencial dissolução de suas condições objetivas pelo avanço dos impulsos modernizadores do esclarecimento. No caso das novas ontologias em particular, trata-se aí da tentativa de estabelecimento de uma suposta ordem transubjetiva do ser no interior de um ambiente social e intelectual atravessado pelo nominalismo, pelo subjetivismo e pelo niilismo, em que a mera possibilidade da ontologia como disciplina filosófica havia sido frontalmente contestada pela crítica da razão.[19]

Carência ontológica

Os leitores da *Dialética negativa* já reconhecerão nesse contexto a constelação histórico-filosófica de ampla envergadura no interior da qual Adorno situa a questão da carência ontológica, tematizada centralmente nas aulas 10 e 11 e marginalmente em algumas lições seguintes. A seu modo, a ontologia fundamental é uma resposta à carência por estabilidade e substancialidade de sentido, perdidas tanto na esfera social quanto na intelectual em virtude do avanço da modernidade capitalista. Mas, como assevera Adorno, "[o] fato de que uma carência espiritual exista não garante a possibilidade de sua satisfação" (p.201). Ausentes suas condições materiais concretas, essa resposta à carência ontológica é sumamente ilusória, entregando aos seus

---

19 "*Toda ontologia* que respeita o dito de Kant de que 'a via crítica é a única ainda aberta' – e a nova ontologia finge fazê-lo – não está *condenada ao fracasso*? Toda resposta à pergunta se houve ontologia em geral após Kant que não seja uma mera conservação dogmática de posições ultrapassadas dependerá de como se compreenderá o termo 'ontologia'" (Schnädelbach, 1983, p.235).

seguidores efetivamente apenas um simulacro daquilo que ela oferece. Este é o "truque de cartas" da ontologia fundamental, tal como Adorno o desenvolve em diferentes momentos deste curso: "que esse pensamento não foi capaz de satisfazer a carência na forma como ela o requisitou, e que então segundo sua própria estrutura ele precisou realizar uma espécie de truque de cartas, a saber, o de ao mesmo tempo renunciar à satisfação dessa carência, uma vez que ela não se deixa satisfazer, e de todavia agir como se a tivesse satisfeito" (p.289).

Assim, ao interpretá-la como resposta ideal compensatória a uma carência social profunda, Adorno se vale tanto nessa etapa de sua análise quanto no capítulo correspondente da obra publicada em 1966 de um modelo de crítica tributário da *Ideologiekritik*, da crítica à ideologia. À diferença do texto de altíssima densidade da *Dialética negativa*, no entanto, o filósofo é especialmente didático nestas lições, mobilizando não apenas amplos excursos históricos e sociológicos sobre a vida cultural e acadêmica alemã, mas também exemplos – não raro prosaicos – que a permeiam e que são indício tanto do enraizamento social da carência ontológica quanto do enorme êxito da resposta oferecida pelas novas ontologias. Confessadamente, esse foi o caso, inclusive, de seu próprio livro sobre Kierkegaard, publicado em 1933: "Creio que se os senhores – e permitam-me falar-lhes aqui de maneira muito aberta – verificarem essa carência profundamente enraizada em toda a nossa educação e formação alemã, os senhores provavelmente encontrarão uma das raízes disso na questão de saber por que os senhores ou, em todo caso, por que alguns dos senhores se sentem de fato, para falar em sua própria linguagem, tão interpelados por essa filosofia. Permitam-me dizer – e eu próprio não me excluo disso de nenhuma maneira, sem nunca ter sucumbido a Heidegger – que eu hoje encontro, por exemplo, no meu próprio livro sobre Kierkegaard, escrito há mais de trinta anos, certos elementos da linguagem que pertencem inteiramente àquela esfera" (p.211).

Crítica à linguagem e crítica imanente à ontologia

De fato, é sobretudo por meio de um certo regime de discursividade que a ontologia fundamental é capaz, se seguimos Adorno, de se apresentar como uma resposta atraente à carência ontológica. Não por acaso, a questão da linguagem é central nestas lições, como também o é na *Dialética negativa* e nos demais textos de Adorno sobre Heidegger, em particular o *Jargão da autenticidade*. O filósofo frankfurtiano investiga aí não apenas a constituição e o uso das principais categorias da ontologia fundamental – em particular, por óbvio, do próprio conceito de ser, tratado sempre em sua ambivalência constitutiva entre conceito e anticonceito –, mas também a estruturação linguística da filosofia heideggeriana. O seu peculiar "truque de cartas" mencionado só é possível se a própria fibra da linguagem heideggeriana for revestida da aparente substancialidade que ela oferece a seus leitores – se ela, em outros termos, se apresentar como depositária de um sentido superior. À medida que avança em seu curso, Adorno procura perseguir os diferentes aspectos desse regime de discursividade específico da ontologia fundamental: sua tomada de empréstimo de certos elementos (pseudo)poéticos, cuja proximidade com o *kitsch* o filósofo não se cansa de apontar; seu teor arcaizante e mítico; sua pseudo-concretude e a relação com a tagarelice, e a análise do conceito de ser a partir da cópula "é", que já havia sido iniciada em uma das aulas introdutórias.

Exemplo representativo da crítica de Adorno à linguagem heideggeriana é a análise da questão da cópula, à qual o filósofo dedica aulas inteiras neste curso e que também figura de forma altamente intrincada na *Dialética negativa*. Em larga medida, o filósofo conjuga aqui a crítica à ideologia – crucial, como vimos, para avaliar o enorme apelo da ontologia fundamental na atualidade – com outros modelos de crítica, em particular a análise crítica da linguagem. Segundo sua hipótese, pode-se desvendar o brilho aurático e misterioso do conceito de ser da ontologia fundamental a partir de uma análise crítica dos sentidos da cópula "é". O "ser" nada mais é do que o produto de uma autonomização ou hipóstase indevida do sentido sintético-relacional da cópula "é", cujo significado se dá sempre e necessariamente no interior da relação específica de sujeito e predicado em que ela figura – como quando se diz "este livro é azul", o significado da partícula "é" não possui um sentido autônomo em relação aos termos "este livro" e "azul". A cópula, como Adorno explicita a partir de Oskar Kraus, é sinsemântica e não autossemântica, isto é, ela é consignificante e não autossignificante (cf. nota 21 da Aula 20). Ao autonomizá-la e cristalizá-la na categoria "ser", no entanto, a ontologia fundamental a retira dessa relação específica e converte a função de síntese ôntica em algo ontológico – daí a sua aura. Com isso, ela eterniza – ou ontologiza – estados de coisas essencialmente transitórios – ônticos – e os converte em realidades invariantes, "um modo de ser do ser".

Se de fato se trata aí, como argumenta Adorno, de uma hipóstase indevida, ela não deixa de revelar simultaneamente certo teor de verdade, a saber: que "[t]odo e qualquer ente é mais do que ele meramente é; ser, em contraste com o ente, evoca isso" (p.428). No vocabulário dialético de Adorno, diríamos que o conceito de ser – em particular tal como pensado a partir do conceito heideggeriano de "diferença ontológica", o de uma diferença entre ser e ente – aponta, ainda que de forma transfigurada, para o não idêntico de todo ente quando disposto sob o sortilégio da identidade. Mas, em vez de tratá-lo como categoria *crítica* (como é o caso no pensamento de Adorno), Heidegger o converte em um absoluto trans-histórico. É por essa razão que o filósofo pode argumentar "que Heidegger chegou até o limite da visão dialética da não identidade na identidade" (p.432). Como se vê, entramos aqui imanentemente, por meio da crítica a Heidegger, na constelação conceitual específica da dialética negativa.

Dialética e ontologia

Não é trivial que Adorno procure chegar ao conceito mesmo de dialética negativa por meio de uma crítica imanente à ontologia fundamental. Como vimos, o pensamento heideggeriano é objeto crítico privilegiado de Adorno não apenas em virtude da enorme influência que exerceu na filosofia contemporânea; mais ainda, Heidegger teria como que codificado a problemática de toda ontologia em um ambiente filosófico pós-crítico. Assim, segundo a pretensão de Adorno, criticá-lo significa criticar a própria possibilidade da ontologia em sentido enfático após Kant. Com isso, a dialética negativa é internamente contraposta não apenas à ontologia fundamental em particular, mas à ontologia *tout court* – isto é, a toda tentativa de estabelecer um discurso em que o ser figure como instância preordenada em relação ao ente. É essa, aliás, a suma conceitual da crítica dialético-negativa à ontologia: "Nenhum ser sem ente",[20] com a qual Adorno abre a Parte II da obra, "Dialética negativa: conceito e categorias".

Esse dado possui amplas consequências para a construção adorniana da dialética. Sendo uma crítica imanente à ontologia, a dialética negativa levanta a pretensão não de negá-la abstratamente, mas de conservar o seu teor de verdade – o fato de que "[t]odo e qualquer ente é mais do que ele meramente é" (p.428) – após a revelação e dissolução de sua falsidade. Conserva-se assim, como mencionado, a não identidade como operador crítico, fundamentalmente histórico, que permite dispor o existente do ponto de vista de sua negatividade sem o entulho de qualquer substancialização ontológica. A rigor, esse é o destino não apenas da própria autocompreensão da dialética negativa e, com ela, também da teoria crítica como a concebe Adorno, visto que "a dialética negativa [...] é, em seu essencial, o mesmo que uma teoria crítica".[21] Com efeito, trata-se aí de um construto teórico cuja marca distintiva é o seu enraizamento consciente em constelações histórico-sociais específicas e transitórias; como escreveu o filósofo inequivocamente, "a teoria crítica não é uma ontologia".[22] E, por extensão, esse é também o destino de cada uma de suas categorias, inclusive daquelas categorias herdadas diretamente da história da metafísica, como é o caso dos conceitos de ser e de verdade. Cada

20 Adorno, *Dialética negativa*, p.119.

21 Idem, *Vorlesung über Negative Dialektik*, p.36.

22 Idem, "Zur Spezifikation der kritischen Theorie", em Theodor W. Adorno Archiv (org.), *Adorno: Eine Bildmonographie*, p.292.

uma delas é rigorosamente destituída de qualquer pretensão à invariância de sentido, à autonomia em relação aos seus objetos sempre historicamente situados. Cada uma delas, em outros termos, é *mediada*. Aqui, o procedimento constelatório de Adorno – em certo sentido, oposto aos princípios da filosofia da linguagem heideggeriana[23] – desempenha um papel crucial de consolidação textual da lógica dialética assim compreendida.

Se houvesse espaço para alguma ontologia na *Dialética negativa*, seria uma "ontologia do estado falso",[24] isto é, uma ontologia extraída daquele estado de coisas dominado pela aparentemente invariante – dada a sua perpetuação desde tempos imemoriais – fratura histórico-social: "Se quiséssemos projetar uma ontologia e seguir, nesse caso, o estado de coisas fundamental cuja repetição a transforma em invariante, então isso seria o horror. Em suma, uma ontologia da cultura teria de assumir aquilo em que a cultura efetivamente fracassou. O lugar de uma ontologia filosoficamente legítima seria mais a construção da indústria cultural do que a construção do ser; o bom seria somente aquilo que escapa à ontologia".[25] Vê-se aí, no melhor dos casos, o uso de um conceito "crítico" ou "irônico" de ontologia, que converte quaisquer supostos componentes invariantes em ilusão mítica e negatividade histórica a ser superada.

Crítica à ontologia e marxismo ocidental

Em larga medida, a crítica à ontologia também singulariza a dialética negativa na tradição do marxismo. Em 1947,

---

23 Cf. Pucciarelli, *Materialismus und Kritik*, p. 166-175.

24 Idem, *Dialética negativa*, op. cit., p.18.

25 Ibidem, p.109 *s*.

Heidegger volta a publicar após a queda do regime nazista. Entre os textos publicados, se encontra em particular a *Carta sobre o humanismo*, na qual procura responder à questão posta por seu correspondente francês, Jean Beaufret: como dar outra vez sentido à palavra "humanismo"? Lukács, cuja obra *História e consciência de classe* fora influência central para Adorno e toda a sua geração, publica em 1949 uma resenha de título "Heidegger redivivus". Reagindo ao texto de Lukács ainda no mesmo ano, é como se Adorno intuísse seu futuro desenvolvimento em direção a uma "virada ontológica" no marxismo. Lá onde Lukács finca pé, contra Heidegger, no "ponto de vista da prioridade do ser em relação à consciência", Adorno enxerga um abandono da dialética e, no limite, uma acomodação ao existente, ainda que ao existente no lado "de lá" da cortina de ferro. Na década de 1960, Lukács se encantaria pelos trabalhos de Nicolai Hartmann, que propõe uma retomada da ontologia pela simples recuperação da *intentio recta* pré-crítica, isto é, da orientação ingênua da filosofia às coisas tais como supostamente são independentemente do sujeito que as conhece, sem passar, portanto, pelo desvio da crítica do conhecimento. Se mesmo a ontologia pós-crítica de Heidegger – que, ao menos a princípio, só se arrisca a fixar como invariantes ontológicas os "existenciários", isto é, categorias só desveláveis ainda pela via oblíqua da analítica do ser-aí – ainda é objeto da crítica corrosiva de Adorno, ela deve valer tanto mais para toda tentativa de suspender os efeitos do giro copernicano. A polêmica (não publicada) com Lukács mostra a fecundidade da abordagem dialética de Adorno em extensão a algumas formas de ontologização do materialismo: "A doutrina marxiana da prioridade do ser sobre a consciência deve todavia ser entendida justamente de modo não ontológico, mas sim como expressão de um negativo, a saber, o do predomínio da reificação, das relações de produção, nas quais os homens 'adentram de modo não voluntário'. Fazer de uma tal prioridade um princípio filosófico significa inevitavelmente conceder apologeticamente ao ente uma prioridade absoluta, e por fim uma prioridade também em relação à práxis que gostaria seriamente de acabar com a reificação".[26]

Quando se sacrifica o sujeito do conhecimento em nome de um ponto arquimediano seguro, ontológico, para a crítica da sociedade, o que se perde no mesmo passo é o sujeito da ação, que não é outro que o primeiro. O gesto de fixação de invariantes ontológicas do "ser social" se vê ainda diante da aporia: se à estrutura ontológica já corresponde o estado de coisas atual, ôntico, então a investigação ontológica não serviu senão para dar por firmemente fundada, o mais firmemente possível, a organização social presente, ancorar no próprio "ser" aquilo que agora existe, ou, como prefere Adorno, fazer apologia do existente; se, no entanto, a busca por estruturas ontológicas visa à afirmação normativa daquelas estruturas em face de um mundo que não lhe corresponde, então ela tem de se dar com a embaraçosa postulação de estruturas que não estruturam, de modos de ser sem ente. Se há ontologia, é a do estado falso, que já não é ontologia nenhuma, mas a denúncia de uma ilusão fetichista, a de que o que atualmente é aparece falsamente como ontológico. Mesmo as "leis da dialética" de Engels[27] são uma ontologização indevida de algo que em Marx era marcado por

26 Idem, "Ad Lukács", em *Gesammelte Schriften*, v.20.1: Vermischte Schriften I (GS 20.1), p.252 *s*.

27 Marx; Engels, *Marx-Engels Werke* (MEW 20), p.348.

um índice temporal. Referindo-se a toda "lei" enunciada por Marx, de fato não mais do que leis de tendência dada uma condição contingente, Adorno escreve: "O tema mais forte de toda a teoria marxista, o tema da supressibilidade dessas leis, fala a favor do fato de não se dever tomar ao pé da letra a suposição de leis naturais, muito menos ontologizá-la no sentido de um projeto do que chamamos homem, como quer que esse projeto venha a ser configurado. No momento em que começasse o reino da liberdade, elas não valeriam mais".[28]

Vale mencionar, nesse contexto, a leitura de Alfred Schmidt em sua tese *O conceito de natureza na teoria de Marx*, orientada por Horkheimer e Adorno e defendida em 1962, na qual ressoa fortemente a aversão adorniana a toda forma de ontologia. Para Schmidt, "assim como Feuerbach, Marx também fala da 'prioridade da natureza externa'; todavia, com a reserva crítica de que toda prioridade só pode ser uma prioridade no interior da mediação".[29] Há em Marx, como aliás em Adorno, uma "preponderância do objeto", certamente, mas não sua independência absoluta em relação ao sujeito. Em Marx, a natureza não "se enrijece como um princípio ontológico último".[30] A "mediatidade de todo imediato" não é afastada, mas apenas a sua versão idealista.[31] Para Schmidt, "Marx vê que não se trata simplesmente de substituir a teoria hegeliana da mediação pelo culto de um 'dado imediato' de que tipo seja, mas sim que só vai além da forma hegeliana da dialética aquele que volta o

28 Adorno, *Dialética negativa*, op. cit., p.294.

29 Schmidt, *Der Begriff der Natur in der Lehre von Marx*, p.36 *s*.

30 Ibidem, p.40.

31 Ibidem, p.39.

conceito de mediação visado por Hegel de modo idealista contra a sua própria versão idealista".[32] É verdade que a ontologia naturalista abre os olhos do jovem Marx acerca do caráter fetichista da mediação idealista – ou, como Adorno a pensa, da mediação que se autonomizou do mediado –, mas, em seu amadurecimento teórico, Marx compreende que há um fetichismo tão perverso quanto o primeiro, que consiste ora em acreditar no caráter natural daquilo que nos aparece como natureza, ora em acreditar que há uma outra natureza oculta por trás dessa e acessível pela especulação filosófica (na verdade, a mesma que atualmente nos aparece, apenas reduplicada como ontologia). À luz da leitura de seu aluno Alfred Schmidt, Adorno talvez não inove tanto na crítica dialética à ontologia, mas explicita e atualiza o que Marx não julgava mais necessário tematizar, mas que parte do marxismo havia esquecido. No cenário filosófico do marxismo ocidental, em que a carência pela fixidez da ontologia não deixou de brotar (pense-se não apenas em Lukács, mas também em Bloch, Sartre, Althusser, Castoriadis, Badiou, Negri...), Adorno parece constituir uma exceção.

A ontologia venceu

"Apesar de Heidegger se mostrar indiscutivelmente como um dos filósofos mais importantes do século XX", escrevia em 1987 Günther Figal,[33] sucessor de sua cátedra em Freiburg, "quase não conseguiremos dizer que seus trabalhos estão presentes nos debates filosóficos atuais de maneira evidente". Em

32 Ibidem, p.37.

33 Figal, *Martin Heidegger: fenomenologia da liberdade*, p.11.

que pese a queixa de seu herdeiro direto, se a ontologia fundamental talvez não tenha mesmo encontrado uma repercussão "evidente", quer dizer, de matriz autodenominada heideggeriana, ela é certamente um dos grandes centros irradiadores de influência filosófica no século XX. Mesmo lá onde sua influência pode não ser imediatamente constatável em termos de conteúdo, ela se deixa mensurar indiretamente pela relevância e centralidade ainda hoje atribuídas por diferentes tradições àquela disciplina que Heidegger procurou incansavelmente reabilitar no contexto do pensamento contemporâneo: a ontologia. Com efeito, em que pesem as diferenças internas, pode-se dizer que o ímpeto de resgate da ontologia como disciplina filosófica fundamental tornou-se pervasivo a diferentes orientações de pensamento, inclusive àquelas francamente contrapostas à ontologia fundamental, como é o caso, como vimos, do marxismo ocidental. Se é sem dúvida excessivo afirmar que Heidegger foi o único responsável por esse retorno pronunciado da ontologia no século XX, é inegável que ele é um de seus grandes representantes. Vem daí, possivelmente, a constatação de Tiedemann no posfácio a este livro: "Em todas as frentes, à direita, à esquerda e ao centro, a ontologia parece ter vencido a dialética". Isso não é nenhuma surpresa, pois, desde 1960, os fatores que engendram a carência ontológica só fizeram agravar. A crítica dialética à ontologia seguirá atual enquanto este for o caso.

Referências

ABROMEIT, John. *Max Horkheimer and the Foundations of the Frankfurt School*. Cambridge, UK: Cambridge University Press, 2011.

ADORNO, Theodor W. Ad Lukács. In: *Gesammelte Schriften*. v.20.1: Vermischte Schriften I (GS 20.1). Frankfurt a.M.: Suhrkamp, 1986.

______. Das Problem des Idealismus. Stichworte zur Vorlesung 1953-54. In: THEODOR W. ADORNO ARCHIV (org.). *Frankfurter Adorno Blätter V*. ed. text + kritik. Munique: [s.n.], 1998.

______. *Dialética negativa*. Trad. M. A. Casanova. Rev. E. S. Neves Silva. Rio de Janeiro: Zahar, 2009.

______. *Gesammelte Schriften*. v.19: Musikalische Schriften VI (GS 19). Frankfurt a.M.: Suhrkamp, 1984.

______. *Kierkegaard*: construção do estético. Trad. A. L. M. Valls. São Paulo: Editora Unesp, 2010.

______. *Primeiros escritos filosóficos*. Trad. Verlaine Freitas. São Paulo: Editora Unesp, 2018.

______. *Vorlesung über Negative Dialektik*. Fragmente zur Vorlesung 1965-66. Frankfurt a.M.: Suhrkamp, 2007.

______. Zur Spezifikation der kritischen Theorie. In: THEODOR W. ADORNO ARCHIV (org.). *Adorno*: Eine Bildmonographie. Frankfurt a.M.: Suhrkamp, 2003.

BENJAMIN, Walter. *Briefe*. Org. G. Scholem e Th. W. Adorno. 2v. Frankfurt a.M.: Suhrkamp, 1978.

BREUER, Stefan. Der Ort Marcuses in der Kritischen Theorie. In: *Kritische Theorie*: Schlüsselbegriffe, Kontroversen, Grenzen. Tübigen: Mohr Siebeck, 2016.

BUCK-MORSS, Susan. *The Origin of Negative Dialectics*: Theodor W. Adorno, Walter Benjamin and the Frankfurt Institute. Nova York: Free Press, 1977.

FIGAL, Günther. *Martin Heidegger*: fenomenologia da liberdade. Trad. M. A. Casanova. Rio de Janeiro: Forense, 2005.

HEIDEGGER, Martin. Der Zeitbegriff in der Geschichtswissenschaft [1915]. In: *Gesamtausgabe*. v.I.1: Frühe Schriften. Frankfurt a.M.: Vittorio Klostermann, 1978.

IMMANEN, Mikko. *Toward a Concrete Philosophy*: Heidegger and the Emergence of the Frankfurt School. Ithaca, NY: Cornell University Press, 2020.

MARX, Karl; ENGELS, Friedrich. *Marx-Engels Werke* (MEW). 41v. Berlim: Dietz, 1956-1968.

MÖRCHEN, Hermann. *Adorno und Heidegger*: Untersuchung einer philosophischen Kommunikationsverweigerung. Stuttgart: Klett--Cotta, 1981.

NEVES SILVA, Eduardo S. *Filosofia e arte em Theodor W. Adorno*: a categoria da constelação. Belo Horizonte, 2006. Tese (Doutorado do Programa de Pós-Graduação em Filosofia) – Departamento de Filosofia da Faculdade de Filosofia e Ciências Humanas, Universidade Federal de Minas Gerais.

PUCCIARELLI, Daniel. *Materialismus und Kritik*. Konzept, Aussichten und Grenzen des Materialismus im Ausgang von der Negativen Dialektik Theodor W. Adornos. Würzburg: Königshausen & Neumann, 2019.

SCHMIDT, Alfred. *Der Begriff der Natur in der Lehre von Marx*. Hamburgo: Europäische Verlagsanstalt, 2016.

TRAWNY, Peter. *Heidegger und der Mythos der jüdischen Weltverschwörung*. 2.ed. rev. e ampl. Frankfurt a.M.: Vittorio Klostermann, 2014.

Bibliografia básica recomendada

DE CAUX, Luiz Philipe. A ontologia como nova ideologia alemã: Adorno e a crítica da carência ontológica. *Síntese*, v.47, n.146, p.93-122, 2020.

GANDESHA, Samir. Leaving Home: On Adorno and Heidegger. In: HUHN, Tom (org.). *The Cambridge Companion to Adorno*. Cambridge, UK: Cambridge University Press, 2004.

GORDON, Peter. *Adorno and Existence*. Cambridge, Mass.: Harvard University Press, 2016.

HAMMER, Espen. Adorno's Critique of Heidegger. In: GORDON, Peter; HAMMER, Espen; PENSKY, Max (orgs.). *A Companion to Adorno*. Hoboken: Wiley, 2020.

IMMANEN, Mikko. *Toward a Concrete Philosophy*: Heidegger and the Emergence of the Frankfurt School. Ithaca, NY: Cornell University Press, 2020.

NEVES SILVA, Eduardo S. Adorno, Heidegger, metafísica e ontologia. In: PUCCI, B.; FRANCO, R.; GOMES, L. R. (orgs.). *Teoria crítica na era digital*: desafios. São Paulo: Nankin, 2014.

O'CONNOR, Brian. Adorno, Heidegger and the Critique of Epistemology. *Philosophy & Social Criticism*, v.24, n.4, p.43-62, 1998.

SAFATLE, Vladimir. *Dar corpo ao impossível*: a dialética a partir de Theodor Adorno. Belo Horizonte: Autêntica, 2019.

SCHNÄDELBACH, Herbert. *Philosophie in Deutschland 1831-1933*. Frankfurt a.M.: Suhrkamp, 1983.

Referências bibliográficas

ADORNO, Theodor W. *Aufzeichnungen zur Ästhetik-Vorlesung von 1931/32*. In: TIEDEMANN, Rolf (org.). *Frankfurter Adorno Blätter* I. Munique: Edition Text + Kritik, 1992.

______. Das Problem des Idealismus. Stichworte zur Vorlesung vom Wintersemester 1953-54 und Fragmente einer Nachschrift. In: TIEDEMANN, Rolf (org.). *Frankfurter Adorno Blätter* V. Munique: Edition Text + Kritik, 1998.

______. *Jargon der Eigentlichkeit*: Zur Deutschen Ideologie. Frankfurt am Main: Suhrkamp, 1964.

______. Über das Problem der individuellen Kausalität bei Simmel (1940). In: TIEDEMANN, Rolf (org.). *Frankfurter Adorno Blätter* VIII. Munique: Edition Text + Kritik, 2002.

______. *Zur Lehre von der Geschichte und von der Freiheit* (1964-1965). Org. Rolf Tiedemann. Frankfurt am Main: Suhrkamp, 2006.

______; BENJAMIN, Walter. *Briefwechsel 1928-1940*. Org. Henri Lonitz. 2.ed. Frankfurt am Main: Suhrkamp, 1995. [Ed. bras.: *Correspondência, 1928-1940*. São Paulo: Editora Unesp, 2012.]

______; DAHRENDORF, Ralf; HABERMAS, Jürgen. *Der Positivismusstreit in der Deutschen Soziologie*. Neuwied: Luchterhand, 1969. [Ed. bras.: *A disputa do positivismo na sociologia alemã*. São Paulo: Ícone, 2017.]

ADORNO, Theodor W.; SOHN-RETHEL, Alfred. *Briefwechsel 1936-1969*. Org. Christoph Gödde. Munique: Edition Text + Kritik, 1991. (Dialektische Studien, 5.)

ARISTÓTELES. *Analytica priora*. Lv.II. Londres: W. D. Ross, 1966. [Ed. bras.: *Órganon*: Categorias; Da interpretação; Analíticos anteriores; Analíticos posteriores; Tópicos; Refutações sofísticas. São Paulo: Edipro, 2016.]

______. *Philosophische Schriften in sechs Bänden*. v.1: Kategorien [u.a.]. Trad. Eugen Rolfes. Darmstadt: Wissenschaftliche Buchgesellschaft, 1995.

BENJAMIN, Walter. *Der Begriff der Kunstkritik in der Deutschen Romantik*. Frankfurt am Main: Suhrkamp, 1920. [Ed. bras.: *O conceito de crítica de arte no romantismo alemão*. Trad. Márcio Seligmann-Silva. São Paulo: Iluminuras, 2000.]

______. *Gesammelte Schriften*. v.I.1. Org. Rolf Tiedemann e Hermann Schweppenhäuser. Colab. Theodor W. Adorno e Gershom Scholem. 3.ed. Frankfurt am Main: Suhrkamp, 1990.

______. *Gesammelte Schriften*. v.I.2. Org. Rolf Tiedemann e Hermann Schweppenhäuser. Colab. Theodor W. Adorno e Gershom Scholem. Frankfurt am Main: Suhrkamp, 1974.

______. *Gesammelte Schriften*. v.II.1. Org. Rolf Tiedemann e Hermann Schweppenhäuser. Colab. Theodor W. Adorno e Gershom Scholem. 2.ed. Frankfurt am Main: Suhrkamp, 1989.

______. *Schriften I*. Frankfurt am Main: Suhrkamp, 1955.

BILHARZ, Alfons. *Metaphysik als Lehre vom Vorbewussten*. Wiesbaden: Bergmann, 1897.

______. *Philosophie als Universalwissenschaft*: Deduktorisch dargestellt. Wiesbaden: Bergmann, 1912.

BLOCH, Ernst. *Erbschaft dieser Zeit*. Zurique: Oprecht & Helbling, 1935.

______. *Geist der Utopie*. Frankfurt am Main: Suhrkamp, 1918.

______. *Philosophische Grundfragen*. v.I: Zur Ontologie des Noch-Nicht-Seins. Ein Vortrag und zwei Abhandlungen. Frankfurt am Main: Suhrkamp, 1961.

BRENTANO, Franz. *Psychologie vom empirischen Standpunkt*. v.I. Leipzig: F. Meiner, 1924.

______. *Vom Ursprung sittlicher Erkenntnis.* Leipzig: Duncker & Humblot, 1889.

______; KRAUS, Oskar. *Vom Ursprung sittlicher Erkenntnis*: nebst kleineren Abhandlungen zur ethischen Erkenntnistheorie und Lebensweisheit. 2.ed. Leipzig: F. Meiner, 1921.

BRÖCKER, Walter. *Dialektik, Positivismus, Mythologie*. Frankfurt am Main: Klostermann, 1958.

CAILLOIS, Roger. *Le Mythe et l'Homme.* Paris: Gallimard, 1938. [Ed. port.: *O mito e o homem*. Lisboa: Edições 70, 2020.]

CARRIÈRE, Moriz. *Aesthetik*. Die Idee des Schönen und ihre Verwirklichung im Leben und in der Kunst. 1. Teil: Die Schönheit. Die Welt. Die Phantasie, 2. Teil: Die bildende Kunst. Die Musik. Die Poesie. 2v. 2.ed. Leipzig: Brockhaus, 1873.

CASSIRER, Ernst. Zur Einsteinschen Relativitätstheorie: Erkenntnistheoretische Bertrachtungen. In: *Zur modernen Physik.* 7.ed. Darmstadt: Wissenschaftliche Buchgesellschaft, 1994.

CHAMBERLAIN, Houston Stewart. *Die Grundlagen des Neunzehnten Jahrhunderts*. 2v. Munique: F. Bruckmann, 1899.

CHURCHILL, Winston S. *Into Battle*. Discursos de Winston S. Churchill. Comp. Randolph S. Churchill. 8.ed. Londres: Cassell, 1941.

CURTIUS, Ernst Robert. *Europäische Literatur und und lateinisches Mittelalter*. 2.ed. Berna: Francke, 1954. [Ed. bras.: *Literatura europeia e Idade Média latina*. 3.ed. São Paulo: Edusp, 2013.]

DESCARTES, René. *Meditationes de prima philosophia, i qua Dei existentia et animae immortalitas demonstratur*. Paris: apud Michaelem Soly, 1641. [Ed. bras.: *Meditações sobre filosofia primeira*. Trad. Fausto Castilho. Campinas: Editora da Unicamp, 2004.]

______. *Meditationes de prima philosophia, i qua Dei existentia et animae immortalitas demonstratur*. Org. Artur Buchenau. Leipzig: F. Meiner, 1913. (Bibliotheca Philosophorum, v.1.) [Ed. bras.: *Meditações sobre filosofia primeira*. Trad. Fausto Castilho. Campinas: Editora da Unicamp, 2004.]

DIELS, Hermann. *Die Fragmente der Vorsokratiker*. v.1. Org. Walther Kranz. 6.ed. Berlim: Weidmannsche Buchhandlung, 1951.

DOSTOIÉVSKI, Fiódor. *Sämtliche Werke*. Org. Arthur Moeller van den Bruck. Trad. E. K. Rahsin. 22v. Munique: R. Piper & Co., 1906-1919.

FETSCHER, Iring. Aufklärung und Gegenaufklärung in der Bundesrepublik. In: *Aufklärung und Gegenaufklärung in der europäischen Literatur*: Philosophie und Politik von der Antike bis zur Gegenwart. Org. Jochen Schmidt. Darmstadt: Wissenschaftliche Buchgesellschaft, 1989.

FICHTE, Johann G. *Die Bestimmung des Menschen*. Berlim: Vossischen, 1800.

FRÜCHTL, Josef. *Mimesis*: Konstellation eines Zentralbegriffs bei Adorno. Würzburg: Königshausen & Neumann, 1986.

GADAMER, Hans-Georg. *Gesammelte Werke*. v.3: Neuere Philosophie I: Hegel, Husserl, Heidegger. Tübingen: Mohr Siebeck, 1999.

______. *Gesammelte Werke*. v.6: Griechische Philosophie II. Tübigen: Mohr Siebeck, 1985.

GOETHE, Johann W. von. *Sämtliche Werke*. I. Abteilung: Sämtliche Werke. v.1: Gedichte 1756-1799. Abteilung: Sämtliche Werke. Org. Karl Eibl. Frankfurt am Main: Deutscher Klassiker, 1988.

______. *Sämtliche Werke*. I. Abteilung: Sämtliche Werke. v.2: Gedichte 1800-1832. Org. Karl Eibl. Frankfurt am Main: Deutscher Klassiker, 1988.

GOLDMANN, Lucien. *Lukács und Heidegger*: Nachgelassene Fragmente. Texteinrichtung und Einleitung von Youssef Ishaghpour. Trad. Rainer Rochlitz. Darmstadt; Neuwied: Luchterhand, 1975.

______. *Mensch, Gemeinschaft und Welt in der Philosophie Immanuel Kants*. Zurique: Europa, 1945. [Ed. bras.: *Origem da dialética*: a comunidade humana e o universo em Kant. Rio de Janeiro: Paz e Terra, 1967.]

GRIMM, Jacob; GRIMM, Wilhelm. *Deutsches Wörterbuch*. 33v. Munique: DTV, 1984.

______; ______. *Kinder- und Hausmärchen*: Ausgabe letzter Hand. Org. Heinz Rölleke. 3v. Stuttgart: Reclam, 1993. [Ed. bras.: *Contos ma-*

ravilhosos infantis e domésticos: 1812-1815. São Paulo: Editora 34, 2018.]

HAAG, Karl Heinz. *Der Fortschritt in der Philosophie*. Frankfurt am Main: Suhrkamp, 1983.

______. *Kritik der neueren Ontologie*. Stuttgart: Kohlhammer, 1960.

HAECKER, Theodor. Nachwort. In: KIERKEGAARD, Sören. *Kritik der Gegenwart*. Trad. Theodor Haecker. 2.ed. Innsbruck: Brenner, 1922.

HAMANN, Johann Georg. *Sämtliche Werke*. Org. Josef Nadler. 6v. Viena: Herder, 1949-1957.

HARTMANN, Nicolai. *Der Aufbau der realen Welt*: Grundriss der Allgemeinen Kategorieniehre. Berlim: De Gruyter, 1940.

______. *Grundzügen einer Metaphysik der Erkenntnis*. Berlim: De Gruyter, 1921.

______. *Möglichkeit und Wirklichkeit*. Berlim: De Gruyter & Co., 1938.

______. *Neue Wege der Ontologie*. 2.ed. Stuttgart: Kohlhammer, 1947.

______. *Zur Grundlegung der Ontologie*. Berlim: De Gruyter, 1935.

HAUFF, Wilhelm. *Romane, Märchen, Gedichte*. Org. Hermann Engelhard. 2v. Stuttgart: Cotta, 1961.

HEGEL, G. W. F. *Werke in 20 Bänden*. Org. Eva Moldenhauer e Karl Markus Michel. v.5: Wissenschaft der Logik I. Frankfurt am Main: Suhrkamp, 1979. [Ed. bras.: *Ciência da lógica*: 1. A doutrina do ser. Trad. Christian Iber, Marloren Miranda e Federico Orsini. Petrópolis: Vozes, 2016.]

______. *Werke in 20 Bänden*. Org. Eva Moldenhauer e Karl Markus Michel. 20v. Frankfurt am Main: Suhrkamp, 1969-1979.

HEIDEGGER, Martin. *Aus der Erfahrung des Denken*. Pfullingen: Günther Neske, 1954.

______. *Die Selbstbehauptung der deutschen Universität*. Discurso proferido na cerimônia de posse da reitoria da Universidade de Freiburg, em 27 maio 1933. Breslau: Korn, 1933. [Ed. bras.: A autoafirmação da universidade alemã: o discurso da reitoria. Trad. D. Pucciarelli. *Terceira Margem*, n.17, p.155-66, 2007.]

HEIDEGGER, Martin. *Die Selbstbehauptung der deutschen Universität.* Das Rektorat 1933/34: Tatsachen und Gedanken. Frankfurt am Main: Vittorio Klostermann, 1983.

______. *Kant und das Problem der Metaphysik.* 2.ed. Frankfurt am Main: Klostermann, 1951. [Ed. bras.: *Kant e o problema da metafísica*. Trad. Alexandre Franco de Sá e Marco Antonio Casanova. Rio de Janeiro: Via Verita, 2019.]

______. *Sein und Zeit*. Tübigen: Neomarius, 1949. [Ed. bras.: *Ser e tempo*. Trad. e org. Fausto Castilho. Ed. bilíngue. Campinas; Petrópolis: Editora da Unicamp; Vozes, 2012.]

______. *Über den Humanismus*. Frankfurt am Main: Klostermann, 1949.

______. *Vom Wesen des Grundes*. 4.ed. Frankfurt am Main: Klostermann, 1955. [Ed. port.: *A essência do fundamento*. Lisboa: Edições 70, 2007.]

______. *Vorträge und Aufsätze*. Pfullingen: Neske, 1954. [Ed. bras.: *Ensaios e conferências*. Petrópolis; Bragança Paulista: Vozes; São Francisco, 2012.]

HOFMANNSTHAL, Hugo von. *Lustspiele I*. Org. Herbert Steiner. Estocolmo: Fischer, 1947.

HORKHEIMER, Max. Vernunft und Selbsterhaltung. In: *Gesammelte Schriften*. Org. G. Schmid Noerr. 19v. Frankfurt am Main: Fischer Taschenbuch, 1987.

HUCH, Kurt Jürgen. *Philosophiegeschichtliche Voraussetzungen der Heideggerschen Ontologie.* Frankfurt am Main: Europäische Verlagsanstalt, 1967.

HUSSERL, Edmund. *Formale und transzendentale Logik*. Frankfurt am Main: Niemeyer; Halle, 1929. [Ed. esp.: *Logica formal y transcendental*. México: Universidade Nacional Autônoma de México, 1962.]

______. *Gesammelte Schrifte*. Org. Elisabeth Ströker. 9v. Frankfurt am Main: Felix Meiner, 1992.

______. *Logische Untersuchungen*. v.1: Prolegomena zur reinen Logik. Halle: Max Niemeyer, [1900] 1913. [Ed. bras.: *Investigações lógicas*: prolegômenos para uma lógica pura. São Paulo: Forense Universitária, 2014.]

JASPERS, Karl. *Die geistige Situation der Zeit*. 5.ed. Berlim: De Gruyter, 1960. (Coleção Göschen, n.1000.)

______. *Philosophie*. v.1: Philosophische Weltorientierung. Berlim: Springer, 1956.

KANT, Immanuel. *Kritik der reinen Vernunft* (1781). 2.ed. Riga: Johann Friedrich Hartknoch, 1787. [Ed. port.: *Crítica da razão pura*. Trad. M. P. dos Santos e A. F. Morujão. 5.ed. Lisboa: Calouste Gulbenkian, 2001.]

______. Kritik der reinen Vernunft. In: VALENTINER, Theodor (org.). *Sämtliche Werke*. v.1. Leipzig: Felix Meiner, 1913. [Ed. port.: *Crítica da razão pura*. Trad. M. P. dos Santos e A. F. Morujão. 5.ed. Lisboa: Calouste Gulbenkian, 2001.]

______. *Kritik der Urteilskraft*. Berlim: Hofenberg, 2016. [Ed. bras.: *Crítica da faculdade de julgar*. Petrópolis: Vozes, 2016.]

KIERKEGAARD, Sören. *Die Krankheit zum Tode. Furcht und Zitter. Die Wiederholung. Der begriff der angst;* Org. Hermann Diem e Walter Rest. Munique: Deutscher Taschenbuch, 1976.

______. *Die Tagebücher*: 1834-1855. Sel. e trad. Theodor Haecker. 2.ed. Leipzig: Hegner, 1941.

______. *Philosophische Brosamen und Unwissenschaftliche Nachschrift*. Org. Hermann Diem e Walter Rest. Munique: Taschenbuch, 1976. [Ed. bras.: *Pós-escrito às migalhas filosóficas*. v.1. São Paulo: Vozes, 2013.]

______. *Werkausgabe*. 2v. Trad. Emanuel Hirsch e Hayo Gerdes. Düsseldorf; Colônia: Buchclub Ex Libris, 1971.

KLAGES, Ludwig. *Der Geist als Widersacher der Seele*. 3v. Leipzig: J. A. Barth, 1929-1932.

KLEIST, Heinrich von. *Sämtliche Werke und Briefe*. Org. Helmut Sembdner. 2v. 5.ed. Munique: Wissenschaftliche Buchgesellschaft, 1970.

KONERSMAN, Ralf. Revolution, konservative. In: RITTER, Joachim; GRÜNDER, Karlfried (orgs.). *Historisches Wörterbuch der Philosophie*. v.8. Basileia: Schwabe, 1992.

KRAUS, Oskar. *Franz Brentanos Stellung zur Phänomenologie und Gegenstandstheorie*: Zugleich eine Einleitung in seine Psychologie. Leipzig: F. Meiner, 1924.

LANDSBERG, Paul Ludwig. *Die Welt des Mittelalters und wir*: Ein geschichtsphilosophischer Versuch über den Sinn eines Zeitalters. Bonn: Cohen, 1923.

LAUSBERG, Heinrich. *Elemente der literarischen Rhetorik*. 10.ed. Ismaning: Hueber, 1990.

LEIBNIZ, Gottfried Wilhelm. *Philosophische Werke*. v.2: Hauptschriften zur Grundlegung der Philosophie. Org. Ernst Cassirer. Trad. Artur Buchenau. Hamburgo: Felix Meiner, 1996.

LENK, Elisabeth. Das verborgene Sein. In: ADORNO, Theodor W.; LENK, Elisabeth. *Briefwechsel 1962-1969*. Org. Elisabeth Lenk. Munique: Edition Text + Kritik, 2001. (Dialektische Studien, 8.)

LESSING, Gotthold E. *Werke und Briefe*. v.8: Werke 1774-1778. Org. Wilfried Barner e outros. Vol. org. Arno Schilson. Frankfurt am Main: Deutscher Klassiker, 1989.

LIEBER, Hans-Joachim. Kulturkritik und Gesellschaftstheorie im Denken Georg Simmels. In: *Kulturkritik und Lebensphilosophie*: Studien zur Deutschen Philosophie der Jahrhundertwende. Darmstadt: Wissenschaftliche Burchgesellschaft, 1974.

LIEBRUCKS, Bruno. *Sprache und Bewußtsein*: Die erste Revolution der Denkungsart. v.4. Frankfurt am Main: Akademische Verlagsgesellschaft, 1968.

LONG, Antony A.; SEDLEY, David N. *Die hellenistischen Philosophen*: Texte und Kommentare. Stuttgart; Weimar: Metzler, 2000.

LÖWITH, Karl. *Heidegger*: Denker in dürftiger Zeit. Frankfurt am Main: Fischer, 1953.

______. *Sämtliche Schriften*. v.8: Heidegger: Denker in dürftiger Zeit. Org. J. B. Metzler. Stuttgart: Springer, 1984.

MARX, Karl. *Kritik des Gothaer Programms*. Sel. e introd. Franz Borkenau. Frankfurt am Main: Fischer Bücherei, 1956. [Ed. bras.: *Crítica do Programa de Gotha*. São Paulo: Boitempo, 2012. (Coleção Marx-Engels.)]

MENDELSSOHN, Moses. *Morgenstunden*: oder Vorlesungen über das Dasein Gottes. Berlim: Christian Friedrich Voss und Sohn, 1785.

MENDELSSOHN, Moses. *Schriften über Religion und Aufklärung*. Org. Martina Thom. Berlim: Union, 1989.

MENSCHING, Günther. *Das Allgemeine und das Besondere*: Der Ursprung des modernen Denkens im Mittelalter. Stuttgart: J. B. Metzler, 1992.

METSCHER, Thomas. Ästhetik als Abbildtheorie: Erkenntnistheoretische Grundlagen materialistischer Kunsttheorie und das Realismusproblem in den Literaturwissenschaften. In: *Kunst und sozialer Prozess*: Studien zu einer Theorie der ästhetischen Erkenntnis. Colônia: Pahl-Rugenstein, 1977.

MOELLER VAN DEN BRUCK, Arthur. *Das dritte Reich*. Frankfurt: Der Ring, 1923.

______. *Rechenschaft über Rußland*. Org. Hans Schwarz. Berlim: Verlag der Nahe Osten, 1933.

MOHLER, Armin. *Die konservative Revolution in Deutschland 1918-1932*: Grundriss ihrer Weltanschauungen. Stuttgart: Friedrich Vorwerk, 1950.

MÖRCHEN, Hermann. *Adorno und Heidegger*: Untersuchung einer philosophischen Kommunikationsverweigerung. Stuttgart: Klett-Cotta, 1981.

NIEKISCH, Ernst. *Das Reich der niederen Dämonen*: Eine Analyse des Nationalsozialismus. Berlim: Rütten & Loening, 1957.

RAIMUND, Ferdinand. *Sämtliche Werke*. Org. Friedrich Schreyvogl. Munique: Buchgemeinschaft Donauland, 1960.

RALFS, Günter. Was bedeutet die Aristotelische Formel τὸ τί ἦν εἶναι? In: *Lebensformen des Geistes*: Vorträge und Abhandlungen. Org. Hermann Glockner. Colônia: Kölner Universitäts-Verlag, 1964.

RICKERT, Heinrich. *Die Grenzen der naturwissenschaftlichen Begriffsbildung*: Eine logische Einleitung in die historischen Wissenschaften. 3.ed. e 4.ed. Tübingen: J. C. B. Mohr, 1921.

______. *System der Philosophie*. Parte I. Tübingen: J. C. B. Mohr, 1921.

RITTER, Johann Wilhelm. *Fragmente aus dem Nachlasse eines jungen Physikers*: ein Taschenbuch für Freunde der Natur. 2v. Heildelberg: Mohr und Zimmer, 1810.

RUBINER, Ludwig. *Der Mensch in der Mitte*. Berlim; Wilmersdorf: Die Aktion, 1917. (Politische Aktionsbibliothek, 2.)

RYCHNER, Max. *Sphären der Bücherwelt*: Aufsätze zur Literatur. Zurique: Manesse, 1952.

SCHELER, Max. *Der Formalismus in der Ethik und die materiale*: Neuer Versuch der Grundlegung eines ethischen Personalismus. 2v. Halle: Max Niemeyer, 1913-1916.

______. *Die Stellung des Menschen im Kosmo*. Darmstadt: Reichi, 1928.

______. *Gesammelte Werke*. Org. Maria Scheler; M. S. Frings. 15v. Berna; Bonn: Francke; Bouvier, 1954-.

______. *Späte Schriften*. Org. Manfred S. Frings. 2.ed. Bonn: Bouvier, 1995.

SCHELLING, Friedrich W. J. Darstellung meines Systems der Philosophie. In: *Zeitschrift für spekulative Physik*. Jena: Christian Ernst Gabler, 1800. [Ed. bras.: *Exposição do meu sistema da filosofia*. Trad. Luis Fellipe Garcia. São Paulo: Clandestina, 2020.]

______. *System des transcendentalen Idealismus*. Tübigen: Cotta, 1800. [Ed. esp.: *Sistema del idealismo trascendental*. Madri: Anthropos, 2005.]

______. *Werke*. Org. Manfred Schröter. 6v. München: Beck; Oldenbourg, 1979-.

SCHELSKY, Helmut. *Die Arbeit tun die anderen*: Klassenkampf und Priesterherrschaft der Intellektuellen. 2.ed. Opladen: VS Verlag für Sozialwissenschaften, 1975.

______. *Die skeptische Generation*: Eine Soziologie der deutschen Jugend. Düsseldorf; Colônia: Eugen Diedrichs, 1957.

______. *Soziologie der Sexualität*: Über die Beziehungen zwischen Geschlecht, Moral und Gesellschaft. Hamburgo: Rowohlt, 1955. [Ed. bras.: *Sociologia da sexualidade*. Rio de Janeiro: Paz e Terra, 1968.]

SCHILLER, Friedrich. *Sämtliche Werke*. v.1: Gedichte/Dramen I. Org. Gerhard Fricke e Herbert G. Göpfert. 4.ed. Munique: Carl Hanser, 1965.

SCHMIDT, Raymund. *Die Philosophie der Gegenwart in Selbstdarstellungen*: Anathon Aal, Alfons Bilharz, Alessandro Chiapelli, Arthur Drews,

Adolf Dyroff, Adolf Phalén, Carl Stumpf. v.5. Leipzig: F. Meiner, 1924.

SCHNEEBERGER, Guido. *Nachlese zu Heidegger*: Dokumente zu seinem Leben und Denken. Berna: [s.n.], 1962.

SCHOPENHAUER, Arthur. *Sämtliche Werke*. 5v. Org. Wolfgang von Löhneysen. Stuttgart; Frankfurt: Cotta; Insel, 1961-1965.

______. Über die Universitäts-Philosophie. In: *Sämtliche Werke*. v.IV: Parerga und Paralipomena I. Darmstadt: Wissenschaftliche Buchgesellschaft, 1963. [Ed. bras.: *Sobre a filosofia universitária*. São Paulo: Martins Fontes, 2001.]

SCHWEPPENHÄUSER, Hermann. Studien über die Heideggersche Sprachtheorie. *Archiv für Philosophie*, v.7, n.3-4; v.8, n.1-2, 1957-1958.

______. *Studien über die Heideggersche Sprachtheorie*. Org. Rolf Tiedemann. Munique: Theodor Adorno Archiv, 1988. (Dialektische Studien, 2.)

SOHN-RETHEL, Alfred. *Geistige und körperliche Arbeit*: Zur Theorie der gesellschaftlichen Synthesis. Frankfurt am Main: Suhrkamp, 1970.

THOMÄ, Dieter. *Die Zeit des Selbst und die Zeit danach*: Zur Kritik der Textgeschichte Martin Heideggers 1910-1976. Frankfurt am Main: Suhrkamp, 1990.

TIEDEMANN, Rolf. *Studien zur Philosophie Walter Benjamins*. 2.ed. Frankfurt am Main: Suhrkamp, 1973.

VOLKELT, Johannes. *System der Ästhetik*: in zwei Bänden. Munique: Beck, 1905.

WAGNER, Richard. *Dichtungen und Schriften*. Org. Dieter Borchmeyer. 10v. Frankfurt am Main: Insel-Bücherel, 1983-.

WELLMER, Albrecht. *Zur Dialektik von Moderne und Postmoderne*: Vernunftkritik nach Adorno. Frankfurt am Main: Suhrkamp, 1985.

WELLS, H. G. *Die Zeitmaschine*. Trad. ingl. Annie Reney e Alexandra Auer. 6.ed. Munique: DTV, 2001. [Ed. bras.: *A máquina do tempo*. São Paulo: Suma, 2018.]

WUST, Peter. *Die Auferstehung der Metaphysik*. Leipzig: F. Meiner, 1920.

ZIMMER, Heinrich. *Maya der indische Mythos*. Stuttgart: Anst, 1939.

Traduções em português utilizadas

ADORNO, Theodor W. A atualidade da filosofia. In: *Primeiros escritos filosóficos*. Trad. Verlaine Freitas. São Paulo: Editora Unesp, 2018.

______. A ideia da história natural. In: *Primeiros escritos filosóficos*. Trad. Verlaine Freitas. São Paulo: Editora Unesp, 2018.

______. *Dialética negativa*. Trad. Marco Antonio Casanova. Rev. E. S. Neves Silva. Rio de Janeiro: Zahar, 2009.

______. *Filosofia da nova música*. Trad. Magda França. São Paulo: Perspectiva, 1974.

______. *Kierkegaard*. Trad. A. L. M. Valls. São Paulo: Editora Unesp, 2010.

______. O conceito de inconsciente na doutrina transcendental da alma. In: *Primeiros escritos filosóficos*. Trad. Verlaine Freitas. São Paulo: Editora Unesp, 2018.

______. O ensaio como forma. In: *Notas de literatura I*. Trad. J. de Almeida. São Paulo: Editora 34, 2003.

______. *Palavras e sinais*: modelos críticos 2. Trad. M. H. Ruschel. Petrópolis: Vozes, 1995.

______. *Para a metacrítica da teoria do conhecimento*: estudos sobre Husserl e as antinomias fenomenológicas. Trad. Marco Antonio Casanova. São Paulo: Editora Unesp, 2015.

______. *Prismas*: crítica cultural e sociedade. Trad. A. Wernet e J. de Almeida. São Paulo: Ática, 1998.

______. *Três estudos sobre Hegel*. Trad. Ulisses R. Vaccari. São Paulo: Editora Unesp, 2013.

______; HORKHEIMER, Max. *Dialética do esclarecimento*: fragmentos filosóficos. Trad. Guido de Almeida. Reimp. nova paginação e capa. Rio de Janeiro: Zahar, 1985.

ARISTÓTELES. *Metafísica*. v.2. Org. Giovanni Reale. Trad. Marcelo Perine. Ed. bil. São Paulo: Loyola, 2014.

BENJAMIN, Walter. *Origem do drama trágico alemão*. Trad. João Barrento. Belo Horizonte: Autêntica, 2011.

CARNAP, Rudolf. Superação da metafísica pela análise lógica da linguagem. Trad. A. I. Segatto. *Cadernos de Filosofia Alemã*, v.21, n.2, p.95-115, 2016.

CROCE, Benedetto. *Estética como ciência da expressão e linguística geral*. Trad. Omayr José de Moraes Júnior. São Paulo: É Realizações, 2016.

DESCARTES, René. *Discurso do método*. Trad. Maria Ermantina Galvão. 3.ed. São Paulo: Martins Fontes, 2001.

______. *Meditações metafísicas*. Trad. Maria Ermantina Galvão. 2.ed. São Paulo: Martins Fontes, 2005.

DURKHEIM, Émile. *As formas elementares da vida religiosa*: o sistema totêmico na Austrália. Trad. Paulo Neves. São Paulo: Martins Fontes, 1996.

ESPINOSA, Benedictus de. *Ética*. Trad. Grupo de Estudos Espinosanos. Coord. Marilena Chauí. São Paulo: Edusp, 2015.

EURÍPEDES. As fenícias. In: SOUSA JÚNIOR, Waldir M. *As fenícias de Eurípedes*: estudo e tradução. São Paulo, 2015. Dissertação (Mestrado do Programa de Pós-Graduação em Letras Clássicas) – Faculdade de Filosofia, Letras e Ciências Humanas, Universidade de São Paulo (FFLCH-USP).

FICHTE, Johann G. *Fundamentos de toda a doutrina da ciência*. Petrópolis: Vozes, 2021.

GOETHE, Johann W. von. *Fausto*: uma tragédia. Primeira parte. 6.ed. Trad. Jenny Klabin Segall. Ed. bil. São Paulo: Editora 34, 2016.

______. *Fausto*: uma tragédia. Segunda parte. 4.ed. Trad. Jenny Klabin Segall. Ed. bil. São Paulo: Editora 34, 2015.

HEGEL, Georg Wilhelm F. *Ciência da lógica*. v.1: A doutrina do ser. Trad. Christian Iber, Marloren Miranda e Federico Orsini. Petrópolis: Vozes, 2016.

______. *Ciência da lógica*. v.2: A doutrina da essência. Trad. Christian Iber e Federico Orsini. Petrópolis: Vozes, 2017.

______. *Enciclopédia das ciências filosóficas em compêndio*. v.I: A ciência da lógica. Trad. P. Meneses. 3.ed. São Paulo: Loyola, 2012.

______. *Fenomenologia do espírito*. Trad. P. Meneses. Colab. K-H. Efken e J. N. Machado. Petrópolis: Vozes, 2011.

HEGEL, Georg Wilhelm F. *Linhas fundamentais da filosofia do direito*: ou Direito natural e ciência do estado em compêndio. Trad. P. Meneses et al. São Leopoldo; São Paulo: Unisinos; Loyola, 2010.

HEIDEGGER, Martin. A autoafirmação da universidade alemã: o discurso da reitoria. Trad. D. Pucciarelli. *Terceira Margem*, n.17, p.155-66, 2007.

______. A coisa. In: *Ensaios e conferências*. Trad. E. Carneiro Leão. Petrópolis; Bragança Paulista: Vozes; São Francisco, 2012.

______. A questão da técnica. Trad. Marco Aurélio Werle. *Scientiæ Studia*, São Paulo, v.5, n.3, p.375-98, 2007.

______. A teoria platônica da verdade. In: *Marcas do caminho*. Trad. Enio Paulo Giachini e Ernildo Stein. Petrópolis: Vozes, 2008.

______. Carta sobre o "humanismo". In: *Marcas do caminho*. Trad. Enio Paulo Giachini e Ernildo Stein. Rev. Marco Antonio Casanova. Petrópolis: Vozes, 2008.

______. *Introdução à metafísica*. Trad. E. Carneiro Leão. 4.ed. Rio de Janeiro: Tempo Brasileiro, 1999.

______. O que é a metafísica? In: *Marcas do caminho*. Trad. Enio Paulo Giachini e Ernildo Stein. Rev. Marco Antonio Casanova. Petrópolis: Vozes, 2008.

______. *Ser e tempo*. Trad. e org. Fausto Castilho. Ed. bil. Campinas; Petrópolis: Editora da Unicamp; Vozes, 2012.

______. Sobre a questão do ser. In: *Marcas do caminho*. Trad. Enio Paulo Giachini e Ernildo Stein. Rev. Marco Antonio Casanova. Petrópolis: Vozes, 2008.

HUSSERL, Edmund. *Ideias para uma fenomenologia pura e para uma filosofia fenomenológica*: introdução geral à fenomenologia pura. Trad. Márcio Suzuki. Aparecida, SP: Ideias & Letras, 2006.

______. *Investigações lógicas*. v.1: Prolegômenos à lógica pura. Rio de Janeiro: Forense, 2014.

______. *Meditações cartesianas e conferências de Paris*. Trad. Pedro M. S. Alves. Rio de Janeiro: Forense, 2013.

KAFKA, Franz. *Aforismos reunidos*. Trad. Modesto Carone. São Paulo: Instituto Moreira Sales, 2012.

KANT, Immanuel. *Crítica da razão prática*. Trad. M. Hulshof. Petrópolis: Vozes, 2016.

______. *Crítica da razão pura*. Trad. M. P. dos Santos e A. F. Morujão. 5.ed. Lisboa: Calouste Gulbenkian, 2001.

______. *Fundamentação da metafísica dos costumes*. Trad. P. Quintela. Lisboa: Edições 70, 1988.

KIERKEGAARD, Sören. *O conceito de ironia*: constantemente referido a Sócrates. Trad. A. L. M. Valls. Petrópolis: Vozes, 2013.

NIETZSCHE, Friedrich. *Genealogia da moral*. Trad. Paulo César de Souza. São Paulo: Companhia de Bolso, 2009.

______. *O anticristo*: maldição ao cristianismo/Ditirambos de Dionísio. Trad. P. C. Souza. São Paulo: Companhia das Letras, 2007.

______. *O crepúsculo dos ídolos*. Trad. Paulo César de Souza. São Paulo: Companhia de Bolso, 2017.

______. *Sobre verdade e mentira em sentido extramoral*. Trad. Fernando de Moraes Barros. São Paulo: Hedra, 2007.

PLATÃO. *Mênon*. Texto estab. e anot. John Burnett. Trad. Maura Iglesias. Rio de Janeiro: PUC-Rio, 2001.

SCHOPENHAUER, Arthur. Seis ensaios de Parerga e Paralipomena. Porto Alegre: Zouk, 2016.

______. *O mundo como vontade e como representação*. Trad., apres., notas e índices Jair Barboza. São Paulo: Editora Unesp, 2005.

SIMMEL, Georg. *O conflito na cultura moderna e outros escritos*. Org. Arthur Bueno. São Paulo: Senac-SP, 2013.

Índice onomástico

Além dos nomes de Adorno e Heidegger presentes em cada página, o índice torna acessíveis os nomes de pessoas encontrados no texto das palestras, nas notas do editor alemão e em seu posfácio. Os números das páginas referem-se às palestras, enquanto os números acompanhados de "n." denotam as menções nas respectivas notas e os números em itálico remetem ao "Posfácio do editor alemão". Menções indiretas foram incluídas sem identificação especial.

SOBRE O LIVRO

Formato: 13,7 x 21 cm

Mancha: 23 x 44 paicas

Tipologia: Venetian 301 12,5/16

Papel: Off-white 80 g/m² (miolo)

Cartão Triplex 250 g/m² (capa)

1ª edição Editora Unesp: 2025

EQUIPE DE REALIZAÇÃO

Edição de texto

Tulio Kawata (Copidesque)

Marcelo Porto (Revisão)

Capa

Vicente Pimenta

Editoração eletrônica

Eduardo Seiji Seki (Diagramação)

Assistente de produção

Erick Abreu

Assistência editorial

Alberto Bononi

Gabriel Joppert

Coleção Adorno

As estrelas descem à Terra: A coluna de astrologia do Los Angeles Times – um estudo sobre superstição secundária

Aspectos do novo radicalismo de direita

Berg: O mestre da transição mínima

Correspondência 1928-1940 Adorno-Benjamin – 2ª edição

Ensaios sobre psicologia social e psicanálise

Estudos sobre a personalidade autoritária

Indústria cultural

Introdução à Sociologia da Música – 2ª edição: Doze preleções teóricas

Introdução à Sociologia: (1968)

Kierkegaard: Construção do estético

Para a metacrítica da teoria do conhecimento: Estudos sobre Husserl e as antinomias fenomenológicas

Primeiros escritos filosóficos

Quasi una fantasia: Escritos musicais II

Sem diretriz – Parva Aesthetica

Três estudos sobre Hegel: Aspectos; Conteúdo da experiência; Skoteinos ou Como ler

Rettec artes gráficas e editora

Rua Xavier Curado, 388 • Ipiranga - SP • 04210 100
Tel.: (11) 2063 7000
rettec@rettec.com.br • www.rettec.com.br